知識與行動

中華文化傳統的社會心理詮釋

教育部國家講座教授

黃光國　著

作者簡介

黃光國

台北市人

出生於1945年11月6日

美國夏威夷大學社會心理學博士

現任國立台灣大學心理學系教授

行政院國家科學委員會特約研究員

教育部國家講座教授

致力於發展本土社會心理學

著有中英文學術論文五十餘篇

並出版與本書有關的下列專門著作：

- 《中國人的權力遊戲》。台北：巨流圖書公司，1988。
- 《儒家思想與東亞現代化》。台北：巨流圖書公司，1988。
- 《王者之道》。台灣：學生書局，1991。
- （Ed.）Easternization：Socio－cultural Impact on Productivity. Tokyo, Japan：Asian Productivity Organization, 1995.
- 《知識與行動：中華文化傳統的社會心理詮釋》。台北：心理出版社，1995。
- 《民粹亡台論》。台北：商周文化公司
- 《權力的漩渦》。台北：商周文化公司

自　序

　　長久以來，國內社會科學研究者大多是沿用西方社會科學的研究典範，在從事研究工作。心理學亦不例外。1972 年，我考取美國東西文化中心（ East West Center ）與教育部合辦攻讀博士學位獎學金，赴夏威夷大學進修。1976 年，我完成學業，返回台大心理系教書，也仍然是沿用西方社會心理學的典範，從事研究。1983 年，我初步提出〈人情與面子〉的理論模式，開始反省本書中論及的各項問題，其後又陸續出版《儒家思想與東亞現代化》、《王者之道》、《中國人的權力遊戲》等專著，以及二、三十篇相關的論文。這本書可以說是個人對自己十餘年來所學所思的總整理。

　　本書的標題是《知識與行動》，副標題是《中華文化傳統的社會心理詮釋》。從本書的論述中，讀者將可看到：本書關懷的主要問題是：西方的社會科學，尤其是社會心理學，傳入華人社會之中後，為什麼長期處於低度發展的狀態？如眾所知，中國哲學在本質上是一種「實踐哲學」，如此悠久的中華文化傳統對華人社會及華人的社會行動必然會有深遠的影響。然而，包括心理學在內的社會科學，根本就是西方文化的產物；我們要了解：社會科學在華人社會中為什麼進展不易，一定到回到西方科學哲學的發展史裡，追本溯源，找出他們在從事社會科學研究的時候，是如何思考問題，如何建構理論，如何在從事研究的生涯中，彰顯出研究者自身的主體性。

　　依照本書的觀點，「主體性的追尋」是「社會科學本土化」運動中最重要的核心問題。多年來，我們的心理學乃至於整個社會科學界，過度依賴於西方學術的研究典範，讓我們不

1

能或不敢正視自身的文化傳統，結果不僅被研究者喪失掉主體性，研究者喪失掉主體性，甚至連他所研究的文化也喪失掉主體性，造成國內社會科學界長期的低度發展。本書前半部便是以研究者、被研究者、以及他們所處的文化三重主體性作爲思考的核心，展開論述。

從社會心理學的角度來看，任何一個社會中的個人，在其成長的過程中，必然會不斷地繼承並詮釋其文化傳統，並將之應用於被他界定爲「適恰」的生活情境中。同樣的，一個社會科學研究者，也應當從他專業的研究領域，不斷地詮釋並批判其文化傳統，才能對他研究的對象，產生「適恰」的理解。

對傳統的任何詮釋，在本質上都是基於某種特定觀點所作的一種「誤釋」。本書亦不例外。個人的專業領域是社會心理學，近年來對社會學方法論又較有涉獵；因此，這本書也祇能說明是作者從其特定「視域」對「道、儒、法、兵」各家思想所作的一種「社會心理學詮釋」。作者希望本書能夠開啓一個議論的空間，成爲本土社會科學研究的一個「起點」，而不是「終點」。

任何一種學術論述，都是在一個特定的時、空環境裡，透過不斷地批判和反覆辯難，逐漸成形的。在本書孕育過程中，楊國樞教授提倡「社會科學本土化」，金耀基教授呼籲重新評估「韋伯學說」，啓發作者的「問題意識」；楊中芳教授對我的批評，讓我注意到自己論述習慣的疏忽；葉啓政、劉述先、喬健三位教授的著作對我啓迪良深；是我首先要表示感謝的。1993 年 8 月，我得到行政院國家科學委員會的資助，得以到夏威夷東西文化中心完成此書初稿；在夏威夷「避居」寫作期間，惟上居士趙子儀授我以易理；密宗黑教大師又二度來訪，讓我對中華文化和人生有更一層的了悟，僅在此致上最誠摯的謝忱。1994 年回台灣之後，在台大試教此書，修我「社會科學方法論」的同學，包括危芷芬、陳舜文、陳昱儒、車先蕙等

人對這本書的初稿提出嚴厲的批評，使我能加以更正；內子楊鳳英女士不憚其煩地幫我打字，長期多次更改書稿，更是我要衷心感謝的。

　　本書自 1995 年初版之後，我曾以之作爲教科書，在台灣大學開設「社會科學與文化傳統」通識課程。該書曾榮獲行政院新聞局社會科學優良圖書金鼎獎，學術界也有人寫書評予以評介。在這兩年之間，個人在學術研究方面有了若干突破。因此，在該書再版之前，決定將第一章及第十章作大幅度的增修，不再談「東亞國家的現代化」，而使其成爲一本純粹討論理論建構的著作。此一修訂，得益於葉啓政教授的批評，謹此致謝。

黃光國

台灣大學
本土心理學研究室
1997 年 9 月 1 日

知識與行動

目　　錄

緒　　論

　　本書的標題是「知識與行動」，副標題是「中華文化傳統的社會心理詮釋」。從 1983 年建構〈人情與面子〉的理論模式以來，作者即開始思跟本書有關的各項問題。整體而言，本書所要探討的問題有二：(1)西方的社會科學，尤其是社會心理學，傳入華人社會之後，爲什麼會長期處於低度發展的狀態？我們應當如何擺脫這種狀態？(2)如何從社會心理學的角度，發展出一個整全式的概念架構，來詮釋中華文化傳統，將華人的社會科學，尤其是社會心理學，奠立在一個堅實的基礎之上？

　　本書的內容分爲兩部分，前四章探討第一個問題，後六章則試圖回答第二個問題。這兩個問題又彼此貫聯，構成本書的整體內容。作者之所以決心撰寫本書，可以說是對「社會科學本土化運動」的一項回應。從 1980 年代開始，台灣的社會科學界便有人發起「社會科學本土化運動」，也獲得華人社會科學界的廣泛回響。然而，對中西哲學稍有涉獵的人大多明瞭：西洋哲學關切的主要問題是「知識」，他們據此而發展出近代的科學；中國哲學在本質上是一種「實踐哲學」，它的主要關懷是「行動」。本書前二章的論述，旨在說明：在華人社會中發展社會科學，基本上是在將一種十分異質的文化產品移植到東方社會。今天台灣社會科學界之所以會產生「社會科學本土化運動」，主要是因爲我們不了解西方社會科學發展的歷史，盲目移植西方社會科學研究的成果，造成「學術實踐主體性的喪失」，不僅學者本人的學術作品喪失「內在可理解性」，連他研究的題目，也喪失了「社會可理解性」。今天，我們要落實「社會科學本土化運動」，要使社會科學研究在華人社會中紮根，一定要回到西方社會科學發展的歷史中去，找出問題的

根源所在，然後在「世界觀／認識觀／方法論」上作徹底的轉變，由「古典時期」的知識型轉變成「現代時期」的知識型，才能夠發揮用語言「認識並說清」問題真相的扭轉力量，才能夠在學術上有所創發。

本書第三章將再根據傅柯對於「人」之有限性的解析，進一步說明：在「現代時期」的世界觀之下，從事社會科學研究可能遭到的限制。同時借用 Habermas 對於社會科學的分類，說明「多重典範的研究取向」如何可能消除「研究對象」主體性喪失的危機。第四章以 Piaget 的「發生認識論」為基礎，比較道家思想和海德格的存在主義哲學，一方面說明：從中國文化傳統中為什麼無法發展出近代西方式的科學，一方面說明：科學主義和工業文明對於人類存在方式所造成的危機，同時強調：東西文化會合之後，中國整全式的思考方式對於社會科學可能作出的貢獻。

本書的中心論點是：「人」是無法脫離其「歷史／文化／社會」根源而單獨存在的個體，他是一個源自於過去並且持續和當今世界發生關聯的一個「關係之中心」。人在現世中的存在，必然和一定的意義結構緊密地結合在一起，這種意義結構通常是由文字所承載的一種象徵系統，它會透過「語言」而傳遞給個人，並在日常生活中為人所用，因此，它通常是超越時空而存在的。個人在日常生活中使用語言時，可能根本不會覺察到任何意義結構的存在，而社會科學家的主要任務，就是要找出這些意義結構，「認識並說清」這些結構如何影響人的精神方向，約制人的思考方式，並模塑人的行動方式。

當然，所有的意義結構都會隨著時代的變遷而不斷轉變，甚至瀕臨消失。即使如此，為了要以一種創造性的方式來適應新的環境，社會科學家仍然有必要「認識並說清」這些意義結構及其變遷的律則，幫助人們了解其文化傳統的動向。實證主義者或科學主義者的最大錯誤是他們將「歷史／文化／社會」

因素棄置不顧，並將人的存在凝聚成沒有時間向度，而在空間上又不需要擴充的一點，其研究結果亦難免支離破碎，無所依附。

如何將「歷史／文化／社會」因素置入本土研究的思考架構之中，是人文社會科學在克服實證主義所造成的異化時，必須嚴肅思考的一項問題，也是今天我們在談社會科學的本土化時，在「方法論／認識論／世界觀」上必須徹底轉換，才能克服的一個問題。本書試圖解決這個問題的方式，是先在行動的層次上發展一個〈人情與面子〉的理論模式，然後再以這個理論模式作爲架構，在文化的層次上，用結構主義的方法，重新解釋先哲的「嚴肅話語」。

本書第五章將說明作者如何採取「實在論」的立場，綜合西方社會心理學中的符號互動論、社會交換論、和正義理論，建構出〈人情與面子〉的理論模式。中國人之所以特別重視人情、關係、與面子，其實是受到「世俗化儒家倫理」的影響。爲了說明儒家思想和華人社會行動之間的關聯，在《儒家思想與東亞現代化》一書中（黃光國，1988），作者又以〈人情與面子〉的理論模式爲基礎，用「結構主義」的方法，建構出「儒家的心之模型」及「儒家思想的內在結構」，其主要內容，見本書第六章。

從李維・史陀的結構主義觀點來看，這樣一種「深層結構」是永恆不變的，它本身雖然包含有轉化的規律，能夠隨外在環境的變化，不斷地作出各種必要的調整，但這種變化，只是在「淺層結構」上的演變。本書第七章將以「儒家思想的內在結構」及「儒家的心之模型」爲基礎，來說明儒家思想在中國歷史上的變遷，而其論述重點，則將集中於對後世造成重大影響的宋明理學。

當華人社會由農業社會轉化成爲工商業社會之後，有愈來

愈多的人可能置身於家庭之外的各種不同組織中，在其中工作，並和他人建立「工具性關係」。此時，組織的領導者可能用法家哲學為基礎，以行使其監督權力。是以作者在其所著的《王者之道》中（黃光國，1991），再以結構主義的方法，分析法家思想的形式結構。

在任何一個社會裡，有控制就有反控制，有監督就有反監督，當個人將他人之間的關係界定為「工具性關係」，而雙方又無法建立符合「公平法則」的交易標準來規約彼此的行動時，在人與人之間，在組織與組織之間都可能使用源自於兵家的計策行動，來和他人進行爭鬥，以爭取某取某種資源。因此，本書第九章將分析兵家思想的結構，並討論它和華人社會中計策行動之間的關聯。從這樣的論述中，我們將可很清楚地看出：從兵家思想的「深層結構」，如何衍生出華人日常生活語言中所使用的三十六計，而成為其「淺層結構」。

這樣建構出來的「模式」或「結構」，是研究者針對某種社會實體或文化理念所建立的詮釋系統。文化理念可能透過小說、戲劇、諺語、民俗、神話等等不同的媒介傳遞個人，經過潛意識化的過程，進而影響個人的行動；然而，行動者本人卻未必能夠覺察到有任何「模式」或「結構」的存在。更清楚地說，研究者用「結構主義」方法找出來的「結構」，並不代表行動者的社會活動或觀念本身，而是社會科學家為了探討某一特定問題，而對社會生活表象下之「深層結構」所作的詮釋。某一文化成員在日常生活中自行建立的模型，Levi-Strauss（1963）稱之為「自覺的模型」（conscious model），研究者為逐行其研究目的，針對某一特定範疇所建的模型，稱為「非自覺的模型」（unconscious model），可是，當研究者將這樣的「模式」或「結構」揭示出來之後，它也可以再傳遞給當事人，使當事人逐漸產生意識。

儘管在不同學科的領域裡，已經有許多學者從不同的角度

對中華文化傳統作出不同的詮釋，作者認爲：我們仍然有必要從社會心理學的角度，重新詮釋儒家、法家、兵家思想。這樣一種詮釋工作的主要目的，是要找到一套中華文化的意義結構，作爲理解並研究華人社會行動的參考架構。值得強調的是：用人類學的方法找出文化的「深層結構」，其目的是要爲未來的本土社會科學研究提供一個堅實的基礎。

文化的「深層結構」並不等於認知結構，也不等於「社會／文化」環境。從人類學的角度來看，文化的「深層結構」是「永恆不變」的。可是，從心理學的角度來看，認知的結構卻是因人而異的。文化的「深層結構」可能透過層層的衍化語言，影響個人的「意識」，進而影響到個人的行動，但其間並沒有必然的關聯。它對個人影響程度如何，完全是經驗性的問題，必須靠實徵研究才能回答。

有意在華人社會中從事社會科學研究工作的人，根據這樣一個參考架構，在擬訂其研究計畫時，仍然必須根據他的研究問題，思考跟該社會有關的「歷史／文化／社會」因素，再作定奪。換言之，對於華人社會行動的研究而言，本書所提供的參考架構只是一個起點，不是終點。本書第十章即以作者建構有關「華人社會中的衝突化解模式」爲例，說明本書之主張的可能運用。

邏輯實證論與科學實在論

西方社會科學的危機

知識與行動

第一節　客觀主義的興起

　　瞭解本書的整體結構之後，本章將從西方科學哲學的思想史出發，說明西方社會科學的發展曾經遭遇到那些內在的難題，當我們不加反省批判地移植西方社會科學的研究典範，又可能造成什麼樣的困難。這些難題和困難對於我們在華人社會中從事「社會科學本土化」的努力，可能有什麼樣的啟示，又如何可能引導本書的研究取向。

一、「唯名論」與「實在論」

　　從古希臘時期開始，西洋哲學所關注的焦點問題之一，便是：「人類如何認識其外在世界？」人類認識外在世界的努力，稱為「認識論」或「知識論」（epistemology），它是由兩個希臘字 episteme（知識或知識型）和 logos（論述）合併而成。在思考「人如何認識世界」的問題時，作為思考之主體的「人」，必然會去思考：這個被認識的對象，其本體究竟是什麼？在西洋哲學史裡，關於世界中所存在事物之本體論（ontology），一直存有「唯名論」（nominalism）和「實在論」（realism）兩種不同的主張。「唯名論」者認為：人們日常生活中所使用的詞語，是人們用來稱呼各種單個事物或現象的名稱或名字（nomina）。這些名稱所指稱的單個的個別事物，固然是真實的存在著，但它們所表現的「一般性事物」或「共相」，卻不是獨立的存在。比方說，像「人」或「車」這種的名詞，是為了表示單個的「人」或「車」的總和而採用

的名字，「單個的」人或車固然是眞實的存在，「一般的」人或車，卻不存在於事實中，而僅僅存在於人們的「心靈中和詞語中」。

「實在論」的看法正好與此相反。「實在論」者認爲：作爲事物之「共相」的「精神本質」（spritual essence）或「精神實體」（spritual substance）是先於個別的事物而存在的；人對於事物的認識，必須先獲得一般性的觀念之後，才能感知到個別存在的客體（高宣揚，1994：12－14）。

在西洋哲學史裡，柏拉圖（Plato, 428－348 B. C.）所主張的「理念論」（Idealism）或「理性論」（Rationalism），可以說是一種最早期的古典「實在論」。柏拉圖認爲：世界中的事物並沒有一定的形相，而且處於不斷的變化之中。人類對於事物的知覺必然是不完整的，所以人也不能由此而獲得永恆不變的知識。能夠作爲永恆知識之基礎者，不是個別的事物，而是人類從事物中抽象出來的「形式」（Forms）或「理念」。凡是人類曾經給予某種一般性名稱的同一類事物，都具有一種「形式」，人類所知覺到的事物，只不過是這些「形式」不完整的複製品而已。

柏拉圖因此將「世界」分爲「表相界」（world of appearance）和「智思界」（intelligible world）兩種，人類對其知覺到的「表相」，可能持有各種不同的「信念」（beliefs）；但這種「信念」仍然存在於「表相界」之中。人必須以事物的「形式」爲基礎，才可能在「智思界」中建構出眞正的知識。他並且以當時的畢氏幾何爲例，說明人類如何以「形式」爲基礎，在「智思界」中建構幾何學的知識。

柏拉圖的學生亞里斯多德（Aristotle, 384－322 B. C.）則提出一種完全相反的「經驗論」（empiricism）觀點。他十分重視感官經驗的價值，認爲：只有感官所感受到的經驗才是實

在的，人必須以感官經驗為基礎，來發展知識。他反對柏拉圖有關「形式」說法，認為宇宙間根本無法找到這種不可見的理想「形式」，它也不能解釋物質個體的存在或性質。事物的「共相」是存在於自然事物之中，而不是以「形式」或「理念」的方式，存在於事物之外。它們是具體事物自然而且實在的本質，科學家的任務是要透過心智來「發現」它們，而不是要將它們「建構」出來，由於數學並不處理可觀察到之物，亞氏因此認為：數學對科學活動是毫無用處的。

亞里斯多德的「經驗論」和柏拉圖「理性論」之間的爭論，代表西方哲學家在追求知識時，「唯名論」和「實在論」兩種不同學派對立的開始。以這樣的對立為基礎，西方哲學家發展出各種不同的哲學主張，對近世科學的發展造成了重大的影響。

二、笛卡爾的理性論

十六世紀，文藝復興運動發生之後，歐洲人對世界的認識有了相當明顯的轉變。伽利略（Galileo, 1564－1642）用他製造的望遠鏡證實了哥白尼（Copernicus, 1473－1543）的地球繞日說之後，有愈來愈多的人試圖把自然看做是一種機械模型的理想圖式，認為人們可以像數學演算那樣，用嚴謹的邏輯推理來獲致關於自然的客觀知識。

歐洲近代哲學之父笛卡爾（Descartes, 1596－1650）首先將文藝復興之後歐洲人所表露出來的特殊思維方式，建構成為理性論（Rationalism）的哲學系統，試圖為人類的知識找尋一個全新的堅實基礎。他從懷疑的方法開始，拒絕接受上帝的啟示，也拒絕不加批判地接受感官所感知的東西；既懷疑主觀的感覺，也懷疑推理所得的結果。最後，他發現：有一樣東西是他不能懷疑的，那就是作為思維主體之「我」的存在。因此

而提出了他的不朽名言：「我思故我在」（ego cotigo ergo sum），主張以明確的「自我意識」作爲衡量萬事萬物的尺度，從而建立了強調「主體性優位」（primacy of subjectivity）的主、客二元論（dualism of subjectivity and objectivity）（Schouls, 1989）。

中世紀以前的世界觀把人當做是世界的產物，是世界中的一部份。笛卡爾的「客觀主義」哲學則把人看做是獨立於世界、並且和客觀世界對立的主體。所謂「主體性優位」，就是把人當做是一切眞理，一切倫理生活、社會生活、和政治生活的準據。人可以用數學或科學將外在世界客體化、量度化；並且可以用技術和勞動，來征服世界，轉化世界。值得強調的是：這裡所謂的「世界」，不僅包括自然世界，而且包括人的生活世界。換言之，作爲世界的主體，人不僅可通過科學、技術、和勞動來操縱並轉化自然世界，使自然世界爲其所用；而且可以自己的主體性爲基礎，重新塑造現代社會的價值理念，並重新建構各種政治、經濟、社會、和法律制度。

然而，當我們想要採用笛卡爾「主、客二元對立」的方式，來研究人類自身時，我們便立刻遭遇到一項方法上的大難題：我們能夠用研究自然科學的「客觀主義」方法來研究人類行爲嗎？早在十七世紀，意大利思想家維柯（Giambattista Vico, 1668－1744）便曾經區分「自然科學」（Naturwissenschaften）和「精神科學」（Geisteswissenschaften）的不同，後者在德文中原本有「道德科學」（moral science）之意，今日則稱之爲「人文科學」（human science）或「社會科學」（social science）。Vico 之所以作此主張，乃是因爲：人類並不像動物那樣，純然是自然的產物。人類有理性，而且創造了文化（Pompa, 1990）。倘若我們不顧人類的理性和文化，而硬要用純粹自然科學的方法來研究人類，必然會造成許多的後遺症。

三、實踐理性與理論理性

　　將「人」客體化，用自然科學的方法來研究社會科學，可能遭遇到的難題之一，就是無法處理形上學的問題。我們可以用康德的知識論，來說明這個問題。十八世紀的德國哲學家康德（Immanuel Kant, 1724－1804）曾經對人類知識的界限作過十分重要的劃分。在其著名的論文《感觸界和智思界的形式和原理》中，康德將人類認知思惟所能及的範圍分爲兩種：感觸界（sensible world）是人類的感覺器官所能感受到的現象界，是自然科學探討的範疇；智思界（intelligible world）是人類感覺器官無法觸及的領域，也是形而上學所關懷的世界。人類的認知思考活動，可以依其思考領域的不同，區分爲兩種：「理論理性」（theoretical reason）的目的是要探討自然界中各事物間的邏輯關係（logical relationship），它在感觸界進行探索和思考工作，然後根據個人經驗的內容建構出客觀的知識體系，使人類能夠以一種機械式的觀點，來了解自然宇宙中的因果秩序。「實踐理性」（practical reason）的目的，是處理本體界（ontological sphere）中的問題，它根據人類精神的要求，在智思界中創立宗教或倫理價值體系，以引導人類在經驗世界中的活動。

　　在康德看來，人類在這兩個世界中的認知思惟活動都是十分重要的。他在《實踐理性批判》一書中指出：西方傳統宗教形上學的主要內容包含理性心理學、理性宇宙論、與理性神學三大部份，其對象分別爲「靈魂」（Seele）、「世界」（Welt）、與「神性」（Gottheit）。他用四個「二律背反」（Antinomies）逐一批判：這些「理性理念」（Vernunft idea）都是不受任何經驗約制的「無制約者」（das Unbedingte），它們只受自由概念的支配，但卻沒有任何認知上的意義，不能成爲「理論理性」的對象（Kant, 1781－1983）。

　　然而，為了說明：道德法則具有永恆的實踐可能性，康德又提出「純粹實踐理性之三大設準」，即靈魂不朽、意志自由、及上帝存在。第一設準（靈魂不朽）使人有恆常的時間實踐道德法則；第二設準（意志自由）使意志能夠脫離感觸界而獨立，並能依智思界的法則作出決定；第三設準（上帝存在）則保證超越的道德和永恆的幸福能夠滿足人類「福德合一」的慾望，使其樂於趨向康德所謂的「目的王國」（ein Reich der Zwecke）（Baumgartner, 1985 / 1988；李澤厚，1986）。結果，理論理性所否定的西方宗教形上學的三大理念：靈魂、自由及上帝，透過實踐理性的三大設準，又復成為西方道德形上學之基礎（Kant, 1785 / 1990）。換言之，在康德看來，「實踐理性」和「理論理性」對人是一樣重要的，所以他才在其墓誌銘上刻下這麼一段話：「有兩種東西，我們對它的思考愈是深沈久遠，我們心中愈會充滿不斷增大的驚奇和敬畏，這就是頭上眾星的天空和心中道德的法則。」

　　從康德的分析來看，人類的行動必然會受到「實踐理性」的導引。社會科學家從事研究工作，可以說是以其「理論理性」來研究受「實踐理性」指引之人的行動。這種研究的方式當然和自然科學有所不同。和康德同一時代的德國哲學家 Wilhelm Dilthey（1833－1911）因此而提出了「精神科學」的概念，指出個人內在心理經驗和外在自然事件的不同，並且主張用「解釋」的方法研究自然，用「理解」（verstehen）的方法探討心理生活，希望將實證主義排除在「心靈」（mind）和「心理」（psyche）的研究範圍之外（Dilthy, 1977）。新康德學派的領導者 Rickert（1910 / 1987）則以康德對「事實」（理論理性）與「規範」（實踐理性）的區分為基礎，提出了「文化科學」（Kulturwissenschaften）的概念，用以取代「精神科學」。他相信：歷史事件必須透過與價值規範的關聯，才能突顯出其文化意義，為了在歷史中找出律則，他刻意主張將研究個人心理的精神科學轉換到文化價值的層次之上。

四、實證論的興起

然而，當時歐洲興起的實證主義風潮，卻蘊釀了一股相反的力量，要將各種形而上學排除在科學的領域之外。實證主義的起源甚早（Kolakowski, 1972 / 1988）。在中世紀之前，許多哲學家都相信，每一種心智上的概念都存有某種實在的本體與之對應，譬如柏拉圖所說的「形式」（Forms），亞里斯多德所說的「本質」（real essence），或者中世紀時期人們認為是出自上帝的「理念」（Ideas）。然而，當時的 William of Ockham（1290－1349）卻主張：用心理學的經驗來檢驗各種不同的概念，凡是無法用經驗來判斷其真假的形而上學概念，都應當排除在知識的範圍之外。這種主張，稱為「奧康之剃刀」（Ockham's razor），成為經驗主義之肇始。

十六世紀文藝復興運動發生之後，許多歐洲哲學家，像巴克萊（Berkeley）、休謨（Hume）、和牛頓（Newton）都採取了經驗論的立場，認為人應當將其知識限制在可觀察的範疇之內。科技的進步使歐洲游漫著一股科學主義（scientism）的風潮，相信科學能夠回答所有的疑問，解決所有的問題。在這樣的文化氛圍之下，孔德（August Comte, 1987－1857）首先提出「實證論」（positivism）一詞，用以指稱關於科學和歷史的一種知識論和世界觀（Comte, 1908 / 1953）。

在知識論方面，實證主義採取了一種極端經驗論的立場，認為人類知識應當僅限於收集事實並找尋其間的相關，藉以對世界做出正確的描述（Comte, 1855 / 1974）。將形上學的猜測以及用不可見的實體來解釋自然，一律予以捨棄，這才是正當的科學方法。

孔德將人類歷史的發展分為三個階段：在第一個神學階

段，人類用不可見的神或靈魂來解釋自然事物；及至第二個形上學階段，人類開始用抽象或無法觀察到的原因來解釋自然。到了第三個科學階段，人類不再以解釋自然爲滿足，而進一步企圖去描述、預測、甚至控制自然；「人的宗敎」（Religion of Humanity）也將取代基督教。

　　孔德的實證論鼓舞了許多歐洲人。他的信徒們組成許多實證論學會（positivist societies），推廣實證論的思想（Pickering, 1993）。到了本世紀初，維根斯坦提出的「邏輯實證論」終於將實證論的發展推向了最高峰。

　　維根斯坦（L. Wittgenstein，1889－1951）是奧地利人，有猶太血統。大學時代，開始對數學和邏輯產生濃厚興趣。自1913年起，潛心寫作，五年後完成《邏輯哲學》一書，於1921年以德文刊登在《自然科學年鑑》之上。翌年，其德英對照版本在倫敦出版。五年後，張申府（1927, 1928 / 1988）將之譯成中文，題爲《名理論》，分兩期刊登在《哲學評論》之上。這本書出版後，對西方學術界造成極大的衝擊，成爲近代科學哲學之肇始。值得注意的是：它雖然很早就被譯成中文，但似乎並沒有引起中國學者的重視，對中國學術界的影響也極其有限。

五、邏輯實證論的主要内容

　　《邏輯哲學論》以一種近乎格言式的命題寫成。全書包括七個第一級次的命題，這七大類的命題又涉及三個不同的領域（見圖1－1）：第一、二個領域分別涉及「世界」和「語言」。在語言這一邊，基要命題是由名稱所組成，一個名稱指謂一個對象。在世界這一邊，「對象是構成世界的本體」（T2.201），「事況乃是對象（物項、事物）的一種結合」（T2.01），「對象的配置構成事況」（T2.0272）。單一的事

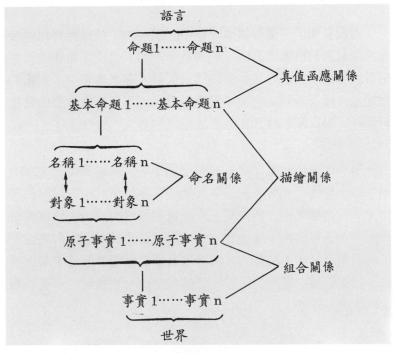

圖 1-1　《邏輯哲學論》的主要內容

況（一個原子事實）是構成世界最小的單位。「一個事況是可以思想的」，其意思為：「人類可以從該事況中構造出一幅圖像」（T3.001）。

　　在聯結「語言」和「世界」的時候，維根斯坦主張用同一個基要命題來代表一事體。他說：「最簡單的命題（即基要命題）斷言一個事況的存在」（T4.21），而且「一個基要命題是由名稱所組成，它是諸名稱的聯結。」（T4.22）「如果一個基要命題為真，則此一事況存在；如果基要命題為假，則此一事況不存在。」（T4.25）在維根斯坦的前期哲學中，基要命題佔有十分重要的核心地位。更清楚地說，維氏雖然認為我們可以用語言來描述世界，但其中有某些命題跟世界有直接的關聯，維氏稱之為「基要命題」（elementary propositions），它們的真假不取決於別的命題，而是取決於事實；其目的則在於論斷事況或原子事實（atomic facts）。

維氏發明了一種眞值表（truth table），藉以界定用連接詞連接起來的命題之眞假；他認爲：一切（合成）命題的眞假值取決於構成它們的基本命題的眞假值。在眞值表中，邏輯的命題是一種恆眞句，它並不反應事實，而只是表達抽象的眞值可能性，用以顯示語言和世界的形式性質。

所有的邏輯命題構成「邏輯空間」，它是由無數空間點所組成的，包括了一切存在的事況與不存在的事況。在邏輯空間中，一個命題決定一個位置，「幾何和邏輯中的每一位置就是一個存在的可能性。」（T3.411）我們必須靠命題的內在性質（即其邏輯形式）及至入於其中之基要命題的眞假值來描述實在。如果這個命題爲眞，我們便能夠判斷：在邏輯中，某一事物的狀態是什麼。

從以上的論述，我們可以看出：邏輯實證論者採取了一種極端經驗論的立場。它們認爲：經驗是認識實在世界中任何事物的唯一途徑。邏輯則是獨立於經驗之外的一種學科，它由不具內容的恆眞語句（tautologies）所組成。這種不具內容的形式語言（formal language），不能用來發覺語言外世界之構造。然而，它確是一種強有力的推理方法，能夠增加語言記號的有效性和演繹推理的正確性。我們也可以因此而區分哲學和科學的任務：哲學家的主要工作是對語言之語構（syntatic）作邏輯的分析，科學家的任務則是將科學知識中的命題化約成爲基要命題，用任何人都可及的手段，到經驗世界中加以驗證。

對邏輯實證論者而言，沒有任何思想是不能表達者，而我們也只了解我們能夠表達者。因此，維根斯坦（Wittgenstein, 1922／1927）寫下了他出名的格言：「我的語言之界限，就是我的世界之界限。」在他看來，科學的語言不能用來描述任何與經驗事實不相干的形而上學問題，包括傳統哲學經常討論的

倫理、價值等問題。因此，其《邏輯哲學論》一書的最後一句話是：「對於不可說的東西，必須保持沈默。」

邏輯實證論者認為：只有能夠拿到經驗世界來加以檢驗的概念，才有認知價值，才能成為科學研究的對象；凡是不能拿到經驗世界來檢驗的形而上學概念，都應排除在科學研究的範圍之外。他們認為：存在於經驗世界之外的邏輯和數學只是一種形式性的語言，不具實質內容，也不能描述世界的「實在」。因此，從前述有關「唯名論」和「實在論」的爭論來看，在世界的「本體論」方面，邏輯實證論所主張的是「唯名論」，而不是「實在論」。

《邏輯哲學論》問世之後，對歐洲學術界產生了極大的影響。1923 年，M. Schlick 領導並召開了一次研討會，組成了「維也納學派」（Vienna Circle）。1926 年，R. Carnap 應邀到維也納大學任教，兩年後，他出版了《世界的邏輯架構》一書，成為「維也納學派」的討論主題。翌年，「維也納學派」出版《科學的世界觀：維也納學派》，使其聲名大噪，贏得國際學術界的普遍注意。經過維也納學派的積極推廣，邏輯實證論很快成為科學家從事經驗研究的利器。在希特勒時代，部份維也納學派的學者移民到美國，對美國的學風造成了相當大的影響。下一節將簡略地回顧西方心理學的發展史，並說明邏輯實證論對近代美國心理學的影響。

第二節　心理學：自然科學或社會科學

　　在歐洲的文化氛圍之下，產生於十九世紀末期的心理學，顯然曾經覺察到心理學和自然科學之間的辯証性關係。舉例言之，在 1860 到 1890 年間，M. Lazarus（1824－1903）和 H. Steinthal（1823－1899）兩人共同主編了二十卷的《民族心理學和語言科學雜誌》。他們兩個人都崇信 Hegel 所主張的「民族精神」（Volksgeist），認為：人是一種社會存在；「民族共同體」（folk community）則是人類聯繫的基本形式；群體成員集體的或社會的精神生活就是所謂的「民族精神」。他們認為：「民族心理學」不僅要在群體成員的個體層次上研究「民族心理」（folk minds），而且要在其集體層次上研究「民族精神」（Sahakian, 1974）。

一、Wundt 的民族心理學

　　1879 年在德國萊比錫創設第一個心理學實驗室，而被尊稱為「科學心理學之父」的 Wilhelm Wundt（1832－1920），也清楚認識到：心理學同時兼具自然科學和社會科學雙重性格。Wundt 認為：心理學就是研究人類意識或心靈（mind）的科學，其宗旨在於用科學的方法來研究個人在某一特定時刻的整體意識經驗。他的學生因此稱其心理學為 Ganzheit psychology，意思為「整體心理學」（holistic psychology）。然而，吾人並不能直接對心靈作實驗，祇有直接受物理影響的心

靈現象（mental phenomena）才能作爲實驗的對象，因此，
Wundt 運用了許多客觀的方法來測量和心理歷程有關的變
項，像感覺器官的反應時間、情緒狀態等等。職是之
故，Wundt 認爲：實驗心理學就是他所謂的「生理心理學」
（Wundt, 1902 / 1904）。

　　Wundt（1896）十分明瞭這種「心理學」的局限。他認
爲：我們可以用研究兒童或動物心理學的方法來研究心靈的發
展，可是更重要的是瞭解人類歷史的發展。個人的生命很短，
一己的經驗也很有限，可是歷史卻能擴大個人意識的範疇：在
歷史發展的每一個階段，每個人都能夠擷取既有文化中所保存
的人類歷史經驗，以爲己用。「民族心理學」的內容便是在研
究各民族集體生活經驗的產品，尤其是語言、神話、風俗、習
慣等等，這些材料能夠讓我們瞭解心靈較高層次的運作。在他
看來，實驗心理學祇能看到心靈的「外在功能」（outworks
），民族心理學才能進入意識的深處（Leahey, 1991：60）。
因此，他在 1900 年至 1920 年之間，陸續出版了十卷的《民族
心理學》。

二、實用主義

　　Wundt 的心理學由其弟子 Titchner（1867－1927）傳到
美國。Titchner 是英國人，早在 Oxford 求學時代，便曾將
Wundt 所著的《生理心理學原理》譯成英文。1890 年到萊比
錫，拜 Wundt 爲師，後來到美國康乃爾大學教書，傳授他學
自 Wundt 並加以變造的心理學，這種心理學，Titchner 稱之
爲「構造心理學」（structural psychology），他自認爲是「
傳統英國的心理學」，其實那是英國 James Mill 之經驗主義
哲學和德國 Wundt 實驗心理學的混合。值得注意的是：他在
把心理學傳遞到美國時，已經將 Wundt 的民族心理學給過濾
掉了。

　　Titchner 對 Wundt 心理學的變造，顯然是受到美國社會文化環境的影響。如眾所知，美國是由多種族融合而成的移民國家，並沒有單一的文化傳統。當時美國本土自生的哲學是「實用主義」（pragmatism）（高宣揚，1994），實用主義主要的代表人物之一，是哲學家皮耳士（Charles Peirce, 1830－1914）。皮耳士主張：要瞭解一個敍述是否有意義，我們必須問：它是否影響以及如何影響我們的行動和期望。要發現它確實是意謂著什麼，只需考慮它包含有什麼實用上的效果（practical consequences）即可。他認為：「實用上的可應用性」（practical applicability）是區別眞實問題與虛擬問題的最佳規準，這就是所謂「實用主義的意義判準」（pragmatic criterion of meaning）。如果兩個敍述產生同樣的實用效果，它們的意義必然是同一而不異的；至於令我們對經驗世界的期望無所改變的論斷，則是毫無意義的。準此以觀，大多數神學與形上學的爭論都包含了許多沒有語意價值（semantic value）的虛擬觀念（pseudo-ideas）或虛擬信念（pseudo-convictions），它們都是沒有意義的（Peirce, 1878 / 1966）。

三、功能主義

　　嚴格說來，「實用主義」並不是一種學派，而是一種方法，也是一種功能性的哲學（functional philosophy）。不論是哲學、心理學、倫理學、政治學、或其他領域的任何觀念，我們都可以問：「這個概念對我、對我的社會、或對這門科學是否眞的有效用？」在 Peirce 的影響之下，詹姆士（William James, 1842－1910）也將實用主義的方法應用於其心理學中。然而，詹姆士並非用它來剔除人類心靈中的虛擬觀念或信念。詹姆士早年研究醫學，他從生物學的觀點，提出了另一種「有用性的判準」（the criterion of usefulness），認為：惟有對我們有用的「眞理」所構成的概念體系，才是有意義的（James, 1907／1995）。

詹姆士對「眞理」之認知，是一種純然生物學的解釋。更
清楚地說，對他而言，人類所認知的「眞理」，並不是該一敍
述與事物實然方式之間的對應，而是該一敍述與接受此等敍述
後可能會經驗到的滿足之間的對應。眞理、信念、和科學理論
一樣，都不是獨立於人類處境之外的客觀實體，而是人類用來
應付環境中各項問題的實用手段。在他看來，「唯一的實在」
（ the " only reality "）就是最廣義的、而且是主觀的人生中
的成功。人類有權相信任何事物，只要我們相信它對我們有
益，或是對我們的生活有所幫助。因此，在他看來，「心理學
就是心靈生活的科學」（ James, 1918／1950），意識（ con-
sciousness），包括各種不同的宗教體驗，自然也可以成爲心
理學研究的合法題材（ James, 1902／1985）。詹姆士的心理
學也因此而被人稱爲功能主義（ functionalism ）的心理學。

四、行爲主義

詹姆士的心理學很快的在美國風行一時。但在 1904 至
1912 年間，美國心理學界卻爲了要不要將「意識」摒除於心
理學之外，而產生了激烈的爭辯。這道理其實也不難理解：既
然功能主義重視的是「效用」，我們只要研究意識歷程的「結
果」就可以了，何必去研究「歷程」自身？更清楚地說，心理
學家只要專注於研究「行爲」即可，何必去管「意識」？經過
幾番論戰，1912 年在 Cleveland 舉行的美國心理學會年會上，
「意識」一詞幾乎成爲「衆矢之的」，「行爲」一詞從此取而
代之，成爲心理學的主要研究題材（ Angell, 1913 ）。次年，
年輕的華生（ John B. Watson, 1878－1958 ）在「心理學回顧
」上發表了一篇他在哥倫比亞大學的演講稿，題爲〈行爲論者
眼中的心理學〉，他嚴峻地宣稱：「行爲學派眼中的心理學，
純粹是自然科學的分支。其理論的目的，就是要預測和控制行

為。內省既不是其方法的必要部份，以意識來解釋由內省法所獲得的資料，也沒有什麼科學價值。行為學派的學者在致力對動物反應有整體性的瞭解之後，實在看不出人和動物之間的分界線。」（Watson, 1913）。

這篇文章變成了行為主義的宣言。華生將心理學定義為「行為科學」，認為意識、心靈、心理狀態、想像、……等等概念，都應當逐出於心理學的領域之外。這時邏輯實證論正在歐洲逐漸興起，華生的主張和研究也吸引了愈來愈多美國青年心理學家的注意。

到了 1920 年代，Edward C. Tolman（1886－1959）一方面批評華生把人類行為看得太簡單，不過是「肌肉跳動論」（muscle-twitchism）而已。他認為人類行為是一種有目的而且整合良好的整體行動；可是，他又接受行為主義的基本觀點，提出了「目的性行為論」（purposive behaviorism）（Tolmanm, 1922, 1925, 1926）。1934 年，他到歐洲訪問，受到維也納學派領導人物 R. Carnap 的影響，以邏輯實證論的觀點，重新界定中介變項（intervening variables），認為行為基本上是有機體對其環境的操作，故將其理論改稱為「操作性的行為論」（operational behaviorism）（Tolman, 1951／1966）。

在實證主義思潮風起雲湧的時代，P. W. Bridgman（1927）全力主張運作論（operationalism），並提出了新實證主義的原則，主張：除卻依據語構法則所安排的「形式命題」之外，亦即除掉各門演繹科學的恆真語句之外，一個字詞的意義，決定於檢証該字詞所指涉之既定事物的一組運作（the set of operations）；一個語句的意義，可以化約為從事檢証之全體運作（totality of the verifying operations）。這種運作論的觀點對美國的社會科學界產生了相當深遠的影響，邏輯實證論也成為美國社會及行為科學界從事研究的一種重要典範。

　　當時另外一位深受邏輯實證論影響的名心理學家是 Clack L. Hull（1884－1952）。Hull 少年時期對數學及科學十分著迷，自康乃爾大學取得博士學位，在威斯康辛大學任教時，先後向 J. B. Watson 及 K. Koffka 求教。但他既不滿 Watson 的獨斷，又不喜歡 Koffka 對行為主義的拒斥，因此決心用數學方法發展一種新行為論（neo-behaviorism），希望以量化的方式，用幾條有系統的數學公式，便可以精確地推演出他對個人或群體行為的預測。這種追求機械式之行為法則的做法跟當時盛行的邏輯實證論正好合拍，Hull也因為自己能結合美國的行為理論和維也納的邏輯實證論而感到自豪（Hull, 1943, 1952），他的理論更因此而被人稱為是「機械式行為論」（mechanistic behaviorism）。

　　這時候，S. S. Stevens 數度發表論文，討論「操作性定義」在心理學中的應用（Stevens, 1935a, b），並將邏輯實證論稱為「科學的科學」（the Science of Science），認為它能使心理學成為「無可置疑的自然科學」（an disputed natural science），並成為各種科學統一（unity of science）的基礎（Stevens, 1939）。從此之後，邏輯實證論成為心理學學生必備的知識。

　　到了 1940 年代，有人用更嚴謹的實證觀點來檢視 Hull 和 Tolman 之理論，將「認知圖」（cognitive map）或「習慣強度」（habit strength）等概念稱為「中介變項」（intervening variables），並在「中介變項」和「假設建構」（hypothetical constructs）之間，作了明顯的區分（MacCorquodale and Meehl, 1948）。所謂「中介變項」是可以用實驗程序或測量方法予以操作性定義的概念。「假設建構」則是在科學發展早期階段，科學家為了幫助思考和創造，所提出來的權宜性概念。對於操作性定義而言，它們祇具有「多餘的意義」（surplus meaning）而已。一個嚴謹的邏輯實證論者可以接受

「中介變項」，卻不能接受「假設建構」，因爲後者反映了一種「實在論」的想法，前者卻符合邏輯實證論者關於「唯名論」之主張。

從 1930 年代開始，支持 Tolman 和支持 Hull 的兩派心理學者開始爭論：在學習過程中，有機體到底學到了什麼？支持 Tolman 的一派人認爲：是學到有關其外在環境的「認知圖」，支持 Hull 的人則認爲：是學到對刺激情境的一系列反應。雙方相持不下，到了 1952 年，Kendler（1952）指出：這兩派學者多年的爭論根本是虛假的議題（pseudo-dispute），從操作性定義的角度來看，不管這兩派學者使用什麼樣的概念，動物在特定情境下所產生的行爲都是一樣的。換言之，這兩派學者雖然都受到邏輯實證論的重大影響，不過他們的理論卻是建立在「實在論」的基礎之上，而不是「唯名論」。他們自認爲是「中介變項」者，其實不過是「假設建構」罷了！

當時，英國哲學家 Gilbert Ryle（1949 / 1992）在其著作《心的概念》中批評從笛卡爾以降的心物二元論，將人的心靈和軀體分開，認爲心靈是獨立於物質的心靈之外而能影響行爲之物，這等於是把「心靈」當做是「機器中的幽魂」（Ghost in the Machine）。倘若我們將人類行爲歸之於心靈，這等於是把機器的運作歸之於幽魂。然而，幽魂爲什麼能支配機器呢？是不是幽魂中還另有幽魂（Ghost in the Ghost）？

真正將「機器中的幽魂」徹底逐出其心理學的人是史金納（B. F. Skinner, 1904－1990）。史金納（Skinner, 1938；1953）追隨華生的觀點，將人看做是一種自然物體（natural creature），認爲：行爲完全受制於外在環境中「增強之聯繫」（contingencies of reinforcement），諸如「認知圖」、「習慣強度」之類無法觀察到的概念，在科學的解釋上，都不是絕對必要的，都應當從心理學中予以排除。他做了一系列的實驗，有系統地描述各種不同動物及人類行爲的「增強之聯繫

」，他的心理學因此被人稱爲「激進的行爲論」（radical behaviorism），成爲 1950 年代心理學研究的主流。

第三節　歐洲文化的危機

美國心理學家對於「假設建構」和「中介變項」的爭議，反映出當時西方科學哲學思想由邏輯實證論轉變到「科學實在論」（scientific realism）的一種過程。我們可以從維根斯坦本人的轉向來說明這個過程。

一、邏輯實證論的吊詭

維根斯坦在 1921 年發表其著作《邏輯哲學論》之後，吸引了許多學者的扈從，並組成維也納學派，對歐美學術界造成了重大影響。有些邏輯實證論者因此而提出了一種「統一科學」（unified science）的計畫，認爲可以用邏輯實證論所主張的「科學主義」和「客觀主義」將自然科學和心理學、社會學等人文社會科學「統一」起來。然而，這種「統一科學」計畫首先要克服的便是人類的「意向性」（intentionality）所引起的問題。換言之，人是行動的主體，人類的行動是由其意向所導引的。在人文社會科學的範疇裡面，存有許多諸如「A 相信 P」、「A 想到 P」、「A 說 P」之類的「意向語句」（intentional sentences），這種類型的語句所描述的並不是存在於世界中的「實在」，顯然很難用邏輯實證論的方法來加以處理。

維氏處理此一問題的方法是利用類型論（theory of type），將「A 相信 P」、「A 想到 P」、「A 說 P」等等意

向語句化約成為「P 說 P」的「語意語句」（semantic senten-ces）。在這種「語意語句」裡，我們所要考慮的是語句記號（sentence sign）的意義，而不是它們和世界實在的對應程度（舒光，1986）。

「邏輯實證論」者認為：心理學或社會學只要使用意向語句的型式，便不是真正的科學。用類型論的辦法將「意向語句」化約成為高一層次的虛擬事實，而不認為它們是處理真正對象間的關係，便可以用「客觀的」科學方法來加以研究。行為科學也因此而可以成為「統一科學」的一部分。

然而，當邏輯實證主義者成功地將「意向語句」化約成為高一層次的虛擬事實，這種「客觀的」研究途徑卻潛藏了許多嚴重的危機。首先，在將「意向語句」（A 說 P）化約成為「語意語句」（P 說 P）的過程中，作為「研究對象」的「主體」（A）卻消除不見了。這就像是心理學家在實驗室裡研究「歸因歷程」（attribution process），人在現實生活中的行動都有一定的意圖或目的，當心理學者將人在某種特定情境中的行動意圖分成幾種類型，而用實證方法來加以研究的時候，心理學者獲得了有關「歸因」的律則，但作出歸因的「主體」卻不見了。這種「類型化」的研究假設：任何人都可以根據一定的運作規則來從事科學研究，不必設定溝通的需要，也不必與其研究對象溝通。結果研究者將其他心靈的存在否定掉了，每一個「自我」都凝縮成為一個數字，人也被化約成為可以用形式語言來加以描述的對象。

其次，依照「邏輯實證主義」的理想，作為「研究者」的「主體」也將消除不見。更清楚地說，邏輯實證主義者將「語言」和「世界」一分為二：在「語言」這邊，語言是由命題所構成，所有有意義的命題都可以分析成基本命題，成為基本命題的真正函數。邏輯語言的推演雖然是哲學家的主要工作，然而，只要瞭解維氏的「真值函數論」（truth-function theory

），任何人只要知道基本命題的眞假，便可以對命題的眞假作出相同的判斷。

在「世界」這一邊，邏輯實證主義者認爲：當研究者將「事實」化約成和「基本命題」相對應的「原子事實」（atomic fact）之後，任何人都能用同樣的程序或方法，到經驗世界中去檢証其眞假。換言之，在邏輯經驗主義者看來，世界中的自然規律是獨立於人或其他生物而存在的。作爲生物體的「人」，並不是世界上其他事物存在的必要條件（舒煒光，邱仁宗，1990：52－56）。

這樣一來，我們便可以看到一個十分荒謬的結論：作爲最基本的自然規律的「原子事實」，是一種原始的經驗，但這種經驗卻可以脫離任何主體而獨立自存。換言之，作爲探索世界之「科學家」的主體，對自然規律的發現，沒有一定存在的必要，而變成爲可有可無之人。

第三，邏輯實證主義將所有形而上學的概念都從科學的領域中給排除掉了。在西方基督教的文化傳統裡，許多思想家往往將世界區分爲二，一是人類經驗可以直接感知的「現象的世界」，另一則是「超越的實在」。有些宗敎家在「超越的實在界」中，締造出諸如「上帝存在」、「靈魂不滅」之類的信念，以之解釋人類在「現象世界」中所觀察到的諸般事實。這種「宗敎形而上學」的概念固然是邏輯實證主義所要排除的對象，然而，有些科學家爲了解釋他在「現象世界」中所觀察到的事實，也會提出許多「科學形而上學」的概念，譬如：物理學家所謂的原子、分子、質子，或心理學家所說的「認知圖」、「習慣強度」等等。前文說過，從「邏輯實證論」者所主張的「操作主義」來看，這類「科學形而上學」的概念，只不過是「假設建構」而已，僅具有「多餘的意義」，也可以從科學的領域中排除掉。

二、歐洲科學的危機

　　將「主體」消除掉同時又將形而上學排除在外的科學，將帶給人類什麼樣的後果？1914 年，第一次世界大戰爆發，導致歐洲世界的滿目瘡痍，當時便有許多歐洲思想家開始思考這一個問題。德國現象學之父胡塞爾（Edmund Husserl, 1859－1938）在從事半個世紀的哲學工作之後，深刻地體會到歐洲文化的危機。他在去逝前一年所完成的著作《歐洲科學的危機與超越現象學》中，便愷切指出：自從笛卡爾提出其主客二元論，樹立「理性主義」的傳統之後，歐洲人在「主體性優位」的前提下，認為外在世界是可以度量化的客體，認識主體可以用客觀的數量方法來加以描述，結果便導致了一種客觀主義。這種客觀主義使歐洲的思想步入了實證主義的時代，歐洲文明因此獲得了輝煌的發展，但同時也使歐洲文化陷入了空前的危機。笛卡爾的主客二元論造成了一項弔詭：主體性優位保証了客觀主義的運作，但在客觀主義的高度發展之下，「人」自身反倒被異化成為客體，其主體性反而消失不見了。

　　更清楚地說，近代科學的發展將包括「人」在內的所有客體都看成是像機械般的運作，具有一種本質上的工具特性，而無法自行判斷它的目的是什麼。科學知識本身只是一種事實性的知識，它排除了所有的價值理念，也不能教人以生命的意義。胡賽爾指出：「在我們生命中最緊要的關鍵時刻，這種科學根本不能告訴我們任何東西。」（Husserl, 1936 / 1992）換言之，追求客觀主義的近代歐洲文化已經不能對歐洲人的生命產生指導作用，迷信「科學主義」（scientism）的「現代人」或者變成只有事實心靈的「單向度的人」（one dimensional man）（Marcuse, 1964 / 1990），或者淪為「有技術的野蠻人」，這是歐洲科學最大的危機！

從胡塞爾的觀點來看，歐洲近代文明危機的根源在於主客二元對立下所產生的客觀主義和科學主義。邏輯實證論的出現，只不過是把歐洲自笛卡爾以降的時代風潮推向一個高峰，讓所有的危機得以突顯出來罷了！

三、維根斯坦的轉向

當歐洲思想家群起反省歐洲文明的危機時，許多邏輯實證論者也紛紛改變他們的學術立場。其中最值得我們注意的是維根斯坦本人的轉向。維氏在出版《邏輯哲學論》二十餘年後的 1945 年，又出版《哲學探討》一書，揚棄了他早期將語言視爲是「世界的描述與影像」的觀點，而提出了意義（meaning）和「語言遊戲」（Language game）的理論（Wittgenstein, 1945 / 1958）。所謂「語言遊戲」的意思是：語言具有一種社會性質，語言的使用是一種行動（action）或「生活方式」（life form）的一部份。在語言遊戲中，人們必須學會遵守規則。然而，所有的規則都具有社會性質，都是「公共的」，並沒有任何「私有規則」可言。換句話說，人類的語言必然是「公共的」，「私有語言」（private language）是不可能存在的。跳開社會的架構之外，只以一些邏輯的形式原則爲基礎，我們不能判斷：一個人的行動是否遵從規則，我們也不能判斷他的行爲是否有意義。只有在社會的架構中，在社會生活的互動過程中，我們才能判斷：一個人的生活是否遵從規則，是否有意義。對於日常生活中使用的語言系統，我們不僅要考慮其邏輯層次上的語構（syntactics），而且要瞭解其文化層次上的語意（semantics）和社會層次上的語用（pragmatics）。最足以代表維氏此一階段之主張的名言是：「不要只問一個句子的意義，問它的運用」。

這句話和他早期以「語言」作爲世界之界限的觀點，正好形成強烈的對比。維氏早期的著作《邏輯哲學論叢》促成英美

語言哲學中的「形式語言學派」（formalists），而其晚期著作《哲學探討》則促成了「非形式語言學派」（informalists）。一前一後，兩本著作開啓了兩種截然不同的研究取向，對歐洲學術界都造成了極大的影響。

第四節　科學實在論的興起

　　維根斯坦的轉向使他將注意焦點移回到人類的社會生活。在科學哲學內部，邏輯實證論的主張也受到以波柏為首的實在論者之抨擊，迫使維也納學派的許多成員不得不紛紛轉向，而易名為「邏輯經驗論」（logical empiricism）。在波柏之後，還有許多主張實在論的科學哲學家對波柏的觀點作進一步的補充或修正。為了凸顯「邏輯實證論」和「實在論」兩種思潮的巨大差異，我們將首先討論波柏的思想，藉以說明這兩派學者對科學哲學中許多重要觀點上的歧異。

一、波柏的「進化認識論」

　　卡爾・波柏（Karl Popper, 1902－1994）有猶太血統，成長於奧國首府維也納，當時歐洲許多思想家已經不斷地對科學主義提出質疑和挑戰（Kolakowski, 1972 / 1988），而維也納的正是各種思潮的交匯之處。十七歲時，歐洲科學界發生的一件事使波柏感受到極大的震撼，成為他終生事業的出發點。1916 年，愛因斯坦修正了他的廣義相對論，對星光行經太陽時將發生偏轉，做出不同於牛頓萬有引力說的預測。1919 年英國天文學家愛丁頓在日蝕時觀測的結果竟然支持了愛因斯坦有關「光線彎曲」的奇異構想。這次觀測的結果使當時的歐洲掀起了一陣「相對論熱潮」，而少年波柏則從一種異於常人的角度來思考問題：為什麼多年來經過千萬次檢驗的牛頓理論竟然在一次失敗後，便產生動搖？這樣一來，還有什麼

理論能夠免於被推翻的命運呢？

　　當時愛因斯坦謙沖爲懷的態度對波柏產生了極大的影響。愛因斯坦對自己的理論始終抱持著批判的態度，他總是試圖找出自己理論的侷限性，不但承認自己以前論文中的錯誤，甚至公開宣稱：如果愛丁頓觀測的結果否定了他的預測，廣義相對論就會被否決掉。這樣的治學風格深深地吸引著年輕的波柏，從而影響到他的科學哲學觀。

　　1934 年，他的第一部名著《科學發現的邏輯》受到維也納學派領導人 Schlick 的支持而出版，其內容卻對邏輯實證論提出了嚴峻的挑戰。這本書的英譯本在 1959 年出版後，使他在應與世界中聲名遠揚。接著他又相繼出版《猜想與反駁》（Popper, 1963）和《客觀知識》（Popper, 1972 / 1989），進一步說明他的知識論和「進化認識論」（evolutionary epistomology）。

　　我們可以用波柏所提出的四段圖式來說明他的進化認識論：

$$P1 \rightarrow TT \rightarrow EE \rightarrow P2$$

　　P 表示問題（problem），TT 表示試探性的理論（tentative theory），EE 表示排除錯誤（error elimination）。倘若要以此一圖式來表示普遍性的試錯法，則圖式中的 TT 可以改變爲 TS（試探性的解決，tentative solution）。後來，他又將這個圖式修改（Popper, 1972 / 1989：313），而成爲此一圖式的普遍形式。：

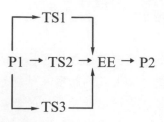

　　這個修正過後的普遍圖式，其意思爲：當生物體的期望遭遇到挫折前，或是他原有的知識陷入困境的時候，他會設法對這個問題情境提出試探性的解決方案。這種解決方案可能不只一個，它也不一定正確，因此必須將錯誤的解決方案排除掉，保留尚未被否定掉的解決方案。這樣留下來的方案又可能遭遇到新的問題，如此往復，以至於無窮。

　　在科學理論的場合，問題通常出自於下列三種不同情境：⑴理論與觀察或實驗的結果不一致；⑵理論系統內部發生互相矛盾的現象；⑶兩個不同的理論之間互相衝突。這時候，科學家便可能試圖提出試探性的理論。當然，這樣提出來的試探性的理論並不就等於眞理，它也可能被後來的觀察或實驗否證掉。因此，一個科學的理論必須具有「可否證性」（falsificability），如果一個理論的陳述或命題無法用經驗的方法來加以驗證，則它便不能稱做是「科學」的。

　　在各種嘗試性的解決方案（TS1、TS2、TS3）之中，存在著類似達爾文所說的優勝劣敗的生存競爭。只有能夠通過嚴格的證僞檢驗的方案，才能夠被保留在科學知識之中，其餘則在排除錯誤的過程中被淘汰掉。所以巴柏的科學發展模式即相當於科學知識成長的模式，它是一種非決定性的開放模式。正如人們不能預測或控制生物進化的過程一樣，人們也不能完全預測或控制科學未來的發展。

二、邏輯實證論和進化認識論的對比

　　從以上的論述中，我們已經可以看出，波柏的進化認識論和邏輯實證論在認識論上的歧異。我們還可以根據這種歧異，討論他們在方法論上幾個明顯的針鋒相對之處（舒煒光，1994）：

㈠真理或近似真理

　　從邏輯實證論的立場來看，「語言」旨在描述「世界」，科學理論中的「基要命題」是在描述可用感官經驗到現實世界中加以驗證的「原子事實」，這樣的「基要命題」經過邏輯的推演，構成「命題」，「命題是實在的圖像」（4.01）「真命題的總和即是全部的自然科學」（T4.11）。因此，科學命題是在陳述客觀世界中的「真理」。

　　然而，對波柏來講，科學理論只不過是科學家的猜測而已，是人類強加到客觀世界上去的，它是人類對未來事件的一種試探、一種預測、或一種猜想，它在本質上是「人造的」、是「假設性的」。波柏引述並修改康德的一句名言：「我們的理智並不是從自然界引出規律，而是以不同程度的成功，把理智自由發明的規律強加於自然界」（Popper, 1963：191）。他之所以特別強調：人只是「以不同程度的成功」，「把規律強加於自然界」，正是因為規律是由「理智自由發明的」。

　　科學家當然希望他所提出來的理論能夠儘量接近客觀世界中他所研究的對象，而不會被經驗事實所否證掉。無論如何，他所提出來的理論命題只能是「近似的真理」，而不就等於「真理」。因此，波柏強調：「我們是真理的探求者，不是真理

的佔有者。」(Popper, 1972 / 1989：61)

(二)歸納法或演繹法

依照邏輯實證論的觀點,「基要命題」所描述的是人類反覆經驗到的「原子事實」。換言之,作爲理論命題之基礎的「基要命題」是從過去的經驗歸納出來的,科學規律是建立在事實的重複性基礎之上。早在十八世紀,英國哲學家休謨便曾經對歸納法提出挑戰,他指出:感覺材料的反覆出現,只不過是證明這些材料在過去發生過聯繫而已,並不能保證這種聯繫在任何時間都會發生。譬如,在九千九百九十九次的觀察中,太陽都從東方升起,但這還是不能保證:在第一萬次的觀察中,太陽還是從東方升起。從以往經驗的歸納中,無法得到可適用於未來的必然性。

然而,休謨並未因此而否定歸納法的作用。他仍然繼續堅持使用歸納法,但卻否認科學眞理的必然性。休謨認爲:歸納法其實是一種在重複過程中把幾個感覺印象連結在一起的心理習慣,雖然不能滿足嚴格的邏輯推理和追根究柢的思辨要求,但確是人生不可少的。

波柏全面批判了休謨關於歸納法的心理學理論。他認爲:典型的重複活動是機械的、生理的,不會在心理上造成對於規律的信仰。人們之所以相信歸納法,是因爲大家普遍相信:科學知識需要建立在一個堅實的基礎之上。經驗科學的基礎是觀察和感官經驗,然後透過歸納法整理出科學理論。波柏指出:其實理論是人針對問題而提出來的。觀察不可能發生在理論之前,任何觀察都受一定理論或理論傾向的指引。倘若理論只是過去的記錄,不能從其中推演出既有經驗以外的事件,這種理論還有什麼用呢?

因此,波柏認爲:理論並不是由經驗事實歸納出來的,而

是用批判的理性思考演繹出來的（Popper, 1972／1989：1－39）。值得注意的是：波柏所謂的演繹，又不同於以永恆公理作為出發點的傳統演繹，他主張不斷地檢驗做為演繹前提的猜想。這種方法，波柏稱之為「檢驗的演繹法」。用他自己的比喻來說，科學並不是一只水桶，人們只要辛勤地採集並累積經驗，理論的水就會自然而然地流注而滿。相反的，科學猶如一架探照燈，科學家必須不斷地提出問題，進行猜想，把理論的光投向未來（Popper, 1972／1989：431－457）。

㈢實證論或否證論

前文說過，邏輯實證論者將哲學家和科學家的工作區分為二：哲學家的主要工作就是對形式語言（formal language）的結構作邏輯的分析；科學家的主要工作則是將科學理論中的命題化約成為「基要命題」，用任何人都可以複製的實驗方法，到經驗世界中加以檢驗，看它跟「原子事實」的對應程度。因此，科學活動的主要工作是證實。

波柏則抱持一種完全相反的觀點。從波柏的哲學來看，不論多少經驗事實都不能證明一種理論為真，因為任何一個和理論不符的事實都可能使「基要命題」發生動搖。然而，我們或者能證明一種理論為假，而予以摒棄；或者因為還不能證明它為假，而暫時予以保留。在波柏看來，科學是一種要求不斷演進的事業，一種猜想代替另一種猜想，一種理論代替另一種理論，在科學活動中必須不斷思考、不斷批判、不斷否證。作為理性思考之結果的理論並不能保證永遠正確，但它卻必須不斷的批判謬誤，所以波柏的哲學又稱為「否證論」。

以經驗事實來證實理論，邏輯實證論者稱之為「確證」（confirmation）。嚴格的檢驗力圖否證、但暫時尚未能予以否證的理論，波柏稱之為對於理論的「確認」（corroboration）。不論是「確證」也好，「確認」也罷，所有的科學批

判都必須以經驗事實作為準據。在以波柏為首的否證論抨擊之下，許多邏輯實證論者也紛紛調整立場，而改稱自己為「邏輯經驗論」。

㈣經驗論或理念論

前文提到，邏輯實證論採取了極端經驗論的立場，認為感官所經驗到的實在，才是「純粹的實在」。波柏堅決反對這種「唯物主義」的觀點。相反的，他的「批判理性論」採取了一種和理念論較為接近的立場，並且在《客觀世界》一書中，提出其「三個世界」的理論：第一，是物理客體或物理狀態的世界；第二，是意識狀態或精神狀態的世界，或有關活動之行為意向的世界；第三，是思想的客觀內容的世界，包括科學思想、詩的思想、以及藝術作品的世界。其中他最重視的是理論體系、相關的問題和問題情境、以及圖書館中刊載這些訊息及其批判性辯論的期刊和書籍。

從經驗論或唯名論的角度來看，問題、猜測、理論、期刊和書籍，其本質都是主觀精神狀態或行為意向的符號表現或語言表現，它們只不過是一種溝通的工具而已。然而，波柏卻認為：第三世界是一種獨立存在的「實在」。假設有一天，所有的機器和工具以及如何使用它們的主觀都毀壞了，但圖書館和我們從中學習的學習能力仍然存在，經過一段時間的調整，我們的世界仍然可以再次運轉。然而，假設連圖書館都毀壞了，以至於我們無法再從書籍中學習，則我們的文明在幾千年內都不會重新出現。因此，他認為：第三世界不僅是實在的，而且有其自主性。

三、邏輯實證論的轉向

由於所有的科學批判都必須以經驗事實作為準據，在實在論者的不斷抨擊之下，當時維也納學派的許多主要人物都紛紛調整立場，而改稱自己為「邏輯經驗論」。比方說，維也納學派的主將 Rudolf Carnap（1891－1970）早年主張「現象主義」，認為人類各種不同生活領域中的知識都可以驗証。後來受到邏輯實證論的影響，轉為物理主義，認為物理語言既具有「普遍性」，又具有「主體間性」（intersubjectivity），其基本命題所作的定量描述，不僅人人都能領會，而且不會發生溝通上的誤解和差錯。各種不同的科學都應當將其語言翻譯成為物理語言，以之作為統一科學的語言。他認為：這樣做便可以避開現象主義缺乏普遍性，私人經驗無法互相通譯的困擾。

在邏輯實證論飽受抨擊之際，Carnap 晚期的思想也發生了很大的轉變，而轉為「邏輯語義學」。他放棄了「物理主義」的想法，而主張以「事物語言」來統一科學。這個時期的 Carnap 認為：心理學、生物學等各種不同學科所使用的語言，既要作定性描述，也要作定量描述。然而，他仍然堅持反形而上的態度，認為：任何一門中科學所使用的語言，都可以區分為「理論語言」和「觀察語言」兩種，「理論語言」可以透過「操作主義」的辦法轉變為「觀察語言」，到日常生活的經驗界中去檢驗其「預測的相關性」。凡是不能還原為「觀察語言」，或是不具「預測相關性」的「理論語言」，都是沒有意義的，都應當排除在科學理論之外（舒煒光，邱仁宗，1990：59－84）。

四、「實在論」的崛起

　　另外一位曾經參與維也納學派討論的科學哲學家 Carl G. Hempel（1905－　　　），則從邏輯實證論的立場，轉向「實在論」。早期的 Hempel（1958）傾向於採取邏輯實證論的立場，認爲科學理論中的「原始術語」和「初始假設」，構成了一種公理演算的系統，科學家可以通過邏輯的演繹，導衍出若干命題，到經驗界中加以驗証。後來 Hempel（1977）則採取了「實在論」的立場，主張：科學家應當把理論中的「術語」看做是在指稱某種「實體」，而不是一種虛構。事實上，科學家們很難將科學理論中術語所指稱的對象截然劃分爲「物理實體」和「虛構實體」，有些「理論術語」看起來像是虛構的，其實祇不過是科學家尚未發明出適當儀器來測量它們罷了。有朝一日，科學家能夠發展出適當儀器，來加以量度，「理論術語」也可能變成「經驗術語」。經驗現象是隱藏於其後之「實體」及過程的表現。「實體」及其過程的運作，都遵循著理論的規律，這些規律不僅可以對過去和現在的現象作統一的解釋，而且可以預測未來。科學家最重要的任務，便是要找出這些規律。

　　Hempel（1977）也將科學理論中的術語區分爲「理論術語」和「經驗術語」兩種。然而，他並不像一般邏輯經驗主義者那樣，認爲每一個「理論術語」都應當用「經驗術語」來加以明顯的定義。相反的，他卻主張用一種整體論的觀點來看待理論，認爲我們可以把一個理論系統看做是一張知識的「空中之網」，各種原始的「術語」是其中的「網結」，初始的「假設」則是聯結各「網結」的「網繩」，其中有一部份的「假設」可以透過「對應規則語句」的闡釋，將「理論術語」作經驗性的解釋。它們就像聯結「空中之網」和經驗平面的細線，使理論中的部份假設可以獲得檢驗。換言之，他認爲：我們應當

用整體的觀點，來判斷一個理論系統的認識意義，許多非經驗性的「理論述語」對人類的想像力極富啓發作用，我們不能因爲它們不是「經驗術語」，便要將之逐出科學的領域之外。

　　從 Hempel 的轉向中，我們可以清楚地看出：邏輯實證論和「實在論」的差異。邏輯實證論爲了將形而上學驅逐出科學的範疇之外，採取了極端的「唯名論」立場，結果是「將洗澡水和嬰兒一起倒掉」，不僅將宗敎形上學的概念驅出了科學的範疇，連科學形上學的概念也一併給否定掉了。對於「實在論」者而言，這種作法顯然是矯往過正。宗敎形上學固然不能成爲科學研究的對象，科學理論中卻不可能沒有形而上學的概念，譬如 Hempel 所說的「理論術語」便是一種科學形上學的概念。

　　不僅如此，以邏輯理論和數學的分析性命題爲基礎所建構出來的理論，反倒可能不具有認知上的意義，不能讓人清楚地認識外在的客觀現實。爲了補救這樣的缺失，近代的「科學實在論」（scientific realism）認爲：科學研究的對象是實在的；而且是獨立於科學家的活動及其相關知識而存在，並發生作用的。科學實在論主張眞理符合說，認爲：科學研究是一種尋求眞理的過程。科學活動的目的，便是要建構出一套理論來向人們訴說關於實在世界的眞實故事。「模型實在論」（model realism）則主張：科學活動所建構出來的理論模型，並不必然就完全對應於世界本體。一個理論模型，不僅要以它所描述的事實來加以考驗，同時還必須具備形式上的簡單性，以及表述上的清晰性，能夠說明和預測經驗現象，滿足人們在認識論和語義學方面的要求。

五、趨同實在論

　　在各種「科學實在論」的主張裡，對於我們推動「社會科

學本土化運動」最富有啓發性者,當數 Putnam(1978)的趨同實在論(convergent realism)。趨同實在論者認爲:一個成熟的科學理論,其中所包含的名詞必然眞正地指稱某些「實在」(reality);而且成熟科學中所包含的理論,通常都是近似的眞理。在不同理論中出現的同一個名詞,也可以指稱同一個事物。倘若先前的理論對理論對象的解釋,有一部份正確,有一部份錯誤,則後來的研究可以對同一對象建構更有解釋力的理論,來取代它。後繼的理論應當包含先前理論所取得的成果,而前後相繼的理論,也應當愈來愈接近眞理。

這種「趨同實在論」的觀點和「科學革命」是截然不同的。孔恩(Kuhn, 1970 / 1994)在其名著《科學革命的結構》中指出:任何一個科學社群(scientific community)都有一些共同的理論和研究方法,構成該一社群的研究典範(paradigm)。在常態科學(normal science)時期,科學家們通常是在典範之內從事研究工作,而不會去懷疑典範中的基本觀點及規則。他們平常所作的研究工作,主要是精鍊(articulate)其典範,使其更爲精緻而明確。在精鍊的過程中,他們可能修正典範中的某些細節,但卻不會放棄其中最基本的部份。當然,每一個典範都會遭遇到一切違背其理論或定律的「異例」(anomalies)。依照 Kuhn 的觀點,容忍「異例」乃是常態科學的特色之一,如何在典範之內解決「異例」的問題,乃是常態科學家必須戮力以赴之事。在常態科學時期,即使有「異例」無法獲得解決,科學家們也不會因此而放棄該一典範。然而,當「異例」愈積累愈多,便有人會試圖去發展新的典範以取代舊的典範,而導致「科學的革命」。

依照孔恩的看法,同一個名詞在不同的理論裡,必然會有不同的意義,因而它們之間具有「不可通約性」(incommensurability),但實在論者卻不同意這種觀點。實在論者認爲:同一個名詞在不同的理論裡,也可能指稱同一個「實體」,因而它們是「可通約的」。這種觀點和 Irme Lakatos「科學研究

綱領」的理論是比較接近的。Lakatos（1978／1990）認爲：
科學史是由「科學研究綱領」（Scientific research program）
相互競爭的歷史。所謂「科學研究綱領」通常是由一些方法論
的規則所構成的，其中有一些規則告訴我們要尋求那些研究途
徑，稱爲「肯定的啓發」（positive heuristic）；另一些規則
告訴我們要避免那些研究途徑，稱爲「否定的啓發」。依據這
樣的方法論規則，「科學研究綱領」中不可修改或放棄的部份
稱作「硬核」（hard core）。除此之外，一個「科學研究綱領
」還要包含一套具有「肯定的啓發」性質的方法論規則，提供
一些建議或提示（hints），說明這個研究綱領如何改變，如何
發展，而構成該一綱領的「保護帶」（protective belt）。

　　依照 Lakatos 的說法，「科學研究綱領」在發展過程中，
會不斷地發生改變，並遭到修正。但其「硬核」卻是「不可反
駁的」（irrefutable）。當科學家遭遇到「異例」時，他必須
將「異例」歸之於「保護帶」，而不可歸諸「硬核」。如果「
硬核」遭到反駁並發生變動，「科學研究綱領」便已經不是原
來的綱領，而是另一個新的綱領，而進入 Kuhn 所謂「科學革
命」的階段。

　　用實在論的角度來看，「硬核」是理論中經得起考驗的部
份，「保護帶」則是其中較可能遭遇到「異例」的部份，依
照 Lakatos（1978／1990）的「精緻否證論」（sophisticated
falsificationism），倘若一個研究者看到某一個理論的「保護
帶」遭遇到太多「異例」，他理所當然的可以擷取其中的「硬
核」，配上新的「保護帶」，重新建構出一套新的理論模式，
使新理論包含舊理論不可反駁的內容。

　　個人認爲：「趨向實在論」或「精緻否證論」的觀點，對
於我們推動「社會科學本土化運動」有極其重要的涵意。在非
西方社會從事社會科學研究工作的人，大多受過西方社會科學
的訓練，必須面對西方社會科學龐大的學術傳統。由於人類社

會有共相，亦有殊相，當我們將某種外來的西方理論移植到本土社會中時，必然會發現：其中有適用的部份，亦有不適用的部份。這時候，如何保留外來理論的「硬核」，去除其「保護帶」，並建構出適用於本土社會的理論，便成爲本土社會科學工作者必須嚴肅面對的一項課題。

六、科學中的形而上學

在華人社會中從事本土社會科學研究，建構適用於本土社會的理論模式時，我們還必需考慮：如何妥善處理華人文化傳統中的形而上學理念？Wartofsky（1979）將形上學所討論的問題分爲四大類：「宇宙論」涉及世界上各種存在物的結構或聯繫的方式；「宇宙演化論」述及事物的起源及其形成的原因；「本體論」描述存在物的基本特性；「描述形上學」則是描述某一社群對上述問題共同具有的信仰或理念，它通常是以思想體系的方式表現出來。

如前所述，在西方文化裡，源自基督教的宗教形上學一直是實證論者所要拒斥的對象，邏輯實證論甚至認爲：所有形上學的術語都沒有科學上的意義，都應當排出科學的領域之外。然而，Watkins（1975）卻例舉許多証據，說明科學內部也有許多形而上學的成份。許多科學中的理論術語都是形而上學的，它們也具有本體論的主張，並曾經在科學進展的過程中，發揮過相當重要的決定性作用。Bunge（1977：24）則認爲：「好的形而上學和深刻的科學之間，並沒有鴻溝存在。每一種廣泛的科學性理論，都可以看做是形而上學的；而每一種帶有科學成果並作出概括的本體性理論，或者以公理化約科學理論作爲基礎的本體論，都可以說是科學的。」

主張「精確哲學」（exact philosophy）的 Burge（1977）認爲：形而上學是科學的延伸，形而上學的範疇與假設，和科

學的基本概念和普遍原理是等同的。因此，他主張用「假設—演繹系統」的精確方式，來整理形而上學的本體論系統。在這樣的系統裡，有公設、定義、定理、引理等等，分別構成系統的內容。在科學形而上學的系統裡，這些公設與科學命題有著邏輯上的聯繫，能夠對科學研究的結果作概括性的說明，然而，它們卻是以公設的方式被引進系統之中，並未曾加以証明，在結構上是一種獨立的部份。在 Bunge 看來，日常語言非常模糊而且貧乏，邏輯和數學的語言則具有精確、豐富的特性，要想在本體論中消除模糊而達到精確性的要求，則必須使用邏輯和數學的語言取代日常語言。

Wartofsky（1979）更進一步指出：不論是古典或現代的形而上學思想，其基本意圖都是想把各種事物綜合成一個整體，提供一種統一的框架，讓我們能夠以某些普遍的原理為基礎，來理解我們經驗中各式各樣的事物，或將之解釋為某種普遍本質或歷程的外在表現。

中華文化傳統中的形而上學亦不例外。源自於易經，而以儒家思想為主的「道、儒、法、兵」一脈相承的中華文化傳統，也包含有宇宙論、宇宙演化論、和本體論，曾經長期作為華人共同的信仰和理念，透過華人日常生活使用的語言，而對華人的社會行動產生深遠的影響。

Bunge 關懷的主要對象是科學形而上學。「道、儒、法、兵」文化傳統的主要內容，卻是以儒家思想為主的道德形而上學。我們能不能用這種「精確哲學」的概念來處理道德形而上學的問題呢？作者認為：這個問題的答案應當是肯定的。儒家思想系統裡雖然包含像「仁」這種所謂「內在超越」的理念，其中並不涉及諸如「上帝」、「永生」之類的外在超越理念。我們縱然不能用「假設—演繹系統」的方式來處理以儒家思想為主的中華文化傳統，我們也必然可以用建構模型的方式來加以處理。本書的主要目的，便是要採用「實在論」的立場，建

構出一個解釋華人社會行爲的理論模式，然後再從社會心理學的角度，用結構主義的方法，建構出一個框架，來說明「道、儒、法、兵」這一脈相承的文化傳統如何可能影響華人的社會行爲。

七、小結：本書結構的鳥瞰

本章首先回顧西方科學哲學思想發展的歷史，指出：歐洲文藝復興運動發生之後，以笛卡爾主、客二元對立之理性主義爲基礎，所發展出來的實證主義和科學主義，如何可能導致社會科學研究對象主體性的喪失。邏輯實證論代表了這種思想潮流發展的一個高峰，邏輯實證論發展到極致，連作爲研究者的主體，都可能消失掉。

在下一章中，作者將引用法國思想家傅柯所提出的「知識型」概念，說明：由「邏輯實證論」辯証性地發展出來的「科學實在論」，這兩種研究取向，分別對應於「古典時期」及「現代時期」之知識型。在世界學術體系中處於邊緣地位的華人心理學社群，不加反省批判地移植中心國家的研究典範，不僅其「研究對象」的主體性將喪失不見，而且還可能造成雙重「學術實踐主體性的喪失」，不僅學者本人的學術作品喪失「內在可理解性」，連他研究的題目也喪失「社會可理解性」。採用「科學實在論」的研究取向，由「古典時期」的知識型轉變成爲「現代時期」的知識型，雖然能夠消除「研究者」主體性喪失的危機，不過卻不能解決「研究對象」主體性喪失的問題。要解決「研究對象」主體性喪失的問題，必須採取「主觀的研究途徑」，這一點，我們將留待第三章再作細論。

（註 1）：關於維根斯坦之思想的初步介紹，見陳榮波（1982）；

對於維氏哲學的深入析論，見舒光（1986）；Canfield
（1986）。

第  章

古典時期與現代時期的知識型

學術實踐主體性的喪失

本書第一章回顧西方科學哲學及心理學的發展史，指出：在文藝復興運動發生之初，許多歐洲思想家都曾經注意到自然科學和社會科學之間的重大差別，認為不能盲目套用自然科學的方法，來研究涉及人類自身的社會科學。然而，自從笛卡爾的理性主義哲學問世之後，以「主客二元論」為基礎的客觀主義逐漸成為歐洲學術思潮的主流，而以邏輯實證論的出現，為其最高峰。然而，使用邏輯實證論的方法研究社會科學，研究者和研究對象都將面臨「主體性喪失」的危機；而將所有形而上學（包括科學形而上學）排出科學的範疇之外，終將妨害科學知識的發展。邏輯實證論的極度發達，因而辯證性地發展出「實在論」的新潮流。

本章將引用法國思想家傅柯（Michel Foucault, 1926－1983）有關「知識型」（episteme）的概念來說明：採用邏輯實證論和科學實在論兩種不同研究方法所建構的知識，分別對應於「古典時期」和「現代時期」兩種不同的知識型。在世界學術體系中居於邊陲地位的非西方社會科學社群，如果既不了解本地的文化傳統，又不了解西方科學哲學的發展歷史，而盲目移植西方社會科學的研究典範，則將更進一層造成雙重「學術實踐主體性喪失」的現象，研究者個人的研究成果，喪失了「內在可理解性」；而他所研究的對象，也喪失了「文化可理解性」。本章將以台灣心理學的研究成果為例，來說明這種危機。

當然，這種危機並不是台灣心理學社群所獨有，而是邊陲社會中社會科學社群所共有。近年來，國內社會科學界也有人察覺到此種問題，而發起社會科學本土化的運動。然而，作者認為：落實社會科學本土化運動的先決條件，是本土社會科學社群必須在「世界觀／認識論／方法論」上作徹底的轉變。如果本土社會科學社群仍然堅持素樸實證主義的世界觀及研究方法，所謂「社會科學本土化運動」難免流為另一種的形式主義。

第一節　知識型與世界觀

以「知識考掘學」聞名於世的傅柯（Foucault, 1973：xxi－xxii）說：他從事人文科學之系譜分析（genealogical analysis）的目的，便是要發現：知識和理論是在什麼樣的基礎上建構出來的。在什麼樣的歷史先決條件下，思想才會產生，科學才會確立，經驗才會在哲學中獲得反思，理性才會形成。在那種新的歷史條件下，這一切又將隨之瓦解，甚至消失。為了解答這個問題，他提出了「知識型」的概念。所謂「知識型」是指：「在一特定時期中，使知識論圖型、科學、以及可能的形式系統聯結在一起的總關係。它不是一種知識形式，也不是一種貫穿於各種不同的科學之間，顯示出議題、精神、或者時代之統一性的所謂『理念』。它是我們在『論述規則』的層次上分析某一時期之科學時，所能發現之關係的總和。」（Foucault, 1972：192）

一、古典時期的知識型

傅柯認為：在十八世紀末葉的某個時期，西方世界的「知識型」發生了一次激烈的轉變，這次鉅變使得十九世紀以後的人文科學知識找到其成為可能的哲學基礎，西方世界的「知識型」也由「古典時期」進入「現代時期」。然則，這兩個時期西方世界的「知識型」究竟有什麼根本的不同？

「古典時期」的代表人物是笛卡爾。本書第一章說過，笛

卡爾最先將西方文藝復興和宗教改革之後所表露出來的特殊思維方式，建構成爲理性主義的哲學系統。他的理性論其實是建立在神學的唯意志論（theological voluntarism）的預設之上。後者主張：上帝是宇宙萬物的創造者，除了自身的絕對意志之外，祂不受任何力量的約制。人是上帝根據祂自己的形象所塑造出來的，不過人和上帝之間的相似程度，並不足以讓人有能力從自然中去發現上帝的設計。我們可以說：上帝能夠做我們所理解的一切事情，但我們不可以說：上帝無法做我們所不理解的一切事情。如果有人認爲：人的想像可以窮盡上帝的力量，那是僭越，也是狂妄的。

宇宙萬物都是由上帝的意志所造就，即使是數學眞理，也像其他一切受造之物那樣，由上帝所確立，並且依賴於上帝。笛卡爾甚至認爲：上帝賦予我們這樣一種頭腦，讓我們必須承認：凡是上帝感到愉悅而置入於自然中之事物，都是合於理性的。儘管上帝能夠造就我們無法理解的事物，但是上帝並不想欺騙我們。因此，基本的眞理是內在於理性之中的。如果我們對一件事物不能形成一種觀念，這一事物便不存在。所以，人類可以其理性作爲衡量存在之眞實性的尺度，他因此而主張：人類能夠像數學演算那樣，用演繹的方法來建構自然科學（Schouls, 1989）。

笛卡爾的理性主義立即受到同一時代之經驗主義者的挑戰。然而，他們都同樣接受宇宙秩序是由上帝所給定的預設。譬如英國數學家和哲學家 R. Cotes（1682－1716）在他爲牛頓之著作《自然哲學的數學原理》所寫的序言中，寫道：「毫無疑問的，這個世界是由於上帝絕對的自由意志才得以出現。從這一本源中，湧現出我們稱之爲自然法則的那些東西，其中確實顯露出許多最聰明的設計創造的痕跡，但我們卻看不到任何必然性的跡象。因此我們絕不能從不可靠的推測中去找尋這些法則，而要從觀測和實驗中去了解這些法則。」（Newton, 1687）換言之，經驗主義者認爲：科學必須接受上帝依其意願

所創造出來的事物，但人不能將自己的思想強加於上帝身上，而必須以親眼所見、親身所觸的經驗作為科學研究的基礎。經驗論者並不反對理性。相反的，他們認為：理性是上帝給予人類的最大贈禮，他們反對的是沒有經驗基礎的思辨，而不是通過經驗之批判的理性。

在這個時期，「人」被看做是和外在客觀世界形成二元對立的主體。可是，這個時期的人相信：「人」並不是世界的創造者或設計者，上帝才是世界的創造者。這個世界是由上帝所創造的一種客觀存在；人所能做的，只不過是通過清晰而明確的思想，來闡明世界的秩序而己（Hooykaas, 1972 / 1991）。由於世界的存在本身便具有一種完美的秩序，知識活動的目的，便是要使用符號來反映出世界的秩序。因此，古典時期的知識型是「表象」（representation）。當時人們相信，人們用以描述世界之秩序的語言是絕對可靠的，人類可以用語言分毫不差地描述客觀的世界。當時知識的表現方式，通常是一種數理模型，一種分類方法，或是一種系統發生學的分析。研究這客觀世界的方法，則是將具有表象作用的符號，列成一張清晰明瞭的系統表，讓這張表有條不紊地反映出世界本身所具有的真實秩序。

在笛卡爾的理性主義裡，「比較」和「秩序」是兩個十分重要的核心概念。比較的方法，是先從被分析的客體中找出簡單的因素，然後在這個基礎上逐步發展出複雜的綜合。最簡單的因素就是可以用直觀來把握的因素。如果我們能夠恰當地確定簡單因素，並且有可靠的方法綜合這些因素，知識便可以從最簡單的形式一直發展到最複雜的型式。通過這種方法，世界中所有關於異同的問題，都可以歸結為秩序的問題。笛卡爾相信：這種方法能夠產生確實的知識，人類獲得知識的途徑，便是將自然界的各種因素依其繁簡程度，進行正確的排列（Dreyfus and Rabinow, 1983 / 1992）。

在這個時期，科學家的任務就是忠實地描述現存的秩序，而不是創造世界。他甚至也不創造具有表象作用的語言。他所建構的不過是一種按照自然秩序所設計出來的符號秩序而已；真正使語言具有意義的是自然秩序本身，而不是作為研究主體的個人。換言之，在笛卡爾強調二元對立的理性哲學裡，「人」是描述「客體」的「主體」，但是他在描述「客體」時，作為描述者的「他」，卻是隱藏不見的。當時科學的理想就是「如實地」描述自然，而不是註釋自然，所以科學活動必須從實證的歸納開始，歸納的結果就應當被接受為理想的知識。

由於「人文科學」所要研究的首要問題是：在聯繫「事物」以及代表它們之「語言」的過程裡，「人」到底發揮了什麼作用，受到了什麼樣的限制，他取得的知識又有多大的確實性；古典時期的知識型既然預設：是「自然」使人能夠進行知識活動，是「自然」使人能夠使用字詞的秩序來代表自然秩序，而「語言」又能夠充份完全地代表「事務」，因此，「人」在聯繫「事務」和「語言」的過程中到底發生了什麼作用，便成為無須探究的問題，「人文科學」的可能性因此被徹底排除掉了，「人」也只能成為醫學、生理學、或動物學等「自然科學」的研究對象。

二、現代時期：人的紀元

到了十八世紀末期，西方世界的知識型發生了徹底的改變：人們不再相信世界的秩序是由上帝給定的，古典時期的「表象」作用突然變得不管用了，語言也喪失了往昔的清晰性。既然語言系統不再能夠「如實地」反映世界的秩序，「人」在組織或安排此一秩序中的作用也隨之突顯出來。古典時期的崩潰，現代時期的到來，象徵著「人之紀元」的展開。在古典時期，人把自己看做是和世界萬物對立的「主體」。吊詭的是：他在認識自己的時候，卻把自己當做是許多客體中的一種客體，

許多存在中的一種存在。到了現代時期，「人」發現：他認識的對象不僅包括一切客體，而且包括他自身，以及自身的認識過程。他和認識對象之間的關係，不是「主體」和「客體」對立的關係，而是「互為主體性」（inter-subjectivity）的關係，「人文科學」也因此而成為可能。

「人文科學」的主要內容是人類所使用的語言，以及他藉由語言所創造出來的世界。更清楚地說，人的主觀存在和客觀世界都必然具有語言性，他對客觀世界的表述和組織，是他用以思維的語言所決定的；用任何一種語言所思維的客觀世界，都是這種語言的產物。在不同的社會或文化裡，使用不同語言的人，並不是分享同一世界，而是建構了不同的世界。人類直覺經驗所認識到的，並不是「世界本身」，而是一個由「語義場」所構成的世界。

在這樣的一個「語義場」裡，人們的生活、思想和說話都是按照一定的經濟、語言、或心理法則而進行的。然而人具有一種內在的扭轉力量，他不僅能夠利用這些法則的交互作用，獲得一種「認識並說清」這些法則的權力，而且在認識這些法則的局限性後，他更能夠使用語言、創造語言，來改變他的生活世界。

在我看來，這一點正是我們為什麼要發展本土社會科學的最重要理由。更具體地說，推行本土心理學或社會科學的主要目的，是要發揮人的內在扭轉力量，來「認識並說清」本土社會中人們生活、思想、和說話所遵循的法則，進而指出這些法則的局限性和可變性，希望這樣的研究結果能夠在本土社會的「語義場」中流通，為本土社會中的人所用，解決本土社會中的問題，甚至改變本土社會中人們的世界觀，豐富本土社會的文化生活。

三、宮娥圖與〈浣溪沙〉

　　傅柯（Foucault, 1973）曾經詳細地描述西班牙畫家 Velazquez（1599－1660）所繪的一幅名畫「宮娥圖」（Las Meninas），用以說明由古典時期到現代時期西方世界知識型的轉變。在這幅「宮娥圖」裡，畫家位於整幅畫的中間位置。他站在離畫板稍後的地方。他停下了工作，站在那兒，向外注視他的模特兒。也許他在考慮是否還要加上最後幾筆，也許整幅畫還沒開始。拿著畫筆的手懸於半空中，在畫板和顏料之間靜止不動。因為他的畫板背向著觀畫者，所以作為觀畫者的我們，也不能確定他在畫什麼。然而，從畫家身後牆上所掛的鏡中影像可以看出：由於作為國王的模特兒和作為觀畫者的我們，正好站在同樣的位置，這幅畫的結構將我們固定在畫家的凝視之中。觀畫者和畫家之間形成了一種交互作用的關係：我們在看一幅畫，而這幅畫中的畫家又反過來在看我們。因為我們不能看到畫板上畫的是什麼，我們也無法確定誰是他真正的模特兒。結果觀察者和被觀察者便進入一種沒有休止的交換之中。

　　傅柯用這幅「宮娥圖」來說西方世界知識型的轉變。在古典時期，人們假設：語言可以完整地表述客體的自然秩序，人的作用只是在於聯繫「表象」和事物，因此，人建構圖表時的活動本身便不能被表象出來，它在圖表上也沒有任何位置。人，作為命令性主體而不同於他類存在的人，在自己所組織的圖表中，找不到一席之地。

　　進入現代時期「人的紀元」以後，情況便不一樣了。「宮娥圖」和一般圖畫最大的不同之處是：建構這幅畫的人，在他所建構出來的圖畫中，不僅佔有一個位置，而且還佔有類似於上帝的重要位置。人的主體性因此而在他的創造物中被突顯出

宮娥圖〈Las Meninas〉

為西班牙名畫家 Velazquez（1599-1660）之作品。維氏為寫實派畫家，成名後任職於馬德里王室宮廷，其畫風對當時歐洲藝壇影響極大。本圖為其代表作品之一。

來，而在他所安置的客體中佔有了一席之地。西方世界中這兩個時期知識型的轉變，有點類似王國維在他所填的一首詞〈浣溪沙〉中描述的境界（註1）：

「山寺微茫背夕曛，鳥飛不到半山昏。

上方孤磬定行雲，試上高峰窺皓月。

偶開天眼覷紅塵，可憐身是眼中人。」

「天眼」即佛教中所謂的「天趣之眼」，能夠透視前後、遠近、過去、未來。「皓月」像是古典時期和主體形成二元對立的客體；「紅塵」則有點像是現代時期被「眼中人」所觀察的「人間社會」。但王國維所描述的詞境和傅柯所詮釋的「宮娥圖」卻有其根本的不同：在「宮娥圖」裡，那位畫家提著畫筆在「凝視」他的模特兒，觀畫者只知道他握著畫筆，他在繪畫；但卻不知道他在畫些什麼。由於他掌握了創造的各種可能性，以及隨之而存在的權力，他不僅能緊緊抓住觀畫者的視線，而且他在自己所繪成的作品中，也因此而佔有「主宰者」或「創造者」的主體地位。

〈浣溪沙〉中所描述的詞境則不然。在晚霞裡，高處隱約的山寺，背向著夕陽餘暉。鳥還沒有飛到半山之上，天色已經昏暗了。山上傳來孤寂的磬聲，此刻，時間彷彿和行雲一樣地凝固住了。在這樣的時空背景之下，那位以「飛鳥」自喻的詞人發現了自己的處境：他努力地想要以一種清冷超然的角度來描述客體，但卻發現自己也是紅塵中人，不能脫離開自身所屬的世界。

王國維（1926）在其所著的《人間詞話》中，曾有一段話論及詩人的修養，謂：「詩人對宇宙人生，須入乎其內，又須出乎其外。入乎其內，故能寫之，出乎其外，故能觀之。」這話是一點也不錯的。其實不祇作詩人如此，任何一種人文社會科學的創造工作亦莫不如此。所謂「入乎其內」就像是「宮娥

圖」中的那位畫家，身在局中，和他所描繪的對象建立「互爲主體性」的關係；所謂「出乎其外」，就是跳到局外，用「試上高峰窺皓月」的冷靜客觀，來描繪他的對象。然而，眞正的創造歷程絕不是「超然物外」所得而爲之的；創造者一定要能夠「入乎其內」，而又「出乎其外」；既能夠「主客交融」，又能夠「主客對立」；才能有所創發。

四、歷史認識論

由本節回顧本書第一章的論述，我們不難看出：以「邏輯實證論」作基礎，從事社會科學研究時，所建構出來的知識，是屬於「古典時期」的知識型；以「實在論」爲基礎建構出來的知識，則是屬於「現代時期」的知識型。這一點，必須作更深入的析論：

邏輯實證論主張：將科學語言中一切的「命題」均還原成以邏輯聯結詞相結合的「基本命題」，再到經驗界中，以科學方法檢驗「基本命題」的眞假，然後便可以根據「眞值函數論」判斷「命題」的眞假。在這整個過程中，不管是檢驗「基本命題」之眞假的科學工作，或者是判斷「命題」之眞值函數的哲學工作，研究者都必須保持絕對的客觀中立，不容許有任何的自我意志涉入於其中。這樣締構出來的「知識型」可以說是屬於「古典時期」的。

「實在論」的研究取向則不然。本書第一章說過：實在論者主張建構足以描述「實在」的理論模型。倘若研究者認爲：先前的理論模型有一部分已經不足以描述「實在」，他可以從其中擷取和「實在」相符的部分，重新建構自己的理論。在這個過程裡，研究者必須發揮主觀能動性，他所建構出來的「知識型」，應當是屬於「現代時期」的。

我們可以用 Watofsky（1980）所主張的「歷史認識論」來闡明這個論點。從「歷史認識論」的角度來看，人類的理性基本上是一種歷史的成就，它植根於我們的語言使用之中，也植根於我們的社會實踐之中。所謂超越時空的「純粹理性」或是先天的「先驗論」其實並不存在。

歷史認識論認為：知識就是用「模型」來再現「實在」的一種創造活動，這種創造過程是隨歷史而不斷演變的。人類用「模型」來表象世界的方式，反映出他們理解和觀察世界的方法：而這種表象方式又隨著人類對世界的理解及其文化實踐而不斷的發展。換言之，不僅人類認識的客觀對象會隨著歷史而改變，即使是人類的認識模式本身，也會隨歷史的演進而不斷的發展。對於一個能自覺、有認識的「人」而言，其認識模式既是其實踐活動的一部分，又能回過頭來調節其實踐活動，因此它必然伴隨著人的實踐活動而不斷發展。同樣的，以理論或法則的形式呈現出來的認識模式，也會通過理論的實踐和批判的思考，而不斷被重新構造出來。科學是有認識能力之人類所從事的活動，科學知識的目的是為了滿足人類的需要，因此，科學知識必須在人類生活實踐的歷程中不斷地被解構和重新建構。在解構和重新建構科學的過程中，「人」扮演著關鍵性的角色，這樣締構出來的知識，才具有「現代時期」之「知識型」的特色。

第二節　心理學的轉向

　　當西方科學哲學的主流由邏輯實證論轉變成爲實在論，西方社會科學研究的「知識型」也逐漸由「古典時期」轉變成「現代時期」。許多社會科學家紛紛在其研究領域中構思「理論模型」。這樣建構出來的理論模型雖然能夠彰顯「研究者」個人的主體性，反映他個人獨特的風格；然而，這種研究取向的本質仍然是客觀主義的，它仍然無法消除因爲「主、客二元對立」所導致的「研究對象」主體性喪失的危機。

一、「非主流」的心理學

　　我們可以拿 1950 年代之後心理學和社會心理學的發展爲例，來說明這一點。在行爲主義當道的時代，在心理學「非主流」的領域裡，仍然有許多心理學者致力於「心靈」的研究。譬如，在社會心理學的領域裡，一直有許多人研究態度（例如：Hovland et al., 1953）。在 1950 和 1960 年代，Festinger（1957）更因爲提出「認知失調理論」（theory of cognitive dissonance）而名噪一時。在人格心理學的領域裡，Carl Rogers（1902–1987）發展出「案主中心治療法」，主張用「同理式的了解」（empathetic　understanding）深入探討案主的世界觀，了解他在生活中的欲求，並協助他們解決自己的問題（Rogers, 1964）。Abraham Maslow（1908–1970）研究所謂的「自我實現者」，認爲他們實現了每個人都有的天賦潛能（Maslow, 1954）。其中最值得在此一提的是法國心理學家

Jean Piaget。

Piaget 主要的研究興趣在於有關發生認識論（genetic epistemology）的問題，亦即兒童成長過程中其知識是如何發展出來的？Piaget（1954, 1977）認為：兒童智力的成長並不是在量方面一點一滴的增長，而是經歷過幾次質的蛻變（qualitative metamorphosis）。他將人類的心靈稱為知識的主體（epistemic subject），並將智慧（intellect）的成長分為四個階段，每一階段的兒童，其心靈的邏輯結構都不同，他們認識世界的方式也不相同。Piaget 試圖建構出高度抽象的心靈結構模式（models of the mental structures），來描述兒童各個發展階段的思考方式，其立論基礎則為歐洲哲學中的「結構主義」（structuralism）（Piaget, 1970 / 1984）。

Piaget 從 1920 年代便開始研究兒童的知識，但卻很少受到美國心理學界的注意。到 1960 年代之後，年輕的心理學者在非主流心理學的影響之下，對行為主義普遍感到不滿，研究認知發展的學者才開始將其著作大量譯成英文，並加以研究。本書第四章將對 Piaget 的發生認識論作進一步的介紹。

從學術觀點正式對 Skinner 的行為理論提出挑戰的結構主義者，是語言學家 Noan Chomsky。1957 年，他出版《語構的結構》一書，受到學術界的廣泛注意。1959 年，他在《語言》雜誌上發表了一篇長文，猛烈抨擊 Skinner 有關《語言行為》的研究。Chomsky 的主要論點是：語言是一種由規則所支配的體系（rule-governed system），不是刺激和反應之間的簡單聯結。他將語言現象分為深層和表層結構兩種（deep and surface structures），內在的文法規則是屬於深層結構，外在的語言行動則屬於表層現象。每一個孩子都有生物上的天賦結構，不管他暴露在何種人類語言中，都能夠學會它。不僅如此，語言的使用是有創造性的，每一個人的每一種語言行動，都是在了解新刺激後，所創造出的新反應。心理學家的主要職

責便是要找出人類言談之下的心理結構，亦即其文法規則。在他看來，行為論者只研究語言行為的表面結構，卻無法處理深層結構的問題；在高度人工化的實驗情境中所獲得的行為法則，根本不能用來解釋人類語言的創造性和可塑性，這種研究取向根本是無可救藥，只能徹底予以革除！

二、認知心理學的興起

在行為主義遭受猛烈批評時，電子計算機的快速發展已經為未來的認知心理學做好了鋪路的工作。二次大戰後，高速數位電腦的發展，使它具備了兩項特色，第一是能作訊息回饋（information feedback），第二是執行程式。訊息回饋使它能作出各種有目的性的行為（purposive behavior）。1950年，數學家 A. M. Turing 在《心靈》（Mind）雜誌上發表一篇論文，題為〈計算機與智慧〉，主張：計算機發展的最終目標，就是要使電腦能夠像人類一樣的參與各種「模擬賽局」（imitation game），換言之，就是能像人一樣的作出目的性的行為，這個標準也因此而稱為「Turing 測驗」。此後，便有許多心理學家根據這個標準，發展各種不同的程式，來模擬人類的學習和認知歷程。

從 1950 年代開始，數學家 Newell，程式設計師 Shaw，和經濟學家 H. Simon 便開始發展一種叫做「題解高手」（General Problem Solver）的程式。1958 年，他們在《心理學回顧》上發表了一篇論文，主張：認知心理學新的研究取向應當是用一種特定的程式（well-specified program）來描述人類的思考歷程，然後再以這種程式所預測的行為和真正觀察到的行為加以比較，如果預測與事實不符，再回頭修改程式。更清楚地說，他們由「人工智慧」更向前跨到「電腦模擬」（computer simulation）的階段，認為他們的電腦不只是能解決問題，而且能像人類一樣地解決問題！

　　從 1970 年代起，認知科學逐漸取代了行為主義，成為心理學研究的主流。乍看之下，所謂「訊息處理範型」（information processing paradigm）十分符合自然科學的理性框架，能夠滿足許多心理學家的自我期許，而且夠資格成為心理學中最具備「範型」條件的常規科學（normal science）。訊息處理範型要求研究者分析：人類如何接受訊息，如何解碼並存入記憶，如何從其內在的知識中抽取訊息，作出決策，再轉化成為行為的輸出；然後將之寫成電腦流程，用以預測各種不同工作情境下的人類行為，再以人類作為受試，作實驗來加以比較。

三、認知心理學的危機

　　然而，這種心理學的新範型是不是最能夠讓我們了解人類的心靈呢？許多心理學家對這個問題卻是抱持著疑慮的態度（Leahay, 1991：ch. 14）。不錯，電腦的流程是很像人類的認知歷程，程式語言也很像人類語言。可是，人類認知歷程中的任何語言表徵，必然包含有語意（semantics）和語構（syntax）兩部分：語構是指語言物理上的排列和結構；語意則是指語言的意義。從物質主義的科學觀點來看，語言表徵最神秘難解的，就是其語意部分，也就是語言使用者的意圖（intentionality）。不幸的是：電腦流程，只是一些沒有意圖而又固定的副系統之組合，它只能遵循機械式的規則，根據以語構定義的表徵（syntactically defined representations），執行盲目之計算。它沒有意圖，也永遠無法變成人類！

　　更重要的是：電腦沒有社會，沒有文化，也不會過群體生活。人類和許多動物都過群體生活，而只有人類才有文化，才活在他們自己所創造的世界裡。早年行為主義派的心理學家以動物研究的結果類推到人類，曾受到許多譏評；今日的認知心

理學家卻是以電腦來理解人類。這是一種進步嗎？

　　在這個領域中從事長久研究的許多心理學家都曾經對這個問題表示過他們的疑慮。從 Kuhn 對「範型」的描述來看，一個好的「範型」應當包含兩部分：首先，它應當有一組的哲學預設，以發展其學術基質（disciplinary matrix）；其次，它應當有共同的模範（shared exemplar），提出一些清晰可見而且成功的研究成果，作為有志於在此一範型下從事研究者的模式。「訊息處理範型」有沒有可以凝聚其學術陣營的哲學預設呢？

　　前文說他們像「功能主義」、「具有新行為論的特色」、「能滿足操作主義的要求」，並不等於他們就是「功能主義」、「新行為論」、或「操作主義」。我們不能忘掉：這一「範型」的共同特點是「電腦的比喻」（computer metaphor），以電腦「輸入、轉錄、和輸出」的歷程來理解人腦。它對「人」的哲學預設是既包羅萬象，又模糊不清的，對「人」之哲學預設的模糊，使得它很難產生出共同的模範（Leahey, 1991：357）。

　　1958 年和 Simon, Shaw 一起發表論文，主張認知心理學應當致力發展「電腦模擬」的 Newell（1973），在十五年後的一次研討會上表示：他對這個領域的發展是既感到滿意而且了解將來的走向；又感到失望而且困惑。滿意的是：這類研究「精緻的科技成就」，可以預期將來還會有精緻的研究出現；困惑的是：「心理學將會變成什麼樣子？我們是不是已經發展出一套足以掌握住人類複雜性的『人之科學』？」認知科學探討了許許多多特殊的現象，但卻無人能加以整合，論文累積愈多，「人」的形象愈是模糊。問題的關鍵在於：這類研究所發展出來的許多小理論模式，根本不是「心靈的模式」，而是讓受試者做的「作業模式」（Jenkins, 1981）！

對認知心理學最感到失望者，是這個領域的創始人之一：Neisser。他在 1967 年出版了《認知心理學》的教科書，但在 1976 年出版的《認知與實在》中，卻表示他對這個領域過去的發展感到失望，並且懷疑其整體方向是否眞的有開創性，認爲認知心理學應當作「比較現實的轉向」；後來，他更呼籲以「生態學的取向」取代訊息處理取向，希望心理學家到「自然的脈絡」（natural context）中去研究認知，不要爲了滿足實驗的要求，把自己侷限在實驗室裡（Neisser, 1984）！

四、心理學的社會心理學

心理學主流的情況如此，作爲心理學之主要分枝的社會心理學，其情況又是如何？在社會心理學的領域裡，是不是也可以看到類似的危機呢？我們可以再從社會心理學的歷史發展來剖析這個問題。

1908 年，William McDougall（1871－1938）和 Edward A. Ross（1866－1951）不約而同地出版了「第一本」社會心理學教科書。這兩本敎科書的問世同時也蘊涵了社會心理學兩種不同的發展方向：McDougall（1908／1960）的《社會心理學導論》代表了心理學的社會心理學；Ross（1908）的《社會心理學》則代表了社會學的社會心理學。這兩種不同的心理學不僅研究的重點不同，研究的方法不同，連發展出來的理論也有所不同。大體而言，心理學的傳統強調藉由他人對個體的影響來理解社會行爲；社會學的傳統則強調藉由社會互動來理解社會行爲；職是之故，前者強調使用實驗法，後者則大多使用社會調查法，包括訪談法和問卷法等等。

在美國心理學主流重視實證主義的傳統影響之下，這兩種不同取向之社會心理學的發展有輕重之別，他們所發展出來的理論，受到的重視程度也有所不同。舉例言之，在其《社會心

理學導論》中，McDougall 深受英國生物學和進化論的影響，提出了本能論（instinct theory）。但他也像 Wundt 一樣，了解心理學（尤其是社會心理學）不能專注於個人，因此，他 1920 年又出版《群體心理學》一書，認爲社會聚合體不僅僅是孤立個人的總和，它還具有一種「群體心理」，只有通過參與群體生活，人才能成爲全面的人（McDougall, 1920：28）。這種觀念，幾乎是 Durkheim（1895／1947）「集體良心」（collective conscience）之翻版。然而，McDougall 的《社會心理學導論》從 1908 到 1960 年共出了二十三版，其本能論曾引起心理學家的廣泛討論，後來的心理學家雖認爲本能的概念犯了循環論證的謬誤，而予以棄置，但《群體心理》一書卻根本沒有引起相對的重視。

Ross 的《社會心理學》雖然印行達二十四版之多，但是他深受法國心理學家 G. Tarde《模仿律》一書之影響，內在思想理路是屬於社會學的，他對美國社會心理學界的影響，也遠不如 McDougall。美國心理學史家 Sahakian（1974／1990）便認爲：他之所以能在社會心理學史上一舉成名，完全是因爲他是第一個出版以《社會心理學》爲題目之著作的人。

五、「小型理論」

我們可以再從 Sahakian（1974／1990）所著的《社會心理學的歷史和體系》中，進一步看出美國社會心理學的這種性格。在該書中第四編題爲「社會心理學的成年」，以超過全書一半的篇幅（六章）介紹當代社會心理學的重要學派，其中新精神分析學派、群體動力學（即場地論）、社會學習理論、社會生物學各佔一章，社會認知理論則佔了兩章。這六章所介紹的各種學派或理論大多具備兩項特色：第一，它們都是實驗取向或實證取向的，每一個理論都有許多「紮實的」實驗數據來支持自己的論據。

第二，每一個學派或理論都包含了許許多多的小理論，任何一個心理學家對既有的理論感到不滿，他都可以「自立門戶」，運構出自己的理論。舉例言之，在第十八章中，從 Heider（1958）的《人際關係心理學》中分出「歸因理論」（attribution theory）和「認知一致性理論」（cognitive consistency theory），後者又分出 Heider（1958）的「認知平衡理論」（cognitive balance theory），Cartwright 和 Harary（1956）的「結構平衡理論」（structural balance theory），Davis（1967）的「群聚理論」（clusterability theory），Cartwright（1959）的「社會權力場地論」（field theory of social power），French（1956）的「社會影響和權力場地論」（field theory of social influence and power），Newcomb（1959, 1961）的「溝通行動理論」（theory of communicative acts），Osgood 和 Tannenbaum（1955）的「一致性原則」（congruity principle），Abelson 和 Rosenberg（1958）的「情感—認知協調」（affective–cognitive consistency theory）等等。

讀者或許已經被這許多琳瑯滿目的「小型理論」弄得頭昏眼花。這已經突顯出實驗社會心理學在「科學實在論」思想潮流下發展出來的特色及其蘊涵的危機。這種特色和危機和前節所述的認知心理學在本質上並沒有兩樣。更清楚地說，依循此一研究路線的心理學家在從事研究的時候，大多是採用自然科學的觀點。他們相信：人類與動物的行為和自然現象一樣，有其一定的規律和法則，行為科學研究的主要目的，就是要找出這些規律或法則，像操作一部機器一樣的「了解、預測、以及控制」人類或動物的行為。

近代典型的機器通常都是由許多零件所組成，機器的運作必須藉由外界輸入的能量來推動。同樣的，主張「實在論」的社會心理學家在構思其理論時，也往往假設：個人內部存有許

多潛在的機制，這些機制能夠為某些外來的刺激所激發。換言之，社會心理學者把自己想像成獨立於其研究對象之外的科學家，他們的主要職責是有系統的找出可能影響某種社會行為的外在變項，並探討它們與人類行為之間的關係。這時候，「人」變成科學家觀察與研究的對象，而不是自身意志與行動的主體。心理學家所關注的是將其信仰、價值、意志排除在外的「行為」（behavior），而不是受其主體意志所支配的行動（action）。

用這種方式從事研究時，基本上是把時間的因素考慮在外，而把個人的行動和生活看做是一連串的「刺激─有機體─反應」之聯結，既沒有方向，也沒有時間上的連貫性（temporal coherence）。這種研究某一實體（entity）之靜止狀態的理論，稱為「共時性理論」（synchronic theory），它像是在個人的社會生活中拍下一張照片，將個人經歷過的某一社會事件從其時間脈絡中抽離出來，而祇研究從時間上截斷下來的事件序列（temporally truncated sequences of events）。這種作法假設：社會心理學家所研究的主題具有一種「現象的不變性」（phenomenal immutability），可以獨立於時間之外，並且在自然秩序中具有跨越歷史的耐久性（Gergen, 1973；1976；1984）。因此，心理學家應當能夠找出社會知覺、人際吸引、態度變遷、群際衝突……等等的基本原則。不管在任何時代，探討這些「基本心理歷程」所得到的原則，應當是具有普遍性而可以「放諸四海而皆準」的，在別的時代、別的社會中，其他心理學者也應當可以用更精緻的方法來複製出類似的結果。

第三節　「西化」的意識型態

在上一節中，我們以美國心理學及社會心理學的主流爲例，說明西方社會科學家以「實在論」爲基礎所發展出來的理論模型，雖然能夠突顯出社會科學家學術實踐的主體性，但卻潛藏著學術研究對象主體性喪失的內在的危機。在世界學術體系中居於邊陲地位的華人社會科學工作者，如果對西方社會科學的歷史和性格沒有深入的了解，盲目將西方社會科學的研究典範移植到本土社會，往往造成雙重主體性的喪失：不僅他研究的對象主體性喪失；他研究的題目，變成了西方社會科學理論中的幾個「變項」，喪失掉其「文化認同」（cultural identity），連研究者自身也因爲依附在西方學者所建構的理論之下，變得性格模糊，難以辨認，而喪失掉「自我認同」（self identity）。不幸的是：從滿清末年以來，中國知識份子追求「現代化」或「西化」的熱忱，卻使得當代華人社會科學社群很容易陷入這種學術實踐主體性喪失的危機之中。爲了說明中國知識份子盲目追求「現代化」或「西化」所造成的危機，我們必須仔細析論清末民初以來流行於華人社會中的三種意識型態：社會達爾文主義、科學主義和反傳統主義。

一、「西化」的意識型態

中國之開始決心學習西方文化，始自於清末列強勢力的入侵中國。鴉片戰爭（1839－1842）失敗之後，清廷的一班士大夫在感時憂國的情緒下，形成了自強運動。當時魏源主張「師

夷之長技以制夷」，馮桂芬主張「鑒諸國」，王韜主張「用夏變夷」，鄭觀應主張「中學爲內，西學爲外」、「中學爲本，西學爲末」；最後則形成張之洞「中學爲體，西學爲用」的理論，爲接受西方科技作了鋪路工作（張朋園，1977）。

㈠社會達爾文主義

甲午戰爭之後，1895年，嚴復在天津報上連續發表四篇文章，反覆說明「物競天擇」、「弱肉強食」、「優勝劣敗」、「適者生存」的原理，引起知識界的強大震撼。他接著譯成赫胥黎（T. H. Huxley）的《天演論》和斯賓塞（H. Spencer）的《群學肄言》二書，造成廣大的影響。他在翻譯亞當·史密斯（A. Smith）的《原富》和穆勒（J. S. Mill）的《自由論》時，甚至也將社會達爾文主義的文辭滲入他所改寫的譯文之中（Schwartz, 1964），使社會達爾文主義的概念廣爲國人所知（Pusey, 1983）。

胡適（1966：49－50）在他的《四十自述》中，曾經追憶當時的情況：《天演論》出版之後，不上幾年，便風行到全國。「讀這書的人，很少人能了解赫胥黎在科學史和思想史上的貢獻，他們能了解的只是那『優勝劣敗』的公式在國際政治上的意義。」「在中國屢次戰敗之後，在庚子辛丑大恥辱之後，這個『優勝劣敗，適者生存』的公式確是一種當頭棒喝，給了無數人一種絕大的刺激。幾年之中，這種思想像野火一樣，延燒著許多少年人的心和血。『天演』、『物競』、『淘汰』、『天擇』等等術語都成爲報紙文章的熟語。」

當時有許多人愛用這樣名詞做自己或兒女的名字，甚至胡適自己的名字也是這種風氣下的紀念品。胡適原名叫「胡洪騂」，有一天，他請二哥代取一個表字，二哥一面洗臉，一面問：「就用『物競天擇，適者生存』的『適』字，好不好？」此後，「適之」便成爲胡適的表字。胡適同時自認：對他思想

就響最大的兩人，一個是講實用主義的杜威，另外一個就是寫《天演論》的赫胥黎。

社會達爾文主義的涵意是：社會變遷是循著可辨認的階段，不可避免地往前進的，同時演化的後期一定比前期複雜而且優越（郭正昭，1982）。五四時期的知識菁英大多存有這樣的觀念。譬如，後來掀起「科玄論戰」的地質學家丁文江，十五歲便出國留學，受過完整的西方科學教育。他在闡述〈天演〉的概念時，說道：「綜觀動物生活之景象以及天演施行之方法，而知所謂優劣成敗者，不關於個體而關於全種，不關於一時而關於萬世。然個體一時之利害，往往與全種萬世之利害相衝突，故天演之結果，凡各動物皆有爲全種萬世而犧牲個體一時之天性，蓋不如是，不足以生存也。」（丁文江，1923：38）

在他看來，〈天演〉的概念可以用來說明社會生活的每一個層面，甚至包括宗教的演化：「當上古智識初開之時，有有宗教心者，有無宗教心者；有者爲優，無者爲劣，故無者滅而有者存。迭世聚積，而成今日宗教之大觀。然宗教者亦天演之產物也，所謂神道設教者非也。」

當時許多智識菁英都普遍接受社會達爾文主義的預設，並以之作爲互相論辯的基礎。舉例言之，在陳獨秀轉向共產主義，並和胡適分道揚鑣之後，胡適（1936）曾經寫文章一面說明他自己的思想，一面批評共產主義：

「達爾文的生物演化論給我們一個大教訓：就是教我們明瞭生物進化，無論是自然的演變，或是人物的選擇，都是由於一點一滴的變異，所以是一種很複雜的現象，決沒有一個簡單的目的地可以一步跳到，更不會有一步跳到之後可以一成不變。」

「辯證法的哲學本來也是生物學發達以前的一種進化

理論：依他本身的理論，這個一正一反相毀相成的
階段應該永遠不斷的呈現。但狹義的共產主義者卻
似乎忘了這個原則，所以武斷的靈懸一個共產共有
的理想境界，以為可以用鬥爭的方法一蹴即到。」
「這樣的化複雜為簡單，這樣的根本否定演變的繼續
便是十足的達爾文以前的武斷思想。」
「實驗主義是從達爾文主義出發，故只能承認一點一
滴不斷的改進是真實可靠的進化。」

胡適在這段引文中的論述是否正確，並非本文所要討論的
範疇。然而，從這段引文中我們可以看出：他在這段引文中的
所有論斷，都是以社會達爾文主義作為基礎的。

㈡科學主義

社會達爾文主義中極富價值色彩的演化觀，助長了近代中
國盲目的「科學主義」和「反傳統主義」。「科學主義」（
scientism）可以說是一種信仰或意識型態，這種信仰認為：只
有自然科學家所使用的科學方法，才是獲得可靠知識的唯一手
段；極端的「科學主義」者甚至將科學當做是全知全能的人類
救世主，而盲目地加以崇拜（Wellmuth, 1944）。民國初年的
社會達爾文主義直接或間接地助長了當時知識界「科學主義」
的信念（Kwok, 1965 / 1987）。譬如主張無政府主義的吳稚
暉認為：「科學本身，原止是永久有益人類的一種動力」，「
世界的進步，只隨品物而進步。科學便是備物最有力的新法。
什麼叫做世界的進步，只隨品物而進步呢？若信人是上帝造的
，……我便可以一言不發。倘由微生物而進化，……這就是我
們人類值得努力科學的理由。」

在吳稚暉看來，歐美各國興盛的原動力便是科學。人類既
然是由微生物演化而來，而且必將不斷往前進化，所以中國唯
一的出路便是「努力科學」。胡適（1923）曾經描述當時中國

社會對於科學的崇拜：「這三十年來，有一個名詞在國內幾乎做到了無上尊嚴的地位；無論懂與不懂的，無論守舊和維新的人，都不敢公然對它表示輕視或戲侮的態度。那個名詞就是『科學』。這樣幾乎舉國一致的崇信，究竟有無價值，那是另一個問題。我們至少可以說，自從中國講變法維新以來，沒有一個自命爲新人物的人敢公開毀謗『科學』的。」

由於時代的限制，當時知識菁英心目中所謂的「科學」無疑是建立在笛卡爾主客二元對立之預設上的古典時期之科學觀。譬如，陳獨秀（1915）便曾經對科學作這樣的界定：「科學者何？吾人對於事物之概念，綜合客觀之現象，訴諸主觀之理性而不矛盾之謂也。」

胡適一再申明：所謂的「科學方法」，便是「尊重事實和證據」。他說他自己「考證紅樓夢」，「替水滸傳作五萬字的考證」，「替廬山一個塔作四千字的考證」，主要目的就是「要讀者學得一點科學精神，一點科學態度，一點科學方法」。「科學精神在於尋求事實，尋求眞理。科學態度在於撇開成見，擱起感情，只認得事實，只跟著證據走。科學方法只是『大膽的假設，小心的求證』十個字。」由於胡適個人的影響力，他所提出的口號「拿證據來」，「大膽假設，小心求證」，也成爲家喻戶曉的名言。

這種口號假定世界中存有一種自然秩序，人類可以用科學方法來探討客觀的實在，很明顯的是屬於「古典時期」之「知識型」。丁文江（1935：10）對於「科學方法」的說明更清楚地反映出他心目中的這種科學觀：「所謂科學方法是用論理的方法把一種現象，或是事實來做有系統的分類，然後了解它們相互的關係，求得它們普遍的原則，預料它們未來的結果。所以我們說一種知識是眞的，就等於說這是科學的。做一件事有系統，合理，就等於說這是科學化的。」

更值得注意的是：當時的知識菁英普遍相信：這種以客觀主義爲基礎的科學方法是「萬能」的。譬如丁文江（1934：10）宣稱：「我相信不用科學方法所得的結論都不是知識；在知識界內科學方法萬能。科學是沒有界限的；凡有現象都是科學的材料。凡用科學用方法研究的結果，不論材料性質如何，都是科學。」

胡適（1926）也樂觀地認爲：「近代西洋文明的精神方面的第一特色是科學」。「我們也許不輕易信仰上帝的萬能了，我們卻信仰科學的方法是萬能的，人的將來是不可限量的。」

陳獨秀（1917）甚至主張用這種萬能的科學來代替宗教，以「開拓吾人眞實之信仰」：「余之信仰人類將來之信解行證，必以科學爲正軌。一切宗教，皆在廢棄之列。」「蓋宇宙間之法則有二：一曰自然法，一曰人爲法。自然法者，普遍的永久的必然的也，科學屬之。人爲法者，部分的一時的當然的也，宗教道德法律皆屬之。」「人類將來之進化，應隨今日方始萌芽之科學，日漸發達，改正一切人爲法則，使與自然法則有同等之效力，然後宇宙人生，眞正契合。此非吾人最大最終之目的乎？」

從這段引文中，我們不難看出陳獨秀思想中的社會達爾文主義和科學主義。換言之，陳獨秀雖然了解：現代科學的成就尙不足以取代宗教，但他並不認爲科學永遠不可能取代宗教。相反的，他認爲：只要科學不斷發展，人類持續進化下去，總有一天，科學可以取代宗教，「宇宙人生，眞正契合」，這才是「吾人最終的目的」。

㈢反傳統主義

在社會達爾文主義和「科學主義」的前提之下，許多五四菁英爲了掃除政治和社會上的弊病，而企圖用「西方文化」來

反對「傳統文化」。譬如「新文化運動」的主要領導人陳獨秀（1918）在運動開始之初，便將中西文化對立起來，而徹底否定清末以來的「中體西用」論：「歐洲輸入之文化與吾華固有之文化，其根本性質極端相反」，「吾人倘以新輸入之歐化為是，則不得不以舊有之孔教為非；倘以舊有之禮教為非，則不得不以新輸入之歐化為是，新舊之間絕無調和兩存之餘地。」

他所謂的「歐化」便是號稱「德先生」（Democracy）和「賽先生」（Science）的「民主」與「科學」：「要擁護那賽先生，便不得不反對孔教、禮法、貞節、舊政治；要擁護那賽先生，便不得不反對舊藝術，舊宗教；要擁護那德先生，要擁護賽先生，便不得不反對國粹和舊文學」，「我們現在認定：只有這兩位先生，可以救中國政治上、道德上、學術上、思想上一切的黑暗。」他非常堅定地表示：「若因為擁護這兩位先生，一切政府的壓迫，社會的政策，就是斷頭流血，都不推辭。」（陳獨秀，1919）

這段出名的宣言，變成「新文化運動」的主題。當時許多人在「科學萬能」的預設上，企圖用從西方請來的這兩位先生批判傳統社會中一切不合理的現象。比方說，魯迅在痛斥當時社會上普遍存在的抉乩、靈學等現象時，指出：「據我看來，要救治這幾至國亡種滅的中國，那種孔聖人、張天師傳言由此東來的方法，是全不對症的，只有這鬼話的對頭的科學！不是皮毛的真正科學！」

「傳統」和「現代」既然不能兩立，許多人認為：為了要引入科學來救中國，一定要先拋棄「傳統的包袱」。譬如北大音韻學者錢玄同（1918）為了呼應吳稚暉「中國文字，遲早必廢」之說，寫了一封公開信給陳獨秀，認為：「中國文字，論其字形，則非拚音而為象形文字之末流，不便于識，不便于寫；論其字義，則意義含糊，文法極不精密；論其在今日學問上之應用，則千分之九百九十九為記載孔門學說及道教妖言之記

號。此種文字，斷斷不能適用于二十世紀之新時代。」

因此，他主張廢掉漢文，而代之以「文法簡賅，發音整齊，語根精良」的人為文字 Esperanto。在漢字尚未消滅，Esperanto 尚在提倡之時，他主張：「用某一種外國文字為國文之補助」，「國文則限制字數，多則三千，少則二千，以白話為主，而『多多夾入稍稍通行的文雅字眼』」。「凡講尋常之事物，則用此新體國文；若言及較深之新理，則全用外國文字教授；從中學起，除『國文』及『本國史地』外，其餘科目，悉讀西文原書。如此，則舊文字之勢力，既用種種方法力求減殺，而其毒燄或可大減」，「新學問之輸入，又因直用西文原書之故，而其觀念當可正確矣。」（註 2）

陳獨秀給他的回函是：「吳（稚暉）先生『中國文字，遲早必廢』之說，淺人聞之，雖必駭怪，而循之進化公例，恐終無可逃」，「各國反對廢國文者，皆以破滅累世文學為最大理由。然中國文字，既難傳載新事新理，且為腐毒思想之巢窟，廢之誠不足惜」。「至於用西文原書教授科學，本屬至順；蓋學術為人類之公有物，既無國界之可言，焉有獨立之必要？」

陳獨秀的觀點很能夠代表當時知識份子對於「科學」的想法。他們把「科學」當做是普遍客觀的「真理」，而不是人類用語言建構出來的創造物。這樣的「科學」，是屬於「人類之公有物」，所以也應當是沒有國界的。中國文字「既難傳載新事新理」，又可能妨礙「科學」的輸入，廢之有何足惜？

二、科學的人生觀

五四時期的新派人物不僅相信「科學無國界」、科學可以「救國」，甚至認為科學可以解決人生一切的問題。這種「科學主義」的觀念，在「新文化運動」後期的「科玄論戰」中表

現得最為淋漓盡致（註 3）。第一次世界大戰結束後，1918 年底，梁啓超和張君勱、蔣百里等人赴歐考察，觀察巴黎和會之進行，順道拜訪柏格森（H. Bergson）、倭鑑（H. Eucken）、蒲陀羅（E. Boutroux）等哲學家。梁氏一面目睹歐戰後滿目瘡痍之慘狀，一面又受蒲陀羅等人悲觀論調之影響，1920 年 3 月回國後，在上海、天津報上連續發表《歐遊心影錄》，宣稱：西方文明已破產，科學萬能之夢已破滅。他的論點是：「宗敎和舊哲學旣已被科學打得個旗靡幟亂」，「所以那些什麼樂利主義強權主義越發得勢。死後旣沒有天堂，只有儘這幾十年盡情地快活。善惡旣沒有責任，何妨盡我的手段來充滿我個人欲望。然而享用的物質增加速率，總不能和欲望的升騰同一比例，而且沒有法子令他均衡。怎麼好呢？只有憑自己的力量自由競爭起來，質而言之，就是弱肉強食。近年來什麼軍閥，什麼財閥，都是從這條路產生出來，這回大戰爭，便是一個報應。」

　　「當時謳歌科學萬能的人，滿望著科學成功，黃金世界便指日出現。如今功總算成了，一百年物質的進步，比從前三千年所得還加幾倍。我們人類不惟沒有得著幸福，倒反帶來許多災難。」因此，他宣稱：「歐洲人做了一場科學萬能的大夢，到如今卻叫起科學破產來」，他甚至幻想以中國文化為基礎，整理出一套新文化去「超拔」歐洲：「可愛的青年啊，立正，開步走！大海對岸那邊有好幾萬萬人，愁著物質文明破產，哀哀欲絕喊救命，等著你來超拔他哩。」（註 4）

　　不久之後，主張國家社會主義的張君勱在清華大學以「人生觀」為題發表演講，他說：「天下古今之最不統一者，莫如人生觀。」「科學無論如何發達，而人生觀問題之解決，絕非科學所能為力，惟賴諸人類之自身而已。而所謂古今大思想家，即對此人生觀問題，有所貢獻者也。」「自孔孟以至宋元明之理學家，側重內心生活之修養，其結果為精神文明。二百年來之歐洲，側重以人力支配自然界，故其結果為物質文明。」

「一國偏重工商，是否爲正常之人生觀？是否爲正常之文化？在歐洲人觀之，已成大疑問矣。歐戰終後，有結算二、三百年之總帳者，對於物質文明，不勝務外逐物之感……」

「人生觀」的演講稿發表之後，地質學家丁文江（1923）針對他的觀點提出反駁，聲稱要打附在張君勱身上的「玄學鬼」。他說：「人生觀現在沒有統一是一件事，永久不能統一又是一件事。除非你能提出事實理由來證明他是永遠不能統一的，我們總有求他統一的義務。」「科學的目的是要屏除個人主觀的成見——人生觀最大的障礙——求人人所能共認的眞理，科學的方法是辨別事實的眞僞」，「所以科學的萬能，科學的普遍，科學的貫通，不在他的材料，在他的方法。」「玄學家先存了一個成見，說科學方法不適用於人生觀；世界上的玄學家一天沒有死完，自然一天人生觀不能統一。」

「科玄論戰」一打開之後，當時許多學術界的菁英紛紛加入論戰，吳稚暉（1923）因此而宣佈他自己「漆黑一團」的宇宙觀和「人欲橫流」的人生觀。他說：「那種駭得煞人的顯赫的名詞，上帝呀，神呀，還是取消了好。」「我以爲動植物本無感覺，皆止有其質力交推，有其輻射反應，如是而已。譬之於人，其質構而爲如是之神經系，即其力生如是之反應。所謂情感，思想，意志等等，就種種反應而強爲之名，美其名曰心理，神其事曰靈魂，質直言之曰感覺，其實統不過質力之相應。」

吳稚暉的人生觀很得到胡適的讚賞。這次論戰持續六個月，各方發表的言論多達廿五萬言，胡適（1923）在總結這次論戰的言論時，很遺憾地表示：這一次爲科學作戰的人，除了吳稚暉之外，都有一個共同的錯誤，都不曾具體地說明「科學的人生觀」是什麼。因此他愼重其事地提出了十條「科學的人生觀」，希望「拿今日科學家平心靜氣地、破除成見地，公同承認」的「科學的人生觀」做爲人類人生觀「最低限度的一

致」。這十條人生觀包括：

4.根據於生物的科學的知識，叫人知道生物界的生存競爭的浪費與殘酷；因此，叫人更可以明白那「有好生之德」的假設是不能成立的。

5.根據於生物學、生理學、心理學的知識，叫人知道人不過是動物的一種，他和別種動物只有程度的差異，並無種類的不同。

6.根據生物的科學及人類學，人種學，社會學的知識，叫人知道生物及人類社會演進的歷史和演進的原因。

我們從這幾條所謂「科學的人生觀」已經很清楚可以看出胡適思想中的「科學主義」和「社會達爾文主義」。事實上，當時不論是主張科學主義的西方派，或者是在文化上抗拒科學主義的保守派，對近代西方科學的本質都只有浮泛的了解。他們很少有人從中華文化特有的性格去思考：如何去吸納「科學」和「民主」這種異質的西方文化產品，反倒將「科學／玄學」、「西方文化／中華文化」、「物質文明／精神文明」看做是互不相容的對立體，簡簡單單地對立起來，雙方各據一辭，展開論戰。

不僅如此，在儒家傳統一元論主知主義的思想模式影響之下，五四知識份子又普遍存有一種「藉思想文化以解決問題」的思考習慣，認為要解決社會政治問題，必須先注重思想與文化的改造（Lin，1979）。在當時內憂外患交加的情況下，即使是像梁漱溟那樣的文化保守主義者，在論及現實問題時，也不免主張要對西方文化「全盤承受而根本改造」。這樣的時代風潮結果造成了日後的「全盤性反傳統思想或全盤性反傳統主義」（totalistic iconoclastic thought or totalistic anti-traditionalism）（Lin, 1972 / 1983）。

三、科學主義的異化

　　從今天的角度來看，這種「科學」的想法不僅是完全錯誤，而且是害多利少的。用康德的概念來說，科學的作用是要擴展人對於經驗世界的認知，是獲致「理論理性」的一種途徑；但它卻不能作為「實踐理性」，不能引導人在日常生活中的行動。用韋伯的概念來說，科學代表了一種「工具理性」（instrumental rationality），它不能作為「價值理性」（value rationality），不能解決人們有關價值或信仰的問題（Brubarker, 1984）。在清朝末年，主張洋務自強運動的士大夫尚且認為：科學只具有「用」的功能，應當受到作為「體」之中學的支配。然而，到了五四時期，主張新文化運動的知識份子為了打倒「舊傳統」，卻不惜將「科學」與「民主」等量齊觀，而將科學「形而上化」，並賦予科學以高度的價值（楊國榮，1990）。他們甚至將科學引入「人生觀」的範疇，企圖以之作為「人生」的指引，這等於是要以「工具理性」取代「價值理性」；以「理論理性」當做「實踐理性」，結果難免造成「人」的異化。

　　更清楚地說，作為行動的主體，「人」的外顯行動必須是知、情、意三者的統一。他不僅要對外在的經驗世界有客觀的認知，而且必然會因為個人的價值或信仰而對客觀世界中之事物表現出感情上的偏好，並以其意志將兩者加以統合，而表現出自主選擇的外顯行動。五四時期的知識份子主張以科學作為「人生觀」，這等於是把「人」化約成為受理智或邏輯支配的機器，「人」的主體性消解掉了，人生也變成為科學或邏輯的機械運作。譬如，在「科玄論戰」中，丁文江（1923）宣稱：「我的思想是同常人一類的機器，機器的效能雖然不一樣，性質卻是相同的」；胡適在他提出的「科學人生觀」中，主張「人不過是動物的一種，他和別的動物其有程度的差異，並

無種類的不同」；吳稚暉則認爲「動植物本無感覺，皆止有其質力交推，有其輻射反應，如是而已」，人類的情感、思想，其實統不過是「質力之相應」罷了！結果最講究「人格獨立」、「個性自由」的五四知識份子，在「科學主義」的誤導之下，反倒不自覺地將人一步步地異化成爲「機器」、「動物」、或「動植物」了。

　　不僅如此，「科學主義」還造成五四知識份子未曾料想到的嚴重後果。本書第六章在討論「儒家思想的內在結構」時，作者將會指出：先秦儒家本來就很強調人際互動中的「尊尊原則」。到了宋朝，理學家們更把蘊涵有「尊尊原則」的「三綱五常」提昇爲「天理」，強調行動主體對於「天理」祇能作自覺的服從，而不能有所違逆，將個人的意志自由貶抑到幾乎可以完全取消掉的地步。五四知識份子將「科學」形而上化，並提昇成爲一種可以作爲人生觀的普遍之道，「科學」本身因而也具備有「實踐理性」或「價值理性」的特殊性格，而要求人們作出自覺的服從。當共產黨人相信他們所信仰的是「科學的馬克斯主義」，並企圖用「科學的唯物辯證法」說服別人的時候，這種貼上「科學」標籤的政治主張便發揮了「實踐理性」的強大威力。及至共產黨實際掌握政權，「科學的馬克斯主義」也取得類似舊社會中「天理」的地位，人們不得不對其服從，個人意志的自由選擇因而蕩然無存，最後終於釀成「十年文革」的歷史浩劫。

第四節　學術實踐主體性的喪失

　　在社會達爾文主義、反傳統主義、及科學主義的思潮引導之下，許多知識份子認為：要救中國，一定要向西方學習科學，而他們所認知的科學，又是屬於「古典時期」之知識型的科學，具有普遍、客觀、價值中立等等的特點，是「人類的公有物」，是「無國界」的，所以可以從國外「全盤輸入」。這種作法，在自然科學的領域裡，造成的問題可能不明顯，但在社會科學的領域裡，便可能造成明顯的嚴重問題。舉例言之，1937年社會學家楊開道在為瞿同祖（1937）所著的《中國封建社會》作序時，便很感慨地說道：「美國社會科學的毛病，是只用本國的材料，而不用外國的材料；中國社會科學的毛病，是只用外國的材料，而不用本國的材料。尤其是社會學一門，因為目下研究的朋友，大半歸自美國，熟於美洲社會情形，美洲實地研究，所以美國色彩甚濃，幾乎成為一個只用美國材料，而不用中國材料，不用歐洲材料的趨勢。」（頁1）

　　楊開道認為：這種非常狀態，「自然會引起相當反感」，他同時主張：「中國社會科學唯一的出路，是以歐洲上古社會，歐洲中古社會，歐美現代社會為背景，去解釋過去中國的社會，現在中國的社會。」在他看來，瞿同祖的《中國封建社會》一書，正是這樣的一個例子。遺憾的是：這種例子畢竟不多。不久之後，抗戰爆發。在兵荒馬亂的年代，很少有人有心情再去思考學術發展的問題，這個問題也暫時被擱置下來。

一、台灣社會科學社群的「社會/文化」環境

1949 年，國民政府撤退到台灣之初，由於政治、社會、經濟等條件的限制，社會科學一直處於低度發展狀態。在這個階段，自由主義的代表人物是殷海光。殷氏是典型的五四人物，具有五四人物所特有的性格。他認為：「科學」與「民主」的確是中國所需要的，但是五四人物大多不了解科學與民主。他認為：道德有其根本的重要性，但是許多傳統道德家要大家遵守的卻是「舊石器時代的道德」，這種永恆不變的先驗道德，在人群現實生活中的作用「趨近於零」。為中國古代社會所設計的德目並不適於這個「激變而又翻新」的時代（註5）。因此，他在一篇討論〈自由主義的趨向〉的文章裡，以一組性質來界定五四時期中國的「自由主義」，它們是：(1)反孔，(2)提倡科學，(3)追求民主，(4)好尚自由，(5)傾向進步，(6)用白話文（殷海光，1982）。

用西方的標準來看，殷氏對於「自由主義」的界定方式是相當怪異的。比方說，美國自由主義的代表人物 Charles Frankel（1976）曾經從七個層面來界定「自由主義」，其中「文化自由主義」是指：對提昇心智的多面性及品質有多方面的興趣，能夠同情的了解及批判的欣賞人類生活的種種可能性；自由的教育是指：抱持有實踐道德理想、文化理想、及文明理念的信念，並且能夠妥協而不譁眾取寵。而五四時期中國的「自由主義」竟然是以「科學」作為意識型態，而以「反孔」作為第一項共同特質！

殷海光（1988）本人在其所著《中國文化的展望》一書中，以邏輯及西方社會科學的概念批判中華文化傳統，後來並因為積極參與《自由中國》案件，而遭到國民政府禁止開課的處分。殷氏爭取「民主」的精神是值得讚佩的。可是，他

對「傳統」、「民主」、和「科學」的觀點，雖然遠較五四人物來得深刻，但他仍然具備有五四時期之「自由主義」的性格，無法跳脫五四人物所處的困境。

二、監督權力

殷氏雖然承繼了五四時期自由主義知識份子「科學主義」和「反傳統主義」的「傳統」，這樣的「傳統」和日後 1970 乃至 1980 年代台灣社會科學界的實證研究取向也確實是合拍的，但我們卻不能將台灣社會科學界「學術實踐主體性喪失」的原因全部歸之於殷氏。對台灣社會科學界之學術風氣影響最大的，是二次大戰後台灣學術界對美國的高度依賴，以及台灣「學術／教育」體系透過其監督權力之運作，而產生出並維繫住的學術風氣。

本書第八章將引用傅柯所提出的「監督權力」之概念（Gorden, 1980），說明：任何一個機構都有一套制度化的監督系統，透過某種「監督權力」的運作，使被監督的人變成「馴良的身體」，他們所說的話語，也會呈現出一定的模式。「學術／教育」機構亦不例外。任何一個「學術／教育」機構都有一定的「監督系統」，透過授課、考試、論文審查、人員聘任、升等……等等制度，使用其「監督權力」，並使某一種「知識話語」變成為可能。

在上一章中，作者指出：由於美國所特有的「社會／文化」背景，心理學傳到美國之後，是以實用主義和實證主義作為研究的主流。其實不僅心理學如此，其他各門社會科學亦莫不皆然。二次大戰結束後不久，韓戰（1950－1953）爆發。戰後的國際政治環境使得台灣不僅在政治和經濟上依賴美國，甚至在學術上也對美國產生高度的依賴（葉啟政，1982, 1985；蕭新煌，1982, 1985）。由於戰後數十年間，美國在世界學術

體系中始終居於執牛耳的地位，截至 1990 年代爲止，台灣歷年出國的留學生中，有九成以上都是到美國留學。他們之中，學成而回國服務者，又有一大部分側身於「學術／教育」機構。美國式的實證研究方法也透過「學術／教育」機構的運作，而不斷受到增強。

五四時期，主張廢除漢文化的錢玄同建議：「從中學起，除『國文』及『本國史地』外，其餘科目，悉讀西文原書。」這一點，台灣的中學雖然沒有做到，但許多「一流大學」確實是做到了。戰後台灣的教育制度存有一種十分激烈的升學競爭制度，只有一流的學生才能考上一流的大學。一流大學爲了趕上「世界潮流」，也爲了方便學生出國留學，同時也實在是沒有中文教本，許多專業科目都是採用「西文原書」。用傅柯（Foucault, 1972／1993）對「知識／權力」的分析來看，教師用「西文原書」教書時，他所使用的「知識話語」是學生所感到極度陌生的「話語」，學生必須花費相當大的心力才能了解這種「話語」。作爲這種「話語」的詮釋者，教師的權力便因此而增大。同時，教師手中又掌握有考試、評分等「監督權力」，學生想在這種「監督系統」中生存下去，一定要努力學習此種「話語」，使自己變成「馴良的身體」。由於熟悉此種「話語」便能夠和美國的教育制度搭上線，有利於將來出國留學，所以學生們倒也無話可說。

在學術研究方面，台灣並不像美國那樣，有一個開放的「學術市場」。台灣的學術機構，並沒有淘汰制度，一旦進入學術機構教書，只要在上課時把教科書上的「知識話語」講清楚，便算是善盡職責，做不做研究並不影響教職。台灣社會科學界經常在國際學術期刊上發表論文的人並不多，大多數論文是在本地的刊物上發表。社會科學研究的資源主要是來自於政府所屬的「國家科學委員會」和政府行政機構。國科會資助社會科學研究計畫的重要原則之一，是它必須爲「實證研究」，至於教科書、翻譯書、或其他的學術論述，不論它有無創見，不

論它對本土社會有多大貢獻，一律不予獎助。如果有人能夠在國際學術刊物上發表論文，他的作品便算「已達國際水準」，受獎助的可能性便大爲增加。至於在國內學術刊物上發表的論文，其寫作格式和「知識話語」也必須向國際期刊看齊。至於其內容跟本土社會的「語義場」有什麼關聯，能不能爲本土社會中的人所用，則是次要或根本不必要的考慮。在社會科學界普遍講究「實徵研究方法」，而不注重理論建構和學術論述的情況下，久而久之，台灣的社會科學界便出現了所謂的「素樸實證主義」。

三、「素樸實證主義」

長久以來，在「古典時期」的「知識型」影響之下，台灣的社會科學工作者大多並未清楚覺察到：西方科學哲學主流由「邏輯實證論」轉向「實在論」，對社會科學研究工作所具有的涵意。許多心理學者仍然保有西方古典時期的世界觀，認爲心理學研究的目的，便是要「眞切」而又「全面」地「描述、了解、和解釋人類的心理與行爲」。二次大戰後，在世界學術體系中處於邊緣地位的華人社會科學界，又普遍存有一種盲目崇拜西方「大師」的心理，大家普遍相信：西方社會科學家發展出來的「先進」理論，必然含有某種程度的「眞理」，大家所關心的問題是：如何以西方的「最新」理論作爲基礎，用「社會及行爲科學」的「實徵研究方法」，從事研究？

由於翻譯事業的不發達，再加上對於西方文化的隔閡，很多人對於西方理論只有浮泛的了解，而不能掌握其複雜的論證過程。不僅如此，五四以來的「反傳統主義」和「社會達爾文主義」，使得許多社會科學工作者將「傳統」和「現代」視爲是互不相容的兩極，爲了追求「現代化」，對傳統必欲除之而後快。尤有進者，國民政府在撤退到台灣之初，係以「反攻大陸」作爲施政的大方針，對於本土社會的了解並無興趣。結果

台灣的社會科學教育不僅和傳統文化「斷層」，而且和本土社會「斷根」。

由於對西方科學思潮只有浮泛的了解，也由於不屑於理解傳統文化和本土社會，許多人在做研究的時候，或者用非常簡單的「單向度思維」（one-dimensional thinking）來思考問題，或者乾脆以西方的理論或研究工具作為研究的出發點，連簡單的邏輯推理都可以省略掉。大家普遍存有一種「拿來主義」的心理，有些人從國外的新期刊找一些流行的題目，修改幾個變項，「如法炮製」一番，便可以弄出一篇論文；有些人則是致力於引入外國的研究工具，找幾個研究生，將外國的量表和問卷翻譯成中文，檢驗一下信、效度，也可以「加工製造」出一篇篇的論文。

結果「邏輯實證主義」到台灣之後，變成了只有「實證」而沒有「邏輯」的「素樸實證主義」（naive positivism）。大家祇講求「實徵研究方法」，既不管理論建構，也不管邏輯思考歷程，甚至用非常繁複的「實徵研究方法」，來獲致一些「不具認知意義」的瑣碎結論。明代滬籍進士陸深有云：「士貴博古，亦要通今；博古而不通今，無用之學；通今而不博古，無體之學」，在社會科學界普遍「既不博古、又不通今」，而只一昧強調「實徵研究方法」的情況下，所完成的研究便難免流為「形式主義」（註6）。

1980年底，中央研究院民族學研究所召開了一項以「社會與行為科學研究的中國化」為主題的研討會。在其後出版的論文集「序言」中，楊國樞、文崇一（1982）說：「我們所探討的對象雖是中國社會與中國社會中的中國人，所採用的理論與方法卻是幾乎全是西方的或西方式的。在日常生活中，我們是中國人，在從事研究工作時，我們卻變成了西方人。我們有意無意地抑制自己中國式的思想觀念與哲學取向，使其難以表現在研究的歷程之中，而只是不加批評地接受承襲西方的問

題、理論及方法。在這種情形下，我們充其量只能亦步亦趨，以趕上國外的學術潮流為能事。在研究的數量上，我們既無法與西方相比；在研究的性質上，也未能與眾不同。在世界的社會及行為科學界，只落得是多我們不為多，少我們不為少。」（頁ii）

四、學術實踐主體性的喪失

「多我們不為多，少我們不為少」，這句話，正是「素樸實證主義」式研究的最佳寫照。在心理學的領域裡，這種「素樸實證主義」式的研究可以說是多得不勝枚舉。舉例言之，1974年，楊國樞在回顧當時幾篇有關自我的研究論文之後，指出：過去台灣所從事的有關自我概念問題之研究，具有幾個特點：(1)此等研究皆係自教育、輔導及心理衛生等實用的觀點所從事者；(2)此等研究並不重視行為發展的觀點；(3)此等研究並未有系統地探討自我概念的相關因素（頁419）。

十五年後，楊中芳（1991）再度回顧港、台心理學界對此一主題所作的六十幾項研究。她的回顧論文顯示：在這十五年間，有關自我的研究在數量上雖然增加許多，但其實質內容卻仍然「停留在原地踏步，無論從方法、理論、或是實用的層次來看，都沒有很大的進展」（頁72）。在理論及概念的層次上，許多研究者習慣性地將西方的研究概念及工具搬過來用。在西方個人主義價值體系下，有關「自我」的概念特別多。然而，同樣的名詞搬到中國人身上來用時，常常連適當的翻譯名詞都找不到。這些名詞及其所描述的現象因而變成研究者的「專用名詞」，甚至不同研究者對於同一個西方概念都有不同的理解及名稱，造成很大的混淆。

在研究方法方面，有關「自我」的測量工具全部是由西方引進的。他們在使用這些工具時，很少考慮這些理論及工具背

後所含的假設在本土文化裡是否適用，由於研究者使用的理論及研究工具太過於依賴西方，大多數研究的構想也趨向於簡單化及表面化。除了少數例外，大多數研究都是以學生為樣本，而且以國中學生為最多。大多數研究都不是根據研究前的假設，針對問題做探討，而是採用相關分析或多變量統計分析，看分析的結果再作「研究後」的解釋。不僅其研究假設缺乏理論性，研究內容跟本土社會也沒有什麼關聯。結果「對於中國人的『自我』到底是什麼樣子，做了十五年的研究，可謂是一片空白。」（頁74）

其實不只是有關「自我」的研究如此，對於其他題目的研究亦莫不如此。余安邦、楊國樞（1991）回顧過去三十五年間台灣地區有關成就動機之研究，結果顯示：這段期間所累積的實徵資料並不少，但卻缺乏理論概念的指引與綜合。從這些研究成果裡，也很難勾畫出一個本土化的成就動機理論或模式。至於在成就動機的測量方面，過去台灣地區大多數的研究皆直接採用改編（或修正）自西方學者所建立的量表或問卷。其中對 EPPS 的修正及其常模的編製有較多實質而豐富的文獻，但整體而言，台灣地區在成就動機的理論建構及測量工具兩方面的研究成果實在相當有限。

朱瑞玲（1993）回顧 1970 至 1980 年間《中華心理學刊》上所登載的二十五篇人格與社會心理學論文。結果顯示，其中大多數研究是以參考外國文獻，擬定研究假設，然後或者翻譯西方量表，或者設計實驗情境，以中國學生為研究樣本，企圖得出與既有的心理學理論相符的實徵結果。這類複製研究幾乎很少提及任何社會或文化背景，對於研究發現與假設不一致的解釋，「也顯然就便處理」。（頁94）

心理學原本是一門和生活緊密相聯的學問，可是我們心理學研究的結果卻和生活距離最為遙遠。久而久之，便形成本書所謂「雙重主體性喪失」的現象：研究者喪失了他在學術上的

「自我認同」，他所研究的對象（人或社會）也喪失了「文化認同」。幾十年下來，這種學術風氣所造成的結果，便如楊國樞教授所感嘆的那樣：「在世界的社會及行為科學界，只落得是多我們不為多，少我們不為少」！

五、本土化運動

當然，對於這樣的問題，台灣的社會科學界並不是全然沒有反省的。這種反省之形諸於行動者，便是所謂「社會及行為科學本土化」運動。1980 年，中央研究院在台北召開了一項「社會及行為科學研究的中國化」研討會，接著，1983 年，台灣、大陸、香港兩岸三地的社會學、人類學及心理學者又在香港召開了第一次「現代化與中國文化」研討會，繼續討論相同的問題。此後，每隔數年即以同樣主題召開一次研討會，到1993 年底的「香港─杭州」研討會為止，同樣性質的研討會，已經召開了四次。在心理學界，1988 年末，香港大學心理學系舉行「邁進中國本土心理學的新紀元；認同與肯定」研討會，首度以「心理學本土化」為討論主題，以後又連續舉辦了兩次「中國人的心理與行為科際學術研討會」，並於1995年4 月舉辦一次更大規模的「華人心理學家學術研討會」。在這一系列的研討會裡，每次開會都有人提出論文，呼籲社會科學界要注意本土化問題，拋開殖民文化與買辦心態，不要盲目依賴西方的理論與方法，為本土社會的研究作出貢獻。

「本土化」的熱潮很快地也傳到了大陸。1992 年，大陸「中國社會心理學會」在湖北神農架招開了第一屆「中國人社會心理研究」研討會（李慶善，1993），將來並希望針對同一主題內容，繼續不斷召開類似性質的研討會。1993 年，台灣大學心理學系設立了本土心理學研究室，並創辦了《本土心理學研究》期刊，專門刊載此一領域中的研究報告。

　　作者是贊同社會科學本土化運動的。然而，作者卻認為：「本土化」本身不能「無限上綱」，不能作為學術研究的最高判準。本土化運動最重要的涵意是在「世界觀／認識論／方法論」上作徹底的反省，由「古典時期」的「知識型」轉換成為「現代時期」的知識型。倘若我們的世界觀不改，倘若我們仍然保有西方古典時期的知識型，倘若我們在思考問題的時候，仍然偏好「素樸實證主義」式的「單向度思維」，即使「改旗易幟」，努力做「本土研究」，恐怕收效也是十分有限。

　　曾志朗（1991：II）在替「中國本土心理學新紀元討論會」論文集作專文推薦時指出：許多心理學「研究者寧可藏身實驗中去觀測一個又一個的小現象，很少人願意去面對隱含在社會文化的實際運作中之心智活動。大家總是認為從簡單的現象著手，再來研究由小現象合成的複雜現象，目的在於見微知著。但假如格式塔學派的宣言——整體並不等於局部的總合——是值得考慮的話，則我們想從局部去探知整體的做法就相當值得商榷。」

　　曾氏非常正確地指出過去心理學界在「實徵研究」典範支配下所造成的化約主義和機械主義。治療此種疾病的根本途徑是在「世界觀／認識論／方法論」上作全面的調整，而不能祇作情感上的呼籲或道德上的規範。再拿心理學本土化運動來說，根據楊國樞教授（1993）的統計，自從「社會與行為科學中國化」的口號出現之後，台灣學者所完成的本土化研究，已經有八十幾項。然而，這八十幾項研究裡，許多仍然是「素樸實證主義」下的產品，許多人在做研究的時候，不是從「問題意識」出發，而是從「實證主義的世界觀」出發，以為本土心理學研究就是要更「真切」及「全面」地去「描述中國人的心理與行為」，因此採用笛卡爾式「由部分到整全」的歸納研究途徑，將中國人的「心理與行為」切割成一個個的小研究領域，每一個領域各自憑空「創造」出一個「理論模式」，企圖將許

多複雜的「心理／文化」現象簡化成「兩組對立的同質體」，然後發展測量工具，進行施測。收集了一大堆統計數字，結果仍然是「顯然就便處理」。這種作法很明顯地違反了「完形心理學」的基本原則：「部分的總合不等於整全」。其研究發現也難免支離破碎，令人難以理解。這樣的本土化研究，跟以前的非本土化研究又有什麼兩樣呢？

第五節　本土社會科學研究的判準

　　然而，在「世界觀／認識觀／方法論」上作徹底的轉變，卻是十分艱辛的歷程。一個本土社會科學工作者想在某一特定的領或內從事研究工作的時候，他不僅要面對本土社會中的「社會／文化」現象，而且還要正視西方社會科學中相關的研究成果。舉例言之，倘若他是採取「實在論」的研究取向，在從事研究工作的時候，他不僅要熟悉西方社會中各種相關的理論，而且還要拿它們到本土社會的生活實踐裡來加以檢驗，從中擷取適用於本土社會的部分，重新建構自己的理論模式，再用各種不同的方法來加以檢驗。更清楚地說，在從事學術工作的時候，他必須「站在巨人的肩上往前看」，不能置以往的研究成果於不顧，「閉門造車」，一切從「零基」開始。因此，對於這種長期的學術工作，我們可以建立三項評斷標準：問題意識、原創性、及內在可理解性。值得強調的是：此處我們所談的是評斷一個學者「長期工作」成果的判準，而不是他「單項研究」成果的判準。換句話說，在評價一個學者長期的工作成果時，我們確是應當像林義雄先生所說的那樣：「不要看我一時，要看我一生」。

一、問題意識

　　我們可以用王國維對於「天才」的論述來說明什麼叫做「問題意識」。在〈叔本華與尼采〉一文中，王國維說（1968：1690）：「嗚呼！天才者，天之所靳而人之不幸也。蚩蚩之

民，飢而食，渴而飲，老身長子，以遂其生活之欲，斯己耳。彼之苦痛，生活之苦痛而已；彼之快樂，生活之快樂而已。過此以往，雖有大疑大患，不足以攖其心。人之永保此蚩蚩之狀態者，固其人之福祉而天之所獨厚者也。若夫天才，彼之所缺陷者與人同，而獨能洞見其缺陷之處；彼與蚩蚩者俱生，而獨疑其所以生。一言以蔽之，彼之生活也，與人同；而其以生活為一問題也，與人異；彼之生於世界也，與人同；而其以世界為一問題也，與人異。」

王國維認為：天才和常人（蚩蚩之民）的最大不同之處，在於常人只關心生活的苦痛和快樂，而天才則能從這種苦痛和快樂中找出問題和疑點。天才和常人一樣生活在「滾滾紅塵」之中，他也和常人一樣具有人性的各種弱點，可是，他卻能洞見人性的弱點，並在生活中找出關鍵性的問題所在。「彼之生活也，與人同；而其以生活為一問題也，與人異。」「彼之生於世界也，與人同；而其以世界為一問題也，與人異。」這種問題意識，這種異於常人的問題意識，正是社會科學家所迫切需要的能力。

然而，作為一個本土社會科學工作者，光祇從生活中找出問題和疑點仍然是不夠的，他還要能夠從社會科學既有的研究成果中來思考這些問題的意義。Popper（1970／1992）認為：科學知識的增長是一個不斷解決問題的過程。科學探討始於問題（problem），面臨著問題，人們首先提出假說，作為對此問題的嘗試性解決（tentative solution）。然後面對此一假設進行嚴格的檢驗，通過證偽消除錯誤（error elimination），進而產生新問題。如此反覆，問題愈來愈深入，對問題作嘗試性解決的確認度和逼真度也愈來愈高。

然而，Popper（1972／1989）認為：人類的知識是不斷累積成長的：「從阿米巴到愛因斯坦僅有一步之差」，人類知識和生物知識的最大不同，是人類有意識和語言。人類的知識具

有連續性，而生物知識則無此特性。Popper 在其進化認識論（evolutionary epistimology）的基礎上，提出了「三個世界」的理論：世界一是「物理世界」；世界二是「主觀世界」；世界三是「客觀知識」的世界，由人類用語言所表達出來的思想內容所構成，科學理論即爲其中非常重要的一部分。理論是人類思想的產物，但是，理論一旦被創造出來之後，便具有一定程度的自主性，能夠不依賴於人的意識而獨立存在。科學家們即可以在理論的世界裡，有意識而自覺地創造假說，並以其批判精神，用「符號試錯法」，淘汰錯誤的命題。在進行這項工作的時候，他必須熟悉以往的相關理論及研究成果，才能找出關鍵性的問題所在，才能夠在理論上有所突破，而促成知識的成長。

就現代時期的知識型而言，社會科學研究是研究者在某一特定時空交會之下的主體性創造歷程。誠如韋伯（Weber, 1948／1991）所言，一個傑出的社會科學家在從事教學或研究工作的時候，應當儘量保持「價值中立」（value–neutral）；但他在選擇研究題目的時候，卻不可能保持「價值中立」，而應當是「價值關聯」的（value–relevant）。更清楚地說，人類社會生活的變化十分的紛繁雜多，社會科學家可能作的研究題目也浩如瀚海。人生也有涯，學也無涯，以個人有限之生命，面對如此豐富繁多的社會現象，他在從事研究工作的時候，自然不能有所選擇。在理想的情況下，個人選擇的研究題目應當跟他的終極關懷有關，是他認爲十分重要的問題，能夠反映出他的問題意識。

再借用韋伯（Weber, 1946／1991）在〈以學術作爲一種志業〉中的一段話來說，一個有使命感的學術工作者，在從事研究工作的時候，一定要相信「他靈魂的命運就取決於他是否能夠在這篇草稿中的這一段敍述裡，作出正確的推測」；他必須有一種豪情壯志，認定：「在他來之前，數千年悠悠歲月已逝；未來數千年，則在靜默中等待他在這段文字中，作出成功

的推測」。沒有這份熱情，沒有這種奇特的「陶醉感」，個人便很難持之以恆地從事知性追尋的工作，更不可能把他從事學術活動的志業提昇到具有高貴與尊嚴的生命層次。

二、原創性

西諺有云：「懶於運思是最大的罪過」，海德格更強調：「一切的『眞』，一切的『美』，都不在於遵循已有的什麼，而在於重新的創造」。倘若我們接受本文的論點，肯定社會科學研究的主體創造性，則原創性必然要成爲社會科學研究的重要判準之一。值得強調的是：學術創造必須以深厚的知識爲基礎，其創造物也必須經得起時間的考驗，不能隨興所至，說創就創，甚至是無中生有，憑空瞎創。借用 M. Polanyi（1964）在其《個人知識》一書中所提出的概念來說，社會科學工作者在從事學術創作的時候，必須先熟悉西方社會科學中重要的各家理論和研究方法，有志於從事本土社會科學研究者更要了解自己的文化傳統，將其「冶於一爐」，融會貫通，形成一種「支援意識」（subsidary awareness），再根據自己的問題意識，從他在本土社會的生活經驗中找出他想解決的關鍵性問題，成爲他「集中意識」（focal awareness）中苦思竭慮的焦點。事實上，許多科學家在提出問題的時候，多多少少已經意會到找尋解答的方向，心中對問題的答案多少也已經有了眉目，可是卻無法明說出來，而形成一種「默會之知」（tacit knowledge）。這時候，由他過去的訓練和學術背景所構成的「支援意識」就變得十分重要，「支援意識」能夠讓他找出適當的理論和方法，來清理他的思路，解決他的問題，幫助他完成學術創造的工作。

三、內在可理解性

　　學術研究是一種主體性的創造歷程，而不僅只是對客觀世界的描述。一個有問題意識的學者，寫出來的論文，一定具有高度的「內在可理解性」（ internal intelligibility ），能夠說清並讓人們看清楚他所談的問題所在。他長期累積下來的研究成果，也一定具有高度的內在可理解性，能夠反映出他的終極關懷所在，彰顯出他作爲「學術主體」的獨特風格。

　　我們可以再借用德國社會學大師韋伯的理論，來說明這個概念。如衆所知，韋伯的社會學是以社會行動（ social actions ）的分類作爲起點。他認爲：人類具有意識與思想，故其行動具有一種「內在的可理解性」（ intrinsic intelligibility ），研究者可以藉由「理解」（ Verstehen, comprehension ）的方法，來探討個人賦予他自己行動的主觀意義（ subjective meaning ）。社會行動的最大特徵就是它具有一個可理解的組織脈絡，一個人可以當下發覺某些行動與某一目的，或某一個人的行動與另一個人行動之間的關係，「人事科學」（ science of human reality ）的目的，便是要理解此種「有意義的實在」，藉由此，我們便能夠說明特定的社會現象。

　　他認爲：人類社會行動是一片可理解的廣大領域，正如心理學家之能夠理解他人的心靈狀態或行爲。因此，我們可以藉由揭示研究對象的內在理性來了解研究對象，並建構出其理念型（ ideal type ）（ Weber, 1949 / 1991 ）。然而，社會的可理解性（ social intelligibility ）卻和心理的可理解性（ psychological intelligibility ）有所不同。爲了探討文藝復興後，西歐國家發生工業資本主義的原因，他用理念型的方法，探討了基督教倫理和歐洲理性主義興起之間的關聯（ Weber, 1958a ）。爲了探討工業資本主義爲什麼不在其他的文明中發生，他又陸續分

析了印度教、猶太教、儒教（Weber, 1951；1952；1958b）和回教。令人遺憾的是：他對回教的分析尚未完成，便逝世了。

韋伯之說有何可議之處，並非我們目前所要談的問題，在此暫不論列。我們所想指出的是：韋伯對儒家中國及其他文明所作的描述，都具有高度的「社會可理解性」；韋伯的各項作品，也具有「內在的可理解性」，韋伯之所以能夠成為社會學的一代宗師，其道理即在於此。

四、小結

在本章中，作者一再強調：「實在論」本質上仍然是一種「客觀主義」的研究取向，並不能解決「研究對象」主體性喪失的問題。即使我們採取「實在論」的研究取向，在本土社會中從事研究，並建構出適用於本土社會的理論模式，我們仍然可能面臨「研究對象」主體性喪失的困擾。倘若社會科學的主要目的，是要發揮人的內在扭轉力量，來「認識並說清」本土社會中人們生活、思想、和說話所遵循的法則，進而指出這些法則的局限性和可變性，希望這樣的研究結果能夠在本土社會的「語義場」中流通，為本土社會中的人所用，解決本土社會中的問題，甚至改變本土社會中人們的世界觀，豐富本土社會的文化生活；在特定的情況下，研究者可能對特定的個人或群體感到興趣。這時候，他也可能以他所建構出來的理論模式為基礎，採用詮釋的方法來理解他的研究對象，或者採用批判的方法使其獲得辯證性的發展。如此一來，我們才能化除「研究對象」主體性喪失的危機。在下一章中，我們將繼續說明：在從事本土社會科學研究的時候，應當如何在「世界觀／認識論／方法論」上作徹底的轉變，並採取「多元典範的研究取向」，以創造「現代時期」的「知識」，並化除「研究對象」主體性喪失的危機。

主觀研究與客觀研究

多重典範的研究取向

　　在上一章中，作者藉用傅柯「知識型」的理論，說明：我們要想在非西方社會中落實「社會科學本土化運動」，必須在「世界觀／知識論／方法論」上作全面性的轉變，由「古典時期」的知識型，轉變成為「現代時期」的知識型，以消除「學術實踐主體性」喪失的危機。在理論建構方面，這種轉變的重要涵意之一，是採取「科學實在論」的研究路線。然而，即使我們採取此種研究路線，我們仍然沒有深入研究本土社會中的「語言／文化」，既無法建構研究對象的「文化認同」，也無法解決「研究對象」主體性喪失的問題。

　　要想解決這樣的難題，可以採用「結構主義」的方法，分析本土社會中的「語言／文化」；也可以視研究問題的需要，採取詮釋或批判的研究方法針對某一特定對象，從事研究。在本章中，作者將先藉用傅柯的「有限性的解析」，說明從事科學研究時可能遭遇到的限制；再以這種限制為基礎，說明在從事本土化的社會科學研究時，在方法上可以採取的各種不同的研究取向。然後，作者將以本書為例，進一步說明：如何採用「多重典範的研究取向」從事研究。

第一節　社會科學的基礎與限制

　　依照傅柯的說法，十九世紀以後，進入「現代時期」的人
發現自己是處在一種旣不透明、又不確定、而又來源不明的語
言之中：人旣不可能不用語言思想，又不可能不通過語言而直
接認識這個世界的客觀實在。語言限制了人對於世界的認識，
也形成了人認識世界的局限性。在這種「認識論」的局限性之
下，人類要如何建立關於其自身的知識？人類要如何建立人文
科學？

　　康德（Kant, 1781 / 1983）最先認識到人的局限性，並且
試圖爲人關於自身的知識找出確實的基礎。他將人類認知思考
活動分爲兩種：「理論理性」探討自然界中各事物間的邏輯關
係，從而建構出客觀的知識體系。「實踐理性」則在智思界中
創立宗敎或倫理價值體系，以導引人類在經驗世界中的活動。
這個領域裡所使用的許多語言，諸如上帝、靈魂、自由等等，
都是超越的（transcendent），也是人類感覺器官無法經驗到
的。

　　由於人類所使用的語言旣包含有經驗的，又有超越的槪
念，康德學派認爲：倘若人要獲得關於人自身的確實性知識，
他就必須超越人自身，變成一種超越現實經驗的認識主體，再
回過頭來研究人自己。傅柯卻堅決反對康德學派的這種想法。
在他看來，設立超越的認識主體，等於是要取消人的局限性，
其實人的局限性是永遠不可能消除掉的。人只有通過認識自己
的局限性，而不是消除這種局限性，才能夠眞正的認識自己。

　　傅柯認為：十九世紀以後出現的知識型，一方面認識到人的局限性，一方面又要以這種局限性爲基礎，發展有關人的確實性知識，因此，人文科學一開始便陷入了一種矛盾的境地。從康德以後兩百年來，西方人文科學界一直在找尋可以解決這種矛盾的知識理論，這種理論他稱之爲「有限性解析」（ analytic of finitude ）。「有限性解析」主要包含三組二元對立：(1)人是可以用經驗來加以研究的許多事實，但人又是使一切知識成爲可能的先驗條件；(2)人被他無法清晰思想（非思，unthought ）的事物所包圍，但人在本質上又能作清晰的我思（ cotigo ）；(3)人是永遠不可窮源之悠久歷史的產物，似非而是的是：人本身又是歷史的來源（ Dreyfus and Rabinew, 1982 / 1992：31 ）。由於人文社會科學必須建立在這三組二元對立之上，因此，我們有必要對它們作進一步的析論。

一、經驗與先驗

　　傅柯（ Foucault, 1973：319 ）認爲：人文科學由「古典時期」進入「現代時期」的界線，並不是將客觀方法運用在對人的研究之上，而是在於人認識到「經驗／先驗」（ empirico – transcendental ）的對偶體。最早討論此一問題的人，仍然是康德。爲了說明爲什麼人類能夠運用「理論理性」將雜亂無章的經驗現象整理成普遍有效的科學知識，在《純粹理性批判》一書中，康德（ Kant, 1781 / 1983 ）提出了「先驗觀念論」（ transcendental idealism ），主張：認知主體經由各種感官所經驗到的「客體」（ object ），祇是客體反映在其認知活動中的「現象」（ phenomenon ），而不是「物自身」（ thing in itself ）。由於人類自身生物結構的限制，以有限的生命感官，永遠無法認知到客體的「物自身」。認知主體以其感官經驗某一客體時，必須將他經由各種感官獲致的不同經驗綜合成某種「形式」（ form ），用以代表該一客體。這種「形式」雖

然是由經驗中抽象出來的，不過它卻是「先驗的」。先驗的「形式」和個人對客體的經驗存有一種「不離不雜」的關係：某一客體的「形式」先驗的決定個人對於該一客體的經驗，個人對客體的新經驗，則會進一步增添他所認識到的該一客體之「形式」的內涵（李澤厚，1986）。

在《純粹理性批判》中，康德以一種所謂「先驗演繹」（transcendental deduction）的方法逐步論證：整個宇宙中的事物都受制於某種自然法則。認知主體以先驗的「形式法則」將其感官在感觸界中之經驗整理成爲「現象」，作爲個人認識外界的基礎。因此，先驗的形式法則具有普遍有效性，能夠使認知主體對經驗客體作出必然且有效的判斷，人類之所以能夠建構出有關於客觀知識，其根本緣由即在於此。

康德試圖在「先驗」和「經驗」之間作出絕對的區分，將歷史和事實中所有的偶然性和模糊性都歸爲知識的「內容」（content），並試圖從其中抽出認知的純粹「形式」（form）。在康德之後，許許多多的實證主義思想家承襲並發展了康德開啓出來的思想路線，他們認爲：既然感覺的形式提供了知識成立的先決條件，人類應當通過考察其感官的特殊結構，來爲所有的經驗科學提供一種經驗的基礎。結果這一派人便走上自然主義或還原主義的道路，希望將所有的知識都確立在感官經驗之上。

另外一批思想家則是走「先驗辯證論」的道路。他們試圖考查人類思想史，希望從人類知識的演變中，找出歷史變化的先驗形式，並對現實社會作一種末世論式（eschatological）的批判（註1），希望藉此找到人類社會的救贖之道，譬如馬克斯即是其代表人物。這兩種研究途徑都預設：客體自身便具有某種真理，人類只要通過感官經驗或歷史的分析，便能夠獲得這種真理，並用一種價值中立的論述，將這種真理揭示出來。至於描述客體之論述是否爲真，則必須取決於客體本身之性質

。這兩種研究途徑都聲稱自己掌握了關於「人」的「眞理」，他們所聲稱的「眞理」也難免各有所偏。

傅柯認爲：這兩種研究途徑在找尋先驗規則時，都突顯出經驗的重要性。然而，以經驗主義爲基礎所建立的關於人的理論，和以人之歷史本質爲基礎所建立的辯證理論，都只看到人類生活的一個面相，兩者之間存有一種不穩定的內在衝突，有些現象學者因此而試圖找出一種認識主體的新方式，它強調人的行動有一種「具體的先天性」（concrete a priori），既遵循一定的先驗性規則，又有其獨特的經驗內容，並且將人的自我解釋爲能夠產生知覺、文化、和歷史的來源。這種方法，Merleau－Ponty 稱之爲「實存現象學」（existential phenomenology），傅柯則稱之爲「實際經驗的解析」。他認爲：這樣一種現象學能夠「在身體的空間和文化的時間之間，在人性的決定因素和歷史的影響因素之間，提供一種聯結和溝通的方式」（Foucault, 1973：321）。

在人文及社會科學的領域裡，實證的、批判的、和現象學的三種研究途徑，因此鼎足而三，成爲獲致關於人之知識的主要方法。這一點，在下一節中，我們將作更仔細的討論。

二、我思與非思

人在獲致關於人的知識時，所遭遇到的第二個限制，是「我思／非思」的二元對立。人覺察到自己的存在時，便已經在使用一種來源不明的語言。他無法用思想語言完全看清自己作爲生物有機體中的各種變化，也無法清楚地描述並控制自己的慾望，更無法說淸他所有的歷史經驗，但這一切卻是他思維和行動的基礎。如果人類想要了解自己，他的思想必須能夠完全接近非思，並在行動中將其置於支配之下。當然「非思」一旦進入「我思」之中，它便已經不再是「非思」；可是，由於

處於模糊狀態之「非思」，正是思想和行爲成爲可能的先決條件，它永遠不可能完全被吸納進我思之中。因此，「現代時期的『我思』，並不是要發現什麼明確的眞理，它只不過是一種個人必須反覆進行的沒完沒了的任務而已」（Foucault, 1973：324）。

康德認爲：思維和行動的「形式」是明確的，他要求人們對其思維和行動的「內容」也盡可能獲得更大的明確性，以邁向自我認識。不過，康德也知道：內容是不可能完全明確的。到了現代時期，人們已經不像古典時期那樣相信純粹形式的明確性，反倒不斷地思考「非思」的必要性。換言之，人類是爲「形式」自身（for itself），而在思考「內容」本身（in itself）的必要性；是爲結束人的疏離，而在思索人與其本質一致的必要性；是爲了要弄清楚「經驗」，而覺察到其背景境域的必要性（Foucault, 1973：327）。

比方說，胡賽爾在其現象學分析中，認爲：在人的思想中，「非思」是不明確的、非實際的、無效果的，但是它對「我思」卻會產生一種預先奠定基礎的作用，是襯托出其眞理性的一種模糊反照。所有的眞理，所有明確的客體經驗，都必須以人對其他客體的關係和實踐作爲背景，才能夠將之襯托出來。這種背景，胡賽爾稱之爲客體的「外部境域」（outer horizon）。他認爲：現象學家只要用他所謂的「先驗還原方法」（transcendental reduction），將自己置於思想的境域之外，便能夠「重新喚醒」「非思」，並將其分析爲一組「眞的」信念系統（Husserl, 1960 / 1982）。

像 Frued 和心理分析學派對於潛意識的分析，像馬克斯和法蘭克福學派對於社會的批判，都是不斷地在澄清驅使人類走向某種幽暗目的的勢力。在「人的紀元」，這種不斷的澄清構成了道德的主要內容。「它是反思，是有意識的行爲，是對無聲東西的闡釋，是使無聲之事物復原的語言，是將人們刻意與

自身隔開之陰暗因素的啓明。正是所有這些，也僅僅是所有這些，構成了現代倫理的形式和內容。」（Foucault, 1973：328）

在分析任何一種關於人的問題的時候，我們必然會面臨「我思／非思」二元對立的困境。任何「我思」，都必須以大家視爲理所當然的「非思」作爲基礎。當我們試圖澄清某一部分的「非思」，將之變成「我思」中的信念時，每一個信念的意義，又必須以其他的「非思」作爲背景，才能突顯出來。結果我們便陷身在一種薛西弗斯式（Sisyphus – like）的任務之中，看來好像永無終結，但也並非毫無希望。這是以人的局限性爲基礎從事社會科學研究時必然會遭遇到的問題，也是社會科學永遠有無限發展潛力的原因所在。

三、本源的隱退與復歸

倘若我們將人文社會科學研究的對象界定爲語言問題，我們馬上便會面臨人在發展關於人之知識時的第三個限制，那就是「本源的隱退／復歸」的二元對立。用海德格的話來說，當人開始反思自己的存在時，他總是發現自己已經存在於世界、存在於語言、存在於社會之中。以這種既存的背景，我們才能夠思索所謂「本源」的問題。

每一個人每天都在使用語言。當他操持母語，並且能夠以之採取各種行動時，他必然已經通過某種方式，而對他使用的語言有所理解。他必須處在一種被建構出來的理解網中，才能夠和他人順利溝通。人在學習使用語言時，同時也在學習將其文化中的事件，作一種歷史性的組織，並試圖獲得關於此一事件的「整個」歷史。倘若沒有共同的「文化／歷史」背景，人們便很難以語言作爲一種社會實踐或溝通的媒介。

不僅如此，語言是意義的承載者，當我們論及某一項特定問題時，我們所使用的語言也承載有一定的意義，告訴我們應當以什麼樣的方式看待這項問題；在什麼樣的情況下，應當採取什麼樣的行動。當然，文化是多變的，任何一件事情的意義都會隨時間和空間的不同而有所改變。不過，這種改變也有一定的脈絡可尋。倘若我們要深入研究一項文化問題，我們必須追溯它的歷史沿革。然而，當我們追究一項問題的本源時，我們馬上會面臨歷史往後無限隱退的問題：在我們所用的語言裡，誰開始討論這項問題並賦予它一定的意義？它在歷史上發生了什麼樣的變化？我們要往上追溯到什麼時候爲止？

海德格的主張是：歷史實踐之所以成爲可能，是始於第一批哲學家對於該一問題的提問（Dreyfus and Rabinow, 1982 / 1992）。然而，語言的本源基本上是一種歷史問題，它不僅充滿了神秘性，而且隱退到愈來愈遙遠的過去。

傅柯認爲：人在追究問題之本源的時候，必然會遭到另一個限制：其實人類無法獲得意義的「本源」。不管我們怎樣往後回溯，「本源自身」（the origin itself）總是隱退到更遙遠的過去。然而，這樣的問題，這樣的限制，卻只有在不斷的追尋和不斷的失敗中，才能夠突顯出來，才能夠讓人們看出進一步的問題所在。因此，作爲一個社會科學工作者，在從事研究工作的時候，還是得盡力而爲，針對自己關懷的問題，作出主體性的詮釋。

社會科學工作者「認識並說清」他所研究的問題，還有一層更重要的涵意。當人們能夠以語言討論某一特定事物時，他對於自身和客體間關係的理解，必然具有一種「三重結構」，分別對應於過去、現在、和未來。在討論問題的時候，社會實踐和溝通開啓了一個暫時性的空間，使得文化和歷史得以在其間重現。「正是在他之中，事物（懸在他心中的事物），才找到它們的起點：他不是持續時間中一給定時刻的切分點，而是

一種開端。從他開始，總體上的時間可以被重新建構，持續性可以延展，事物也可以在適當的時刻出現。」（Foucault, 1973：332）

換言之，社會科學研究所創造出來的「知識話語」應當獲得一種扭轉性的力量，可以在本土社會的「語義場」中流通，能夠改變人們對問題的看法，甚至成為一種新的歷史的開端。這一點，可以說是人文社會科學研究最重要的目的所在。

第二節　多重典範的研究取向

　　然則，在前述三組二元對立的限制之下，我們可以採用那些方法來發展本土的社會科學？作者認為：要克服「經驗／先驗」之二元對立所造成的局限，我們在從事社會科學研究的時候，便不能只採取一種研究途徑，而應當採用一種「多重典範的觀點」（multi－paradigm perpective），希望對我們所研究的問題能夠獲得一種「由不同之世界觀源生出來的全盤性理解」（comprehensiveness stemming from different world views）（Gioia and Pitre, 1990）。

一、主觀研究與客觀研究

　　「多重典範的觀點」可以包含各種不同的研究途徑，首先我們要區分的是「主觀研究途徑」和「客觀研究途徑」。在西方文化傳統中，從眾多的經驗事實中抽象出形式性理論，代表的是一種「客觀研究途徑」。邏輯思維和實驗方法是西方文明的兩大成就，而理論建構更是西方傳統中掌握知識之途徑。在古希臘，「理論」（theory）一詞本來蘊涵有濃厚的宗教意味：希臘各城邦派出參加公共慶典的代表稱為 theoros。在 theoria 的宗教儀式中，他們必須忘我地沈思神聖的宗教事件。在哲學的領域裡，theoria 一詞轉變為對宇宙秩序的沈思和默察。在對於宇宙之本體論（ontology）的審思中，個人必須將存在（being）和時間二者作出嚴格的劃分：會隨時間而改變甚或消失的不確定成份稱為 doxa（意見），將這些無常

或不確定成份滌除掉之後，存在領域中所留下的才是 Logos
（常道或法則），才是我們建構理論的材料（Horkheimer,
1937 / 1985）。

在下一章論及道家的文化傳統時，我們將會指出：這種將
「存有」和「時間」劃分爲二的思考方式，是西方傳統的精要
之處，是中華文化傳統之所無，是值得我們虛心學習的。事實
上，西方討論自然科學和社會科學之區分的思想家從來沒有忽
視理論建構的重要性。比方說，主張「精神科學」的 Dilthey
（1977）說出「自然，我們去解釋（interpreat）它；心理生
活，我們去了解（understand，verstehen）它」的不朽名言；
但他畢生的努力，卻是想要將心理學轉化爲經驗科學。

主張「文化科學」的 Rickert（1910 / 1987）也認爲：由
於社會現實具有一種「異質的連續性」，面對著連續而又具有
無窮特質的現實，人根本不可能如實的描述現實。人類對外界
的認識，基本上是一種通過「概念」而對「材料」進行改造的
過程。科學把握現實的方式是將其「異質性」和「連續性」切
開；或者把握現實的「同質的」連續性，或者把握其「間斷
的」異質性。譬如：數學即是企圖掌握現實之「同質性」的知
識，其旨趣在於發現對任何事物和現象都有效的普遍規律。歷
史則是企圖掌握異質間斷性的知識，其旨趣在於敍述特定事物
的一次性發展。

Rickert（1910 / 1987）將現實之「異質的連續性」分開
處理的說法，承襲了希臘人將「存在」與「時間」劃分的傳
統，這兩種處理現實的方式並逐步發展成爲近世社會科學中主
觀和客觀兩大研究途徑。這兩種研究途徑分別代表了兩種不同
的研究典範（paradigm），它們不論在本體論（ontology）、
知識論（epistemology）、人性論（theory of human）、或方
法論（methodology）等方面的基本預設（assumptions）都有
根本的不同。我們可以用 Burrell 和 Morgan（1979：1－8）

所繪製的一張簡表來說明這兩種研究途徑的差別（見圖 3 – 1
）：

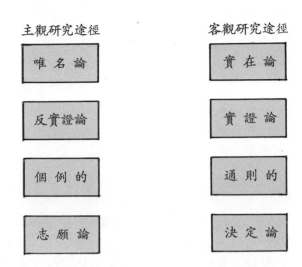

圖 3-1　關於社會科學之性質的預設

在本體論方面，前者主張世界是由人類創造或建構出來的
「唯名論」（ nominalism ）；後者主張世界是客觀存在的，並
非人爲主觀可以創造的「實在論」（ realism ）。在知識論方
面，前者主張世界並沒有一定律則的「反實證論」（ anti –
positivism ）；後者主張世界是有規則和因果關係的「實證
論」（ positivism ）。在方法論方面，前者主張社會科學應研
究個案特例的「個體論」（ ideographic ），後者則是主張研究
通則規律的「律則論」（ nomothetic ）。在人性論方面，前者
傾向於主張人有自由意志的「意志論」（ voluntarism ）；後者
則傾向於主張外在環境可以控制人類行爲的「決定論」（ de-
terminism ）。

值得強調的是：圖 3 – 1 所列之內容，祗能說是對主觀和
客觀這兩大研究途徑的一種概略性描述。事實上，任何一種特
定的學術主張都可能在這四個層面上採取不同的立場。比方

115

說，本書第一章所論及的「邏輯實證論」，在認識論方面，雖然主張「實證論」的客觀研究途徑；但在「本體論」方面，它卻認為：邏輯或數學的語言可以將各種不同學科的理論「統一」在一起，理論中各項命題所涉及的概念，則必須用「運作性的程序」來加以定義。這是「唯名論」的立場，而不是「實在論」的立場。又比方說，Tolman 的「目的性行為論」和 Hull 的「機械式行為論」雖然都受到「邏輯實證論」的影響，但他們卻認為「認知圖」和「習慣強度」等是實在的「中介變項」，因此，這兩種理論在「本體論」方面都是採取「實在論」，而不是「唯名論」。

再舉一個例子來說，主張「實在論」的 Karl Popper（1902-1994）堅決反對科學知識是由感官經驗歸納得來的。他承襲了康德的想法，認為：「我們的理智不是從自然界中引出規律，而是以不同程度的成功，將它自由發明出來的規律加於自然界」（Popper, 1963：191）。他認為：科學活動是一種不斷臆想，不斷批判，不斷否認的歷程：當人們發現新的觀察和既有的理論不符，他會以猜想的方式提出解決該項問題的新理論，暫時與既有的觀察一致，等到這個人們認為是近似眞理的理論和後來的觀察又不相再符，而再度出現謬誤時，人們又會再試圖提出新的理論。換言之，Popper（1972／1984）在「本體論」方面雖然主張「實在論」，但在「認識論」方面卻主張和「實證論」相反的「否證論」（falsificationism）。

邏輯實證論的主將之一，Carnap 最早主張「徹底經驗主義」。然而，以經驗主義為基礎的證實原則卻遭遇到了許多困難。比方說，證實原則要求命題與實在互作比較，其實所有的研究都只是拿命題跟「個人經驗」互相比較而已。到底誰的「個人經驗」是最「客觀」的呢？尤有進者，證實原則要求用一種觀察陳述來窮盡該一命題所有的經驗內容。事實上，這樣的陳述是根本找不到的。不僅如此，許多比較抽象的概念或理論根本是無法證實的。如果一定要堅持證實原則，只有將之

排除在有意義的知識體系之外。因此，Carnap 在 Popper 的影響之下，提出了「可確證性」（confirmability）的概念，認為：確證只是現階段得到確定，並不像「證實原則」那樣，保證將來永遠確定為真；而且任何綜合命題都是無法「證實」的（舒煒光、邱仁宗，1990：59-84）。換言之，雖然 Carnap 在他數度改變哲學立場的過程中，始終堅持邏輯實證論反形而上學的立場，但他對「實證論」的主張卻作了相當大幅度的修正。

二、社會世界的現象學

即使如此，圖 3-1 的概略性描述，對於我們掌握社會科學的兩大研究途徑仍然是極有助益的。我們可以再用 Alfred Schutz（1899-1959）對社會世界（social world）和生活世界（life world）的分類，來說明這兩種研究途徑的不同。Schutz（1932/1967）依行動者對其可以控制的程度（「控制能力」）和他能到達該情境的程度（「親疏程度」），將社會實在的領域分為四大類：前人領域（vorwelt）、後人領域（folgewelt）、直接經驗領域（umwelt）、和間接經驗領域（mitwelt）。在「前人領域」裡，人們的行動、引發行動的原因、以及行動的後果，都已經發生而且具有確定性，我們都只能用當代的思想範疇來回溯並詮釋他們在歷史中的行動，而不能使用當時流行的思想，來理解他們。「後人領域」是屬於未來的範疇，是完全自由而不確定的世界，社會科學家只能對它作概括式的預測。

㈠直接經驗領域和間接經驗領域

在「直接經驗領域」裡，行動者會對活動實體從事社會建構。不論是行動者的意識、行動者的經驗、或是面對面的互動，都可以成為社會科學家詮釋或理解的對象。然而，意識的

自由性和心智過程的創造性，都會使行動者變得難以預測，因此 Schutz 將「直接經驗領域」排除在「科學的」社會學領域之外。

適合於作為科學之研究對象者，是屬於「間接經驗領域」之知識。在社會世界的這個面向裡，個人通常是在處理人們的「類型」（types），而不是實際的行動者。由於個人和這些人並沒有實際互動的經驗，他們對個人都具有不同程度的匿名性（degree of anonymity），個人亦不必根據其直接經驗而修改他對不同「類型」者的知識內容，這種比較穩定的恆常知識，才能夠作為科學研究的對象。

在「間接經驗領域」中，「類型」是十分重要的核心概念。所謂「類型化」（typifications）是指存在於整體文化裡的行動「處方」（recipes）。個人在其社會化過程中，可能會學得應付各種不同情境的典型行動，以後遇到類似的情境，便可以「照方抓藥」，作出適恰的行動。換言之，社會化的主要任務之一，便是將外在情境中的人與物以及對應的行動「類型化」，使其成為個人「社會知識庫」（social stock of knowledge）的一部分，俾便應付不同的情境。

(二)「我們關係」與「他們關係」

個人在其社會化過程所習得的各種「類型」裡，非常重要的一種，是人際關係的類型。Schutz（1932 / 1967）將生活世界中的「關係」，分為「我們關係」（we relations）和「他們關係」（they relations）兩種：「我們關係」是一種「面對面的關係」，具有「直接經驗領域」之特徵，在這種關係裡，雙方會彼此進入對方的意識裡，「親自」經驗到對方，並根據雙方互動的經驗，體驗、修改、再設定他對於對方的「類型」。

對於個人而言，「我們關係」是十分重要的：在個人生命

週期的不同階段，他通常會經由和父母、老師、或同輩團體等「我們關係」的社會化，學習到「類型化」的行動方式。當然，在日常生活裡，行動者也可能使用其創造性的心智，放棄典型的行動策略，而發明一種適用於某一特殊人物或情境的新策略；可是，正因爲意識在「直接經驗領域」和「我們關係」中對實體之社會建構，太過於瞬息萬變（ephemeral）和太過於特異（idiosyncratic），研究者可以用哲學的方式來詮釋此類材料，但他卻不能用嚴謹而客觀的「科學」方法來加以研究。

Schutz（1932／1967）認爲：眞正能夠成爲「科學」之研究對象者，並不是「我們關係」，而是屬於「間接經驗領域」中的「他們關係」。「他們關係」表現出「非人格」之角色間的互動，在這種關係裡，人們的思想與行動是由匿名的「類型」所決定，它反映出文化力量所支配的社會實體之例行面向，因此，吾人才有可能從「他們關係」中發展出一種類型化的科學。當然，「他們關係」「類型化」的基礎，仍然是在一群人主觀的思想和行動之中：個人主觀的知覺決定了問題的起源和解決問題的方式，這些解決之道經過長久的沈澱，最後變成了典型的模式，而成爲文化領域中的一部分。

Schutz 最感興趣者，就是這些由文化所規定，而經由社會傳承的信仰與行爲模式。這種生活世界中的文化架構，在時間上先於個人而存在，從外部強加在個人身上，對行動者提供社會世界的詮釋、解決問題的方式、以及既定的行動模式。在間接經驗的領域裡，行動者可能經驗到某些問題情境，而對文化架構的格局產生些許的懷疑；在直接經驗的領域裡，面對面的互動可能造成更多的問題情境，而使行動者質疑某些類型化的文化格局。但是在大多數情況下，行動者卻傾向於不加思辨地表現出習慣性的反應模型。

爲了要建構社會行動的「理想類型」，Schutz（1962：40）建議：社會科學家必須先創造出「人模」（homunculi）

以代替實際的人物。這種「人模」完全是由「類型化」所決定的，他們沒有生命史，他們的意識內容，僅限於執行與科學問題相關之行動過程所必需者；他們的知識也不會超出社會科學家賦予他們的典型知識。透過社會行動的理想類型之建構，社會科學家才能開始著手探討社會生活的典型面向。

三、社會科學的三種研究途徑

Schutz 此處所謂的「科學」，是一種意義比較嚴格的「科學」。將「間接經驗領域」中的「他們關係」加以「類型化」，已經走入本文所謂的「客觀研究途徑」。其實「直接經驗領域」的「我們關係」也可以作為科學研究的材料，也可以用諸如現象學之類的「主觀研究途徑」來加以研究。不過，這兩種研究途徑也不能涵蓋社會科學中所有的研究典範。Habermas（1971）認為：人類三種文化生活要素，可以衍生出三種不同的認知旨趣，這三種認知旨趣，又進而決定了社會科學中的三種研究途徑的取向：

㈠經驗性與分析性的學科（empirical – analytical science）

在勞動的領域裡，人類典型的行動方式是「工具性的行動」（instrumental action）。為了要對客觀或客觀化的（objective or objectified）的世界作正確的預測及有效的控制，人類對於現象的規律性和齊一性會特別感到興趣，這種「技術的認知旨趣」（technical cognitive interest）促使人類發展經驗性與分析性的科學，以建立律則性的知識體系。

㈡歷史性與詮釋性的學科（historical – hermeneutical science）

在溝通互動的領域，人類典型的行動方式是「溝通行動」（communicative action），其目的是要了解他人的動機和意

向，因此人類對於可以作爲溝通之基礎的共同傳統和共識（consensus）會特別感到興趣，這種「實踐的旨趣」或「溝通的旨趣」促使人類發展「歷史性與詮釋性的科學」，以便對社會文化現象獲致一種解釋性的了解。

(三)批判取向的學科（critically oriented science ）

人類在勞動及溝通的過程中，必然會衍生出權力或支配的關係，致使人與人之間的溝通產生有系統的扭曲。爲了克服由意識型態所支持的僵化的權力關係，以便從盲目的歷史和社會力量中解放出來，人類會基於「解放的旨趣」而發展出「批判取向的科學」，對既有的社會現象進行批判與反省。

「經驗性與分析性的科學」其實就是採取前文所說的「客觀的」研究途徑，「歷史性與詮釋性的科學」就是採取「主觀的」研究途徑。我們可以再根據 Erikson（1974）所提出的概念，整理出一個架構（如圖 3－2），來說明這三種研究途徑之間的關係。社會科學的這三種研究途徑，可以說是社會科學家認識外在事物（thing）的三種觀照法（perspectives）：「主觀的」研究途徑，是要以「實踐理性」（practical reason），用詮釋的方法，對個人在生活世界（life world ）中的經驗進行反思（reflection ），以逼近事物的「事實」（factuality）；「客觀的」研究途徑，則是要以「工具理性」（instrumental reason）用實徵研究的方法（empirical method），逼近事物的「實在」（reality）。

批判性學科主要是建立在黑格爾的辯證思想之上。辯證思想在本質上是一種「否定哲學」（negative philosophy），它和作爲「實證論」之基礎的「實證哲學」（positive philosophy）正好成爲明顯的對比（Adorno, 1984 / 1993；Marcuse, 1941 / 1985）。實證論者所強調的「客觀」研究途徑，對於外在事物之「實在」基本上是採取一種「肯定」的積極態度。黑

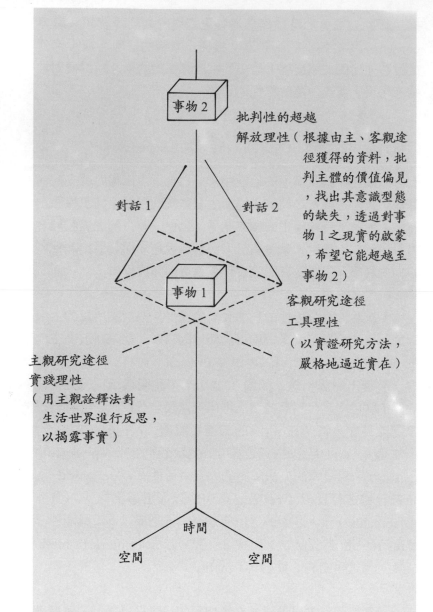

事物2

批判性的超越

解放理性（根據由主、客觀途
　　　　徑獲得的資料，批
　　　　判主體的價值偏見
　　　　，找出其意識型態
　　　　的缺失，透過對事
　　　　物1之現實的啟蒙
　　　　，希望它能超越至
　　　　事物2）

對話1　　　對話2

事物1

客觀研究途徑

工具理性

（以實證研究方法，
　　嚴格地逼近實在）

主觀研究途徑

實踐理性

（用主觀詮釋法對
　　生活世界進行反思，
　　以揭露事實）

時間

空間　　　　　空間

圖 3-2　以三種不同研究途徑逼近主體之實在，揭露其事實，
　　　　以改變其現實 本圖由盧建旭製作並提供）

格爾的「否定思考」（negative thinking）則不然。他認爲：針對某一主體而言，其事物的本質或「實在」並不存在於「現實」（actuality）之中，而是存在於對現實的不斷否定之中。唯有經由不斷地否定現實，顯露其潛在的可能性，並加以實現，我們才能掌握住事物的本質或實相。用圖3-2的概念架構來說，經由「客觀」研究途徑所看到的「事物」之「實在」，以及經由「主觀」研究途徑對「事實」所作之詮釋，均可以作爲批判性學科「對話」的對象，批判性學科可以用「解放理性」（emancipatory reason）揭露或批判他們在意識型態上的缺失，或其價值觀念上的頗偏，以促進現實的發展。

　　值得強調的是：此處所謂的「主體」，可以指一個個人，也可以指一個社會組織，或者整個社會。不論是對一個個人，一個社會組織或整個社會而言，辯證哲學所謂的「否定」，並不是對前一階段之現實的全盤否定或全面棄絕。在主體發展的某一個階段，其精神狀態都是由前一階段繼承而來。前一階段所遭遇的困境，經過一段期間的辯證性思考之後，到了此一階段，都可以逐一而解，並展現出此一階段之精華。然而，當此一階段逐漸展現出其精華時，其弱點亦開始逐漸暴露出來，甚至演變成難以解決的新困境。針對這種淬鍊、選擇、淘汰的歷程不斷地進行，每一階段都要肯定前一階段的貢獻，並批判其缺失；展現其精華，而揚棄其糟粕，這就是所謂的「批判的繼承、創造的發展」（傅偉勳，1986）。

第三節　結構主義

在本書第二章中，我們引用傅柯「知識型」的概念，說明西方世界在十八世紀某時由「古典時期」進入「現代時期」後，其「知識型」的轉變。在本章中，我們再以傅柯對人類「有限性的解析」為基礎，說明在「現代時期」我們如何可以使用「多重典範的觀點」從事社會科學研究。以對我們所研究的問題獲致一種「由不同之世界觀源生出來的全盤性理解」。當我們採取某種研究典範從事社會科學研究的時候，對我們所研究的問題便會產生出不同的認識。「多重典範的觀點」反對以「經驗性或分析性」的研究取向作為認識世界的「唯一」途徑，但並不反對以之作為認識世界的「一種」途徑，而輔之以其他的研究途徑。然而，當我們採取這種「多重典範的觀點」從事研究時，我們馬上又會面臨一項方法論上的難題：在這種研究取向裡，文化的研究佔有什麼重要性？我們又應當用什麼方法來從事文化研究？

一、卡西爾認識論的轉向

我們可以德國哲學家卡西爾（Ernst　Cassirer,　1874－1945）在認識論上的轉向（epistemological　turn）來說明這個問題。如前所述，在西方哲學史上，從笛卡爾以降直到康德，一向認為：真正當得起「知識」之名的，唯有數學、物理等自然科學而已。卡西爾受到這種觀念的影響，他在 1910 年出版的《實體概念和功能概念》，便是以研究數學思維和科學思維

爲主。然而，當他企圖把他研究的結果用到精神科學之上時，他卻發現：自然科學的認識論並不能作爲認識人文社會科學問題的合法基礎。要改善自然科學式之認識論的不足，一定要徹底批判西方的文化傳統，將人文社會科學的認識論基礎加以擴大（Cassirer, 1953）。

卡西爾指出：邏輯和科學認知，這種最純粹的認知能力，是人類後天取得的成就，而不是人類原始的天賦；是人類智慧發展的結果，而不是起點。人類在生活於科學的世界中之前，早已生活在一個用語言和神話建構起來的世界之中。各民族都會用他們的語言和神話賦予世界一種綜合統一性的概念。譬如本書第二章說過，西方的自然科學，像笛卡爾的理性論，牛頓的經驗論，都是以上帝創世的神話爲基礎而發展出來的。由此可見，研究人類認識的起點，不應當是人類智慧最後成就的純粹科學認知，而應當是作爲人類智慧起點的語言和神話（Cassirer, 1944, 1946）。更清楚地說，就人類整體的精神生活而言，科學概念體系不過是人類把握存在和解釋存在的一種形式而已。除了科學認知之外，人類還有其他許多認知世界的方式，譬如語言、神話、以及與之有密切關聯的宗教、藝術等等。這些形式的符號都是人類精神的產物，是人類精神自我展示的途徑，也是人文社會科學研究的重要題材。

在卡西爾看來，即使是像「神話」這種看來最荒誕、最不合乎理性的東西，也並不只是一大堆原始的迷信，或是亂七八糟的東西，而是具有一種「理念的形式」，或「理念的結構」，因而也具有一種可理解的意義，哲學的主要任務，便是將這種意義揭示出來，爲人文社會科學奠定一個堅實的認識論基礎。更清楚地說，倘若我們要了解某一文化中人的行動，我們一定要先認識：他們是如何透過其語言或神話來認識其外在世界的？

其實不僅卡西爾有這樣的觀點，在十九世紀末，Rickert（1910／1987）便曾表示過類似看法。他認爲：近幾百年來，西方已經爲奠定自然科學的哲學基礎作了許多工作，但文化科學卻始終沒有獲得像自然科學那樣廣闊的基礎。他呼籲學者們致力於探討：是否可能找到一種不同於自然科學的其他方法，來爲人文科學奠立哲學基礎。

在作者看來，這正是我們爲什麼要推動「社會科學本土化」運動的最重要理由。倘若我們採用「古典時期」的世界觀，偏好形式性的理論模式，堅持類似自然科學的「客觀研究方法」，那麼祇要把西方「先進」國家所發展出來的理論和研究典範搬到本土社會來「如法泡製」一番即可，根本不需要研究本土社會中的人如何「認識」其外在世界。反正人類行爲本來就有許多「共相」，如果這種研究方式測量到人類行爲的「共相」，研究結果支持「先進」國家的理論，這固然是皆大歡喜；反過來說，如果研究結果不支持西方理論，沒有測量到人類行爲的「共相」，那也不礙事，反正將一切的不同都歸之於「文化差異」即可。過去許許多多的「跨文化研究」（cross－cultural study）不都是這樣做的嗎？本書第二章所說的那種「多我們不爲多，少我們不爲少」的研究，不也都是這樣在做的嗎？

倘若我們不以這種「支離破碎」的研究結果爲滿足，倘若我們希望對本土社會中人的行動獲致一種「全盤性的理解」，倘若我們要落實「社會科學本土化」運動，我們在認識論上也一定要改弦易轍，設法去理解：本土社會中的個人是如何透過其語言或文化來認識其外在世界的？然而，我們要如何研究這樣的問題呢？我們可以用什麼樣方法將語言或文化背後的意義揭示出來，爲人文社會科學奠定一個堅實的認識基礎？

二、結構主義的方法

在卡西爾時代興起的結構主義，可以說是對這個問題的一種回答。結構主義是歐洲學者，尤其是法國學者，偏好使用的一種研究方法。結構主義本身並不是一種理論，而是一種分析的工具或研究的方法。它並不提供一種哲學，許多結構主義者都各有其特定的本體論或人性論。可是它卻提供了一種統一的方法論，可以作爲各門不同人文科學領域的共同基礎。本文將先介紹結構主義的方法，然後再比較人類學家李維・史陀和心理學家皮亞傑兩人所說的結構主義在本體論、認識論、和人性論方面的差異。

結構語言學的大師 Ferdinand de Saussure（1857－1913）首先提出「語言」（langue）和「言談」（parole）的一組對比概念，最能夠用來說明結構主義者的基本立場。所謂「語言」，是指形式的、文法的語言體系，它是由語言元素所構成的體系，至於語言元素之間的關係，則是由形式性的文法規則所決定。de Saussure 認爲：語言學的主要任務，就是要發掘並探討此種法則。由於此種「語言」體系的存在，人們才可能作出「言語」。所謂「言語」，是說話者在表達自己的意思時，所使用的實際語言。在日常生活的互動裡，人們經常以主觀而獨特的方式使用「言語」，但是語言學家的主要工作，是要找出「語言」的形式體系，而不是行動者使用言語的主觀方式（Holdcroft, 1991）。

de Saussure 對於結構語言學的研究，吸引了許多的追隨者，他們用類似的概念來探討各種「記號體系」（sign system）的結構，包括：臉部表情、肢體語言、文字內容等各種溝通形式的結構，統稱爲「記號語言學」（semiotics）（Hawkes, 1977）；除此之外，還有許多人類學家用結構主義

的方法探討原始民族的宇宙觀（Durkhelm and Mauss, 1903 /
1963；Needham, 1962；Radcliffe-Brown, 1992），宗教
觀（Evans-Pritchard, 1956），親屬關係（Levi-Strauss,
1949 / 1969），圖騰分類（Levi-Strauss, 1962 / 1966），和食
物禁忌（Douglas, 1966），這一方面的研究正可以用來支持
卡西爾的論點。當然，也有一些西方的精神病學家和文學家用
結構主義的方法來研究西方社會中的意識型態（如馬克斯主
義）、精神病學、音樂戲劇、文學藝術等等（Ehrmann,
1970）。

從結構主義的角度來看，人類在日常生活之互動中所表現
出來的意識（sense）和示意（signification），祇不過是表面
的「皮相」（epiphenomena）而已。結構主義者所關切的，
是要找出這些表象之下的基本系統（fundamental systems）或
深層結構（underlying structure）。Piaget（1979 / 1984）在
論及「結構」的概念時，表示：在人類日常生活的經驗之下，
存有某些穩定而恆常的元素（elements）或因素（factors）。
由於人類神經系統組織的限制，這些元素並不是獨立的實
體（independent entities），它們是整體系統（total system）
中的一部分，這整個系統形成了一個結構（structure）。這種
結構通常並非顯而易見，而是潛藏在人類形形色色的語言和行
動之下。人們通常都不會察覺到他們行動的結構性基礎（struc-
tured foundations），社會生活的支配性力量也往往是不為人
所意識到的。

採取「結構主義」之研究取向的社會科學工作者，他的主
要職責便是要找出其研究對象的深層結構，並探究其性質。這
樣做的時候，他必須把他的研究對象看做是一個整體性的結
構，這個結構是由若干部分所組成，每一部分都各有其特性，
但整體結構的性質卻不是各部分的簡單相加，它具有整體自己
所獨有的性質。這樣的結構可能包含有其他的副結構，但作為
一個結構而言，它本身卻必須是自足的，吾人不必仰賴結構之

外的任何因素，便可以理解該一結構。同時，結構中還必須包含有轉化規律（rules of transformation），能夠隨外在環境的變動，作各種必要的調整。

三、李維・史陀的結構觀

前文說過：除了方法論之外，結構主義者在本體論、認識論、和人性論方面，都有相當大的差異。由於本書將以結構主義的方法，分析「儒、法、兵」各家思想的結構，其分析對象為文化的產物，其作法與結構人類學較為接近；而作者又希望這樣分析所得的結果能夠作為未來在華人社會中從事社會科學，尤其是社會心理學研究的基礎，因此，本節將以人類學家李維・史陀為例，說明：他和心理學家皮亞傑的結構觀到底有何不同。

人類學家李維・史陀（Levi-Strauss, 1908 –　）所關心的是諸如：圖騰、神話、親屬關係等文化產品的結構。他認為：結構並不代表行動者的社會活動或觀念本身，而是社會科學家對社會生活表象下之「深層結構」所作的詮釋，他（Levi-Strauss, 1963：281 – 292）將模型分為「自覺」與「非自覺」兩種：所謂「自覺的模型」（conscious　models）是某一文化之成員自行建立的模式，除了解釋作用之外，更重要的是規範作用。「非自覺的模型」（unconscious　models）則是研究者創建出來的。由於「自覺的模型」常含有偏見，並不足以代表「實在」（reality），因此研究者在建構其「非自覺的模型」時，雖可以參考這種「自覺模型」，但卻不可為其所誤導，而必須致力於建構一種可以代表「實在」的「模型」，這才是他所謂的「結構」。

這種能夠代表「比較深遠之實在」的結構，是超越個人感官經驗之觀察而達到的。從認識論的角度來看，結構主義和邏

輯實證論的立場正好相反。如前所述，邏輯實證論採取了一種「徹底經驗主義」的立場，認爲：經驗是一切科學知識的基礎，科學命題是眞是假，必須用經驗的實證方法來加以檢證。然而，李維‧史陀的結構主義卻是以「理性論」爲基礎，他認爲：知識是通過理智的再創造作用而產生的。感官經驗並不是獲得知識的正確途徑，從觀察中抽象出來的東西和現象背後的基本結構並不一定符合，研究者必須在觀察過程中進行概念化，並且以之來指引後續的觀察（徐崇溫，1994：27）。

　　李維‧史陀所說的「結構」，和康德在其《純粹理性批判》中所謂的直觀的「先驗內感形式」，是極其相似的。依照康德的說法，直觀的「先驗內感形式」可以把感官經驗所提供的質料或原料加以整理，變成「範疇」所概括的材料。更清楚地說，人類學家以文化的產品爲對象，所找出來的「結構」，是一種將「時間」因素排除在外的「共時性」（synchronic）結構，而不是「歷時性」（diachronic）結構；它是一種將「個人」因素排除在外的「客觀」結構，而不是重視個人「主體性」的「主觀結構」（高宣揚，1990：85-162）。值得強調的是：此處說李維‧史陀的結構主義「反主體性」，是說它反對「個人」的主體性，而不是說它反對「集體」的主體性。事實上，李維‧史陀是從集體的，或社會的主體出發，以「集體」的主體性取代了「個人」的主體性（徐崇溫，1994：34）。

　　從這樣的論述中，我們可以看出：「結構主義」的「結構」和「實在論」的「模型」之間的異同。Levi-Strauss（1962）指出：其實結構主義並不是什麼全新的哲學。文藝復興以後興起的科學研究方法，若不是化約主義的，便是結構主義的。前者將一個複雜的現象化約到一個較爲簡單的層次來加以解釋；後者則是將現象視爲一個系統，找尋其中各個成份之間的關係。在結構主義風行於歐洲的 1960 年代之前，甚至在 de Saussure（1921）的《普通語言學教程》出版之前，自然科學

家早已在使用「結構」的概念：由於「系統」（system）包含有「目的論」的意義，生物科學家通常較偏好使用「系統」一詞；物理科學則比較喜歡用「模型」一詞，這兩個概念都蘊涵有「結構」的意義。

從這個角度來看，「結構主義」的「結構」和「實在論」的「模型」固有其共同之處；不過兩者之間也有其相異之處。以「實在論」為基礎建構出來的「模型」，其中各成份之間的關係，是由描述該一「模型」的命題所規定的，而且可以用實證方法來加以檢驗。人文社會科學中的「結構」則不然。結構主義通常多從語言的分析入手，認為：人們平常所經驗到的現象，只是「表層結構」而已，作為現象之內部聯繫的「深層結構」，必須透過模式方能為人所認識，不過它卻不必用實證方法來加以檢驗。

不僅如此，李維·史陀所講的「結構」，和皮亞傑的「結構」，也有其根本差異。在本書第四章中，作者將對皮亞傑的「發生認識論」作比較仔細的介紹，此處所要指出的是：皮亞傑是心理學家，他的主要關注對象是「人」。他所談的「結構」，是認知圖式（schema）的結構。這種「結構」雖然也是「共時性」的，不過它卻很強調「個人」的主體性，而且是隨著個人認知的發展，由一種「結構」轉化到另一種「結構」。當我們從事「本土社會科學研究」，在思考有關「主體性」之追尋的問題時，這一點是必須特別加以注意的。

四、結構的雙元性

不論是採用「實在論」的立場，建立華人社會行動的理論模式，或是採用結構主義的方法，分析中華文化傳統，這樣分析所得的模式或結構，都是研究者「所建立的模型」，是研究者針對現象實體所建立的詮釋認知體系，它在本質上是一

種「理論建構」（theoretical construct），是研究者「推論意識」（discursive consciousness）運作的結果，它並不是研究對象的經驗所既有的。

然而，研究者在建構其「模型」或「結構」時，有沒有參考其研究對象所意識到的「自覺模型」，對於建構本土化的社會科學理論卻有十分重要的涵意，值得我們作進一步的闡述。用 Schutz（1973）的理論來說，研究者根據他既有的理論和經驗，直接描述他所指稱之對象（signified object）間的關係，而不管實際社會情境中之行動者（即「指稱者」，signifier）的主觀詮釋，這樣描述出來的結構稱爲「一度的解釋」（the first degree of interpretation）。相反的，倘若研究者在建構其理論模式時，同時考慮社會情境中的行動者如何解釋他們自己的行動和外在情境，以其「推論意識」對行動者的「實踐意識」（practical consciousness）進行重構的工作（Giddens, 1979），這樣建構出來的理論模式，可以稱之爲「二度的解釋」（the second degree of interpretation）。

倘若我們不加反省地將西方社會科學家所發展出來的理論模式移植到非西方社會，並用客觀研究方法加以驗證，不論研究者對其研究的結果作何種的解釋，這種「一度的解釋」在本質上都是一種「文化客位研究」（etic approach），都沒有將本土社會中行動者的「實踐意識」列入考慮。作者認爲：我們推動社會科學本土化的重要涵意之一，便是要將「文化客位研究」轉爲「文化主位研究」（emic approach），在建構理論模式的時候，對本土社會中行動者的「實踐意識」作「二度的解釋」。這樣建構出來的理論模式，既能觀照到行動者主觀認識到的「主位的結構」，又是研究者可以之作出各種學術性推論的「客位的結構」，而且有 Giddens（1979：81－85）所謂的「結構的雙元性」（duality of structure）。

葉啓政（1982：28－53）在深入探討社會學中「結構」的

概念之後，指出：一種穩定的社會科學「認知結構」（或「理論模式」）必須具備「主客觀意義雙重彰顯」的特性。更清楚地說：研究者針對其研究對象（客體）所建構出來的理論模式，可以經由知識傳遞的過程，傳播給當事人，使當事人產生意識，而能成為其「個人知識」的一部分。同樣的，由於社會研究的開展，當事人的主體意義也可以為研究者所注意到，成為研究者所建構之知識體系的一部分。從本書的立場來看，這種兼具「主客意義雙重彰顯」的知識正是「社會科學本土化」所要追求的主要目標。

第四節　本書的結構及理念

一、〈人情與面子〉的理論模式

　　在華人社會中不論從事任何題目的社會科學研究，都必然會涉及華人的社會行動。然而，倘若我們將視野放大，在思考此一問題時，我們不能不注意兩項事實：第一，社會行動不只「應當」是華人社會學者研究的重點，其實它也是西方人類學家、社會學家、和社會心理學家研究的重點。在過去幾十年間，他們在這方面已經累積下相當豐碩的研究成果。第二，在傳播媒體如此發達的今日，華人社會（尤其是海外地區的華人社會）莫不曝露於大量的外來文化之中。在華人社會快速變遷的今日，華人的社會行動，尤其是「工具性行動」（instrumental act），和西方人既有其相似之處，又有其獨特之處。面對著華人社會快速變遷的事實，面對著西方學者龐大的研究成果，我們應當如何「站在巨人的肩上往前看」，採用「科學實在論」的方法，「既獨立而又融攝」地發展出最能夠描述華人社會行動的理論模式？

　　在思考這個問題的時候，個人十分贊同義大利西方馬克斯主義者 Antonio Gramsci（1971／1983）的觀點：「知識」是知識份子透過其「意志」（will），將外部世界系統化的一種「創造性」（creative）而非「感受性」（receptive）的活動。「知識」源自於庶民大眾的「常識」（common sense）

：每一個社會集團都有其自身的常識，這種常識是各群體或個
人在其長久的生活歲月裡，根據自身的需要，從其文化傳統中
「感受性地」截取出來，經年累月，積累沈澱而成。常識是各
社會集團記憶的聚合，它雖然可能從某一文化的形上體系中獲
得理念，來豐富它自身，不過它通常卻經常以一種駁雜、混
沌、或甚至是矛盾的方式，存在於民眾的意識裡，而反映出宰
制者的文化和意識型態。知識份子的主要職責便是將庶民大眾
平庸、斷裂的生活常識進行關懷，加以整理，使其變成「知
識」，同時更要「批判地傳佈已經發現的真理，亦即使之社會
化，從而使它們成為實踐活動的基礎」（Gramsci, 1971：
325）。

　　從 Gramsci 的觀點來看，「知識」應當是立基於常識而又
超越於常識之上；從本土心理學的角度來看，本土社會心理學
所要建構的「知識」體系，也應當建立在本土社會各群體的常
識之上，而又超越於此種常識。換言之，在建構本土性理論模
式的時候，我們不能置西方的研究成果於不顧，建構出來的模
式應當既能涵蓋人類行動的「共相」，又能突顯華人社會行動
的「殊相」。

　　在建構〈人情與面子〉的理論模式時，作者採取 Parsons
（1949）的分類架構，將行動分為「表達（情感）行動」（ex
pressive act）、「工具行動」（instrumental act）、「道德行
動」（moral act）、和「知識行動」（intellectual act）四種
。「知識行動」不屬於社會行動的範疇，本書將在前四章中予
以討論。就其他三類行動而言，Parsons 的分類系統，已經反
映出西方傳統「二元對立」的思考方式。中國人的社會行動，
其實並不是如此的截然分立，而是「情感行動中有工具成份、
工具行動中有情感成份」，而且社會行動中又揉合有「道德行
動」的性質。如何將中國人這種社會行動的特質表達出來，便
成為作者構思〈人情與面子〉理論模式時的主要考慮焦點。在
本書第五章中，作者將很清楚地說明，他如何以華人社會中流

行的人情、關係、和面子等常識性概念為基礎，綜攝西方社會心理學中的互動論、社會交易論、正義理論、和印象整飾理論，而發展出〈人情與面子〉的理論模式。

二、「道、儒、法、兵」的文化理念

歷史學大師史賓格勒（Oswald Spengler, 1880－1936）在其鉅著《西方之沒落》中（Spengler, 1926／1975），將世界文化劃分為九大集團，它們分別是：(1)希臘、(2)中世紀、(3)歐洲、(4)印度、(5)中國、(6)埃及、(7)巴比倫、(8)墨西哥及(9)俄羅斯。在他看來，文化與文化的根本區別，既不在於種族，也不在於地理環境，而是在於他們所使用的基本符號象徵（prime symbol）。文化是「理念」的表徵，任何一個文化顯現在外部的物質文明，都是其內部精神文化的表徵。文化的表徵似乎都環繞著某種精神意念的中心，而不僅祇是物質性而已。他收集了許多豐富的材料，兼用歸納及演繹的方法，反覆論證：希臘文化的核心是一個阿波羅靈魂，展現在希臘的道德、藝術、科學、哲學、等各方面；近代歐洲文明有一個頗不相同的浮士德靈魂，而印度為宗教靈魂，中國則為道德靈魂等等。

史賓格勒對希臘和近代歐洲之文化系統所作的分析最為深入，對於中國文化的探討則略有不足。然而，他所主張的基本命題：文化的本質在於「理念」，應當是可以接受的。倘若我們將史賓格勒的命題應用在華人社會行動的研究之上，我們可以說：最能突顯出華人社會行動之特色者，應當是源自於其文化傳統的「理念」。在作者看來，最足以突顯華人社會行動之特色的文化理念，是以「道」的概念為基礎，自此衍生而出的「道、儒、法、兵」各家思想，以及在東漢明帝時傳入中國的佛教。

除了佛教之外，其餘「道、儒、法、兵」各家思想在中華

民族歷史上的發生順序，大致是以道家爲最先。在傳說中，孔子曾經問禮於老子，其學說以「仁」爲核心；孔子的弟子孟子全力闡揚「義」的概念，荀子則主張「禮」，構成「仁、義、禮」倫理體系。法家思想以「法、術、勢」爲主要內容；稍後又有兵家思想。這一脈相承的文化傳統代表了中華文化的辯證性發展，後起的思想對先行的學說有批判的繼承，也有創造的發展。用老子的話來說，這就是「失道而後德，失德而後仁，失仁而後義，失義而後禮」《老子‧道德經》，我們可以進一步地說，「失禮而後勢，失勢而後術，失術而後法」，連「法」都派不上用場，最後祇好以兵戎相見。

　　「道、儒、法、兵」春秋戰國時期這一脈相承的思想發展，代表了中華文化由出世到入世、由神聖到凡俗的世俗化（secularization）歷程，依這個順序發展下來，就是華人所謂的「順則凡」。而在華人的潛意識裡，則一直有一種「復歸於樸」，「復歸於無極」，回歸到道家境界，「與道同體」的文化理想，可以稱之爲「逆則仙」。就華人學習「道、儒、法、兵」的文化傳統而言，個人發展的歷程，幾乎是具體而微地重演了其民族發展的歷程。道家的理想境界是嬰兒狀態：

> 「含德之厚，比于赤子。毒虫不螫，猛獸不據，攫鳥
> 不博。骨弱筋柔而握固。未知牝牡之合而朘作，精
> 之至也。終日號哭而不嗄，和之至也。」

〈五十五章〉

　　個人在家庭中的社會化歷程，可以說是以「體知」的方式，學習儒家式的人際相處之道；進入學校後的社會化歷程，則或多或少使他學習到一些儒家的道德理念。進入社會後，他可能學會法家的組織理念和源自於兵家的計策行爲。甚至在一日之中的不同階段，個人都可能重新經歷「道、儒、法、兵」的不同境界。王陽明（公元 1472－1528）講過一段很令人回味的話（註 2）：

「人一日間，古今世界都經過一番，只是人不見耳。
夜氣清明時，無視無聽，無思無作，淡然平懷，就
是羲皇世界。平旦時，神清氣朗，雍雍穆穆，就是
堯舜世界。日中以前，禮儀交會，氣象秩然，就是
三代世界。日中以後，神氣漸昏，往來雜擾，就是
春秋戰國世界。漸漸昏夜，萬物寢息，就是人消物
盡世界。學者信得良知過，不為氣所亂，就常做個
羲皇以上人。」　　　　　　　　　　　　《傳習錄下》

　　王陽明所說的「羲皇世界」、「堯舜世界」、「三代世界
」、「春秋戰國世界」，和「道、儒、法、兵」四家哲學所要
處理的人生境界大體是互相對應的。即使今日世界各地的華人
社會已經由農業紛紛轉變成爲工商業社會，仔細思考王陽明所
講的這段話，反倒令人覺得更爲貼切。用本書的概念架構來看
，文中那位主角，清晨起床後，「神清氣朗」，和家人相處，
以源自儒家的若干理念，經營出一幕「雍雍穆穆」的「堯舜世
界」。在現代的工商業社會裡，各式各樣的組織不斷地生生滅
滅，大多數人也都必須置身於各種不同的組織之中。有些華人
組織的領導者可能用法家的理念來管理其組織，企圖締造出他
們的「三代世界」。而其組織成員不論在組織內、外，都可能
使用兵家的計策行爲，勾心鬥角，營造出一幕幕的「春秋戰國
世界」。下了班後，回到家，在「萬物寢息，景象寂寥」的「
人消物盡世界」裡，他可能又希望「復歸於樸」，「復歸於無
極」，回歸道家境界，「做個羲皇以上人」。

三、結論：「人模」及其「社會文化環境」

　　然而，這段引文中的「人」是誰？誰是那位中華文化傳統
的承載者？

　　嚴格地說來，世界上並沒有這樣一個承載中華文化的典型「華人」存在。在大眾傳播媒體如此發達的今日，世界各地的華人，尤其是生活在海外地區的華人，或多或少都曝露在外來文化之中。他們雖然每個人都會保存一部分中華文化的「小傳統」，但卻很少或幾乎不可能有人會去承襲整個中華文化的「大傳統」。因此，在探討這一個問題的時候，我們不得不借用Schutz（1962：40）所建議的辦法，創造出一個「人模」（homunculi），以代替實際的人物：這個「人模」既是中華文化的承載者，又接觸到了西方現代的文化，可是，他在本質上是一個假想的傀儡，他的意識內容只限於跟本書所要討論的知識行動或社會行動。他不會作選擇，他的知識也不會超出社會科學家加諸於其身上的典型知識。透過這樣一個假想的「人模」之建構，我們便可以開始探討中華文化中知識和社會行動的理想類型。

　　在〈人情與面子：中國人的權力遊戲〉一文中（Hwang,1987），作者用了許多篇幅，討論中國社會中的「人情法則」、面子概念、和關係類別。這樣的論述，其實已經將華人社會中流行的理念和價值考慮在內。倘若我們將這些價值理念全部排除在外，〈人情與面子〉的理論模式便成為一種可用於不同社會中的「形式性理論架構」（formal theoretical framework）。中國人之所以特別重視人情、關係、與面子，其實是受到「世俗化儒家倫理」的影響。為了說明儒家思想和華人社會行動之間的關聯，在《儒家思想與東亞現代化》一書中（黃光國，1988），作者又以〈人情與面子〉的理論模式為基礎，用「結構主義」的方法，建構出「儒家的心之模型」及「儒家思想的內在結構」，其主要內容，見本書第六章。第七章之後，則是一方面說明儒家思想在中國歷史上的變化，一方面用同樣方法，找出法家和兵家的深層結構。

　　用本章前節所述 Habermas（1968）區分社會科學之研究取向的架構來看，在分析中華文化傳統的時候，作者是以自身

作為學術研究主體，以先秦儒家諸子的言論和著作作為敘說資料，用詮釋學的方法，重新建構出他們說話時的內在脈絡架構（underlying contextual framework）。這樣建構出來的理論結構雖然已經將本土社會的文化傳統考慮在內，而具有「主客意義雙重彰顯」的特色，然而，此處所謂的「客體」，卻是源自中華文化傳統，透過文字語言系統傳遞給個人的「集體意識」。它既不是某一特定個人的意識，也未必等於某一特定華人社會在某一特定時空中共有的「集體意識」。

更清楚地說，本書所討論的是華人社會行動「共同的文化根源或基礎」，而不是世界各地區華人社會所獨有的「歷史／社會」條件。從本書所討論的「共同文化基礎」出發，世界各不同地區的華人社會都可能發展出其獨有的文化型能。譬如，近年來海內外地區流行有「台、港文化」之說，其實香港有香港獨特的文化；台灣也有獨特的「台灣文化」。近年來，國外研究華人社會的學者提出了「大陸文化／南洋文化」之說（Redding, 1990），後者包括台、港、新、馬各地的華人社群，甚至可以擴及最近崛起的大陸東南沿岸各地，這些地區的文化型能和大陸內地有很明顯的不同。我到大陸各地旅行的時候，也經常聽到諸如：「楚文化」、「吳文化」、「魯文化」之說。換言之。我們在不同地區的華人社會從事有關研究的時候，必須將當地特有的「歷史／社會」因素考慮在內，針對特定問題，擬訂研究計畫，不可以「應然」代替「實然」，以「理想」代替「現實」，以為「共同的文化基礎」可以涵蓋不同地區的文化差異。因此，本書第十章將舉一些實際的例子，說明如何以本書的理論「模型」或「結構」為基礎，在華人社會中從事社會科學研究。

（註1）末世論為西方神學的一支，專門討論有關死亡、最後裁判、救贖、永生等問題。此處引申為：藉由人類社會的批

判及改造，以找尋其救贖之道。

（註 2）在建構整全式的概念架構以解釋華人之社會行動一事上，作者受劉述先（1987）之論文啓迪良多。此段引文亦得惠於劉文。

道與存在

東西文化的交會與整合

　　本書第一章從科學哲學的發展，論及西方社會心理學的危機。第二章借用傅柯「知識型」的概念，說明：在世界學術體系中位於邊陲地區的華人社會科學社群，不加反省地移植西方社會科學研究典範，如何可能造成「學術實踐主體性喪失」的危機。第三章則從方法論的角度，主張以「多元典範的研究取向」，從事本土社會科學的研究。

　　在前幾章中，作者一再強調：倘若我們要採取「多元典範的研究取向」，在非西方社會中從事本土科學研究，一定要在「方法論／認識論／世界觀」上作徹底的轉變。在本章中，作者將從道家思想和海德格存在主義哲學的對比中，進一步闡述此一立場。作者說過：本書關注的主要焦點，是社會科學本土化的問題。社會科學的主要研究對象是「人」。我們要說明：從事本土社會科學研究，在「認識論／世界觀」上必須採取什麼樣的立場，一定要先了解：「人」是如何認識其外在世界的？因此，本章將先介紹瑞士心理學家 Piaget 的「發生認識論」（ genetic epistomology ），然後再比較道家思想和海德格哲學，說明在東、西方兩大文化中，「人」如何認識其外在世界，然後據以討論：這樣的對比對於在非西方社會中從事本土社會科學研究所具有的涵意。

第一節　發生認識論

　　瑞士心理學家 Jean　Piaget（1896－1980）一生學術研究所關懷的焦點是：「人的知識是如何形成的？」「人的知識是如何增長的？」在西方的文化傳統裡，有關「知識如何獲得」的問題，一向是哲學家的研究範疇。從希臘時期開始，西方哲學家對於認識論（epistemology）便有兩種截然不同的觀點。始於柏拉圖的「理性論」（rationalism）認為：知識是永恆的真理，而且不會改變，知識的對象亦復如是。他將知識的對象稱為「形式」（forms）或「理念」（ideas）。每一類客體都有一種「形式」，我們會給予某種名稱，譬如：人、馬、木、石等等。他相信：我們所知覺到的客體，都是這些「形式」不完全的摹本。

一、互動論

　　柏拉圖的學生亞里斯多德則持完全相反的觀點。他主張的「經驗論」（empiricism）認為感官所及的世界才是真正的「實在」；知識就是從人對同一類客體的經驗中，抽象出共同的本質。他並不像柏拉圖那樣認為：普遍性（universals）是心靈的產物；相反的，他認為客體的普遍性存在於自然之中，人祇是將它發現出來而已。

　　十六世紀文藝復興之後，這兩種不同的認識論都有長足的發展：前者以德國的康德為代表；後者以英國的 Locke 為代

表。然而，Piaget（1971／1989）對這兩種觀點都不表同意。他所主張的互動論（interactionism）認為：知識既不是先驗的，也不是由感官經驗所決定的，而是在認識過程中，認識主體與客體交互作用的產物。在他看來，一切認識，甚至知覺認識，都不是現實的簡單摹本。認識總是包含將對客體的新經驗融入於先行結構的過程。

在 Piaget 的心理學和認識論中，「圖式」（scheme, schema）是個十分重要的核心概念。所謂「圖式」是：在同一類活動中，可以從一個情境移轉到另一個情境的認知結構，它可以協調具有相同性質的各種行動，將具有同樣特徵的所有活動予以同化，並且在重複運用中仍然能夠保持其共同性。比方說，一個兒童收集玩具的行為，和他稍長後收集郵票的行為，可能都是出自於「聚集的圖式」；將石頭、木塊、或數字序列依大小加以排列，則是出自「秩序的圖式」。

如此我們可以發現很多的圖式。由於一個活動包含著許多行為，通常需要許多圖式才能使某一項活動結構化。換言之，在大多數情況下，圖式並不是單獨起作用的。人的智力行動，就是使各個認知圖式互相協調，使之串聯到一個整體的系統之中。

二、適應的歷程

Piaget 認為：生命必須不斷地對變化的外在環境作適應（adaptation），人類的智能不過是生命在其演化過程中所採取的一種「適應」形式而已。更清楚地說，智力是在生命的成長與總體運動過程中，通過各種不同的適應形式，逐漸發展出來的。它是生物適應環境的一種特殊形式：生物有機體適應環境的方式，是運用物質材料在其世界中進行建造；智力適應環境的方式，則是運用精神材料進行新的創造。

　　所謂「適應」，是生物有機體隨著環境的變化，不斷地變化自身，以與環境相互協調，而達到平衡的一種歷程，其目的在於追求生物體的自我保存與維持。適應的歷程（process of adaptation）主要包含兩種：「同化」（assimilation）是生物有機體自身不變，而將環境因素整合到生物有機體既有的結構之中；「順化」（accommodation）則是生物有機體以改變自身的方式，來應付環境的改變。同化與順化之間達到「平衡」（equilibrium），便是所謂的「適應」。

　　智力活動的適應過程亦是如此。就「同化」的歷程而言，智力活動必須將來自外部現實的經驗材料予以結構化，歸併入認識主體的智力結構或「圖式」中；就「順化」的歷程而言，智力活動也要不斷地改變這些結構或「圖式」，以適應新的環境。「同化」與「順化」兩種機制的運作，是一種雙向的辯證過程：只有當「同化」和「順化」達到平衡，智力的結構或「圖式」成為一個穩固的系統時，適應過程才告達成。

三、智力的發展

　　由此可見，知識既不是如「理念論」者所強調的那樣，源自於先驗的「形式」；也不是像「經驗論」者所主張的那樣，是人腦對於現實事物機械式的反映；而是認識主體和被認識的客體相互作用的一種結果。在 Piaget 看來，主體對於世界的認識，必須以其生物體的發展作為基礎，因此，他窮畢生之力，研究兒童智力的發展，探討兒童在時間、空間、數、類等認識範疇（category）的概念以及邏輯思維的發展階段。大體而言，兒童智力的發展可分為以下四個階段（Piaget, 1972 / 1981：21 - 57 ）：

(一)「感知／運動」階段（sensori-motor stage）

在嬰兒出生之初，他還沒有能力區分自己的身體和外在的客觀環境。他必須以自我爲中心，透過吸吮、注視、把握等遺傳性的反射活動，一方面使自己成爲結構化的主體，一方面將自身從外在客體中分化出來。在這個階段，他的認識圖式是一種沒有思想、沒有表象的理解工具，然而，它卻像一般的概念一樣，有其外延（extension）和內涵（comprehension）。所謂「外延」，是圖式所適用的情境，譬如抓握的圖式可運用於奶瓶、床單、玩具等等。所謂「內涵」，是該圖式可運用之情境的共同特性，譬如在上一例子中，「可抓握的」即是抓握圖式之對象的共同性質。

(二)前運演階段（pre-operational stage）

從兩歲到七、八歲，兒童會經由延遲的模倣、象徵性遊戲、繪畫、心理表象、和語言等五種以模倣（imitation）爲主的活動，學到每一個客體都有一個對應的心理圖像，而且他能夠利用符號（sign）或象徵（symbol）來喚起客體不在眼前的心理圖像。

表象與象徵並不是「概念」（concept）。Piaget 因此將兒童這個時期的思惟稱爲「前概念」（pre-concept）的思惟，它是表象的，而且和個人特殊的經驗有關。譬如，這個年齡的兒童說「狗」時，他總是想到自己所熟悉的一隻狗，而不是代表「狗」這個類別的概念。

(三)具體運演階段（concrete operational stage）

從七、八歲到十一、二歲，兒童會逐步發展出一個守恆（conservation ）觀念的整體圖式，包括物理的守恆、空間的守恆、和數的守恆。所謂「守恆」的意思是說：智力運演的對象

由狀態 A 到狀態 B 的轉化過程中，至少有一個性質是不變的。以物質（substance）的守恆爲例，譬如將一個圓麵團揉成一個香腸狀，在其形式變化的過程中，兒童知道：其材料與質量是恆定不變的。以守恆的圖式爲基礎，兒童才能發展出可逆性（reversibility）的運演能力。

除此之外，兒童還會發展分類、列序、和數量的具體運演能力，能夠根據事物的共性將它們分類，也能夠依照物體的次序將他們排列，同時能夠將數的計量和空間排列連結在一起。在這個階段，智力所達到的平衡仍然局限在對具體現實所進行的運演之上，還不能擺脫現實情境的束縛，也不能在語義和邏輯的層次上進行組合、運算。

㈣形式運演階段（formal operational stage）

從十一、二歲到十四、五歲的少年，其思維能力會逐漸超越具體事物的束縛，並開始用「假設和演繹」的方式，進行形式性的抽象推理，從前提演繹出結論來。這時候，他能夠根據命題邏輯的要求，將假設形式化，並對它們進行系統化的組合，他的知識也因此而有了無限的可能性。

當然，此處說：到了「形式運演階段」。兒童能夠發展出邏輯思維，並非意指：每一個兒童到了這個階段，都會發展出邏輯思惟。我們說過：Piaget 是一個互動論者，他反對經驗論的觀點，認爲認識是源自一個有自我意識的主體；也反對理念論的觀點，認爲認識是出自一個既已成形又會將自己烙印在主體上的客體。相反的，他認爲：認識源自於主體和客體之間的相互作用。倘若一個特定的文化環境沒有提供給兒童足夠的文化刺激，兒童沒有接受邏輯訓練的機會，即使到了「形式運演階段」，他也不會發展出邏輯思考的習慣，他的知識成長也可能因此而受到限制。

第二節　道家的宇宙觀

　　以 Piaget 的發生認識論爲基礎，我們便可以進一步比較道家思想和海德格的存在哲學在世界觀及認識論方面的異同。藉由這樣的比較，筆者希望能夠說明：爲什麼道家的宇宙觀無法發展出西方式的科學或社會科學？西方式的科學或社會科學潛藏有那些危機？在東西文化交會的今日，在華人社會中從事研究工作的社會科學家，應當以什麼樣的世界觀爲基礎，來發展本土社會科學？

一、道與自然

　　前文提及「道、儒、法、兵」的中華文化傳統，都是以「道」的概念爲基礎，辯證性地發出來的。道家講「道」，儒家的核心思想是「仁道」；法家主張「因道全法」；兵家則強調：「善用兵者，修道而保法」《孫子兵法・軍形篇》；換言之，這幾家主要的中國哲學無不推崇「道」的價值，將其提升到至高無上的地位。然而，到底什麼叫做「道」？爲什麼從「道」的概念中，無法發展出西方式的科學或社會科學？

　　　「有物混成，先天地生，寂兮寥兮，獨立而不改，周
　　　　行而不殆，可以為天地母。吾不知其名，字之曰：
　　　　『道』。」　　　　　　　　　　　　《道德經・二十五章》

　　這一段話，可以看做是道家對於「道」所作的基本定義。

我們可以想像，當年老子在沉思宇宙之本原的時候，他感覺到：在生生不息的萬物背後，應當有一個既化育他們、又推動著他們的根本性力量，這種「獨立而不改，周行而不殆」的根本性力量，無以名之，只能勉強稱之為「道」。

「天下萬物生於有，有生於無。」 〈四十章〉
「道生一，一生二，二生三，三生萬物，萬物負陰而
　抱陽，沖氣以為和。」

「道」既然是宇宙萬物的根本，它就不能是某種特定的「有」；但作為宇宙萬物的根本，它又不是絕對的「無」。因此，「道」是「有」、「無」之間的辯證性統一，也是「陰」、「陽」之間的辯證性統一。宇宙萬物都各有其「道」，所以說「萬物負陰而抱陽，沖氣以為和」。可是，「道」卻又不是宇宙萬物。倘若我們要為「道」找一個基本符號象徵，則華人社會中常見的陰陽太極圖，就是「道」最恰當的符號象徵。這個符號代表的意義是：「道」創生了萬物，而又必須寄存在萬物之中；它無所不在，卻又不能孤立的存在（成復旺，1992：70）。用莊子的話來說：

「夫道有情有信，無為無形。可傳而不可授，可得而
　不可見。自本自根，未有天地，自古固以存。神鬼
　神帝，生天生地。在太極之先而不為高，在六極之
　下而不為深，先天地生而不為久，長於上古而不為
　老。」 〈大宗師〉

「道」超越了時間和空間的限制，「未有天地，自古固以存」；同時又超越了任何有形的個體，「自本自根」；「道」創生了萬物，而又周流於宇宙萬物之中，是「萬物之所繫，一化之所待」，「神託於秋毫之末，而大宇宙之總」，宇宙中萬物的存在和流變，莫不各有其「道」：

> 「夫道者，覆天載地……山以之高，淵以之生，獸以
> 之走，鳥以之飛。日月以之名，星歷以之行。麟以
> 之遊，鳳以之翔。」
>
> 「神託於秋毫之末，而大宇宙之總。」
>
> 「節四時而調五行。」
>
> 「夫太上之道，生萬物而不為有，成萬象而弗為宰。」
>
> 〈原道訓〉

　　這種「生萬物而不爲有，成萬象弗爲宰」的「太上之道」，是一種沒有意志，沒有目的的自然力，是「自己而然」，沒有任何外力可以使之然；其生化萬物的原理亦是自然無爲，所以老子說：

> 「道法自然。」　　　　　　　　　　　　〈二十五章〉
>
> 「輔萬物之自然而不敢爲。」　　　　　　〈六十四章〉
>
> 「大道氾兮，其可左右。萬物恃之以生而不辭，功成
> 而不有。衣養萬物而不爲主，可名于小；萬物歸焉
> 而不爲主，可名爲大。以其終不自爲大，故能成其
> 大。」　　　　　　　　　　　　　　　　〈三十四章〉

　　由於「道」是一種沒有意志的自然力，它雖然無所不在（其可左右），萬物必須「恃之以生」，但是它卻不會歸功於自己。人們在每一件事物身上都可以看到「道」的力量，所以可能認爲它很「小」；但它又是一種「衣養萬物」的力量，所以又可能認爲它很「大」。不論人們怎麼稱呼它，「道」自身總是沈默不語，而「終不自爲大」，所以人們才會主觀地稱其爲「大道」。

二、道與語言

　　這種「萬物恃之以生」的「道」，是無法用語言文字或感

覺器官來加以描述的。在《道德經》第一章中，老子便開宗明義的指出：「道可道，非常道；名可名，非常名」。見諸於語言文字的「道」，便已經不是「道」的本來面貌。莊子非常清楚地闡明了道家的這種立場：

「道不可聞，聞而非也；道不可見，見而非也；道不可言，言而非也；知形形之不形乎？道不當名。」

<知北遊>

莊子曾經說過一個很有趣的寓言，可以用來說明「道」和「語言」之間的關係：

「南海之帝為倏，北海之帝為忽，中央之帝為渾沌。倏與忽時相遇於渾沌之地，渾沌待之甚善。倏與忽謀報渾沌之德，曰：『人皆有七竅，以視、聽、食、息，此獨無有，嘗試鑿之』。日鑿一竅，七日而渾沌死。」

<應帝王>

「倏」是倏然以明，可以用太極圖的「陽」來代表；「忽」是忽然之暗，可用太極圖的「陰」來代表。明與暗，或陰與陽，都是源於渾沌，而又依於渾沌。渾沌似明非明，似暗非暗，是「陰」、「陽」二者的辯證性統一。人類若是企圖用感覺器官或語言文字來理解「道」，就等於是在替「渾沌」開竅，七竅開盡，「渾沌」亦不得不死。

我們可以再引老子所說的兩段話，來說明「道」的這種性格：

「道之為物，唯恍唯惚。惚兮恍兮，其中有物；恍兮惚兮，其中有象；窈兮冥兮，其中有精；其精甚真，其中有信。」
「自古及今，其名不去，以閱眾甫。」 <二十一章>

「視之不見，名曰夷；聽之不聞，名曰希；搏之不
　得，名曰微；此三者，不可致詰，故混而為一。」
「執古之道，以御今之有，能知古始，是謂道紀。」

〈十四章〉

「形之可見者，成物；氣之可見者，成象。」（吳澄《道
德眞經注》），「物」與「象」都是可以由感官感知的形而下
的存在。「精」是指精神，或事物內在的生命力；「信」是指
信實，靈驗（成復旺，1992：69），是由「周行而不殆」的「
道」所透露出來的信息，這兩者都是感覺器官無法感知到的形
而上的存在。形而上的「道」，必須藉由形而下的「象」或「
物」，才能呈現出其「精」或「信」；可是，倘若我們企圖用
感覺器官來理解「道」，我們會一方面覺得它是「視之不見」
「聽之不聞」，「搏之不得」，一方面又覺得它並不是全然的
空無，而具有「夷」、「希」、「微」的窈冥性格。

三、天人合一與主客對立

處於「無狀之狀、無物之象」之「恍惚」狀態中的「道」
，本身雖然不可知，而無法用語言來加以描述；可是「道」之
所寄託的「物」，卻是可知，而且可以用語言文字來加以描述
的。所以《道德經》第一章在講完「道可道，非常道；名可名
，非常名」之後，馬上緊接著強調「無名，天地之始；有名，
萬物之母」。在老子看來，人有完全的能力，可以了解「道」
在萬「物」之上的運作：

「大曰逝，逝曰遠，遠曰返。故道大，天大，地大，
　人亦大，域中有四大，而人居其一焉。」

〈二十五章〉

「大曰逝，逝曰遠，遠曰返」，是指「道」在某一特定事

物上的運行規律。「道大，天大，地大，人亦大」可以解釋
爲：人類個體的發展具體而微地重現了物種發展的歷程，「人
心的條理和自然的條理有某種合轍之處」，因此，透過適當的
途徑，人心便能夠了解大自然中萬物運行之規律（劉述先，
1989：98）。

　　然而，「域中四大」之一的人，應當如何了解萬物運作之
律則呢？對於這個問題，道家和古希臘哲學家有非常不同的看
法。古希臘哲學所注重的是「個別」與「一般」之間的關係。
關於「個別」與「一般」之關係的討論，後來發展成爲形式邏
輯的系統。文藝復興時期之後，又發展出以科學實驗來確定因
果關係的方法。近代歐洲的自然科學和技術，便是以形式邏輯
系統和實驗方法兩者爲基礎，而發展出來的。

　　不論是發展形式邏輯，或是從事科學實驗，都必須先預設
主、客的對立。更清楚地說，作爲研究主體之研究者必須和他
所要研究的客體站在對立的立場，才能從衆多的個體之中抽象
出一般的形式原則，才能夠從事科學實驗。然而，這並不是道
家的立場。在道家看來，「道」是一種不可知的「渾沌」、「
恍惚」、或「窈冥」狀態，他們對所謂的因果關係也毫無興趣
。道家最關心的問題是：自然狀態下的「物」，在時間向度上
所展現出來的「道」：

　　　「萬物莫不尊道而貴德，道之尊，德之貴，夫莫之命
　　　　而常自然。」　　　　　　　　　　　〈五十一章〉

　　「常自然」便是不受外力干擾而在自然狀態下所展現出來
的「常道」。然則，人應當如何理解萬物之「常道」呢？

　　　「人法地，地法天，天法道，道法自然。」
　　　　　　　　　　　　　　　　　　　　　〈二十五章〉
　　　「致虛極，守靜篤。萬物並作，吾以觀復。夫物芸

芸，各復歸其根。歸根曰靜，靜曰復命，復命曰
常，知常曰明。不知常，妄作凶。」　　〈十六章〉

老子主張用「致虛極，守靜篤」、「天人合一」的方法，
就事物本來的自然樣態來看待事物。用老子的話來說，這就是
「人法地，地法天，天法道，道法自然」，或者是「以身觀身
，以家觀家，以鄉觀鄉，以天下觀天下」，處身於事物的自然
狀態之中，以主客不分的方式，用心靈去親身感受；而不是像
希臘人那樣，站在事物之外，以主、客對立的方式，用感官去
觀察，用智慮去思考。「萬物並作，吾以觀復」，用這樣的方
式體察事物在時間向度上的變化，便可以看到「夫物芸芸，各
復歸其根」。每一件事物，經過一定時間的變化之後，最後總
是會回復到它原始的狀態。這種過程，老子稱之爲「歸根」、
「復命」。這種事物變化的律則是永恆不變的，掌握住這樣的
律則，則人能「執古之道，以御今之有，能知古始」，所以說
：「自古及今，其名不去，以閱眾甫」。

四、知天與知人

莊子亦有類似的看法：

「知天之所爲，知人之所爲者，至矣。知天之所爲
　者，天而生也；知人之所爲者，以其知之所知，以
　養其知之所不知，終其天年而不中道夭者，是知之
　盛也。雖然，有患。夫知有所得而後當，其所待者
　特未定也。庸詎知吾所謂天之非人乎？所謂人之非
　天乎？且有真人而後有真知。」　　　　〈大宗師〉

莊子認爲：生命的最高境界，就是要「知天之所爲，知人
之所爲」。所謂「知天之所爲」，即是知「天而生」之自然；
所謂「知人之所爲」，則是要「以其智之所知」，來擴充「其

智之所不知」，但要避免陷入「以有涯隨無涯」的困境。因爲在莊子看來，人「生也有涯，而知也無涯」，「以有涯之生隨無涯之知，殆矣」。惟有避開這種危殆，人才能不爲知所累，才能「終其天年而不中道夭」。

然而，這樣做的時候，仍然會有一種潛在的危險。「有待」是由語言文字所造成的二元對待，「知有所待而後當」的意思是：人往往必須藉助語言文字才能適當地認知外在世界中的事物。這種以語言文字的二元對待所產生的知識往往是不確定的，我們怎麼能夠判斷：我們所謂的「天生自然」，沒有夾雜人爲的因素？我們又怎麼能夠判斷：一般所謂「人爲」的文字沒有描述到天道自然？

因此，莊子認爲：「有真人而後真知」。然則，什麼叫做「真人」呢？莊子有一段很好的描述：

> 「無爲名尸，無爲謀府，無爲事任，無爲知主。體盡無窮，而遊無朕；盡其所受乎天，而無見得，亦虛而已矣。至人之用心若鏡，不將不迎，應而不藏，故能勝物而不傷。」　　　　〈應帝王〉

道家所謂的「無爲」並不是什麼事都不做的「無所作爲」，而是「不違反自然」的作爲，是「順自然之勢」的作爲。《淮南子》曾經對道家的「無爲」作過相當精闢的解釋：所謂「無爲」，是「循理而舉事，因資而立權」，並不是「寂然無聲，漠然不動，引之不來，推之不往」，也不是像泥雕木塑般的「感而不應，攻而不動」。《淮南子》強調：

> 「夫地勢水東流，人必事焉，然後水潦得谷行；禾稼春生，人必加工焉，故五穀得遂。聽其自流，待其自生，則鯀禹之功不立，而后稷之智不立。」

　　按照自然的原理，水是依地勢往東流的，但也必須由人來加以築堤、疏通，它才會循著渠道向前流；莊稼到春天固然都會生長，但人也必須辛苦耕耘，它才會順利成長。如果什麼事都不做，「聽水自流，待禾自生」，則鯀禹治水之功無法建立；后稷教人耕作的智慧也彰顯不出來。因此，所謂「用心若鏡，不將不迎，應而不藏」，和老子主張的「致虛極，守靜篤，萬物並作，吾以觀復」，可以說是同義的，其目的都是在「盡其受於天」，「能勝物而不傷」，以事物原始自然的樣態來看待事物，而不加以人為的扭曲。

五、真我與寡欲

　　人應當以事物原始的樣態來看待事物，而人為存在於宇宙間的萬物之一，因此人自身也應當經常處於原始自然的狀態之中。處於這種境界的人，道家稱之為「真人」。老子曾經用許多種不同的方式，來描述這種「真我」的境界：

> 「含德之厚，比于赤子。毒虫不螫，猛獸不據，攫鳥
> 　不博。骨弱筋柔而握固。未知牝牡之合而朘作，精
> 　之至也。終日號哭而不嗄，和之至也。」
>
> 〈五十五章〉

　　他認為：「真我」的境界很像是處在嬰兒狀態之中。在這種境界裡，人具有「骨弱筋柔而握固」的特性，他是「未知牝牡之合而朘作」，「終日號哭而不嗄」。然而，「真我」境界又不是處於嬰兒狀態而永遠不發展，他是讓自我充份發展之後，再「復歸」到嬰兒的初始狀態。其重點在於「復歸」，而不是停留於初始狀態：

> 「知其雄，守其雌，為天下谿；
> 　為天下谿，常德不離，復歸於嬰兒。

知其白，守其黑，為天下式；

為天下式，常德不忒，復歸於無極。

知其榮，守其辱，為天下谷；

為天下谷，常德乃足，復歸於樸。」　〈二十八章〉

「樸」是希臘人所說的「質料」（matter），也是拉丁文中的「實體」（substance）。在老子的思想裡，「樸」和「器」是互相對應的，這和希臘人所說的「質料」又有其根本性的不同：希臘人以「形式」和「質料」對應，認為「形式」是從「質料」抽象出來的。「形式」獨立於「質料」之外；先有「質料」，再從其中抽象出「形式」。「樸」和「器」的關係則不然。老子說：「道常無名，樸」〈三十二章〉，「器」是從這「無名樸」製作或成長出來的，所以說「樸散則為器」，「器」和「樸」的關係是具體化，而不是抽象化（葉秀山，1992）。

在上述引文中，「樸」、「無極」、「嬰兒」都是成長的根源狀態，包括「人」在內的萬物，都是從這種根源狀態自然生長出來的。即使「器」是由「樸」製作而成，依道家的觀點，這種製作也是由人依「樸」之本性製作，而不是違反自然的製作。「谿」、「谷」，都是低下之意；「知其雄，守其雌」，「知其白，守其黑」，「知其榮，守其辱」的意思都是超越二元對立，而回歸到自然的根源狀態，「復歸於無極」達到「與道同體」的境界。

然則為什麼要「復歸」到這種根源狀態呢？這個問題涉及道家所求的終極價值：

「為善無近名，為惡無近刑。緣督以為經，可以保身，可以全生，可以養親，可以盡年。」　〈養生主〉

莊子所說的「保身、全生、養親、盡年」，可以說是道家

最重視的價值。更清楚地說，對道家而言，人生中最可貴的東西就是「生命」自身。以「貴生」的立場出發，道家認爲：與「生命」相較之下，人世間所有的功名利祿都是屬於次要的「身外之物」。老子很清楚地提出這種價值比較的問題：

> 「名與身孰親？身與貨孰多？得與亡孰病？甚愛必大
> 費，多藏必厚亡。」　　　　　　　　　　〈四十四章〉

老子了解：人是一種「在世間中的存在」，人生在世不可能沒有欲望，但如果追求功名財貨會危及人的生命，則寧可捨棄名利，也要保存自己的生命。在這樣的原則之下，老子主張「少私寡欲」，主張「聖人欲不欲，不貴難得之貨」〈六十四章〉。「寡欲」或「欲不欲」，並不是「無欲」，而是「不縱欲」。在道家看來，「飲食男女，人之大欲存焉」，「益生曰祥」，適度滿足人生欲望不僅必要，而且有益於生命。然而，「鷦鷯巢林，不過一枝；偃鼠飲河，不過滿腹」〈逍遙遊〉，除卻生活所需要的資源之外，如果縱容一己的欲望，無止無盡地向外追求，則不僅無益，而且有害。老子指出：「五色令人目盲，五音令人耳聾，五味令人口爽，馳騁畋獵令人心發狂」〈十二章〉，在他看來「甚愛必大費，多藏必厚亡」，「禍莫大於不知足，咎莫大於欲得」〈四十六章〉，因此，他主張：「知足不辱，知止不殆」〈四十四章〉，「甘其食，美其服，安其居，樂其俗」〈八十章〉。

道家並不主張隱居遁世或遺世孤立。道家不以爲然的是：「今世俗之君子，多危身棄生以殉物」，「今世之人，居高官尊爵者，皆重失之，見利輕亡其身，豈不惑哉！」道家也不反對追求現世的成就。然而，道家卻認爲：「能尊生者，雖富貴不以養傷生，雖貧賤不以利累形」《莊子‧讓王篇》，在老子看來，人也應當效法「道」的精神：「萬物恃之以生而不辭，功成不名有，衣養萬物而不爲主」〈三十四章〉，把握「生而不有，爲而不恃，功成而不居」的原則〈二章〉，了解「功成

身退」才是「天之道」。

　　就道家的生命原則而言，「生而不有，爲而不恃，功成而不居」，以及「富貴不以養傷生」，「貧賤不以利累形」，都可以說是「知其雄，守其雌」，「知其白，守其黑」，「知其榮，守其辱」，超越二元對立，「復歸於樸」、「復歸於無極」的具體實踐。

六、道通爲一

　　莊子是道家的集大成者，他理想中的「眞人」、「至人」、「神人」，正是這種超越二元對立，「離形去智，同於大通」〈大宗師〉，而能與「道通爲一」的人〈齊物論〉。莊子說：「無以人滅天，無以故滅命，無以得殉名，謹守而勿失，是謂反其眞」〈秋水篇〉，其根本精神便是不以有意識的人爲活動破壞天命之性。莊子將人心分爲兩種，一種是以外物爲對象的認知之心，他稱之爲「成心」。「成心」是一種「有待」之心，其實也就是講求知識、技巧、功利之「機心」。另外一種是「無心」之心，則是超越一切是非及二元對待的「眞心」：

　　「是亦彼也，彼亦是也。彼亦一是非，此亦一是非。
　　　果且有彼是乎哉？果且無彼是乎哉？彼是莫得其偶
　　　，謂之道樞，樞始得其環中，以應無窮。」
　　「道通爲一。其分也，成也；其成也，毀也。凡物無成
　　　而毀，復通爲一。惟道者知通爲一。」　〈齊物論〉

　　「道樞」是一種泯滅是非、破除一切二元對立，而能與「道通爲一」的精神狀態。莊子認爲：「夫體道者，天下之君子所繫焉」〈知北遊〉，在「與道同體」的經驗裡，內外之別，物我之分，一律消失，而能「出六極之外」，「遊無何有之鄉」，達到「天地與我並生，萬物與我爲一」的境界。

第四章　道與存在

161

　　然則，達到「道樞」的境界，又如何能夠「得其環中，以應無窮」？莊子以為：「體道」基本上是一種實踐的問題，而不是知識的問題，必須訴諸於主體實踐才能夠完成。他說：「夫道，有情有信，無為無形；可傳而不可受，可得而不可見」〈大宗師〉，這種可以意會而不可以言傳的「道」，當然很難轉化成為知識上的普遍原理。

　　莊子所說的「庖丁解牛」就是一個很好的例子。庖丁在其長久的實踐中，掌握了熟練的解牛技巧，他為文惠君解牛時，「手之所觸，肩之所倚，足之所履，膝之所踏」，十分的乾淨俐落，甚至解牛時發出的聲響，也是「莫不中音，合於桑林之舞，乃中經首之會」。文惠君嘆為觀止，問他為什麼能夠如此神乎其技？庖丁的回答是：他「所好者道也」，早已經超出「技」的範疇。他剛開始解牛時，所看到的是整隻牛的形體。三年之後，掌握住牛的經絡結構，解牛時，便再也看不到全牛，而能夠「依乎天理」，「因其固然」，「以神遇不以目視，官知止而神欲行」。因為牛的關節處有間，「而刀刃者無厚」，「以無厚入有間」，所以能遊刃有餘，一把解牛刀用了十九年，而刀刃猶新。〈天道篇〉所記載的「斲輪」人之言，更清楚地說明了這一點：

> 「臣也以臣之事觀之，斲輪徐則甘而不固，疾則苦而
> 不入，不徐不疾，得之於手而應於心，口不能言，
> 有數存焉於其中，臣不能以喻臣之子，臣之子亦不
> 能受之於臣，是以行年七十而老斲輪。古之人與其
> 不可傳也，死矣。然則，君子所讀者，古人之糟魄
> 矣。」

　　輪人扁的技巧完全是靠個人實踐經驗累積起來的。這位行年七十的「斲輪老手」，憑著多年經驗，在斲木為輪的時候，能夠「不徐不疾，得之於手而應於心」。他雖然知道其間「有

數存焉」，但這中間的「數」到底是什麼，卻是祇能體會，不能言傳，甚至無法傳授給自己最親近的子女，更不能形成抽象的一般理論（蒙培元，1992）。在道家看來，和這種親身體驗的「道」相較之下，書本上的文字記載，只不過是「古人之糟魄」罷了！

道家認爲：「離卻文字方爲道，捨盡語言始近眞」，以道家思想作爲基礎的中國科學所關懷的核心問題是：如何把握「物」在其自然狀態下所展現出來的「道」，並善加利用，而不是將「物」之「存在」與「時間」二分，再從其中抽象出形式性的律則。中國傳統技藝也是依照「質料」（樸）的本性製作「器具」（器），而不是用人工方法改變其性質，再加以製作。

七、中國的科學

從 Piaget 的「發生認識論」來看，道家所謂的「體知」，基本上是「具體運演階段」的思考方式，也是一種「先於邏輯」的認識世界方式，它和「形式運演階段」的邏輯思維有其本質上的不同。我們說過：人對於世界的認識是主體和客體相互作用的結果。倘若一個兒童所生長的文化環境沒有敎他如何作邏輯思考，即使到了「形式運演階段」，他也不會自動發展出邏輯思維。事實上，在十九世紀末葉，西方文化大舉入侵之前，整個中華文化傳統基本上是處於一種邏輯思惟不發達的狀態。

儒家關心的重點是社會關係的合理安排（張德勝，1989），而不是建立西方式的知識體系。法家雖然含有理性的成份，可是和邏輯思維也沾不上邊。五四時期，胡適（1919）爲了提倡「科學」，而在他所著的《中國哲學思想史》中，以相當大的篇幅介紹墨家的名學，認爲它是中國古代的「邏輯方

法」（Hu, 1922）。其實名學討論問題的方式，是一種先於邏輯的辯證，而不是西方式的「形式邏輯」（陶文樓，1984），它在戰國以後的中國哲學史上也沒有獲得進一步的發展。東漢時期，印度邏輯「因明學」隨佛教傳入中國，佛教迅速在中國傳播開來，但「因明學」卻逐漸式微，沒有產生顯著的影響（Nakamura, 1966：191）。

然而，我們千萬不可以小看這種「體道」的價值。《周易·繫辭下》記載：

「古者包犧氏之王天下也，仰則觀象於天，俯則觀法
於地，觀鳥獸之文，與地之宜，近取諸身，遠取諸
物，於是始作八卦，以通神明之德，以類萬物之
情。」

包犧氏這種認識世界的方式，也可以說是一種「體道」。在包犧氏之後，中國出現了許多科學家，他們運用這種「體道」的思維方式，發明了許多器物，締造出輝煌的文明。這種以事物原始之樣態，利用厚生，所發展出來的「科學」，可以說是一種「有機論」的科學，它和西方人從「質料」中抽象出「形式」，並以邏輯推理作爲基礎的「機械論」科學，有其本質上的不同，其生產效率也不可同日而語。

清朝末年，一連串的重大挫敗使得中國人喪失了民族自信心，以爲中國文化傳統裡，根本沒有「科學」，到了五四時代，發起新文化運動的知識份子更相信：唯有「民主」和「科學」這兩尊「洋菩薩」才能救中國，由此而產生出「科學主義」和「反傳統主義」，至今猶難以自拔。

從英國人李約瑟博士（Joseph Needham）等人所著的《中國科學文明史》自1954年陸續出版之後，才改變了世人的看法。在這部鉅著中，李約瑟根據非常詳實的史料指出：直到

十五、六世紀之前，中國的科學一直比西方發達，世界上許多重大的關鍵性發明，都是由中國人所完成的，而且這些發明在傳入歐洲之前，早已經在中國使用了幾百年。令人感到奇怪的是：這些發明傳入歐洲之後，立即對歐洲社會造成重大影響，但它們對中國社會的結構的影響卻甚為微小。比方說，中國人魏晉時期發明的「護肩輓馬法」，在公元十世紀傳到歐洲，使得交通運輸大為便利，農村式商業因之興盛，並促進中世紀以後的都市發展。中國人在秦漢時代發明了羅盤和船的尾舵，中世紀傳入歐洲之後，使其航海事業大為發達，不僅能夠環航非洲，而且還發現了新大陸。唐代發明的火藥，十四世紀傳入歐洲，轟平了許多王國的碉堡，並促成了歐洲的貴族封建政治。宋代發明的印刷術傳到歐洲之後，更有助於歐洲文藝復興運動的發生。除此之外，中國人在醫學、天文學、機械學、動力學方面，都有十分輝煌的建樹（Needham, 1969 / 1978）。然而，為什麼這些發明對中國社會的結構沒有造成重大的影響呢？

這個問題的回答自然是多重的。從傅柯「權力／知識」的理論來看，最重要的原因是：中國的仕吏科層制度使得大多數的知識份子把擔任公職當做是掌握權力的最重要途徑。明代以後的科舉制度又將考試內容限定在儒家經典的範圍之內，使知識份子對道家式的探索自然毫無興趣。有興趣探索自然的「巫、醫、樂師、百工之人」被貶抑在社會底層，「君子不齒」；而中國的農業生產體制又使這些發明對社會結構的影響減到最低。結果中國人儘管在歷史上發明了許多東西，卻沒有像歐洲那樣，在文藝復興之後產生資本主義革命。換言之，農業生產體制、仕吏科層體制、和儒家意識型態三者構成了中國社會的「超穩定結構」（金觀濤、劉青峰，1987），直到二十世紀初期，都很少受到科技發明的影響。

然而，無可否認的是：西方文藝復興後期所發生的科學革命，事實上是由世界上各民族共同奠下基礎的。十六、十七世

紀時，歐洲人最大的突破，是將數學和邏輯方法應用在自然科學之上。換言之，文藝復興時期最偉大的發明，便是發現了發明的方法（Needham, 1970 / 1978）。這一點，確實是中、西近代文化發展的一個重大分歧點。在前文中，作者一再強調：從希臘時期開始，西方人便非常重視「個別」和「一般」之間的關係。他們千方百計地要從眾多的「質料」中抽象出「形式」，並且採用將「存有」與「時間」二分的方法，認爲必須將會隨時間而改變的「意見」（doxa）去除掉之後，留下來的「邏各斯」（Logos），才能夠作爲建構理論的材料。以這種思維方式作爲基礎，他們發展出邏輯及數學，後來並和實驗方法結合，成爲近代科學發展的兩大支柱。

從西方文藝復興運動發生之後，中國的有機論科學很顯然是落在西方科學之後。然而，在西方自然科學的快速發展使整個地球陷入嚴重生態危機的今日，李約瑟一再提醒我們：現在的科學並不是科學的最終形式，科學本身還在不斷變革之中。在實證主義哲學造成西方文化危機的情況下，道家整全式的世界觀對於科學，尤其是人文社會科學，可能作出什麼樣的貢獻？我們可以再從海德格的存在哲學來探討這個問題。

第三節　存在與思考

　　海德格（Martin Heidegger, 1889–1976）認為：整個西方文化都是建立在一個錯誤的基礎之上，那就是要通過「理智化」（intellectualized）的途徑來理解世界。海德格哲學的主要任務，便是要人們從抽象的概念系統中解放出來，用一種非理智的態度，直接面對他所經驗到的世界。在他看來，從柏拉圖開始，西方哲學便樹立下「愛智」的傳統，試圖用理智思索並解答人們所感知到的諸般事物，結果他們將大部分的精力集中於探索「存在物（者）」（beings）的屬性和用途，反倒忽略了亞里斯多德最先提出來的一項根本問題：「存在」（being）是什麼？

一、「存在」與「親在」

　　這問題看起來十分簡單，仔細深思，卻令人感到十分困擾：比方說，你現在正在讀一本書，如果有人問你：這本「書」存不存在？你一定會回答：它「存在」。可是，如果有人進一步追問：既然它「存在」，那麼到底什麼是「存在」呢？你可能就回答不出來了。我們平常在思考什麼是「存在」時，往往是在思考「存在者」，而不是在思考「存在」自身。然則，在各種「存在者」之後，到底什麼是「存在」呢？

　　早在希臘時代，便有許多哲學家開始思考這個問題。他們用「存在」描述一種自然發生，自然展露出來的過程。這種過

程具有一種控制和聚集的力量，使自然界中的萬物得以出現和留存。希臘哲學家 Heraclitus 將這種產生出一切的「太一」稱爲「邏各斯」，以「邏各斯」指稱某種「存在者」，它變成爲一種言詞或律則，而「邏各斯」自身隨即隱蔽不見。然而，在以語言表現出來之前，這種控制宇宙的「邏各斯」到底是什麼呢？

海德格認爲：要破解「存在」的意義，必須從一種特殊的存在者入手。這種存在者是「爲存在本身而存在」，而不是爲成爲什麼東西而存在。作爲「存在」問題的發問者，「人」便具備有這樣的特性。海德格因此而賦予「人」一個特定的名稱，叫做「親在」（Dasein），意思是說：人必須不斷地親臨「存在」。「親在」和其他存在者有幾點明顯的不同之處：對「親在」而言，最最重要之事，就是「存在」。爲了要繼續存在，「親在」必須不斷地蛻變成爲「異於其所是」，而不會只停留於其所是。這時候，「親在」不僅要反思自己的存在，而且要以自己的存在狀態爲基礎，來探究其他各種「存在者」的屬性。這樣探究的結果，便構成了各門不同的科學。

對海德格而言，人最基本的特性並不在於「我思」，而是在於他能夠思索並理解「存在」的意義。這是他和其他「存在者」的最大不同之處。這個特性也因此而決定了「親在」在本體論上的優先地位。詢問本身是「親在」存在的方式，它和被詢問的「存在」有著本體上的關聯。它不是既定的實體，我們不能從任何實體的屬性來理解「存在」；唯有透過「親在」的詢問，「存在」的意義才能夠展現出來。

二、「本眞」與「非本眞」的存在

儘管「親在」能夠詢問並理解「存在」的意義，每一個「親在」對這個問題卻不會有一致性的回答。每一個「親在」都

是獨一無二、不可重複、不可代替的，他的存在具有各種不同的可能性，可能用不同的方式表現出來。海德格認為：面對「存在」問題的時候，人可能有兩種選擇，一為選擇「是自己本身」，一為選擇「不是自己本身」。所謂選擇「不是自己本身」，就是自覺或不自覺地變得跟「常人」一樣。「常人」（Das man）並不是一個特定的人，而是我們通常所說的「大家」、「一般人」，也就是我們在下一章中所謂的「概化他人」（generalized other）。變得跟「常人」一樣，既不需要作任何選擇，也不需要負任何責任，因而也喪失了所有的自由。這種喪失掉自身的在世狀態，海德格稱之為「非本眞的」（uneigentlich）存在狀態。

與「非本眞的存在狀態」相對是「本眞的」（eigentlich）在世狀態，這是跳脫「常人」的束縛，擺開存在者的羈絆，而回復到存在的澄明境界。然而，處於這種可以作自由選擇和自我把握的狀態裡，「親在」並不會感到幸福，相反的，他會感到惶惶然地失其所在。這種無可名狀的恐懼，海德格稱之為「畏」（angst）。「畏」和我們平常所說的「怕」並不相同。「怕」通常有具體的特定對象，「畏」則不然。「畏」並沒有具體的對象，它讓人感覺惶惶然，卻又不知道自己所畏的到底是什麼。為了逃避這種「無家可歸」（nicht – zuhause – sein）的狀態，許多人寧可放棄自己本眞的存在方式，而消融於「常人」之中，並在「常人」的存在方式裡，尋得安身立命之所。在這種「安寧」（beruhigung）的氣氛中，人們遺忘了「過去」，誤以為「現在」的一切都是最完美的，「親在」因此而趨向於「異化」（entfremdung），甚至不願意再去思考自己成為「本眞的」可能（王慶節，1989）。

既然「親在」天生有一種逃入「常人」之中的傾向，而沈淪於非本眞的在世狀態裡，那麼，到底有什麼力量可以使人由此超拔到「本眞的」存在狀態？海德格認為：對於「死亡」的理解，是使人由「非本眞的」的存在，通向「本眞」存在的唯

一途徑。每一個人都會死亡，而且在任何一個時刻都可能突然死亡。可是大多數人都不認為自己隨時會死，而寧可相信自己還有無數日子可以活。這樣的信念迫使個人致力於追求「常人」的價值，並且變成一個終日操持、操勞的存在者。「死亡」的意義是個人永遠不再生存在這世界上。「面對死亡的存在」（being–towards–death）使所有現世的東西都喪失掉原有的價值。這時候，人才能夠定下心來，嚴肅思考存在的本質，而去追求「本真的」存在狀態。

三、存在與時間

「親在」的「本真」和「非本真」狀態對應於兩種不同的時間觀（Heidegger, 1962）。時間有「過去」、「現在」和「未來」三重結構，可是，「非本真」存在狀態的時間觀卻是以「現在」作為核心：「過去」是已經過去了的「現在」，而「將來」則是尚未到來的「現在」。乍看之下，這種時間觀似乎是把時間看做是由「過去」流到「現在」，再由「現在」流向「未來」的一條永遠向前的線性之流；其實，這種時間觀真正的表述方式卻是「現在─現在─現在」。依照這種時間觀，過去的已經過去了，可以完全遺忘掉，未來的尚未到來，我們只能期待。人所能做的事情，就是「把握現在」。

「本真的」存在狀態則不然。「面對死亡的存在」迫使人對時間進行新的思考。每一個人都會死。人的未來祇有一件事是確定的，那就是死亡。因此，「未來」是不可期待的，邁向未來就是走向死亡。「過去」也不是已經消逝掉的事物。每一個人都是歷史的產物，每一人都生活在他的歷史之中。「過去」是培育萬物的胚胎或苗圃；對於「親在」而言，「過去」可能回復，卻不可能拋棄。更清楚地說，在「本真的」存在狀態裡，時間並不是以「現在」作為核心，由「過去」流向「未來」的直線型流失過程；而像是一種「過去」、「現在」和

「未來」不斷往復的循環：在這裡，「過去」和「現在」打通了，走向未來也可能回復到「過去」；「存在」既是全然的空無，同時也蘊涵有無限多的可能。

四、「原初思考」和「形上學思考」

我們說過「親在」不僅能夠思索「存在者」，而且能夠思考「存在者」的存在。當然，他也能夠以己身爲對象，反思自己的「存在」。海德格因此將「親在」思考的方式分爲兩種：一種是「形上學思考」（metaphysical thinking），另外一種是「原初思考」（orginative thinking）。在柏拉圖哲學中所確立的「形上學思考」，總是而且又只是在「存在者」的角度下，去表象「存在者」。這時候的「存在者」當然也是存在著的，然而，由於「形上學思考」僅只把「存在者」當做是「存在者」，所以它的視線無法看到「存在」，它也無法直接掌握作爲「存在者」之基礎的「存在」（陳榮華，1992：89－104）。當人掌握到這一點，進一步思考「存在」，並把握「存在」的眞理時，他便已經在作海德格所謂的「原初思考」，亦即「本性思考」（essential thinking）。

嚴格說來，「原初思考」並不是心理學意義上的「思考」。它是「親在」在「無意志」（non-willing）的狀態下，既不是主動，也不是被動地以他整體的「存在」來經歷事物，讓萬物如其所是地呈現出它們自己（陳榮華，1992：159－176）。這種境界，有點像朱熹所說的：「萬物靜觀皆自得」，也有點像道家所讓的「體道」。莊子在〈應帝王〉篇所說的：「至人之用心若鏡，不將不迎，應而不識，故能勝物而不傷」，可以說是這種境界的最好寫照。

值得注意的是：「原初思考」既不是用「心」思考，也不是用「眼」觀照，而是源自於「親在」的親臨存在。它並不像

笛卡爾哲學那樣，將主體想像成和客體二元對立；相反的，它是「親在」開放自己，放鬆自己，讓世界中的事物降臨到自己身上，和自己融爲一體，這種境界海德格稱之爲「與物同遊」（in play within the matter itself）。由於萬物皆有其個體性，它們之間又彼此關聯，而有其整體性；當事物都各自棲息在其自我隸屬之地，如其所是地展現出現，各得其所，適其所是，此時「親在」所感受到的，不僅是作爲「存在者」的「器」，還有作爲「存在」的「道」。

「形上學思考」則不然。如前所述，「形上學思考」是將「存在者」僅僅作爲「存在者」，而不去掌握作爲其基礎的「存在」。根據海德格的觀點，「形上學思考」必須以「基礎律」（principle of ground）作爲原則（陳榮華，1992：151－159）。所謂「基礎律」的意思是：一切東西，無論在任何一種方式下存在，皆有一個基礎。它源自希臘文的 axioma。依照希臘人的原意，axiom 是指最有價值或非常值得珍惜的東西。不過，古希臘人尚未有主體基礎性的概念，他們所謂的「價值」，是出自於事物本身，而不是人所賦予的。

然而，自從萊布尼茲（Leibniz, 1646－1716）將 axioma 翻譯成「基礎律」之後，這個概念的內涵逐漸轉變而具有了現代的意義。所謂「基礎律」，是指在命題的領域內，作爲始端的命題（first proposition）。更清楚地說，「基礎律」是任何真理的基礎。我們要判斷一項命題是否爲真，一定要給出理由，以確認其基礎爲真。然而，基礎律本身也是一個命題，它是否又必然有一基礎？如果這個問題的答案是肯定的，則此一基礎的基礎又是什麼？

在古希臘，基礎不是指理由或確證。基礎是「存在」。「存在」就是任由事物自然而然的「自然」（physis）。然而，從笛卡爾之後，人經驗到他自己是一個「表象者」，世界則是一個站立在他之前的對象。在這種表象的過程裡，人只有在獲

得充足的理由或完備的確證之後，才能肯定他的對象是眞正的。於是，「存有者」變成在表象中可被計算的對象；在基礎律的支配下，現代人總是不斷地提出理由，在計算中確證他自己及其世界。結果人的本性成爲「理性」（reason），在理性的表象中，世界成爲對象，人和世界分裂爲二。現代人對於「基礎律」的探究，也將無限後退，而陷入於無底深淵之中。

第四節　學術創造的歷程

　　海德格指出：現代人愈是以自己的理性去度量一切，以爲自己的理性就是基礎，他將愈偏離基礎的「存在」。了解現代人的這種困境，很多人大概都會想起莊子在〈天下篇〉中的嘆息：「悲夫！百家往而不返，必不合矣。後世之學者，不幸不見天地之純，古人之大體；道術將爲天下裂！」

　　更清楚地說，人類的文化祇能往前發展，不能走回頭路。西方文化旣然已經發展出理性的思考方式，並以之爲基礎，發展出自然科學。在東、西文化密切交流，互相融合的今日，在華人社會中從事社會科學工作的我們，面對著排山倒海而來的優勢西方文化，應當如何自處？

　　作者認爲：對於這個問題的回答，正是我們爲什麼要發展本土社會科學的最重要理由。更清楚地說，在東、西文化密切交流的今天，作爲華人社會科學工作者的我們，一方面了解西方科學的長處，一方面也明白西方科學的內在困境，便應當抱持著「知其雄，守其雌；知其白，守其黑；知其榮，守其辱」的態度，從他們的經驗敎訓中，走出我們自己的道路。

一、理解的「先設結構」

　　在本節中，作者將從詮釋學和發生認識論的觀點，繼續闡明此一立場。前文說過，胡塞爾堅決反對笛卡爾「主／客二元

對立」的思考方式，認爲以這種思考方式爲基礎所發展出來的科學，已經使得歐洲文明陷入空前的危機。他的超驗現象學認爲：在人的世界裡，所有既予的存在者都處於他意向所能及的「視域」範圍之內。個人生存於其中，而又與其他存在者所共有的「意向視域」，他稱之爲「生活世界」（life world）。使用同一種語言，而又以各種不同方式經常保持溝通的人，便可以說是存在於同一個「生活世界」裡。

以「生活世界」作爲起點，海德格提出了一種「客觀性」的概念，和笛卡爾「主、客」二元對立之認識方式所主張的「客觀性」截然不同。海德格認爲：一個人的「生活世界」只有一小部分能夠成爲和他對立的客體。個人必須以自己存在的實在性作爲參照點，並以他自己的「生活世界」作爲「視域」，來界定某一存在物，他才能夠獲得有關該一「客體」的正確知識，從而作出正確的判斷（Palmer, 1968 / 1992：209 - 210）。更清楚地說，海德格堅決反對把世界看做是一種和人類主體對立的「從屬物」，並用一種技術性的思考方式，恣意加以控制、操弄、破壞，或甚至企圖予以棄置。相反的，他認爲：人類主體是從屬於世界的，人必須以他的「生活世界」作爲背景，將「客觀的世界」看做是其「生活世界」之內的一個結構；唯有如此，他才能夠讓這個「客觀世界」開顯自身，並做出正確的判斷和決定。

海德格認爲：人在解釋某一特定領域中的事物時，被解釋的對象已經預先存在其「生活世界」之中。人必須透過三重「先設結構」（fore-structure），才能夠清楚地解釋或理解某一對象，這可以說是理解或解釋活動的預設條件（陳榮華，1992：34 - 37；張汝倫，1988：106 - 107）。

(一)先設所有（Vorehabe, fore-having）

或譯爲「前有」。人在有自我意識或反思意識之前，他已

經置身於其「生活世界」之中。他的文化背景、風俗習慣、生活經驗、以及他生活時代的知識水平、物質條件、和思想狀況等等，都是他一存在即已經爲他所有，並成爲不斷影響他、形成他的力量，這就是所謂的「前有」。「前有」像是宇宙間隱而不顯的神秘法則，它始終在發生作用，並決定「親在」的理解和解釋，但卻永遠無法爲人清楚地把握。「親在」對其世界的理解和解釋，永遠無法超出「前有」的範圍；所以說「前有」規定了我們對世界的理解和解釋。

(二)先設觀點（Vorsight, fore-sight）

又譯爲「前見」。「前有」是內涵相當穩定，外延卻十分模糊的存在視域，它包含有無限多的可能性。當人要理解或解釋其「生活世界」中的某一對象，他一定要根據某一個預先設定的立場或觀點，才能作「首度的切入」（first cut），使其鋪陳在吾人面前，這個預先設定的觀點，稱爲「前見」。「前見」也是「先設所有」的一部分，唯有通過「所見」，才有可能闡明某一對象。

(三)「先設概念」（Vorgriff, fore-conception）

又稱爲「前設」。「前見」的功能是將人的注意力引向某一個問題領域，「前設」則是用一個結構性的概念模式來把握該一對象。「前有」、「前見」、和「前設」是任何解釋的基礎，這三者構成了理解的「先設結構」。

在平常情況下，一般人對他所要解釋的對象，並不一定有清楚的了解。可是，他一定要或多或少對它有所了解，才能夠將它解釋出來。是以海德格將理解的這三重「先設結構」稱爲「詮釋學處境」。依照海德格的觀點，「熟悉」和「理解」，先於認識。在我們將某一個對象選出來，進行理性認識或理論認識之前，它已經存在於我們的「前有」之中，和我們的世界

產生關聯。我們對它必須存有某種「前見」，才能對它進行認識，認識的結果又構成新的「前見」，構成了一種「詮釋學的循環」。我們對它的認識也會透過這種不斷往復的循環，而變得愈來愈清楚。

人對於「生活世界」的認識，是通過語言來進行的。海德格強調：「邏各斯」不僅其有持久性，而且是語言的基礎。人能夠以此為基礎，開啓出一片語言的領域。人和其他存在物的最大不同，是他從出生之日起，便被「丟」到語言之中，「親在」必須透過語言，才能夠反思並理解他自己的存在。所以海德格說：「語言是存在的家」，「親在」根本就是棲息在語言裡（Heidegger, 1985 / 1993）。

二、價值關聯

海德格將「親在」看做是一種存在的「場域」（field）。在這樣的場域裡，人不是封閉而是開放的：他既不是有固定本性的「實體」，他的「自我」也並非確定不變。透過其「意向」（intentionality）之所指，其他的人和物可以在面前展現出他們自身的意義。更清楚地說，海德格對於「世界」的概念，並不是傳統西方哲學中「客觀世界」的概念，也不是一種抽象的時空區間，而是一個充滿人類關懷（human concern）的現象學的場域，Barrett（1962）因此稱之為「人的場域論」（field theory of men）。

然而，一個社會科學家為什麼會將他的「意向」指向某一特定領域，以之作為深入研究的對象呢？換言之，他為什麼會選擇某一個題目，而不選其他題目作為他的研究領域呢？這就牽涉到研究者「價值關聯」的問題。Rickert（1910 / 1987：46）認為：社會實在無限，人的認識有限，如實的描述現實，既不可能，也無意義。因此，社會科學家只能從無限的社

會實在中選擇一部份作爲認識的對象。研究者根據一定的價值觀念，而與某種特定的「實在」發生關係，這就是所謂的「價值關聯」（value-relevance）。「價值關聯」其實就是一種價值判斷，它是研究者對具有獨特性質之對象所採取的一種主觀的態度和評價（Weber, 1949 / 1991）。

在一般狀況下，「價值關聯」和「文化意義」兩項因素可以解釋一個研究者爲什麼選擇某種研究對象，而不選擇其他。如衆所知，一個研究社群中流行的價值對於研究對象的選擇、問題的界定、社會文化資料的認定，甚至理論的建構方式，都有一定程度的影響（Oakes, 1982）。然而，終究而言，「價值關聯」的選擇是主觀的，是個人「良知」（conscience）的問題，其最後立足點在於個人的「信仰」。在〈學術作爲一種志業〉一文中，Weber（1948 / 1991）曾經舉出一個價值多神教的比喩，說明學者必須在各種「終極價值」之間作抉擇，決定「何者爲其上帝，何者爲其魔鬼」。這是各種不同價值領域之間「永恆的鬥爭」，「無法和解的衝突」，是個人「終極立場」的表現，無法用科學方法來加以解決。

用海德格的哲學來說，「價值關聯」是一個學者認識到人是一種「面對死亡的存在」，死亡是人無法移易的極限，而在人的生命過程中，又隨時都存有死亡的可能性之後，所產生出來的一種終極關懷。當一個學者體悟到他只有有限的可能性，而又決定對這種「可能性」負責，他才會嚴肅地承擔起他唯一的過去，勇敢地面對他自己的未來，並在當前的研究工作上，作出決定性的抉擇。久而久之，他累積下來的研究成果，便能夠彰顯出他的「問題意識」，並呈現出「一致性」和「內在可理解性」，而突顯出他作爲「學術實踐主體」的獨特風格。本書第二章主張以此三者作爲學術研究工作者的判準，其道理即在於此。

三、內斂致知

當一個學者決定他的研究對象之後，他應如何從事他的研
究呢？我們可以用 Polanyi（1964a， 1966）所說的「默會致
知」來說明追求知識或科學活動的特性。Polanyi 認為：一位
生物學家、醫生、藝品商、或布商的專家知識，一部份是得自
書本，但是，「盡信書不如無書」，如果沒有親身體驗的訓
練，這種書本知識對他們是毫無用處的。唯有將心力專注於感
官，他在辨認一件生物標本，一種疾病癥候，一件繪畫眞蹟，
或一塊特殊織物時，才能獲得正確的意識與感覺。在他看來，
若要獲得完整的知識，個人必須長期地內斂（dwell in）於
物，經由親身的經驗，獲得一種默會致知（tacit knowing），
這種致知的方式， 他稱之為「透過內斂而參與」（participa-
tion through indwelling）。

科學的過程亦是如此。科學研究並不是一般人所想像的那
樣可以仰賴於主、客對立式的「超脫」（detachment）方法；
而必須訴諸「存在於在世界中」的「融入」（involvement）
。科學家從選擇問題到證實發現的致知過程，都是植根於個人
的默會整合行動，而不是立基於明示的邏輯運作。

Polanyi（1964b）認為：科學是以個人對自然界之融貫性
的辨識力為基礎的，科學家透過一步步的反思內斂（reflexive
indwelling），和他的研究對象達到歡會神契（conviviality）
的地步，他便能夠提出最有希望的揣測。他之所以提出這些揣
測，並不是憑空臆想，而是他相信他一定能夠獲得支持其觀念
的資源。換言之，這是一種以非明示的致知（nonexplicit know-
ing）作為基礎的信託行動（fiduciary act），其理想是要發現
他深信存在於事物中的融貫與意義，而不是把一切化簡成沒有
意義的幾條公式。

　　探討一經發動，他的想像便會受到其支援意識的引導，不斷往前，並運用其潛在資源，四處尋路。當他以「體知」的方式內斂於融貫體的細部時，他的焦點意識（focal awareness）是在融貫體上，融貫體的細部則爲其支援意識（subsidiary awareness）。然而，當他將焦點放在這些細部之上，而嘗試用語言符號將其明確化時，它們在整個融貫體中的現象學性格（phenomenological character）也會隨之轉變，而未必能夠在邏輯上指歸於融貫體。由此可見，從想像中的融貫逐步建立眞正的融貫，必然包括有一種以邏輯爲基礎的統整過程，而且沒有一定的規則可尋。唯一的規則，很可能就是個人熱切的獻身和投入。因此，我們也可以將這種整合看做是一種「自我中心的整合」（self-centered integration）。本書之所以一再強調學術研究是學術工作者主體性的創造歷程，其道理即在於此。

四、大淸明

　　Polanyi 所說的「內斂致知」，很像道家所謂的「體道」。我們可以再用 Piaget 的發生認識論來說明這種科學活動的歷程。本章第一節說過，任何一個人對他生活中經歷過的事物，都會產生一定的「圖式」，這種「圖式」通常都有一定的結構，而處於平衡狀態之中。當一個科學家針對某一特定領域中的對象，透過「內斂致知」的方法，從事愈來愈深入的研究，他對於該一對象的認知「圖式」，也會不斷發生變化：他或者能夠將新進來的訊息「同化」到既有圖式的結構之中；或者必須改變既有的圖式結構，以「順化」於新進來的訊息。這些訊息可能彼此並不一致，而使他陷入於高度的緊張之中。經過長期的深思熟慮之後，他可能突然經歷到「現象學的移轉」，許多不一致的訊息終於融貫在一起，使他獲得「更高層次的圖式」（higher-order schema），對他長期感到困惑的問題忽然

豁然開朗！

當他對自己長年苦思的問題獲得「高層次的圖式」，整個圖式的結構處於平衡的狀態，跟圖式有關的各個部份都能在結構中找到適當的地位，他的感受，便很像是荀子在其〈解蔽篇〉中所描述的「大清明」：

「凡以知，人之性也；可以知，物之理也。以可以知
　人之性，求可以知物之理。」
「凡人之患，蔽於一曲，而闇大理。」
「故為蔽：欲為蔽，惡為蔽；始為蔽，終為蔽；遠為
　蔽，近為蔽；博為蔽，淺為蔽；古為蔽，今為蔽。
　凡萬物異，則莫不相為蔽，此心術之公患也。」

荀子認為：人生而有認知的能力，而人所存在的世界也有可以為人所認知的「物之理」。個人在認知每一件事物時，其發生各有始終，發生的時間或在古、或在今；距離個人的空間或在近，或在遠；認知主體對各事件有欲、惡之分，其見解又有博、淺之別：「凡萬物異，則莫不相為蔽」。因此他便很容易「蔽於一曲，而闇大理」。

蔽，既然是「心術之公患」，然則個人應當如何解蔽？

「聖人知心術之患，見蔽塞之禍，故無欲無惡，無始
　無終，無近無遠，無博無淺，無故無今，兼陳萬
　物，而中懸衡焉；是故眾異不得相蔽以亂其倫也。
　何謂衡？曰：道。故心不可以不知道。」

在這段引文中，最值得注意的是「兼陳萬物，而中懸衡」的一句話。荀子在討論人心之蔽時，指出：「夫道者，體常而盡變，一隅不足以舉之。曲知之人，觀於道之一隅而未之能識也。」為了避免這種「一隅之見」式的「曲知」，荀子主張：

個人應當排除各種主觀（無欲無惡、無博無淺）和客觀（無始無終、無近無遠、無古無今）因素的干擾，以「虛壹而靜」的純粹認知心來體驗每一件事物（兼陳萬物），並在心中建立起一套「道」的標準（而中懸衡），以之衡量萬事萬物。這時候，新的經驗不但不會使他原先的知識體系失效，反倒會使它擴充成為更為完整的參考架構。

> 「未得道而求道者，謂之虛壹而靜……知道察、知道行，體道者也。虛壹而靜，謂之大清明。萬物莫形而不見，莫見而不論，莫論而失位。坐於室而見四海，處於今而論久遠……」

在荀子看來，「虛壹而靜」既是求道必備的工夫，又是得道之後澄明的存在狀態，這種狀態便是他所謂的「大清明」。因此，他認為：對於未得道而求道的人，必須教他「虛壹而靜」的工夫，用明察事理的方法來「知道」，用親身經驗的方法來「體道」。一旦他悟道而達到「大清明」的境界，他便能突破時間和空間的限制，「坐於室而見四海，處於今而論久遠」，對於他所感受到的萬物，凡有形者莫不能見知，凡見知者莫不能加以論說，凡加以論說，莫不恰如其分而不失其位。

五、「模型」與「結構」

當學者對他所研究的問題，獲得了「高層次的圖式」，而自覺處於「大清明」的境界時，他便可以將他圖式結構中的部份，陸陸續續地用語言表達出來。在西方社會科學的傳統裡，這種表達必須經過邏輯思考的整理。本章第一節又提到：從發生認識論的角度來看，邏輯推理是青少年成長到「形式運演階段」之後，在一定的文化環境下所發展出來的能力。就科學活動的性質而言，不論是用本書第一章所談的「科學實在論」建構理論模型，或者用第三章所談的「結構主義」方法分析本土

社會中的文化，在本質上都是理性思考的活動，都必須以邏輯思惟作為基礎。

值得特別強調的是：對象的存在者能夠在「關係之網」中顯露其自身。然而，「科學實在論」是從自然科學發展出來的一種科學哲學，它所研究對象主要是無生命的存在物。我們固然可以採用這種方式來從事社會科學研究；可是，用這種方式所建構出來的理論模型，並沒有將人們在「生活世界」中所使用的語言考慮在內。它雖然具有普同性，能夠描述人類社會的「共相」，可是，它並未考慮使用某種特定語言者的「生活世界」，也不能作為語言的基礎，用來理解人們日常生活所使用的語言。因此，我們在某一特定社會中從事本土社會科學研究的時候，還可以採用「結構主義」的方法，從流傳於該一社會的語言入手，來研究某一特定的存在物。

我們曾經說過：一般人對其「生活世界」的各個不同層面，都會透過其使用的語言，而產生結構性的認識。借用 Levi-Strauss（1963）的概念來說，這種結構性的認識可以說是一種「自覺的模型」。社會科學家用「科學實在論」或「結構主義」的方法，針對其「生活世界」中的某一特定領域，所揭示出來的理論，則是屬於「非自覺的模型」。

不論是採用「科學實在論」或是「結構主義」的方法，這樣建構出來的「模型」或「結構」，都是一種「共時性理論」，它是研究者創造的成果，能夠突顯研究者的「主體性」，然而，在這樣的「結構」或「模型」裡，作為研究對象的「人」卻消失不見了。

六、主觀的知識

我們曾經說過，海德格十分反對實證主義哲學興起所造成

的「理性的異化」。在他看來，人和物有其根本的不同，人的「親在」和物的「存在」也不可同日而語，倘若我們像某些科學主義者那樣，將「人」化約成爲「物」，我們將永遠無法理解「人」的眞實面目。因此，他像其他的存在主義者一樣，都反對將人分成幾種類別，而特別重視人的「獨一性」（uniqueness）。在他看來，倘若一個人以某一「類別」中的一份子在世界中出現，他就僅僅是「生存著」（merely living）而已。相反的，當一個人以「我就是我自己」的方式在世界中出現，他就不僅是生存著而已，而且已經進入「本眞的存在」的境界。對於這個世界，對於這個世界中的問題，他有十分熱切的「投入」（commitment），而不再祗是冷漠的旁觀者。作爲一個人，作爲一個「本眞」存在的人，他不僅要承擔自己的「過去」，同時要承擔自己的「未來」，並且在「現在」抉擇自己的生命方向，使自己的生存成爲「本眞的存在」（李天命，1986：6–9）。

因此，在本書第三章中，作者主張「多元典範的研究取向」，倘若研究者基於某種理由，而希望理解某一特定研究對象，他便可以採用詮釋學的方法，對該一對象進行豐富的理解。更清楚地說，用海德格的哲學來看，邏輯語言或「共時性理論」祗能描述一種「非本眞的」存在狀態。在社會科學的領域，它可能描繪一種將「時間」和「文化」因素排除在外的人類共相，它也可能什麼都沒有描述。眞正的「眞理」，一定要把「時間」因素考慮在內，以描述某種存在者「本眞的」存在狀態。在「人」的場合，「眞理」就是讓「親在」擺脫「常人」的束縛，回復到「本眞的」存在狀態而能夠自由自在的存在。這時候，「過去」、「現在」和「未來」在「親在」身上凝聚成爲一個焦點，「親在」的存在狀態既是全然的空無，同時也具有無限多的可能。他可以藉由語言把他認識到的「眞理」說出來，讓他的存在「敞亮」出來。

提倡「案主中心治療法」（client–centered therapy）的

Carl Rogers（1902－1987）曾經將知識分爲三種不同的樣式：第一種的「客觀知識」是以世界作爲客觀認識的對象，譬如：以「科學實在論」或「結構主義」的方法所獲致的知識，均是此中之例。第二、三類的「主觀知識」又可以分爲兩種，一種是每一個人意識經驗到的主觀知識；另一種則是研究者對另一個人主觀內在世界的理解。用詮釋學方法所獲得的知識便是屬於第三種。Rogers（1964）認爲：輔導人員必須能夠掌握第三種知識，了解案主的信念，價值和意圖，才可能對他有所幫助。

七、結語：「敞亮」與「晦蔽」

不論是社會科學家努力獲致的「客觀知識」，或是反映個人意識經驗的主觀知識，當「親在」將他認識到的「眞理」說出來的時候，他的「存在」也隨之敞亮出來。然而，「敞亮」只是一刹那間之事。當「親在」用語言將其「本眞的」存在狀態說出之際，「存在」就變成了「存在者」，「存在」就從「敞亮」再度進入「晦蔽」（verborgenheit）。換言之，「敞亮」和「晦蔽」是一事之兩面，「敞亮」是眞理，「晦蔽」就已經不再是眞理。

「晦蔽」之所以不再是「眞理」，是由「玄秘」和「錯失」兩種狀態所造成的。所謂「玄秘」（geheimnis）的意思是：「親在」在敞亮中所意識到或說出的，必然是全部「眞理」的一小部份。其他大部份的「眞理」，都停留在未可明言的「玄秘」狀態中，也就是莊子所說的「混沌」狀態中。老子說：「道可道，非常道；名可名，非常名」，這「可道」之「道」，或「可名」之「名」，永遠是那「道」或「名」的一小部份，「道」的絕大部份，其時都還停留在「未可道」或「未可名」的「玄秘」之中。

所謂「錯失」（irre）是指：「親在」在世，將那些已經被人們明說出來的「可道」或「可名」當做是「道」自身，反倒忘卻掉那浩瀚無邊的「玄秘」，而不再去尋「道」。結果他對自身存在狀態的認識，就限制在十分有限的範圍之內，而永遠失去了道。

明乎此，我們便可以用海德格的觀點來解釋道家的立場。莊子說：「道不可聞，聞而非也；道不可見，見而非也；道不可言，言而非也。知形形之不形乎？道不當名。」更清楚地說：人在「悟道」（即「敞亮」）後，能夠用語言說出的，只不過是全部「道」或「眞理」的一小部份，絕大部份的「道」都還留在未可明言的「玄秘」或「混沌」狀態中。如果有人將已經被人明說出來的「可道」或「可名」當做是「道」自身，而忘卻那浩瀚無邊的「玄秘」或「混沌」，他便永遠「錯失」了道。在討論人文社會科學的研究方法時，傅柯之所以特別強調人的「有限性」，其道理即在於此。作爲社會科學工作者，我們一定要記住莊子那則「爲混沌開竅」的寓言。如果有任何人敢於宣稱，他的研究發現就是絕對的「眞理」，他就等於是在爲「混沌」開竅。七竅開盡，「混沌」亦不得不死！

本書的題目爲《知識與行動》。到此爲止，本書有關「知識」的論述已經告一段落，是以本章也可以看做是連結本書前後兩部份的樞紐。爲了說明人是「在世界中的存在」，也爲了說明人的主體創造性，作者在此願轉述多年摯友林雲大師提贈邵康節所寫的一首詩，作爲本章的承軸，與讀者同道共勉：

「一物從來有一身，一身還有一乾坤；
　能知萬物備於我，肯把三才別立根；
　天向一中分造化，人於心上起經綸；
　仙人亦有兩般話，道不虛傳只在人。」

符號互動與社會交換

〈人情與面子〉理論模式的建構

　　本書第一章提到 Putnam（1978）的「趨同實在論」，認為：成熟科學中所包含的理論，通常都是近似的眞理。倘若先前的理論對於其對象的解釋，有一部分正確，有一部分錯誤，則後來的研究者可以對同一對象建構出更有解釋力的理論，來取代它。後繼的理論應當包含先前理論所取得的成果，而前後相繼的理論，也應當愈來愈接近眞理。在本書第三章中，作者又說過：作爲其整體研究之核心的〈人情與面子〉理論模式，是他融合西方社會心理學中的符號互動論、社會交換論、和正義理論的主要概念，而建構出來的。用 Piaget（1972／1981）「發生認識論」的概念來說，他在這樣做的時候，是從眾多可能的「圖式」之中，選擇「華人的社會行動」作爲主要的認識對象。然而，面對西方心理學龐大的學術傳統，他爲什麼選擇這幾種理論，而不選擇其他？選擇這幾種理論背後的理念是什麼？他爲什麼要以這樣的方式建構理論？這樣的理論能回答什麼問題？又有什麼樣的限制？

　　倘若我們仔細思考符號互動論和社會交換論的內容，我們當會發現：這兩種理論是建立在兩種不同的研究典範之上，符號互動論是探取主觀研究典範，社會交換論是立基於客觀研究典範，而正義理論則是由社會交換論衍生出來的。當作者企圖將符號互動論和社會交換論結合在一起的時候，其實他已經開始採取「多重研究典範」的立場，企圖將兩種不同的研究典範結合在一起。他是如何作這種結合的呢？這樣的結合有什麼意義呢？在本章中，我們將一面介紹這三種理論的基本概念，一面回答上述這些問題。

第一節　符號互動論

一、自我的發展

　　〈人情與面子〉的理論模式將互動的雙方界定為「請託者」與「資源支配者」，兩者都是行動的主體；從符號互動論的角度來看，兩者也都各有其「自我」（self）。在米德（George H. Mead, 1863－1931）的符號互動論裡，「自我」並不是僵固不變的實體，而是隨情境的變化而不斷改變的動態歷程（dynamic process）。如眾所知，米德之所以會發展符號互動論，主要原因之一，是他對當時華生所倡議之動物行為主義（animal　behaviorism）的不滿。在他看來，人和其他動物的最大不同，在於人有認知能力，能夠使用語言和他人進行溝通，了解他人和自身行動的意義，並意識到「自己」的存在。

　　在米德看來，人能夠把「自己」當做客體看待，是一種非常重要的能力。他把「自我」分為「主我」（I）和「客我」（me）兩部分：「主我」就是我們日常生活中所說的「我」，是「自我」中主動積極的一面，也是個人各種行動的主體。它包含了源自需求（needs）及慾望（desires）的各種「衝動」（impulses），冀望能從個人所存在的環境中獲取滿足。「客我」就是作為社會客體的自我，也就是中國人所講的「自己」。換言之，人不僅能和他人或環境互動，而且能夠和「自己」互動。比方說，中國人所講的「反躬自省」，便是把「自己

」當做是一個客體來加以檢視的歷程。

在日常生活的互動情境中，「主我」能夠將自己投射到對方的立場，回過頭來，以「自己」作為觀照的「客體」。這種過程，稱為「角色取替」（role-taking）。在米德看來，「角色取替」是一種非常重要的能力，因為人類具有這種能力，所以能夠和他人進行社會互動。然而，這種「角色取替」的能力並不是與生俱來的，而是「自我」在其社會化過程中逐步發出來的。米德（Mead, 1934）將「自我」的發展分為四個階段。

(一)鏡像階段

這個階段大約是在嬰兒的半歲至一歲之間。在此之前，嬰兒無法區分「主體」和「客體」，也分不清楚幻想（image）和實在（reality），他即使在鏡中看到自己的影像，也會把鏡中影像當做是另一個「客體」，而不知那就是他自己。到了鏡像階段，他開始覺察到鏡中的影像就是他自己，慢慢地嘗試要將這些分離的身體影像（body image）整合成一個較為完整的自我影像（self-image），而發展出自己的「主體性」（subjectivity）。

(二)準備階段

在一、二歲之後，兒童開始模倣成人做出各種動作，並開始模倣成人說出一些簡單的單字。但是他並不理解這些單字的意義，而僅祇是模倣其發音而已。這個階段的兒童，還不能用語言或符號來定義任何「客體」，也還不能把「自己」當做「客體」來對待。他雖然已經能作「自我覺察」（self-awareness），卻還無法產生「自我意識」（self-consciousness）。

(三)玩耍階段

兒童開始學習語言之後，「自我」的發展便進入了一個嶄新的階段。他會開始用他所能掌握的語言或符號來界定「客體」；在和他人進行社會互動時，他不再只是模倣對方，而會根據雙方在互動過程中所產生的意義（meaning），作出各種行動。

在一般情況下，這個階段對兒童有較大影響的「重要他人」（significant others）包括：父母、兄弟和玩伴等等。這個階段的兒童和他人互動時，能將自己投射到對方，再站到對方的立場，把自己當做「客體」，反客為主地反觀「自己」。他不僅知道：「我」的心中有「你」，同時也知道：「你」的心中有「我」；能夠了解對方對於自己的期望或想法，彼此產生「互為主體性」的了解（inter-subjective understanding）。

這個階段的兒童雖然會開始學習扮演不同的角色，並站在他人的立場來看問題；但是，他在一定時間內只能扮演一個「重要他人」的角色，而不能同時從幾個「重要他人」的角度來看自己。站在不同的「主體」位置，他看到的自我形象不同，他所產生的「自我意識」不一樣，他對自己的觀點也是支離破碎的。

(四)遊戲階段

在玩耍階段，兒童在一個特定時間內，祇是和一個「重要他人」互動，他的「自我意識」也會隨之改變。到了遊戲階段，兒童必須同時和幾個人一起互動，從幾個重要他人的角度來看問題，將所有的「重要他人」綜合成一個「概化他人」（generalized other），並摸索出和他們互動時的「遊戲規則」（rules of game）。從此之後，自我即逐漸發展成熟，一方面能夠以一種穩定的方式來對待他人，一方面也比較能夠以一致

的觀點來看待自己。

　　談到這裡，我們要開始考慮「文化」對「人」的影響力。儘管有許多學者都認為：符號互動論是一種「放諸四海而皆準」的普同性理論，其實在符號互動論中佔有重要地位的「概化他人」一詞，便已經帶有濃厚的西方個體主義（individual-ism）色彩。舉例言之，美國漢學家 Hanson（1985）指出：生活在印歐語系中的西方人傾向於把「自己」看做是和社會對立的「獨立自我」（independent self），並將社會看做是由許多個體組成的「概化他人」，而用一致性的方式來對待他們。中國人則傾向於把「自己」看做是整個社會中的一個單位，無法從錯綜複雜的人際關係中抽離出來。具有這種「相互依存之自我觀」（interdependent　self）的中國人，傾向於用不同的方式來對待和自己有不同關係的他人。對他們而言，並無所謂的「概化他人」，他們也較不重視一致性的「遊戲規則」。

　　這是很值得我們思考的一個問題：中國人為什麼會發展出這種「相互依存的自我觀」呢？如果他們並不重視一致性的「遊戲規則」，他們是用什麼樣的「規則」來和他人進行社會互動？在思考這些問題之前，我們必須先談談符號互動論對語言和意義的看法。

二、語言、意義、與文化

　　不論是對個人的社會化，或是對社會互動的進行，人類所使用的語言和符號都具有十分重要的作用。符號互動論中所謂的「符號」（symbols），具有一定的特殊「意義」（mean-ing），它和「自然信號」（natural signs）並不相同。人類和其他動物都能夠用聲音、氣味、表情、姿態……等自然信號來指稱或表達某些特定事物，但只有人類才能夠使用符號來進行溝通。對於人類而言，最重要的符號系統，就是語言。使用同

一種語言的人能夠分享該語言系統的共同意義（shared meanings），在日常生活的社會互動中，個人可以使用語言向別人敍說某些社會對象具有什麼意義，以及他將對這些作何種反應（Mead, 1934：122），即使語言符號指述的對象或人物不在場，他們仍然可能用語言來加以議論。這是人類和其他動物的最大不同之處。其他動物只能使用自然信號，因而無法脫離時間和空間的限制。當動物離開某一情境後，外在的刺激所傳送出來的信號便喪失了效用。人類則不然。語言符號使人類能夠脫離當前情境的窄小範圍，而進入其祖先或同輩所創造的藝術、宗教、文學、哲學或科學世界之中。在《道德經》第一章中，老子開宗明義地指出：「無名，天地之始；有名，萬物之母」，如果說語言是人類藉以創造文明的萬物之母，亦無不當之處。

　　本書第三章論及「道、儒、法、兵」的中華文化傳統。作者一再重申：這樣的文化傳統並不會直接影響或「決定」華人的社會行為。事實上，華人之中對這些文化傳統有深入研究，能夠透過其經典著作，而進入這些傳統之中的人，祇不過是少數人而已。從結構主義的角度來看，這樣的「傳統」祇不過是中華文化的「大傳統」而已；由這樣的「大傳統」出發，還可能發展出各地區特有的「小傳統」，包括格言諺語，神話故事，風俗習慣，生命禮儀、宗教儀式等等，構成所謂的「文化氛圍」（cultural milieu）。當然，任何一個社會的「文化氛圍」都不是一成不變的：從空間的角度來看，不同的地方會有當地所特有「民風」（ethnos, Ortgeist）；從時間的向度來看，不同的時間也會有其獨特的「時代精神」（ethos, Zeitgeist）；可是，不管怎麼變，傳統必然有其持久性，而且其變化也有一定的軌跡可尋（Shils, 1981；葉啟政，1984）。

　　從符號互動論的角度來看，個人社會化（socialization）的主要目的，便是要學習各種文化傳統。對於個人而言，「社會化」是持續一生的歷程，社會化的代理人（agents）也不僅

只限於家庭中的「重要他人」，而可能擴及學校中的師長、同學，以及工作場所中的上司、伙伴。在社會化的過程中，個人除了學習生活的技能之外，更重要的是要學會其文化爲常人（ordinary mortal）一生必經之途所作出的「文化設計」（cultural design），及其爲英雄、聖賢等超人（extraordinary immortal）所刻劃出來的文化圖像，從其中塑造出個人的「自我理想」（self-ideal），界定出個人的「終極關懷」（ultimate concern）所在，並刻畫出自己一生所要走的獨一無二的「道」（雷霆，1991），引領著個人作出種種行動及社會行動，逐步趨向於「完美的自我」（perfected self）。

三、行動與社會行動

談到這裡，我們必須再回頭來檢視「行動」和「社會行動」在符號互動論中的地位。Mead 的符號互動論，是從他對日常生活中「行動」的分析著手，而逐步開展出來的。在 Mead 構思符號互動論的 1930 年代，正好是行爲主義方興未艾的時代。當時有些心理學者正開始研究所謂的「操作性條件反射」（operant conditioning），認爲這是所有行爲的基礎。米德卻頗不以爲然。在他看來，在人類行爲中。只有「習慣」（habits）才是機械性地重複以往成功的動作，像穿衣、走路、騎車、吃飯等等，都是習慣之例。但習慣卻只佔人類行爲的一小部分。在某些情況下，個人可能面對一種他不熟悉的新情境，他無法憑過去的經驗知道什麼是適當的反應；在某些情況下，個人可能面臨一種模糊的情境，而必須在幾種可能的反應中作出抉擇（Mead, 1964：126－127）。當「自我」面臨諸如此類的「問題情境」（problematic situation）時，他的行動系列受到阻礙，他也無法再機械性地反覆他的習慣性動作，這時候他便可能產生「意義意識」（consciousness of meaning）（Mead, 1964：128－129）。

「意義意識」不過是促使個人採取行動的第一步驟而已。米德（Mead, 1938）將「行動」（act）分為衝動（impulse）、知覺（perception）、操作（manipulation）和完成（consummation）四個階段。當個人面對一問題情境而產生行動的衝動之後，他會主動知覺當下情境中各種刺激的意義，以之與過去經驗中關於類似刺激的記憶互作比較，並思考可能的後果，再思考採取何種操作性的行動。在許多情況下，個人不必經過實際的嘗試，光只憑想像，也可以學會新的意義，或新的操作。在整個操作的過程裡，他會注意整個事件的變化，不斷地對外在環境發生疑問，並產生「意義意識」，直到他發現：自己行動的後果和他對情境的定義諧和一致，他在意識中對意義的搜尋才會中止，他的行動才宣告「完成」。

在整個行動的過程中，「主我」不管是在知覺外在環境中的刺激並賦予以意義，在幾種可能的行動中作抉擇，或是在重新界定事件變化的意義，「客我」都會隨時予以監督。尤其是在社會互動的過程中，「自我」必須時時將自己投射於對方，然後從對方的立場，「把他人當做一面鏡子，反射性地看出他人對自己的期望和評價」，再作出最適當的行動。這種「反射性的角色取替」（reflexive role taking），Cooley（1902 / 1964）稱之為「鏡中我」（looking-glass self），是社會互動得以進行的先決條件。除此之外，自我還能夠跳開時間和空間的限制，「想像性地建構出他人對自己的態度，並將之內化（internalize）於「自我」之中，使其成為「自我」結構的一部分。這種歷程，符號互動論稱之為「佔有性的角色取替」（appropriate role-taking）（Turner, 1956）。

不論是對於自我的發展，或是對於整個社會的運作而言，「角色取替」都具有十分重要的涵意。先從個人的層面來講：因為人類具有角色取替的能力，所以人類才能夠透過語言的媒介，和許多不同的其他人進行互動。有些人甚至能跳開時間和空間的限制，和世界上處於不同空間的他人對話；有些人

還能夠透過文字和歷史上的偉大心靈進行溝通，而承襲其文化傳統。從社會的層面來看，因為人類擁有角色取替的能力，所以他們才能夠透過協調和溝通，創造出「人類社會（所獨有的）職責、權利、習俗、法律、以及種種建制」（Mead, 1938：625），人類社會才成其為可能。

第二節　社會交換論

　　從符號互動論的角度來看，社會交換祇是人類許多種社會互動中一種。然而，從社會交換論的角度來看，絕大多數的社會互動都可以想像成為社會交換。誠如恩格斯所言：「除了生產之外，生產成果的交易是所有社會結構的基礎。所有社會變遷的最終原因，既不在於人們的腦袋之中，也不是人們對終極的真理和正義有了更高明的看法，而是生產或交易方式的改變。」（Engels, 1880 / 1959：90）社會交換論的內容，正是在處理人們對各種心理、社會、和物質資源的交換問題。

一、人類學的探索

　　最早開始研究人類社會中之交換行為的是人類學家。譬如 Frezer（1919）指出：澳大利亞的原住民社會中存有一種交換婚姻制度，有些缺乏財富而又希望娶妻的人，可以通過這種制度，嫁出自己的姐妹或女兒，以換回另一個女人；其本質是一種出於經濟動機的交換行動。Malinoski（1922）則成功地區分開西太平洋島嶼之原住民間的兩種交換制度：當來自某一島嶼的貿易團航行到與其有貿易關係的另一島嶼後，兩群人先聚在一起，舉行所謂的 Kula 儀式。由雙方首領交換用貝殼編成的項鍊和手鐲，再與本身的團員交換，最後每個人都得到一條原本不屬於自己的項鍊或手鐲，既不多也不少。Malinoski認為這是一種象徵性或社會性的交換，其目的在建立雙方的友誼聯帶。Kula 儀式舉行完畢後。即可以進另一種叫 Gim wali

的儀式，交換魚、芋頭、及日常生活用品。Mauss（1925／1954）更進一步地研究許多原住民社會中的禮物交換，包括經濟物品、女人、兒童、舞蹈、儀式、戰鬥支援等等，他認爲：乍看之下，禮物的收受與回報似乎是自願的，其實卻受到社會義務之規約。

Levi-Strauss（1969）檢視許多原住民社會中的交易行爲，發現在物品交易之後，還有一層比經濟動機更爲重要的涵義，即是通過與他族結盟，防避敵對的風險，以獲得安全感。因此，他反對將社會交換行爲化約爲經濟法則，更反對用自然律來解釋社會交換。在他看來，交換關係是先於所交換之物品而存在；在交換關係中，雙方交換之物品的性質，對於了解他們之間的關係，其實並不相干。他們所交換的物品，從很多層面來看，可能是相同的；但是它們一旦在互惠的結構中取得了適當的地位，便會產生出完全不同的意義。

二、社會心理學的理論

從以上簡短的回顧中，我們可以看出：早期人類學家在研究原住民社會中的交換行爲時，大多認爲：其中社會交換的成份遠大於經濟交易的成份。但是後來的社會心理學者在構思有關社會交換之理論時，卻是反其道而行，而假設人是「經濟人」或「理性人」。此處，我們可以回顧幾種主要的社會交換論，來突顯其中的對比。

㈠Homans 的社會交換論

Homans（1950）早年採用功能主義的歸納方法，根據五個小團體的現場研究，撰成《人類群體》一書，頗獲好評。在他看來，社會是由許多系統所組成，而這種系統又是以若干經常進行跨時間溝通的小團體爲基礎而組成的。因此，對小群體

的研究將導致對更大群體甚或整個人類文明的理解。

在《社會行為：其基本形式》一書中（Homans, 1961），他改用演繹方法，以五〇年代盛行的操作性制約學習理論（operant conditioning theory）為基礎，建立其社會交換論。但他對社會行為的基本觀點卻仍然未變。在他看來，不管是多複雜的人類行為，都可以用幾條源自於動物行為研究的基本命題來加以分析，不需要任何新的命題。這幾項基本命題是：

1.**成功命題**（ success proposition ）
　如果一個人的某一特殊行動經常獲得酬賞，則他將可能樂於再從事該一行為。

2.**刺激命題**（ stimulus proposition ）
　過去某一特殊刺激發生後，某人的行動恰好得到酬賞，目前的刺激若與過去的刺激相似，則某人可能採取同樣或類似的行動。

3.**價值命題**（ value proposition ）
　如果某人行動的結果對他愈有價值，則他愈可能從事該項行動。

4.**剝奪饜足命題**（ deprivation – satiation proposition ）
　如果個人不久前經常獲得某一特殊的酬賞，則該酬賞對他較不具價值。

5.**攻擊－讚許命題**（ aggression－approval proposition ）
　命題 A：當個人的行動未獲得他所期待的酬賞，或是得到
　　　　　他所不期望的懲罰，他將會憤怒並可能表現出攻
　　　　　擊行動。
　命題 B：當個人的行動獲得他所期待的酬賞，或是獲得比
　　　　　他所預期更多的報酬，他將會愉快喜悅並再表現

出受到讚許的行爲。

6.理性命題（rationality proposition）

　　在各種替代性的行動方案中進行選擇時，個人會將各方案之結果的價值乘以獲得該結果的或然率，而選取其最大者。

　　Homan（1961）曾經區分社會交換中「人性關係」（personal relation）和「非人性關係」（impersonal relation）的不同：所謂「非人性關係」是指行動者爲了獲得一種在其他處也可以得到的單一酬賞（single reward），而和他人進行的單一交易（single exchange）；「人性關係」則是行動者爲了獲得特定他人所擁有的酬賞，而建立的多重交換關係（multiple exchange relation）。但是他認爲：這些不同關係間的交換行爲均可從其基本命題中導衍出來，是屬於次一級的派生觀念，不需要將之列爲基本命題。

㈡Blau 的社會交換論

　　在《科層組織的動力學》一書中，Blau（1955）描述了雇員如何在工作場合中給予他人幫助及訊息，以換取尊敬、社會贊同及其他非物質酬賞，受到 Homans（1961）的大量引用，激起了他對社會交換論的興趣，進而撰成《社會生活中的交換與權力》一書（Blau, 1964），對社會交換論作出了重大的貢獻。

　　在微觀的層次上，Blau（1964）接受 Homans（1961）的論點，認爲人類的行爲會因爲獲得酬賞而受到增強。但是他的理論和 Homans 卻有其根本的不同。首先，他並不認爲：所有的社會行爲都可以視爲交換行爲。在他看來，行爲者的行爲基本上是目標導向的，唯有在通過與他人的互動才能獲致其目標時，個人才會與他人進行社會交換。換言之，交換行爲是個人爲了獲致其目標，而和他人進行協調的策略行動（Blau, 1964

：5），不能涵蓋所有的社會行爲。

　　其次，他也反對 Homans 的心理化約主義。他認爲：微觀的社會歷程是兩人間面對面的互動，宏觀的社會結構是由相互關聯的群體所組成，兩者在本質上有極大的不同。不僅如此，心理化約主義也不足以解釋微觀的社會歷程。在雙方建立關係的早期，獲致立即的酬賞，對雙方而言，可能都是相當重要的。可是，關係一旦建立之後，雙方互相依賴的聯合行動會使其產生諸如信任和承諾等「滋生性質」（emergent properties），導致雙方關係的穩定性和適應性，而不再期盼短期的回報或立即的補償。在他看來，「心理化約主義的最大限制，便是它忽略了社會生活的『滋生性質』，而完全以個人的動機來解釋其行爲。」（Blau, 1964：3）

　　Blau（1964）認爲：人與人之間的聯繫是建立在兩種基本的社會歷程之上：「內在吸引力」（intrinsic attraction）是個人和一個機智、美貌、或者與自身相似的人在一起，因爲其關係的內在性質，而產生的愉悅之感；「外在吸引力」（extrinsic attraction）則是個人爲了獲取對方所擁有的物質資源，而和他人保持的關係。對方掌握有個人所欲的物質資源，便掌握有可以影響個人的社會權力（social power）。

　　他很明確地指出經濟交易和社會交換的不同。在經濟交易中，所交易的物品有明確的市場價格；對於交易過程，則有一種成文或不成文的契約，明確地規定進行交易雙方的權利和義務；在一次成交之後，立刻可以得到自身的利潤。社會交換則不然。在社會交換中，人們對其所得之物品、服務、或社會贊同的價值，是主觀斷定的，進行交換的雙方之間有許多「不確定的義務」（unspecified obligations）（Blau, 1964：315），因此必須仰賴諸如雙方互信之類的「滋生性質」，他們才敢於進行投資。

由於 Blau 分析的焦點是集中於社會組織之中，他對於社會交換的構想，仍然是建立在「理性人」或「經濟人」的模式之上。他在分析小團體的形成、權力和地位的分化、團體規範的運作、以及更高層次的集體行為時，都同樣假設：人們總是遵循著理性、互惠、公正、及邊際效用原則，進行社會交換，以維持社會關係的穩定。

(三)Thibaut 和 Kelly 的社會互依理論

Thibaut 和 Kelly（1959）的社會互依理論（Theory of Social Interdependence），更將「理性人」模式的精神發揮到極致。他們設計了一種簡單的搏奕距陣（game matrix），矩陣的「行」代表一位行動者可以作的各種行為抉擇；「列」代表另一位行動者可作的行為抉擇，矩陣中的每一方格（cell）代表兩位行動者作某種選擇之組合後，雙方可以獲得的酬賞以及他們必須付出的代價。他們在實驗室裡操弄兩大類的變項，作了一系列的研究：一類是外在於兩人關係的「外衍變項」（exogenous variables），譬如，行動者的需求，他人所掌握的資源等等。另一類「內衍變項」（endogeneous variables）譬如：雙人互動的歷史，行動者各種不同反應方案的相容性等等。

Kelly 和 Thibaut（1978）假設：參與互動的雙方都具有高度的選擇性，會找尋最可能使其產生滿足的對象，而與之互動。在互動過程中，雙方都會以兩種判準來評估互動的後果：(1)比較水準（comparison level）是個人認定在某種關係中他應該得到的後果；(2)替代對象的比較水準（comparison level for alternatives）。假設個人在某種關係中所得到的後果遠低於其比較水準，而又有某種替代對象提供了更有利的交換條件，個人便可能捨此而就彼。當然，這是指雙方均為自由意志之主體間的互動。如果其中有一方的行為可能影響他人所得的結果，他便對後者掌握有權力。如果不論他人怎麼做，行動

者均能影響後果，則行動者對他人便掌握有「控制命運」（fate control）的權力。如果行動者能夠以獎勵及懲罰支配他人以何種方式行動，他便對他人掌握有「控制行動」（behavior control）的權力。

博奕矩陣最早是由經濟學家及數學家所發展出來，用以分析理性選擇之行動。Thibaut 和 Kelly（1978）將其引入社會心理的領域之中，以之研究合作、競爭、談判、社會權力、互相依賴等等不同的人際關係，並以實驗室的運作程序對各相關概念予以精確的定義，獲致了豐碩的成果。然而，直接刺激「正義理論」之產生者，並不是 Thibaut 和 Kelly 的實驗室研究，而是 Adams 的公平理論。

㈣Adams 的公平理論

在社會交換論風起雲湧的 1960 年代，Adams（1965）發表了一篇著名的論文，題為〈社會交換中的不公平〉，並提出了一項可以導致心理上之公平感的公式：

$$\frac{Op}{Oa} = \frac{Ip}{Ia}$$

其中 O 代表「收益」（outcomes），I 代表「投入」（inputs）；p 代表「個人」（the person），a 代表「他人」（the other）。其涵意為：在社會交換過程中，倘若個人的「收益」和「投入」之比，和他人的「收益」和「投入」之比是相當的，則個人便會認為這種交換關係是公平的；相反的，如果個人認為自己的「收益」和「投入」之比，大於或小於他人的「收益」和「投入」之比，個人便會產生不公平之感，而採取各種認知或行動的策略，以恢復公平感。

這個公式以簡潔的方式表現出社會交換論的重要理念，包括：理性原理，互惠原理，公平原理，以及互惠原理等等。因

此，這篇論文問世之後，隨即引起了一片研究「公平理論」（equity theory）的熱潮。1976 年，美國著名的期刊《實驗社會心理學之進展》並且打破其自 1964 年創刊後的先例，以專刊的方式刊登有關「公平理論」的研究論文，其副題爲「公平理論：邁向社會互動的一般性理論」，主編 Berkowitz 和 Welster（1976：p.xi）並在「刊前語」中指出：此項舉動代表「社會心理學中一股滋生的樂觀氣氛」，「因爲公平理論的發展，爲社會心理學家迫切需要的一般性理論，提供了一線曙光」。當時，有一些心理學者確實以爲：「公平理論」是一般性的理論，「公平法則」支配了所有的人類互動（Walster, Traupman and Walster, 1978：82），它不祇可以用來說明工作場所中的人際關係，甚至可以解釋由戀愛到婚姻的親密關係（Walster, Walster and Berscheid, 1978；Husemann and Levinger, 1976），當然更可以說明婚姻破裂的階段性發展（Lee, 1984）。

三、交換理論的檢討

物極必反，盛極而衰。在社會交換論和公平理論發展到最高峰的時候，同時也醞釀了「正義理論」（justice throry）發展的契機。大體而言，「正義理論」是針對社會交換論的若干缺失而發展出來的：

(一)人性預設的問題

Emerson（1981：31 – 32）指出：社會交換論所共有的三個核心預設（core assumptions）是：

1.理性原則

各種有利的事件，不論它是涉及金錢、物品、或是社會贊同，重視其價值的人，會傾向於採取行動，以獲致該項事物。

這種行動通常稱爲「理性行動」、「操作性行動」、或「目標取向的行動」。

2.邊際效用原則

每種有利（或有價值）的事物都遵循著饜足、價值淡化、或邊際效用遞減的原理。

3.公平原則

通過社會歷程所獲得的利益，必須以付出對等的利益作爲交換。

由第三點公平原則還可導衍出互惠原則，或平衡原則。這樣的預設顯然是從西方資本主義社會的人性觀中衍生出來的。針對這樣的預設，我們要問的問題是：生活在非西方社會裡的人，也持有同樣的人性觀嗎？在本文前面所提到的原住民社會中的交換行爲也是基於同樣的人性觀嗎？或許有人會說：原住民社會是十分極端的例子，不足以言現代人；然則，華人社會中所獨有的許多交換制度，像存之久遠的「標會制度」（Wu, 1974；Yang, 1952；李亦園，1993；莊英章，1980），像現代華人社會中普遍存在的「企業關係網」（Young, 1971；高承恕、陳介玄，1989；高承恕等，1989；彭懷眞，1989），都是既有社會交換的性質，又有經濟交易的功用，這樣的交換制度，也是以上述的人性觀爲基礎而發展出來的嗎？

再退一步說，即使我們不將華人社會中的情況列入考慮，而只思考西方社會中的情況，西方人是不是和任何人交換任何資源的時候，都遵循同樣的原則呢？人類學者早已指出經濟交易和社會交換的不同。Homans（1961）和Blau（1964）也曾經強調西方社會中同時存有這兩類交換行爲。這兩類交換行爲有什麼根本的差異？它們是不是都遵循同樣的原則？西方的「社會交換論」到底存有什麼問題呢？我們可以從交換的資源、交換雙方之間的關係、和西方文化的理想三個層面來思考

這些問題。

二 社會交換的資源

以往持交換論觀點的社會心理學者在從事實驗研究的時候，大多沿襲行爲學派的觀點，將人們認爲「有價值之物」，不管是金錢，物品，社會的尊敬……等等，都一視同仁地視之爲「酬賞」（rewards）。這是西方資本主義社會以「擁有」（having）代替「存在」（being）的一種觀念，是一種將社會價值「物化」（reifiction）的想法，其實是不符合現實的。舉例言之，Foa 和 Foa（1974，1976，1980）提出的社會交換資源理論將資源分爲：愛情、地位、訊息、金錢、物品、及服務等六類，這些資源在「具體性」（concreatness）和「特殊性」（particularism）這兩個向度上各有不同的屬性，如圖5－1。所謂「具體性」是指某類資源具體或抽象的程度；所謂「特殊性」是指個人只能從某些特定的社會對象獲得該項資源。比方說，在圖5－1中，「愛情」的「特殊性」最高，而

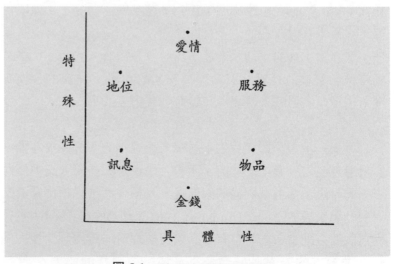

圖 5-1　社會交換資源理論

其「具體性」居中，這表示個人只能從某些特定的對象獲得「愛情」，在其他地方則無法獲得。「金錢」的「特殊性」最低，「具體性」居中，這意味著「金錢」可以用來和不同的對象換取不同的資源。

　　在 Foa 和 Foa 的資源理論中，最值得吾人注意的是「特殊性」這個向度。許多「特殊性」極高的資源，像愛情、尊敬（地位）等等，顯然不是四處可得，而必須從某些特定的對象處方可得到。換言之，在思考交換原則之適用性的問題時，我們不能不進一步考慮交換雙方間的關係。

(三)交換關係的性質

　　社會交換論者並非完全忽略互動雙方之間的社會關係。舉例言之，Emerson（1981：33）即曾將從事交換行動所涉及之社會關係分爲三類：

1.協商交易（negotiated transaction）
　　雙方經過一系列的協商過程後，才達成交易；而且雙方對於交易的達成是互爲條件的（mutully　contingent），譬如：房地產市場中買賣雙方經過長久的談判而後終於成交。

2.利他行動（altruistic act）
　　雙方中的一方在無條件的情況下給予對方資源，並不要求回報。對方可能回報，也可能不予回報；如果對方視施予者付出之多少而決定回報之品質或數量，則成爲「回報交換」（reciprocal transaction）。

3.概化回報（generalized reciprocity）
　　一方在無條件的情況下給予對方資源，對方回報之後，又引發了一系列的交往，使得雙方變成長期的伴侶。雙方互惠性的交換關係不僅可以回溯到過去，而且可以延伸到可預期的未

來。

個人和這三類不同關係的人進行互動時，所運用的交換法則顯然是不同的。然則，爲什麼西方社會心理學者在研究社會交換的時候，傾向於認爲所有的交換都遵循同樣原則呢？這個問題牽涉到西方（尤其是美國）的文化理想。我們可以用哈佛大學哲學系教授 John B. Rawls 的名著《正義論》來說明西方文化的這種理想。

㈣Rawls 的《正義論》

正當美國社會心理學界掀起社會交換論和公平理論的研究熱潮時，哈佛大學教授 Rawls（1971）出版了一本廣受爭議的作品《正義論》，而受到各方的矚目。這部作品的內容，不僅表現出美國的文化理想，而且反應出當時美國的文化氛圍。

Rawls 認爲：正義即公平（justice as fairness），其意義爲賦予人們社會中的公平地位和待遇，把每個社會成員都當作自由平等的人來對待，並且把他們之間的契約關係當作是正義的標準。符合正義原則的契約關係是處於「初始狀態」中的人們作出理性選擇的結果。所謂「初始狀態」（original position）是 Rawls 理論中的一個純粹假設的建構，而不是歷史事實。它從盧梭「社會契約論」中「自然狀態」（the state of nature）的概念演變而來，但又和「自然狀態」有所不同。

Rawls 認爲：人們在對有關正義的原則達成協議的時候，因爲所要達到的原則涉及權益的分配，參加協商的各方一面必須處於完全平等的地位，才能獲致一個普遍的、有效的、和終極的原則；一面必須具有健全的理性，才能選擇可以保障自己享有最大限度權益的原則。因此，他以「無知之紗」（veil of ignorance）和「最低的最大限度規則」（the maximin rule）作爲處於「初始狀態」中人之理性的兩個主要特徵。

　　所謂「無知之紗」是指：在「初始狀態」中，人們雖然處於不平等的地位，然而，他們似乎都被蒙上一層面紗，對自己實際所處的地位一無所知：他們不知道或者根本不想知道他在社會中的位置、他的階級地位、他的背景身份，以及與他的智慧、能力、財富相關的一切事實。由於大家都處在相同的狀態，沒有人能夠因為其本身的條件而在選擇正義原則的過程中得益或受損，也沒有人能夠設計對其特有之條件特別有利的原則，公平協議或交易的結果，才可能符合正義的原則。

　　Rawls 將初始狀態中之人的理性稱為「互不關心的理性」（mutually disinterested rationality）。這是一種完全從自己的立場來謀求利益的思維和行動方式。在一個每人都為自己的利益精打細算的情境裡，損害他人必然會遭受到報復。因此，追求自己最大利益的最理智的方法，就是照顧自己的利益，而不要妨礙或損及他人的利益。換言之，他在追求利益並實施其計畫的過程中，必須優先考慮最壞的情境，並且理性地考慮：如何在此情境中追求自己最大限度的利益。此一原則，Rawls 稱之為「最低的最大限度原則」。

　　Rawls 採用了經濟學者所發展出來的「博奕矩陣」來說明他的論點。他的《正義論》也充分反映出西方的文化理想。西方個人主義文化最重視的是每個人的「獨立自我」，他們認為：個人在追求正義的時候，可以將社會視為由許多其他個人所組成的「概化他人」，雙方各自站在理想的「初始狀態」，彼此都蒙上「無知之紗」，互相談判，彼此協商，在不妨礙或損及他人利益的前提下，追求自己最大限度的利益。

　　文化理想未必符合社會現實。當西方的社會心理學者排除掉源自其文化理想的偏見，而以比較客觀的態度看待人類社會中的交換和分配問題，各種正義理論即應運而生。

第三節　正義理論

　　研究正義理論的心理學者通常將「正義」分爲「分配正義」（distributive justice）和「程序正義」（procedural justice）兩種：「分配正義」是指所有團體成員認定其爲公平的資源分配方式；「程序正義」則是指決定此種分配方式的程序是否公平。雖然程序正義的問題應當發生在實質的分配之前，但是一般人通常比較關心實質分配的問題，而且在大多數情況下，社會團體均能維持其資源分配的公正性。惟有分配正義受到質疑的時候，他們才會將程序正義的問題提出來討論（Thibaut and Walker, 1975），因此本節將先探討「分配正義」的問題，有關「程序正義」的問題，留待本書第八章再作討論。

一、Walster 的公平理論

　　社會科學理論的演化是一種辯證性的發展。「正義理論」是從「公平理論」演化出來的，「公平理論」對「正義理論」既有批判性的繼承，又有創造性的發展。然而，「正義理論」從「公平理論」繼承了那些部分呢？早期主張「公平理論」的心理學者大多假設：作爲生物體之一，人類受到生物需求的驅使，必須不斷地向外界獲取資源，以滿足一己的需要。然而，慾望無窮，資源有限，若不對慾望加以節制，必將導致紛爭，因此，人類很快地以其智慧發展出各種不同的「社會契約」或法則，讓大家能夠通過彼此的合作，而獲致長期的利益。這種「社會契約」能夠經由教導、模倣、和學習的歷程，代代相

傳，並內化成為個人從外界獲取酬賞的重要管道。

Walster, Walster 和 Berscheid（1978）的「公平理論」便假設：人不論在任何情境中都會企圖獲致他所欲的資源。他們之所以願意遵守正義的規則是因為：⑴否則「良心」會使他們感到困擾；⑵擔心有人發現他們違反規則，他們會受到懲罰；⑶相信遵守這些規則並和他人合作，會使他們獲致最大利益。然而，倘若個人發現遵守規則不能讓他獲利，他便會放棄掉規則。因此，其「公平理論」的第一個命題便是：

命題 I：系 I：只要人們認為他們能以公平的方式獲得最大的利益，他們即會如此做。如果人們認為他們能以不公平的方式獲得最大的利益，他們也會如此做。（Walster, Walster and Berscheid, 1978：16）

二、Deutsch 的正義法則

Deutsch（1975）不同意人類社會中「分配正義」的法則可以用「公平法則」來加以概括，他因而將之細分為：依個人需求給予資源的「需求法則」（need rule）；所有參與者平分資源的「均等法則」（equility rule）；及依各人貢獻大小分配資源的「公平法則」（equity rule）；可是，他也同樣假設：人是「理性的動物」（rational animal），人們之所以願竟接受某種正義的法則，是因為他可以用它作為解決問題的「工具」，以獲致個人所欲的目標。

在他看來，「正義的主要價值在於它能促進社會合作，以增進個人福祉」。因此，他假設：「當經濟生產力是主要目標時，公平將是最重要的分配正義法則」，因為「公平法則」是依照各人的貢獻來分配資源，倘若人們想要獲致最大的生產

量，便應當依各人的貢獻給予報酬。然而，依各人的生產力給予不等的報酬，卻會導致人與人之間的嫉妒，「如果促成或維繫友好關係是主要目標，均等將是主要的分配正義法則」。然而，在照顧老弱殘疾時，強調「均等法則」或「公平法則」都是毫無意義的，是以他認爲：當「個人福祉及促成個人發展是共同目標時，需求將是主要的分配正義法則。」（ Deutsch, 1975：143 ）換言之，只要妥善使用這些法則，人們便能夠將社會資源作出最有利於個人及整體社會的有利分配。

三、Lerner 的正義動機論

Lerner（ 1981 ）非常反對將正義法則當做是人們追求最大利益的工具，在他看來，倘若正義是人們發明的一種有用的工具，一旦它無法幫助個人或社會獲得最大的利益，它們便會被加以改變，或受到棄置。這顯然是違反事實的。在西方長久的歷史上，許多人寧可犧牲其他的資源和價值，也要堅持維護正義。因此，他引述 Piaget（ 1965 ）的道德發展理論，認爲對於正義法則的理解和堅持，是個人認知能力和其環境條件交互作用的結果。

Lerner（ 1981 ）的正義動機論認爲：兒童發展早期的經驗，會使他對外在世界產生一種有組織的建構（ organized construction ），個人可以藉此整合新的訊息，不至於面對新的情境而手足無措。在西方文化裡，個人成長的過程通常必須經歷三種基本的「關係類型」。在這三種「基本的關係型態」（ proto-typical experience ）中，個人對他人的知覺、對待對方達成其目標之活動的方式、以及彼此資源分配的方式均有所不同（見表 5–1 ）。「同一關係」（ identity relation ）是個人最早經歷的一種人際關係，在這種關係裡，個人和他人之間有持久的情緒分享經驗，並因此而產生「同一」的感覺。他們對彼此追求目標的活動，不僅互相依賴，而且感同身受；因

表 5-1 非基本的關係經驗（Lerner, 1981：26）

有關的認知元素	同　一	聯　結	非　聯　結
人際知覺	同樣的「我」	類似的「我們」	不同的「他們」
達成目標的活動	互相依賴	互助，趨同	妨礙，歧異
資源分配方式	需求，福利	均等，平等	斤斤計較

此會關心彼此的福祉，而以「需求法則」分配資源。譬如家庭中的人際關係。

　　及至兒童逐漸成長，並在各種不同的脈絡之下和他人互動，他們會分辨人己之間的異同，而區分出「聯結關係」（unit relation）和「非聯結關係」（non–unit relation）。人們經常將跟他有「相同」特徵的其他人劃歸為同一類，並以同樣的方式對待他們，使個人因此而對屬於「聯結關係」的其他人產生「我們」的歸屬感，而樂於與之合作，並傾向於以「均等法則」分配資源，至於和他不同的「非聯結關係」，則常常被劃歸為「他們」，而與個人目標之達成處於互相競爭或彼此干擾的狀態；分配資源時也傾向於採取計較得失的「公平法則」。

　　在這三種人際關係的「原型」（templates）中，個人還可能就某一特定目標之達成，而作出種種「任務朝向之歷程」（task–relevant acquisition process）。此時，他會因為個人與他人之間有「互相依賴」（vicarious dependency）、「相容目標」（convergent goals）、或「分歧目標」（divergent），而展現出種種的「滋生活動」（emergent activities）。

　　Lerner 認為：在西方文明中成長的兒童必須學會某些行動方式及其後果之間非人性的因果聯結。換言之，他必須能夠分析：在某一情境中，欲獲取某種有價值的目標，有那些有效

而可行的行動方式。爲了達到這一個目的，兒童必須學會兩件事：第一，將其世界中的其他人看做是一系列活動之參與者，或某一「位置」之佔有者，而不是擁有某些特定性格的「人」（person）（Lerner and Whitehead, 1980：229）。

Lerner 認爲：將他人視爲「人」，或將其視爲某一「位置」之佔有者，其意義完全不同：將他人視爲「人」，是把對方看做是獨特的個體，具有某些穩定而持久的性格，不論在任何情況之下，都會表現出來。將他人視爲「位置」的佔有者，則是將其反應或行爲視爲某種非人性之歷程的後果，任何人佔有這個「位置」都會以同樣的方式採取行動。Lerner 認爲：美國整體的文化設計，基本上就是要促使個人將他人看做是「位置」之佔有者。在許多重要的複雜社會行動中，如果有人將他人視爲「人」，便很可能造成社會之反功能（Lerner and Whitehead, 1980：230）。

其次，兒童必須以「如果……則……」的方式，學會許多「個人契約」（personal contract），進而相信：如果他延宕立即的滿足，並投入更多的時間和努力，他一定會得到適恰的收穫。這是個人對「公平法則」之經驗的基本型態。

Lerner 的正義動機論使我們很清楚地看到西方文化的獨特之處。他所說的三種人際關係基本型態或許是普世同一的，但是將關係中的其他人看做是「位置」的佔有者，以及所謂「個人契約」的學習，卻是西方文化所獨有的。在一篇題爲〈對社會學一些預設的反省〉之論文中，葉啓政（1987／1991）指出：以歐美爲主所建構出來的社會學知識，是建立在幾個基本預設之上：首先，社會科學所關注的，是人由生到死，在社會中活動的這一段日子。它既不管「前生」，也無所謂「來世」，而只接受一般人在日常生活中對其社會互動關係所持的基本價值和認知態度，並據以對社會生活作概念上的重建工作。

　　由這種「世俗現世觀」，可以衍生出第二個預設，即「占有滿足觀」，其基本論點是：凡人皆有慾望，社會最主要的意義，在於提供最有利的條件來拓展並滿足人們的慾望。第三個預設，葉氏稱之爲「化外結構觀」，具體地說，由於慾望無窮可能會導致人與人之間的爭鬥，爲了化解衝突，也爲了維持秩序，社會中一定要有一個權威體來做爲維持社會秩序的中介。這個中介體的具體形式，即爲「共聯體」（commonwealth）或「國家」（state），它具有獨立於個人意志的「統制權」（sovereignty）。

　　這三個預設其實不只是西方社會學的預設，而是西方社會科學（包括社會心理學）的共同預設。從前節對於各種「社會交換論」的回顧中，我們到處都可以看到這三個預設的痕跡，Lerner 的「正義動機論」則更清楚地將這三個預設突顯出來。由本節的回顧可以看出：在西方社會心理學者將研究重點由「社會交換論」移轉到「正義理論」的過程中，Lerner 是第一個將「關係類型」和「正義」法則一起合併考慮的人。然而，他在論及各種不同的「關係類型」的時候，立即強調：所謂「關係」是指某一關係「位置」的佔有者，而不是特定的「人」；至於「關係」與正義法則的關聯，則是由「社會契約」或「個人契約」所決定的。這是一種不折不扣的「外化結構觀」，他也很清楚地說明：他的理論是從西方文明中發展出來的。然則，我們在將他的理論引入華人社會的時候，應如何作適當的修正，「獨立而又融攝」地建構出適用於華人社會中的理論模式呢？

四、Kayser 和 Schwinger 的個人內契約論

　　在回答這些問題之前，我們必須再介紹兩種有關分配正義的理論。Kayser 和 Schwinger 等人的「個人內契約論」（

theory of intrapersonal contracts）認爲：一般人都知道一些常識性的素樸社會心理學，其中包含有人際關係的理想類型及處理規則，可以用來處理日常生活中的社會互動（Schwinger, 1986）。他們提出了五種人際關係的基本類型（prototypes），並從五個層面加以描述，即行動者的認知及動機取向，關係的情感性質，在該項關係中所交換的最重要資源，典型的交換方向，以及交換的指導規則；這些基本類型列於表 5－2：

表 5-2 「個人內契約論」的五種人際關係原型

（ Schwinger, 1986：219 ）

特　　徵	關　　係　　類　　型				
	親　密	友　誼	交　換	競　爭	戰　鬥
行動者的認知動機取向	親社會的	集體主義的	個人主義的	競爭的	攻擊的
情感性關係	非常正面	正面	中性	負面	非常負面
典型的資源	特殊性的	普遍性的	普遍性的	普遍性的	特殊性的
典型的交往方向	給予	給予	給予和取得	取得	取得
交往法則	需求	均等	貢獻	極大的差異	極大的傷害

從表 5－2 可以看出：這五種人際關係的前三種，即親密關係、友誼關係、和交換關係，和 Deutsch（ 1975 ）所講的三種正義法則使用情境，或 Lerner（ 1981 ）所說的三種基本「關係類型」，大致是相同的；而競爭關係和戰鬥關係則可以看做是交易關係的延伸。同時，他們又根據一些實徵研究的結果，將親密、友誼、和交易三種關係類型裡，分配 Foa 和 Foa（ 1974, 1978 ）所提出之六類資源時，所根據的正義法則，列如表 5－3。該表顯示：在某種特定的關係類型中，分配不同資源時所根據的法則，並不是完全一致，而是視資源性質之不同而有所差異的。這是件相當值得注意之事，因此特將該表列出，以供參考。

表 5-3　對不同關係與資源類型符合正義的交往法則

（ Schwinger, 1986：221 ）

資 源 類 型	關　係　類　型（及對應的人際關係）		
	親　密 （親社會的）	友　誼 （集體主義的）	交　易 （個人主義的）
愛　情	需　求	需　求	均等／貢獻
地　位	均　等	貢　獻	貢　獻
服　務	需　求	需求／均等	貢　獻
訊　息	需　求	需　求	貢　獻
物　品	需　求	均　等	貢　獻
金　錢	需　求	均　等	貢　獻

五、Greenberg 和 Cohen 對社會關係之分析

　　除了以上各種主要的正義理論之外，Greenberg 和 Cohen
（ 1982 ）則對人與人之間的社會關係作了進一步的分析。他們
認為社會關係基本上是由「親密度」（intimacy）和「相互依
賴度」（interdependency）兩個向度所構成的，所謂「親密
度」，是指「人與人之間社會聯繫（ social bond）的緊密
度（ closeness）」；所謂「相互依賴度」是指「社會交換之參
與者控制對方資源之的程度」（ Greenberg and Cohen, 1982
：444 ）。這兩個向度均可以分為高、低兩種程度，構成
2×2＝4 種人際關係，即配偶、朋友、談判者、陌生人，他們
互動時會分別用四種不同的「規範性標準」（ prevailing nor-
mative standards），即相互的需求、均等、自利性正義、及
自身慾望。這四種人際關係為爭奪資源而產生衝突的可能性也
有高低之別。這幾個變項間的關係，列如圖 5－2：

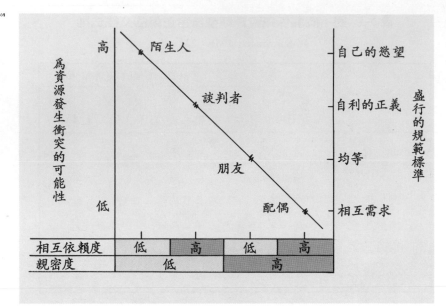

圖 5-2 依相互依賴度及親密度劃分的社會關係及其盛行的
規範標準（ Greenberg and Cohen, 1982：444 ）

第四節　〈人情與面子〉理論模式的建構

　　在前一節中，作者已經就其所知的分配正義理論作了重點回顧。本節所要討論的問題是：面對由符號互動論、交換理論、到正義理論這樣長久的西方學術傳統，作者如何建構其〈人情與面子〉的理論模式。

一、行動者與社會行動

　　在〈人情與面子〉的理論模式裡（見圖 5−3），作者將互動的雙方界定爲「請託者」（petitioner）及「資源支配者」（resource allocator）。用符號互動論的角度來看，這兩者都是行動者。在其交換的資源方面，作者借用了「資源理論」（Foa and Foa, 1974；1976），將人類社會交易的「資源」依照「具體性」和「特殊性」兩個向度，分爲愛情、地位、服務、資訊、物品、和金錢等六種。此處必須強調的是：在現實生活裡，每一個行動者都有其長程或短程的生活目標，社會交換祇是行動者在達成其目標的過程裡，爲了獲得上述六種資源中的某種資源，而和他人進行的一種社會互動，是個人爲了達成其「宏觀的動機」（macromotive）而作出的一種「微觀行動」（microbehavior）（Holmes, 1981）。

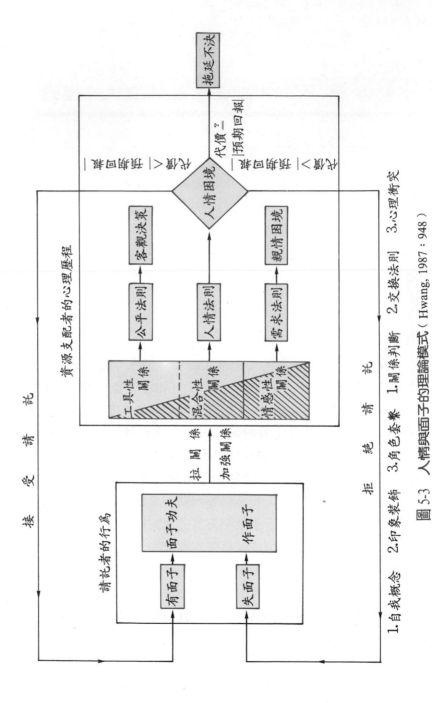

圖 5-3　人情與面子的理論模式（Hwang, 1987：948）

　　〈人情與面子〉的理論模式將進行社會互動的雙方界定爲「請託者」和「資源支配者」，祇是爲了概念分析的方便。事實上，這兩個角色是可以互換的，個人在和他人進行社會交往的時候，必須輪流扮演這兩種不同的角色，有的時候是「請託者」，有的時候是「資源支配者」；他不能光取不予，也不能光予不取。用符號互動論的概念來說，社會互動之所以能夠順利進行，互動的雙方必須具有「扮演他人角色的能力」，能夠將自己的心靈投注在他人的位置，設身處地，以詮釋對方思想與行動的意義。

　　不僅如此，符號互動論的大師米德（Mead, 1934 / 1962）認爲：社會互動的另一個先決條件，是行動者必須也能夠把自己當做是客體，來觀照自己的思想和行動。他將「自我」分爲「主我」和「客我」：「主我」不僅能在某一特定的情境中和他人互動，而且能夠將「自我」當做是社會客體，來加以界定，這就是所謂的「客我」。在社會互動過程中，「主我」彷彿會把別人當做是一面鏡子，從別人對「自我」的態度中，調整他對自己的評價，這就是 William　James（1890）所說的「社會我」（social　self），也是 Cooley（1902 / 1964）所說的「鏡中我」（looking　glass　self）。換言之，在互動過程中，「客我」就像其他客體一樣，受到「主我」的界定和不斷地重新界定。這種「扮演他人角色」和「從他人角度看自我」的能力，正是行動者和他人順利進行社會互動的先決條件。

二、語言與文化

　　我們說過：從符號互動論的角度來看，人類之所以異於禽獸者，在於他能夠使用語言和符號，主動地創造出他的行動世界，而不是只對強加於其上的物理世界作回應。對於人類而言，語言就是一種最重要的象徵性符號。語言使人類能夠命名、分類，而記憶住他們所遭遇的客體，將原本是混沌一片的

物質和社會世界整理得井然有序，讓行動者可以專注於環境中的某一部分，並將其他部分暫時置諸一旁。不僅如此，語言和符號還可以讓行動者超越時間、空間、和自身的限制，設身處地的扮演不同的角色，想像別人過去或未來在各種不同情境中的可能行動，在採取行動之前思考各種可以的替代選擇，以減少犯錯誤的機會，進而增加個人解決問題的能力。

重要的是：語言本身便承載了一種源自於其文化傳統的意義體系，透過共同的語言，素未謀面的兩個人也能分享類似的價值觀，進而在初次相遇的時候，能夠很快地將對方納入一定的角色體系之中，並和對方進行社會互動。更清楚地說，共同的符號或語言體系，對在同一文化中成長的人而言，基本上都具有相同的意義。當人們使用這套語言或符號體系時，也能夠引起類似的反應。因此，人們在面臨類似的生活情境時，才可能有類似的思考過程，以及隨之而來的行動和互動歷程。換句話說，符號互動論雖然主張：人類社會雖然是由許多主動的行動者所組成，社會生活是持續進行的社會行動；然而，社會並不是由一系列孤立的行為所構成，在參與「社會行動」的過程中，個人必須不斷地與他人互相協調，不能僅由個人自身決定其行動。因此，Blumer（1969：16）將「社會行動」稱之爲「聯合行動」（joint action）。

對 Blumer 而言，聯合行動是由行動者及其行動所創造出來的，它不是個別行動之總合，也不是外在或強加於行動者之上的行動，因此，它具有本身獨特的性格。可是，儘管每一個聯合行動都必須重新形成，在既有的文化或社會之意義體系的導引之下，大多數的聯合行動會以模式化的方式一再重現，而具有一種「完善與重覆的形式」（Blumer, 1969：17）。

三、情境的定義

　　符號互動論分析問題的焦點，是「行動者」在一特定情境中的行動，或和他人的互動。「符號」則為此一理論的中心概念。所謂「符號」，是人們用來界定或指稱某一事物時所用的「社會客體」（social object）。當然，並不是所有的社會客體都是符號；可是，任何用以代表其他事物（客體）而被賦予意義的符號本身，都可以變成社會客體。在各種「符號」裡，最重要的「符號」，就是「語言」。符號互動論當然也承認有物理世界（physical world）的存在，但是，人類並不是對物理世界中的「客觀實在」（objective reality）作反應，而是運用其語言或符號對外來的刺激予以命名，加以分類，並加以解釋，再對其「情境的定義」（definition of the situation）作反應。換言之，從符號互動論的角度來看，對個人行動影響最大者，乃是他對現實世界的社會建構（social construction of reality）。「如果人們界定情境為真實的，就其產生的後果而言，它就是真實的」（Thomas and Thomas, 1928：572）。

　　〈人情與面子〉的理論模式假設：當「請託者」請求「資源支配者」將他掌控的資源作有利於「請託者」的分配時，「資源支配者」心中所作的第一件事是「關係判斷」，他要思考的問題是：「他和我之間有什麼樣的關係？」用符號互動論的角度來看，所謂「關係判斷」，其實就是將社會互動對象（社會客體）予以命名，加以分類，界定彼此互動的情境，再選擇適當交換法則的歷程。

四、關係與行動

　　這個理論模式將人和人之間的「關係」用一個長方形的方

塊表示出來，長方形中的斜線部分稱爲「情感性成份」（ex-
pressive component），空白部分稱爲「工具性成份」（in-
strumental component）。這兩個成份其實代表了人際關係中
的兩種普遍性成份（Benjamin, 1974）。譬如：研究親子關係
（parent－child relationship）的學者發現：子女所知覺到的
父親或母親的行爲，基本上是由「愛」（love vs. hostility）和
「控制」（control vs. autonomy）兩個成分構成的（Schae-
fer, 1959），「愛」是「情感性成份」，「控制」則可視爲「
工具性成份」。有些研究領導行爲的學者發現：在屬下心目中
，領導者的行爲主要是由「體恤」（consideration）和「引
發結構」（initiating stracture）兩個向度所構成（Halpin,
1966；Stogdill, 1974）；有些學者則主張：領導行爲的構成向
度是「工作取向」（task orientation）和「社會情感取向」（
socio-emotional oreintation）（Bales, 1953, 1958；Fleish-
man, Harris and Brutt, 1955）。不管他們用的是什麼樣的概
念，「體恤」或「社會情感取向」是屬於「情感性成份」；「
引發結構」或「工作取向」，則是「工具性成份」。

在「人情與面子」的理論模式裡，作者依「情感性成份」
和「工具性成份」比例的多寡，將人際關係分爲三大類：「情
感性關係」、「混合性關係」和「工具性關係」；「情感性關
係」通常是指個人和家人之間的關係，「混合性關係」是個人
和親戚、朋友等熟人之間的關係，「工具性關係」則是個人爲
了獲取某種社會資源，和陌生人所建立的關係。

這種關係的分類方式也有其重要涵意。我們可以從幾個不
同的層面，來說明其涵意。Mills 和 Clark（1982）將人際關係
分爲兩類：「共同關係」（communal relationship）和「交易
關係」（exchange relationship），前者是人與人之間的社會
情感性關係，後者則是指市場上的交易關係。事實上，人類社
會中的關係並無法如此截然二分，因此，〈人情與面子〉的理
論模式將之視爲人際關係中的兩種「成份」，分別與「情感性

成份」和「工具性成份」互相對應，而可以組成三種不同的人際關係類型。

　　作者之所以將人際「關係」的成份命名為「工具性成份」和「情感性成份」也有其特殊涵意。Parsons（1949）的行動理論將人類的行動依其動機和價值取向分為四大類：「工具行動」、「表達行動」、「道德行動」、和「智識行動」。「智識行動」已經在本書前半部中作過討論，在此不再討論。「工具行動」與「表達行動」和本文所稱的「工具性成份」和「情感性成份」互相對應。由於本文關注的焦點是各種不同社會關係中的社會交換行動，而不是 Parsons 所關心的一般性社會行動。因此，〈人情與面子〉的理論模式，不採取 Parsons 將「工具行動」和「表達行動」二分的方式，而將之視為「關係」的兩種成份，並假設：任何一種「關係」中都有「工具性成份」和「情感性成份」，各種「關係」間的差別，僅在於這兩種成份的多寡而已。

　　不僅如此，在下一章中，作者將要指出：在「資源判斷者」的心理歷程中，「關係」、「交換法則」、以及「外顯行動」三者和儒家庶民倫理的「仁、義、禮」倫理體系是互相對應的；「關係」對應於「仁」，「交換法則」對應於「義」，「外顯行動」則必須合乎於「禮」。換言之，在華人社會中，「工具行動」、「表達行動」、和「道德行動」並不是截然分開的：許多「情感性成份」極高的「表達行動」，同時也帶有「道德行動」的性質。

　　〈人情與面子〉的理論模式將人際關係三分的方式，已經涵攝了「正義理論」的重要概念。在前一節中，我們談到：近世西方研究「正義理論」的心理學者都注意到：在和屬於不同人際關係的他人交往時，個人會使用不同的正義標準。因此，他們努力著要找出各種典型的關係（prototype relationships）及其關聯的正義法則，譬如 Lerner（1981）依個體發展的順

序，將其經歷的人際關係分爲三種：在最早的「同一關係」中，個體能夠持久地和他人分享其情緒狀態；及其逐漸成長，和各種不同的他人接觸之後，他又會區分自己與他人的「連結」或「非連結」關係：前者和自己在諸如年齡、性別、或居住地等方面有相同或相似之處；後者則與自己明顯相異。Greenberg 與 Cohen（1982）依雙方的親密程度以及彼此是否掌握對方所需的資源，即「親密度」（intimacy）和「互賴性」（interdependence），將人際關係分爲陌生人（strangers）、談判者（bargainers）、朋友（friends）與配偶（marrieds）等四種。Kayser 等人（1984）則將典型的關係分爲親密（intimate）關係、朋友（friendship）關係、交易（exchange）關係、競爭（competitive）關係與交戰（fighting）關係等六種（Schwinger, 1986）。

在各種不同情境下，和各種不同關係的他人交往時，個人便可能使用不同的正義標準。然而，早在心理學者開始探討人際關係和正義規範的關聯之前，便有學者指出：人類使用的正義觀雖然可能多至十餘種（例如，Ries, 1984），但其基本形式卻只有三種：在個人和他人之間有非常親密的「同一關係」，並重視對方的發展和福祉時，使用「需求法則」；個人視對方爲「人」，並且重視維繫彼此之和諧關係的時候，使用「均等法則」；互動雙方祇考慮彼此之間的角色關係，而十分強調工作效率的場合，則使用「公平法則」（Deutsch, 1975；Greenberg and Cohen, 1982；Lerner, 1975, 1977；Leventhal, 1976）。作者因此而綜合這些概念，建構出〈人情與面子〉的理論模式。

五、談話架構與社會交換

〈人情與面子〉的理論模式假設：個人會以「需求法則」、「人情法則」、和「公平法則」和這三種不同的人交往。當

個人以這三種不同關係的他人交往時，他都會考量自己必須付出的「代價」（cost），對方可能作的「回報」（repay），並計算交易的後果（outcome）。由於他預期：將來他會和屬於「情感性關係」或「混合性關係」的其他人進行長時期的交往，因此，在面臨對方交易的要求時，他必須將彼此之間的感情成份考慮在內，而很容易陷入「親情困境」或「人情困境」之中。相反的，當他和屬於「工具性關係」的其他人互動時，他比較可能從事「精打細算」（calculation）的理性行動，從而作出客觀的決策。

這種說法其實已經蘊涵了源自於符號互動論的「談話架構」（address frame）之概念。依照符號互動論的看法，人類思考的內容，不論是對自已的內在會話（internal conversation），或者是和他人的對外會話（external conversation），其內容都必須指向某些實在或想像的聽眾（audience），考慮他們的可能反應，以使其思考的內容可以為人所理解。Sampson（1981）引用這樣的想法認為：社會交換的雙方會視彼此的關係，建立起適切的「談話架構」，讓雙方能夠理解彼此的行動或語言行動，以及潛藏在行動之後的動機。他引述 Mills 和 Clark（1982）所舉的一個例子：在屬於「共同關係」的朋友之間，如果一方施恩予對方，而竟然要求對方回報，必然會使他們之間的吸引力降低，而將他們之間的關係轉變為「交易關係」（Sampson, 1981：109－110）。

六、拉關係與滋生之性質

〈人情與關係〉的理論模式，將人際關係分成三類，「情感性關係」、「混合性關係」、和「工具性關係」；前兩種關係之間以實線隔開，後兩種關係間以虛線隔開。實線表示：在「情感性關係」和「混合性關係」之間，存有一道不易突破的「心理界線」（psychological boundary），屬於「混合性關

係」的其他人很不容易突破這道界線，轉變成為「情感性關係」；虛線表示：「工具性關係」和「混合性關係」之間的「心理界線」並不明顯，經過「拉關係」或「加強關係」等「角色套繫」的動作之後，屬於「工具性關係」的其他人也可能加強彼此間的「情感性成份」，而變成「混合性關係」。

用符號互動論的概念來看，人與人之間的「關係」並不是一成不變的。「陌生人」或屬於「工具性關係」的雙方，經過一段時間的社會互動之後，可能轉變成為「混合性關係」，而原本屬於「混合性關係」的雙方，也可能「反目成仇」，演變成為「競爭關係」或「交戰關係」。甚至原本屬於「情感性關係」的夫婦，也可能感情破裂，走上離婚之途，從此「視同陌路」。這些變化，都可以看做是關係的「滋生性質」。

在這個理論模式裡，當資源支配者接受或拒絕請託者的請求時，請託者的自尊（self－esteem）可能因而提高或降低，這又涉及心理學中自我理論的範疇。個人為了增加他人接受自己的可能性，往往會作出種種「面子工夫」，設法在他人心目中塑造出良好的形象，這種行為是「印象整飾理論」（theory of impression management）的探討對象（Tedeschi, 1981）。有些研究「印象整飾理論」的心理學者指出：印象整飾行為和人與人之間關係的性質存有密切的關聯（Reis, 1981）；作者的理論模式因此引用社會學家 Goffman（1955, 1959／1992, 1967）之「戲劇理論」（dramaturgical theory）的概念，將「面子工夫」分為「前台行為」（front－stage behavior）和「後台行為」（back－stage behavior）兩種：「前台行為」主要是個人在其他人面前所作之行為；「後台行為」則是個人私底下表現出來的行動。

在論及「面子功夫」的時候，我們又不能不考慮前文所提到的「談話架構」。〈人情與面子〉的理論模式主要是在處理「請託者」和「資源支配者」雙人之間的互動。日常生活中的

社會互動當然較此複雜得多，互動雙方的「談話架構」可能涉及許多其他人。這時候，如何「面面俱到」地做出決策，往往成為困擾個人的棘手問題。

七、結論

從以上各節的陳述來看，讀者難免會產生疑惑：〈人情與面子〉的理論模式，主要是以西方社會心理學的社會交易理論和正義理論為基礎，而建構出來的。西方的社會交易理論和正義理論都採取了「化約主義」的方法，將社會行動化約成最基本的行動單位（unit of act），再進行各種理論分析。作者則是反其道而行，以這些基本的行動單位作為基礎，重新建構出〈人情與面子〉的理論模式。然而，這樣建構出來的理論似乎也是可以適用於東、西方不同社會的一種「形式架構」，為什麼要稱之為「中國人的權力遊戲」？到底它具備了那些屬性，可以反映出中國人社會行為的特色？

這個問題其實還涉及一個方法論上的難題：在前節的論述中，作者一再強調，〈人情與面子〉的理論模式，基本上是採取了符號互動論的立場。然而，我們在作這種論斷的時候，馬上就會遭遇到一項理論上的吊詭（theoretical paradox）：既然人類社會是由主動的行動者所組成，每一項社會互動都是互動雙方共同界定，其互動情境所造成的後果，都應當有其不可化約的獨特性。如此說來，作者為什麼能夠將人類社會中的互動化約成「人情與面子」的理論模式？又為什麼能夠以之說明中國社會的特色？

我們可以用本書第三章提及的 Schutz（1932／1967）的理論，來回答這個問題。用 Schutz（1932／1967）對社會世界之現象學來看，符號互動論所討論的人與人之間面對面的互動，是行動主體與他人之間所建立「我們關係」，是屬於「直

接經驗領域」的範疇。然而，在這種關係裡，由於意識對於社會實在之建構，太過於特異，而且太過於瞬息萬變，因此，我們可以用主觀的研究途徑來予以詮釋，卻不能用客觀的科學方法來加以研究。

依照 Schutz（1967）的觀點，能夠成為客觀科學方法之研究對象者，應當是屬於「間接經驗領域」中的「他們關係」。在這樣的關係裡，個人所表現出來的思想和行動，是由「非人格」的角色類型所決定，它反映出文化所界定的行動「處方」。在不同文化裡成長的個人，在其社會化的過程中，必然要學會應付各種不同情境的典型行動，以後遇到類似情境，便可以「依方行事」。

西方社會心理學中的社會交換理論和正義理論都是採用化約主義的辦法，找出最基本的人際關係類型和交換法則。作者以這種基本的行動單位為基礎，參酌華人社會中人際互動的實況，建構出〈人情與面子〉的理論模式。在這個理論模式中，「請託者」和「資源支配者」可以說是研究者所創造出的「人模」；他們的心理歷程，正是「人模」在執行其社會行動時的意識內容。以不同的「交易法則」和屬於不同關係類型的人交往，則可以說是行動者之社會行動的「理想類型」。當然，「行動者」和「資源支配者」之間不論存有「情感性關係」、「混合性關係」、或是「工具性關係」，兩者之間的關係都是屬於 Schutz 所說的「他們關係」，而不是「我們關係」。倘若我們將一切的文化價值都摒除不談，則這個理論模式所描述的，將是一種適用於各種不同文化的「形式性理論」。倘若我們要用這個理論模式來說明：為什麼華人會特別重視「人情、關係、與面子」，則我們一定要深入考慮華人社會中的文化價值。

庶人倫理與士之倫理

儒家思想的內在結構

　　在本書第五章中，作者說明他如何以西方社會心理學中的符號互動論、社會交換論、和正義理論爲基礎，建構出〈人情與面子〉的理論模式。作者強調：這樣一個理論模式是一個普遍性的「形式架構」，適用於各種不同的文化之中。倘若我們要用以解釋華人社會中的社會行爲，我們必須進一步思考華人社會中盛行的倫理及價值理念。因此，在《儒家思想及東亞現代化》的第二部分（黃光國，1988），作者即以〈人情與面子〉的理論模式爲基礎，分析了儒家思想的內在結構。

　　用本書第三章所談的「多重典範的研究取向」來看，作者這樣做的時候，基本上是採取詮釋學的「主觀研究取向」，以先秦儒家諸子所說過的「嚴肅話語」作爲分析對象，分析他們作各種言談時潛在的認知框架（underlying cognitive framework）。這樣分析所得的結果是一種文化理念的結構，也是一種意識型態的結構；從結構主義的角度來看，我們可以視之爲中華文化的「深層結構」。從這樣的「深層結構」出發，可能發展出許多蘊涵有類似文化價值的「淺層結構」，包括寓言神話、諺語格言、詩詞歌曲、風俗習慣、生命儀式等等。這種文化理念的結構可能「影響」華人的社會行爲，但是它絕對無法「決定」任何人的行爲：決定人類行動的主要因素，是個人的慾望和他採取行動時的自由意志。

第一節　儒家的天命觀

　　在前一章中，作者指出：每一個人在其生命的不同階段，都會界定不同的生活目標，人與人之間的社會交換，不過是個人在追求其目標之達成的宏觀動機下，所表現出來的微觀行為。有些人在經歷人世間生、老、病、死的各種變化時，還可能意識到人的生命是一種「面向死亡的存在」，他們在思索人生意義的問題之後，可能擇定個人的「終極關懷」，進而影響其生活目標之設定。大體而言，曾經對世界文化產生過重大影響的人生哲學，大多是建立在某種特定的宇宙論（cosmology）之上，能夠對人生意義的問題有所解答，並因此而能影響文化成員的「終極關懷」。儒家亦不例外。然則，儒家的「終極關懷」是什麼呢？

一、天命觀的四種取向

　　倘若我們將個人在宇宙間存在歷程的遭遇和變化界定為「命」，從理論的角度來看，人類對於宇宙和個人命運之關聯的態度，主要可分為四種（勞思光，1968：66－79；唐君毅，1986：112－113）：

　　第一，人類可能創造出「人格神」（personal　god）或「意志天」之觀念，認為個人的「命」係由有人格的神，或意志的天所支配，這個超越之主宰是人間價值的根源，所以，人類應當設法測知天意，並實踐神的意旨。中國商周時期的原始信

仰，以及歐洲中古時期的天主教會，均採取此一觀點。採取此一觀點的人，相信自己承受天命，世間上沒有任何力量能夠阻止他實現其使命，因此能夠一往向前，遂行其使命，而無所畏懼。

第二，是承認「命」不可違，但不相信有任何超越主宰之存在，祇將「命」歸諸於事實之必然，因此主張人類應當盡力去理解事實的必然規律，並順應此規律而行動。舉例言之，自從十四世紀歐洲文藝復興運動發生之後，理性主義逐漸抬頭。十六世紀的宗教改革運動，大幅度地削減了教會的絕對神權，「解除掉世界的魔咒」，促成人本主義的興起。十八世紀以後產生的唯物論、機械論、及經驗科學，大多採取此一立場。這種立場雖然承認個體的「命」受到客觀限制，不過限制的根源既不是超越性的主宰，也不是個人的自覺，而是自然的規律。值得特別強調的是：荀子也採取了這種立場。不過荀子在中國歷史上並沒有受到應有的注意。

第三種觀點雖然也承認「命」的存在，但其哲學思辨的結果，卻認為：在「命」的支配下，個人的自覺根本無可作為，因此人類應當了解命的領域，而自求超離。譬如：印度的佛教追求涅槃的境界，即為此觀念之例。中國道家思想說：「飄風不終朝，驟雨不終日，孰為此者？天地尚不能久，而況於人乎？」《道德經·第二十三章》，「道常無為，而無不為」《道德經·第三十七章》，因此主張：「故從事於道者，同於道」，祇要順應自然，即「萬物無不由之以治」，亦是屬於此一立場。

第四種觀點是孔、孟的立場。他們認為：作為自然界之生物體的「人」，必然要承受生、老、病、死等無可逃避的命運；但是，作為有道德自覺之主宰，「人」又必須實踐源自其超越本體的「道德規律」，以完成其「天命」或「使命」。

二、義命分立的天命觀

我們可以再進一步闡述孔、孟的這種天命觀。孔子承認人的生物生命受到命運的支配：

> 伯牛有疾，子問之。自牖執其手，曰：「亡之，命矣夫。斯人也，而有斯疾也。」　　　　《論語・雍也》

孔子的弟子冉伯牛病危，孔子去探望他，很惋惜地將其疾病歸之於「命」。此處所說的「命」，顯然是支配個人生物生命之遭遇的「命運」。然而，孔子卻很少論及這一類的「命」，他所關懷的是賦予其道德使命感的「天命」。他說：「不知命，無以爲君子也」《論語・堯曰》，此處所謂的「命」，是指道德使命，或「天命」。人不知天命，則一定祇考慮現實利益，見利必趨，見害必避，何以爲君子。反過來說，知天命者，見利不必趨，見害不必避，唯「義」是從。孔子說他自己：「五十而知天命」《論語・爲政》，此後即有強烈的道德使命感，而以周文王的道德傳承者自居。

在孔子對於鬼神等超自然力量的言論，也很清楚地反映出他這種「義命分立」的態度（唐君毅，1986：132－147；蔡仁厚，1984：133－151）。孔子相信有鬼神等超自然力量的存在，所以他主張祭祀，而且必須虔誠地祭祀：

> 祭如在，祭神如神在。子曰：「吾不與祭，如不祭。」　　　　《論語・八佾》

孔子將人間事務中人力所不能及的部分劃歸爲「命」的領域；並將人能夠作爲自覺主宰的範圍，劃爲「義」的領域，而主張「務民之義」，建立人間的是非標準，先把人間的事務做

好：

> 樊遲問知。子曰：「務民之義，敬鬼神而遠之，可謂
> 知矣。」　　　　　　　　　　　　　　《論語‧雍也》
> 季路問事鬼神。子曰：「未能事人，焉能事鬼？」敢
> 問死，曰：「未知生，焉知死？」　《論語‧先進》

對於超自然之事，孔子抱著「存而不論」的態度，認爲：「未能事人，焉能事鬼」？「未知生，焉知死」？因此而主張：「敬鬼神而遠之」，孟子也繼承了孔子的這種天命觀：

> 孟子曰：「盡其心者，知其性也。知其性，則知天
> 矣。存其心，養其性；所以事天也。夭壽不貳，修
> 身以俟之；所以立命也。」　　　　《孟子‧盡心上》
> 孟子曰：「莫非命也，順受其正。是故知命者不立乎
> 巖牆之下。盡其道而死，正命也；桎梏而死，非正
> 命也。」　　　　　　　　　　　　《孟子‧盡心上》

孟子以爲：人的本性是由天所決定的，人祇有在盡心竭力實踐自己的時候，才知道自己的「天性」是什麼，也因此才能知道上天賦予自己的「使命」是什麼。個人夭壽窮通的遭遇往往有人力不能決定的因素，人所能做的，就是常存行「道」之心，全力發展自己的天性，「修身以俟之」。在孟子看來，人生的安危禍福，無非都是命，但命有「正命」和「非正命」之分；竭盡人事之後，再也法非改變的成敗利鈍，稱爲「正命」；自暴自棄，自甘墮落所招致的不幸，便不是正命。

儒家這種「義命分立」的天命觀，將鬼、神等超自然力量劃入「不可知」的範疇，對其抱持「存而不論」的態度，這反映出儒家思想中的理性主義成份。然而，韋伯（Weber, 1920 / 1951）認爲：和清教徒相比，儒家的理性主義卻是不徹底的。清教徒完全否定在這個上帝創造的世界上有任何魔力的存

在，否則就是對上帝的褻瀆和不敬，是不可寬恕的。由於儒家對超自然力量缺乏探究的興趣，致使中國的自然科學始終停留在純粹經驗領域之內，未能發展出近代西方式的科學技術。也由於儒家對超自然力量並未作根本的排斥，致使中國長期地容忍多種宗教並存，巫術和迷信也一直在中國社會中流行。儒家以樂觀的態度設法調適人與世界的關係，去適應現實，而不是以分析的態度去駕馭現實，改造現實。因此，儘管韋伯（Weber, 1920／1951：248）將基督新教和儒教都劃入理性主義宗教的範疇，他卻認為兩者的價值取向存有極大的差異：「儒教的理性主義是對世界的理性適應；基督教的理性主義則是對世界的理性控制。」

韋伯認為：這是歐洲文藝復興之後，中西社會發展走上不同道路的內在精神因素。然而，在廿世紀末期，在中西文化結合之後，華人「謀事在人，成事在天」，「盡人事，聽天命」的態度卻產生出一種相當積極的「能動宿命觀」（李沛良，1993），這是 Weber 始未料及的經驗事實，十分值得吾人注意。

三、立人道於天道

前文論及：孔、孟持有一種「義命分立」的天命觀。然而，他們是如何在「義」的領域中建立文化價值標準的？大抵而言，能夠在世界上流傳久遠的哲學體系，大多是建立在某種特定的宇宙論之上，能夠對宇宙的起源、本質、和現象提供某種解釋。儒家亦不例外。嚴格說來，儒家的宇宙論，並不是儒家所獨有，而是中國人從商周以前流傳下來的。對這種宇宙論記載最為詳盡的書，首推《易經》。

《易傳‧十翼》中，以〈彖傳〉的內容與宇宙論的關係最為密切（韋政通，1968）。例如：

「大哉乾元，萬物資始，乃統天。雲行雨施，品物流
　　行。」　　　　　　　　　　　　　　　　〈乾卦〉
「至哉坤元，萬物資生，乃順承天。坤厚載物，德合
　　無疆。」　　　　　　　　　　　　　　　〈坤卦〉

「元」是「始生萬物之德」。「乾元」是屬於天的「元」
。天是構成一切存在的根據，它必須仰賴這種「始生萬物之德
」的「乾元」，才能成就其偉大。所以說：「大哉乾元，萬物
資始，乃統天」。然而，天雖然有「乾元」，能夠行雲施雨，
若要使品物流行，還必須借助於「坤元」之力，故曰：「至哉
坤元，萬物資生，乃順承天」。資始是授氣，資生是成形，意
思是說：「坤元」之德在生育滋長萬物，但這種生育滋長之作
為必須順承天意，代天完工，故造物之功屬地，「天地感，而
萬物化生」，「天地革，而四時成」。

這樣的宇宙觀具有幾個明顯的特色：第一，它假設宇宙本
身具有無限的創造力，宇宙中萬物的流行變化均由天地的相
遇、相感而不斷顯現。它不像西方基督教那樣，在宇宙之外，
另外樹立一個超越的實體，並假設宇宙萬物均由此實體所創造
出來。

第二，它假設宇宙間萬物的變化，具有一種循環性的關
係：

「天地之道，恆久不已也，利有攸往，終則有始也。
　　日月得天而能久照，四時變化而能久成，聖人久於
　　其道而天下化成。視其所恆，則天地萬物之情可見
　　矣。」　　　　　　　　　　　　　　　　〈恆卦〉

第三，它假設宇宙萬物是生生不已、永無止息的。在前述
引文中，「乾元」之德是「資始萬物」，「坤元」之德是「資

生萬物。「始」之意即爲「生」，所以說：「天地之大德曰生」；周易六十四卦的最後一卦爲「未濟」，〈象傳〉又強調「終則有始」，這些觀念都蘊涵了「剝極必復」、「否極泰來」、「生生不已」的往復循環式宇宙觀（方東美，1981）。

　　孔子很明顯地受到這種觀點的影響。他在和魯哀公的一次對話中，很清楚地表現出這種觀點：

公曰：「敢問君子何貴乎天道也？」
孔子對曰：「貴其不已。如日月東西相從而不已也，
　　　是天道也。不閉其久，是天道也。無為而物成，是
　　　天道也。已成而明，是天道也。」《禮記‧哀公問》

　　先秦時期的儒家認爲：天與人之間存有一種內在的涵攝關係。宇宙萬物皆從天道之生生變化中得其性、命，而人爲萬物之一，故人的性、命亦是如此：

「誠者，天之道也。誠之者，人之道也。」
　　　　　　　　　　　　　　　　　《中庸‧第二十章》
「誠者，物之始終；不誠無物。是故君子誠之為
　　貴。」　　　　　　　　　《中庸‧第二十五章》
「故至誠無息，不息則久，久則徵，徵則悠遠，悠遠
　　則博厚，博厚則高明。」　　《中庸‧第二十六章》
「誠則形，形則著，著則明，明則動，動則變，變則
　　化，唯天下至誠為能化。」　《中庸‧第二十三章》

　　從日月代明，四時錯行、淵泉時出、川流不息等自然現象中，先秦儒家悟出：「誠者，天之道也」。宇宙中任何事物的始終都含有「誠」的道理，「至誠無息」，「不誠則無物」，「唯天下至誠爲能化」。由於「人道」即「天道」，「人心的條理與自然的條理有某種合轍之處」（劉述先，1989／1992：505），「誠之者，人之道也」，祇要至誠無妄，得自天道

的人性便可以朗現出來。所以說：

> 「唯天下至誠，能盡其性；能盡其性，則能盡人之
> 性；能盡人之性，則能盡物之性；能盡物之性，則
> 可以贊天地之化育，可以贊天地之化育，則可以與
> 天地參矣。」　　　　　　　　　　《中庸・第二十二章》

　　這種類比的推論方式，並不是康德所謂的「理論理性」，
我們也無法用任何科學的方法在經驗界中加以驗證。然而，它
卻是中國儒家所獨有的「實踐理性」，能支持個人去踐行儒家
的「仁道」。這種論點認為：「天就內在於人之中，人把自己
內在的德性發揚出來，就是闡明天道的一種方式。故實際人生
雖有限，卻通於無限，而可以與天地參。」（劉述先，1989
／1992：508）。然則，儒家要人們發揚的「內在德性」是什
麼？

第二節　儒家的心之模型

　　在回答這個問題之前，我們必須先討論先秦儒家諸子的人性觀。在《儒家思想與東亞現代化》中，作者綜合孔子、孟子、荀子對於人性的觀點，建構出一個「儒家的心之模型」，如圖 6－1。此處必須特別強調的是：從結構主義的角度來看，

資源支配者的心理歷程

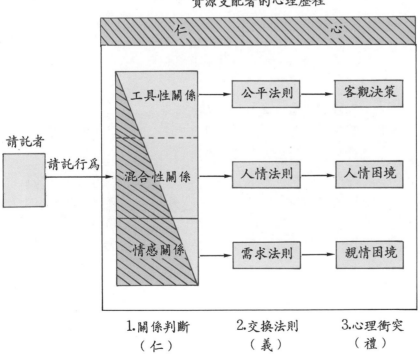

圖 6-1　儒家的心之模型（黃光國，1988：87）

這樣的一個模型並不代表孔、孟、荀三人中任何一個人的人性觀。對他們三人而言，他們的人性觀是一種「自覺的模型」，作者所建構的「儒家的心之模型」，則是一種「非自覺的模型」；是作者綜合他們三人的人性觀所作的「第二度的解釋」；而不是他們自己對人性的「第一度解釋」（Schutz，1967／1991）。

一、識心

在「儒家的心之模型」中，作者特別強調，先秦儒家諸子所體認到的「心」，乃是一種「雙層次的存在」：「仁心」承載了孔、孟所提倡的「仁、義、禮」倫理體系；「識心」則是荀子所體會到的、作為自然生物體之個人所擁有的「認知心」（註1）。荀子心目中的「人」，是作為自然界中之生物體的個人；他所謂的「性」，是作為自然生物體之個人所具有的天性（蔡仁厚，1984：387－403）：

> 「夫好利而欲得者，此人之情性也。」
> 「若夫目好色，耳好聲，口好味，心好利，骨體膚理
> 　好愉佚，是生於人之情性者也。」　　〈性惡篇〉
> 「凡人有所一同：饑而欲食，寒而欲暖，勞而欲息，
> 　好利而惡害，是人之所生而有也，是無待而然者
> 　也，是禹桀之所同也。目辨白黑美惡，耳辨聲音清
> 　濁，口辨酸鹹甘苦，鼻辨芬芳腥臭，骨體膚理辨寒
> 　暑疾癢，是人之生而有也，是無待而然者也，是堯
> 　桀之所同也。」　　　　　　　　　　　〈榮辱篇〉

由此可見，荀子所談的「心」，也是作為自然生物體之個人所擁有的具有認知及思慮功能的「識心」：

> 「心居中虛，以治五官，夫是之謂天君。」〈天論篇〉

「禮之中焉，能思索，謂之能慮。」　　　〈禮論篇〉

「情然而心為之擇，謂之慮。」　　　　　〈正名篇〉

「吾慮不清，則不能定然否也。」　　　　〈解蔽篇〉

「心，生而有知，知而有誌，誌也者，藏也；然而有
　所謂虛。不以所已藏害所將受，謂之虛。」

「心臥則夢，偷則自行，使之則謀，故未嘗不動也，
　然而有所謂靜。不以夢劇亂知，謂之靜。」

　　　　　　　　　　　　　　　　　　　〈解蔽篇〉

　「儒家的心之模型」以一條繪有斜線的長條代表「仁心」
，橫跨了整個「資源支配者的心理歷程」，這意思是說：整個
「資源支配者的心理歷程」都是「識心」作用的範疇，而「仁
心」應當作為「識心」的指導原則。在與「仁」對應的「關係
判斷」之處，作者以一條對角線將代表「關係」的長方型劃分
為兩部分，空白的部分稱為「工具性成份」，這意思是說：作
為生物體的個人生而具有各種慾望，「目好色，耳好聲，口好
味，心好利，骨體膚理好愉佚」，「饑而欲食，寒而欲暖，勞
而欲息，好利而惡害」；而「識心」的重要功能之一，便是在
和他人互動的時候，思索如何以他人作為「工具」，獲取各種
資源，來滿足自己的需要。斜線的部分稱為「情感性成份」，
這意思是說：作為道德本體的超越性「仁心」，必須在各種不
同角色關係的互動中方能朗現出來；而「仁心」的朗現卻是依
「關係」的親疏遠近而有差序性的。

　　由於作為自然生物體的個人天性具有各種慾望，因此先秦
儒家諸子主張用「仁、義、禮」倫理體系來加以約束。用荀子
的話來說：

「今人之性，生有好利焉；順是，故爭奪生而辭讓亡
　焉。生而有惡疾焉；順是，故殘賊生而忠信亡焉。
　生而有耳目之欲，好聲色焉；順是，故淫亂生而禮
　義文理亡焉。然則從人之性，順人之情，必出於爭

奪，合於犯分亂理，而歸於暴。」　　　〈性惡篇〉
「今人之性惡，必將待師法然後正，待禮義然後治。
今人無師法，則偏險而不正；無禮義，則悖亂而不
治。古者聖人以人性惡，以為偏險而不正，悖亂而
不治，是以為起禮義，制法度，以矯飾人之情性而
正之，以擾化人之情性而導之也，始皆出於治，合
於道者也。」　　　　　　　　　　　　　〈性惡篇〉

　　用符號互動論的角度來看，以個人「好色」、「好聲」、
「好味」、「好利」的慾望爲基礎而表現出來的「工具性」行
動，正是「主我」所要走表現出來的「衝動」，如果個人依照
這種「衝動」率性而爲，「從人之性」，「順人之情」，社會
秩序必然無法維持，「爭奪生而辭讓亡焉」，「殘賤生而忠信
亡焉」，「淫亂生而禮義文理亡焉」。因此，先秦儒家諸
子「起禮義」，「制法度」，制訂出「仁、義、禮」倫理體
系，透過各種社會化代理人（agents of socialization）傳遞給
個人，作爲個人和他人互動的規範，「以矯飾人之情性而正之
」，「以擾化人之情性而導之」。「儒家的心之模型」以一條
實線和一條虛線將代表人際關係的長方型方塊分成三部分，意
思是說：個人在和他人互動的時候，其「主我」的衝動和「客
我」的社會要求會處在一種不斷的辯證性歷程中，讓他依照彼
此「關係」的不同，選擇最適當的「交換法則」，並作出合乎
「禮」的行爲，使其表現出來的「自我」「出於治」，「合於
道」。荀子說：「識心」的主要功能是「能思索」、「定然否
」、「居中虛」、「情然而爲之擇」，其實便是在指這種辯證
歷程。

二、仁心

　　在「儒家的心之模型」中，「仁心」是「仁道」的承載者
。在前一節中，作者提到：先秦儒家諸子用「本天道以立人道

」的方式啓示出其倫理體系；用《易經・十翼》上的話來說，這就是：

> 「有天地然後有萬物，有萬物然後有男女，有男女然
> 後有夫婦，有夫婦然後有父子，有父子然然後有君
> 臣，有君臣然後有上下，有上下然後禮義知所
> 錯。」　　　　　　　　　　　　　　　　　〈序卦〉

由此可見，《易經・十翼》的作者認爲：人是宇宙間的萬物之一，天、地分陰陽，人間有男女；結合爲夫婦之後，又衍出父子、君臣等社會關係；因此，這種社會關係的安排（人道）是應當與「天道」相互通契的。儒家所主張的「仁道」或「禮義」之道，即是與「天道」相互通契的「人道」。然則，儒家所主張的「仁道」或「禮義」之道，究竟具有什麼特色？

第三節　庶人倫理：「仁、義、禮」倫理體系

在作者看來，儒家經典中最能夠反映儒家倫理中「仁」、「義」、「禮」三個概念之間的複雜關係者，是《中庸》上所說的一段話：

> 「仁者，人也；親親為大。義者，宜也；尊賢為大。
> 　親親之殺，尊賢之等，禮之所由生也。」
>
> 〈第二十章〉

「殺」即是差等之意。這一段話，不祇說明了「仁」、「義」、「禮」三個概念之間有密切的關係，而且說明了儒家評量角色關係的兩個向度。更清楚地說，儒家主張：個人和任何其他人交往時，都應當從「親疏」和「尊卑」兩個認知向度（cognitive dimensions）來衡量彼此之間的角色關係：前者是指彼此關係的親疏遠近，後者是指雙方地位的尊卑上下。作完評定之後，「親其所當親」，是「仁」；「尊其所當尊」，是「義」；依照「親親之殺，尊賢之等」所作出的差序性反應，則是「禮」。

用西方社會心理學的「正義理論」來看，《中庸》上的這段話還有一層重要的涵意。在前一章中，我們提到：「正義理論」將人類社會中的「正義」分為兩大類，「程序正義」是指：群體中的成員認為應當用何種程序來決定分配資源的方式；「分配正義」則是指：群體中的成員認為應當用何種方式分配資源（Leventhal, 1976；1980）。依照儒家的觀點，在人

際互動的場合，應當先根據「尊尊」的原則，解決「程序正義」的問題，決定誰是「資源支配者」，有權選擇資源分配或交易的方式；然後再由他根據「親親」的原則，決定資源分配或交易的方式。圖6−1「儒家的心之模型」中所謂的「義」，以及圖5−3「資源分配者之心理歷程」中的「交換法則」，主要是指「分配正義」。下列各節將先討論儒家對「程序正義」的主張，再回過頭來，討論他們對「分配正義」的觀點。

此處還有一點值得強調之處。在《儒家思想與東亞現代化》中，作者指出：儒家所主張的倫理，在本質上是一種「地位倫理」（status ethic）。對於社會上一般的「庶人」，儒家固然有其文化設計；對於承載有文化使命的「士」，儒家還有更高一層的倫理要求。因此，本章在談完儒家的為一般人所設計的「庶人倫理」之後；將更進一層討論儒家的「士之倫理」。

一、「程序正義」：尊尊原則

在前一節中，我們提到：在儒家思想裡，「仁」是「本心之全德」，是超越性的道德本體（陳榮捷，1969；Chan, 1955），由「仁」可以衍生出「義」、「禮」，其他較為次要的道德綱目又是由此衍生而出，構成了繁複的「仁、義、禮」倫理體係。依照儒家的主張，「五倫」中任何一種對偶性的角色關係，參與互動的雙方，都應當根據彼此的「尊尊差距」和「親疏關係」來決定彼此之間的互動方式。事實上，先秦儒家諸子就是用這兩個向度評估「五倫」關係中的角色屬性之後，再從其中提出最適恰的倫理主張。舉例言之，孟子說：

> 「父子有親，君臣有義，夫婦有別，長幼有序，朋友
> 有信。」　　　　　　　　　　　　　〈滕文公上〉

在這「五倫」關係中，他最重視的是「父子」和「君臣」

二倫，所謂「內則父子，外則君臣，人之大倫也」〈公孫丑下〉。我們不妨以這二倫爲例，說明他如何判定不同角色間的倫理原則。在孟子看來，從兒子的角度來看，「父親」在「親疏」向度上是屬於「至尊」，在「尊卑」向度上，又是屬於「尊長」，儒家最重視的德目是「仁」，所以他強調「父子有親」。對於扮演臣下角色的人而言，「君王」在親疏向度上是落在疏遠的一端，在「尊卑」向度上，卻是屬於「至尊」，孟子無法強調兩者之間的「親」，只好說「君臣有義」。其他像「夫婦有別，長幼有序，朋友有信」等等，我們也可以根據類似的原則，作出不同的倫理主張。

先秦儒家諸子根據互動雙方的「尊卑差距」以及「親疏關係」，來判定適用於某種角色關係的倫理原則。用現代西方心理學中正義理論的概念來說，當個人和他人進行社會互動時，他們應當考慮雙方關係的「尊卑」和「親疏」，分別解決有關「程序正義」和「分配正義」的問題。在決定誰是「資源支配者」，以解決「程序正義」的問題時，儒家主張先考慮雙方地位的「尊卑」差距，並根據「尊尊」的原則來決定誰應掌握決策權：

> 「何謂人義？父慈，子孝；兄良，弟弟；夫義，婦聽
> ；長惠，幼順；君仁，臣忠，十者謂之人義。」
>
> 《禮記·禮運篇》

儒家以爲：君臣、父子、夫婦、兄弟、朋友是社會中五種最重要的基本人際關係，儒家稱之爲「五倫」。五倫中，每一對角色關係的互動固然都應當建立在「仁」的基礎之上，可是，由於五倫的角色功能各不相同，它們所應強調的價值理念也應當有所差異。在儒家看來，五倫中最應當闡揚的價值分別爲「父子有親，君臣有義，夫婦有別，長幼有序，朋友有信」。更值得注意的是：在儒家的觀念裡，這五種角色關係中，除掉「朋友」一倫屬於對等關係之外，其他四倫都蘊涵有「上下、

尊卑」的差序關係。這四倫中，任何一對關係涉及的兩個角色，其社會地位有高下之分，其掌握權力亦有大小之別。

《禮記》一書將「朋友」一倫除去後，界定了十種所謂的「人義」：「父慈，子孝；兄良，弟弟；夫義，婦聽；長惠，幼順；君仁，臣忠」。換言之，假若「父慈」而「子孝」，則他們的行為便符合「義」的標準。反過來說，假定「父不慈」或「子不孝」，他的行為便是不義的。餘此類推。當然，這十種「人義」並不能窮盡儒家據以判斷「義」的所有標準。比方說，假如一個人對朋友失「信」，別人仍然可以說他「不義」。然而，作者以為：《禮記》之所以特別界定這十種「人義」，乃是因為涉及上述「人義」的五對角色之間，都蘊涵有社會地位的差等關係。更清楚地說，依照「十義」的原則，扮演「父、兄、夫、長、君」等角色的人，應當分別依照「慈、良、義、惠、仁」的原則作決策，而扮演「子、弟、婦、幼、臣」等角色的人，則應當遵守「孝、悌、聽、順、忠」的原則，接受他們的指示。一方面為支配者，一方面為從屬者，其間的尊卑主從關係，至為明顯。

二、「分配正義」：親親原則

考量互動雙方之角色關係在「地位尊卑」上的差距之後，「資源支配者」下一步的工作，便是要根據「親親」的原則，選擇最恰當的資源分配或交換法則。用圖 5–3〈人情與面子〉的理論模式，或圖 6–1「儒家的心之模型」來看，考慮互動雙方關係的親疏，是儒家所謂的「仁」；依照雙方關係的親疏選擇適當的交換法則，是「義」；考慮雙方交易的利害得失之後作出適恰的反應，則是「禮」；三者構成了儒家「仁、義、禮」倫理體系的核心部分。

在「儒家的心之模型」中，作者以一條對角線將和「仁」

對應的長方型分爲兩部分，斜線部分稱爲「情感性成份」，空白部分稱爲「工具性成份」，這意思是說：儒家所主張的「仁」，是有差序性的「親親」，而不是對任何人都普遍性的「一視同仁」。同時，作者又以一條實線和一條虛線將代表「關係」的長方形切割成三部分，並依其「情感性成份」的多寡，分別稱之爲「情感性關係」，「混合性關係」和「工具性關係」。在代表家人間的「情感性關係」和家庭外的「混合性關係」之間以一條實線隔間，這意思是說：儒家認爲，家人和外人之間存有一種難以穿透的心理界線（psychological boundary），應當根據不同的「分配正義」或「交換法則」來進行社會互動。

用〈人情與面子〉的理論模式來看，父子、夫婦、兄弟三倫是屬於「情感性關係」，個人應當以「需求法則」和他們進行交往，盡力獲取各種資源，來滿足對方的不同需要。朋友一倫屬於「混合性關係」，應當以「人情法則」和對方互動。至於君王，一般庶民很少有與之直接互動的機會，對於統治者的旨意，他們大概只有唯命是從的份。此處值得注意的是：對於不屬於「五倫」的眾多陌生人，儒家並沒有訂立明確的倫理準則。當個人必須與之建立「工具性關係」，並交換資源時，他比較可能根據「公平法則」，用「精打細算」的方式，和對方進行交易。

㈠由親及疏

我們可從儒家典籍中找到許多證據來支持以上各項論述：

樊遲問仁。子曰：「愛人。」　　　　　　　《論語・顏淵》
子貢曰：「如有博施於民，而能濟眾，何如？可謂仁乎？」
子曰：「何事於仁？必也聖乎！堯舜其猶病諸！夫仁者，己欲達而達人，能近取譬，可謂仁之方也已。」

　　孔子以「愛人」來解釋「仁」。他認爲：一個眞正「愛人」的人，必定能夠「推己及人」，「己欲立而立人，己欲達而達人」。他所說的「人」，並不是指某一個特定的對象。然而，他也明白：一個人要將「愛人」的精神推廣到每一個人身上，做到「仁者無所不愛」，並不是容易之事。在社會互動情境中，個人爲了表示他對別人的「仁」或「愛」，往往必須將他擁有的某些資源施予別人。這時候，他便面臨了現實的限制：個人的資源有限，他如何能夠無止境地施「仁」於他人？孔子平常不肯以「仁」許人，有人問他：「某人仁乎？」他的回答不是「不知其仁也」，便是「未知，焉得仁？」主要原因之一，便是一個人很難做到「無所不愛」。因此，子貢問他：「如果有人能夠『博施於民，而能濟衆』，能不能稱之爲『仁』？」孔子的回答是：「這豈止是仁！簡直可以說是『聖人』了。堯舜恐怕都還做不到呢！」

　　因此，儒家認爲：「仁德」的實踐，應當「能近取譬」，從「事親」做起，由親及疏，一步步往外推：

孟子曰：「仁之實，事親是也。」　　《孟子‧離婁上》
孟子曰：「事孰爲大？事親爲大。……事親，事之本也。」　　　　　　　　　　　　　　　　《孟子‧離婁上》

　　在盡到「事親」的義務之後，他才能一步步地由近及遠，向外實踐「仁道」：

子曰：「弟子入則孝，出則弟，謹而信，汎愛衆，而親仁，行有餘力，則以學文。」　　《論語‧學而》
有子曰：「其爲人也孝弟，而好犯上者，鮮矣！不好犯上，而好作亂者，未之有也。君子務本，本立而道生。孝弟也者，其爲仁之本歟！」《論語‧學而》

孔子所說的「入則孝，出則弟，謹而信，汎愛衆，而親仁」，已經蘊涵了「踐仁」的順序。儒家認爲：家庭中的「孝弟」是「仁之本」，一個人要實踐「仁」的德性，應當從「務本」做起，先講求「孝弟」、「篤於親」，再論及其他。

(二)居仁由義

孟子也有類似的看法。在先秦儒家諸子中，孟子對「義」的討論，最爲詳盡。他認爲：個人對於「義」或「不義」的判斷，應當以「仁」爲基礎，這就是所謂的「居仁由義」：

> 孟子曰：「仁，人心也；義，人路也。舍其路而弗由，放其心而不知求，哀哉！人有雞犬放，則知求之，有放心而不知求。學問之道無他，求其放心而已矣。」　　　　　　　　　《孟子‧告子上》
>
> 孟子曰：「自暴者，不可與有言也；自棄者，不可與有爲也。言非禮義，謂之自暴也；吾身不能居仁由義，謂之自棄也。仁，人之安宅也；義，人之正路也。曠安宅而弗居，舍正路而不由，哀哉！」　　　　　　　　　《孟子‧離婁上》

孟子經常仁、義並舉，認爲「仁，人心也；義，人路也」，「仁，人之安宅也；義，人之正路也」，不過他也同意：實踐「仁、義」，應當從家庭中做起：

> 孟子曰：「未有仁而遺其親者也。」
>
> 　　　　　　　　　《孟子‧梁惠王上》
>
> 孟子曰：「孩提之童，無不知愛其親者；及其長也，無不知敬其兄也。親親，仁也；敬長，義也，無他，達之天下也。」　　　　　　《孟子‧盡心上》

和孟子同一時代的楊朱提倡「爲我」，主張「拔一毛以利天下而不爲」；墨翟鼓吹「兼愛」，主張「愛人之父如己之父」，孟子痛罵他們「楊氏爲我，是無君也；墨氏兼愛，是無父也。無父無君，是禽獸也」《孟子・滕文公下》，其主要原因即在於楊、墨的主張違反了儒家「以仁居心」、「愛有差等」的原則。

值得強調的是：儒家雖然主張「愛有差等」，認爲實踐「仁道」應當從家庭中做起，但儒家並不以爲：「仁」的實踐可以僅止於此。尤其是對於「士」，儒家更賦予他們一種使命感，認爲他們應當從家庭開始，由內而外，一步步向外推行「仁道」，「親親而仁民，仁民而愛物」《孟子・盡心上》，「以其所愛及其所不愛」《孟子・盡心下》。這一點，對於了解儒家思想的結構有十分重要的涵意，我們將在下面「士之倫理」一節中，再作深入討論。

三、交接以禮

不管「資源支配者」選擇用何種「交易法則」和對方交往，依照儒家的主張，他在衡量雙方交易的利害得失，並作出適當反應的時候，都應當注意「以禮節之」。在東周時期，「禮」本來是指宗教儀節；到了西周初期，「禮」的宗教功能逐漸喪失，各種形式的「禮」轉變成爲維持政治和社會秩序的工具（徐復觀，1963）。根據儒家典籍的記載，當時的「禮」主要包含三項成份：

(一)儀節

完成某一儀式必須經過的步驟和程序，即每位儀式參與者在儀式進行的時空中必須完成的行爲，譬如，《禮記》、《儀禮》、《周禮》上所記載的朝覲之禮、聘問之禮、喪祭之禮、婚姻之禮等等，都各有其儀節。

(二)器

完成某項儀節必須使用的器具，包括車、服、旗、章、鐘、鼎、玉、帛等等。

(三)名

用以表示儀式當事人、主持人、及參與者之親疏、尊卑（或長幼）關係的名稱。譬如：家族中繁複的親屬稱謂；或政治上天子、諸侯、以至於卿大夫的爵號名分，都是其中之例。

在東周封建時期，貴族在禮制中可以使用的「名」和「器」都有詳細的明文規定，孔子本人對這方面也非常重視（註2）。有一次，子路向孔子問施政的優先順序，孔子說：「必也正名乎！」子路笑他「迂」，然後說了一篇「名不正則言不順，言不順則事不成，事不成則禮樂不興」的大道理（註3）。還有一次，仲叔于奚在衛齊之戰中救了衛軍統帥孫桓子。衛侯要賞他采邑，仲叔于奚一面辭謝，一面要求准許他在朝見時，使用諸侯專用的樂隊和馬飾。衛侯同意了，孔子知道後卻大表惋惜，認為「不如多與之邑」，又講了一篇「唯名與器不可以假人」的道理。

他看到當時「禮崩樂壞」，諸侯相互攻伐兼併，有些諸侯弒君犯上，雖然保有禮樂的形式，卻失掉禮樂應有的內涵。因此他喟然慨嘆：

> 「禮云，禮云，玉帛云乎哉？樂云，樂云，鐘鼓云乎哉？」　　　　　　　　　　　　　　　　《論語・陽貨》
> 子曰：「人而不仁，如禮何？人而不仁，如義何？」　　　　　　　　　　　　　　　　　　《論語・八佾》
> 子曰：「君子義以為質，禮以行之，遜以出之，信以

成之，君子哉。」　　　　　　　　《論語·衛靈公》

　　根據朱子的注釋，「質」是「質幹」的意思。孔子認爲：
君子應當「以仁居心」，「義以爲質」，「禮以行之」，「遜
以出之，信以成之」，如果缺少了「仁心」，「人而不仁」，
即使勉強維持「禮、樂」的形式，也沒有什麼意義。

　　在商周之前，禮僅具有外在的強制性和約束力。孔子將「
禮」、和「仁」、「義」相提並論，把外在的禮儀改造成爲一
種「文化心理結構」（李澤厚，1985），希望個人能夠以「仁
心」的道德本體作爲基礎，在各種不同的社會情境中考慮互動
雙方的關係，作出合乎「義」的道德判斷，其外顯行爲則應當
符合「禮」的原則，「仁、義、禮」三者合而爲一，成爲儒家
倫理最明顯的特色。

第四節　修身以道

　　先秦儒家諸子相信：他們用「本天道以之人道」的方法啟示出來的「仁道」，是和「天道」相互通契的。為了鼓勵弟子們修習「仁道」，儒家發展出一套精緻的「修身」辦法，要求弟子們「修身以道」中：

「自天子以至於庶人，壹是皆以修身為本。」

《大學‧第一章》

「故君子不可以不修身。」　　　　《中庸‧第二十章》

「天下之達道五，所以行之者三，君臣也，父子也，
　夫婦也，昆弟也，朋友之交也。五者，天下之達道
　也。知、仁、勇三者，天下之達德也，所以行之者
　一也。」　　　　　　　　　　　　《中庸‧第二十章》

「好學近乎知，力行近乎仁，知恥近乎勇。知斯三
　者，則知所以修身。」　　　　　　《中庸‧第二十章》

子曰：「仁者不憂，知者不惑，勇者不懼。」

《論語‧憲問》

　　儒家認為：從天子以至於庶人，每一個人都應當講究修身。修身的目標在於以「仁道」處理人間最重要的「五倫」關係，即君臣、父子、夫婦、兄弟、朋友；修身的方法則是以「好學」的方法學習「仁道」，用「力行」的方法實踐「仁道」，如果個人的行為違背「仁道」，他便應當感到羞恥。這樣的修身方法本身還稱不上是道德，不過它卻是追求「知、仁、勇」三達德的重要途徑。

一、好學近乎知

孔子是個非常重視學問的人。《論語》一書記載孔子所說的第一句話，便是「學而時習之，不易樂乎？」。他在晚年時回顧自己一生的經歷，說自己從十五歲開始「志於學」〈為政〉，以後便「學而不厭，誨人不倦」〈述而〉，專心致力於教育工作。他的學問十分淵博，但他說自己並不是「生而知之者」，他做學問的方法是「好古，敏以求之」〈述而〉，他相信「三人行，必有我師」〈述而〉，遇到自己不懂的事情，便發揮「每事問」的精神，「不恥下問」，從不斷學習中獲得知識。他說自己治學的態度是「發憤忘食，樂以忘憂，不知老之將至」。

《中庸》上記載了一套儒家的學習理論：

> 「博學之，審問之，慎思之，明辨之，篤行之。有弗學，
> 學之弗能弗措也；有弗問，問之弗知弗措也；有弗思，
> 思之弗得弗措也；有弗辨，辨之弗明弗措也；有弗行，
> 行之弗篤弗措也。人一能之，己百之；人十能之，己千
> 之。苟能此道也，雖愚必明，雖柔必強。」〈第二十章〉

「措」是「放手不為」的意思。儒家要學生用「博學、審問、慎思、明辨、篤行的方法來追求學問，如果有「學之弗能」、「問之弗知」、「思之弗得」、「辨之弗明」、或「行之弗篤」的現象，都不可以輕言放手，一定要拿出「人一能之，己百之；人十能之，己千之」的精神，再接再厲，鍥而不捨，直到問題完全弄清楚為止。

孔子平日教導學生的時候，也經常提到蘊涵在這套學習理論的某些原則。他認為最有效的學習必須出自於內心的興趣，

「知之者不如好之者，好之者不如樂之者」〈雍也〉。唯有如此，方能抱著「學如不及，猶恐失之」〈泰伯〉的態度，「博學於文」〈雍也〉。在學習的時候要能夠「日知其所無，月無忘其所能」〈子張〉，「溫故而知新」〈爲政〉。但是也不能死讀死記，「學而不思則罔，思而不學則殆」〈爲政〉，光只知道「多學而識之」，最後一定是弄得一片惘然，毫無實益。因此，孔子要求學生要能夠從學習材料中抽出一些基本原則，「一以貫之」〈衛靈公〉，再「舉一隅以三隅反」〈述而〉，活學活用（註3）。

主張「性惡論」的荀子認爲：「禮義之道」是像孔子那樣「仁智且不蔽」的「聖人」或「先王」所啓示出來的〈解蔽篇〉。「聞道有先後」，一般人要懂得「禮義之道」，一定要努力學習。因此，他也一再強調「學習」的重要性：

> 「人之於學也，猶玉之於琢也。詩曰：『如切如磋，
> 如琢如磨』，謂學問也。和氏璧，井里之厥也，玉
> 人琢之，爲天子寶；子貢季路，故鄙人也，被文
> 學，服禮義，爲天下列士。」　　　　　〈大略篇〉
> 「我欲賤而貴，愚而智，貧而富，可乎？曰：『其唯
> 學乎！』」　　　　　　　　　　　　　〈儒效篇〉

荀子寫過一篇膾炙人口的〈勸學篇〉，頗能彰顯儒家「好學」的精神：

> 「故不積跬步，無以致千里，不積小流，無以成江
> 海。麒驥一躍，不能十步，駑馬十駕，功在不捨。
> 鍥而不捨，金石可鏤。鍥而捨之，朽木不折。是故
> 無冥冥之志者，無昭昭之明；無惛惛之事者，無赫
> 赫之功。」

二、力行

　　我們說過：儒家教育的主要內容是一種道德倫理體系，其本質是康德知識論中所謂的「實踐理性」，而不是近代人以感官經驗為基礎，透過理性的重建所構成的「理論理性」。這種「實踐理性」必須通過「體證的踐履」（牟宗三，1985a）或「體知」（杜維明，1987）的歷程，方能為人所認識到。因此，孔子施教，十分重視「篤行」。孔子傳授弟子的教材，雖然包括：禮、樂、射、御、書、數等六藝。然而，對儒家而言，求學志在用世，修德重於讀書（註5）。如果學到一些道德原則，只在口頭上談談，學而不能致用，那麼學得再多，亦是罔然。因此，他要求學生「先行其言，而後從之」〈為政〉，「訥於言而敏於行」〈里仁〉，「言之必可行」〈子路〉，不能光說不做。

　　孟子施教，也非常強調道德的實踐，而主張「力行」。他認為：「仁、義、禮、智」是「我固有之」〈告子上〉，是「不慮而知，不學而能」的「良知良能」〈盡心上〉，是「人人可得而為之」的。有人問他：

「不為者與不能者之形何以異？」
曰：「挾太山以超北海，語人曰『我不能』，是誠不
　　能也；為長者折枝，語人曰：『我不能』，是不為
　　也，非不能也。」　　　　　　　　《孟子‧梁惠王上》

　　「為」便是「實踐」的意思。在孟子看來，「仁、義、禮、智」既然是「我固有之」，踐行仁道，有如「為長者折枝」之易，若推說「不能」，那是「不為也，非不能也」。反過來說，如果有心踐行「仁道」，則任何人皆可以為堯舜：「舜何？人也；予何？人也。有為者，亦若是！」〈滕文公上〉

　　主張「性惡論」的荀子雖然不相信人有所謂的「良知良能」，而認爲「禮義之道」是個人向「聖人」、或「先王」學習得來的，不過，他也非常重視「道」的實踐問題：

　　「道雖邇，不行不至；事雖小，不爲不成。」

〈修身篇〉

　　「不聞不若聞之，聞之不若見之，見之不若知之，知
　　之不若行之，學至於行之而止矣。」　　〈儒效篇〉

　　「真積力久則入，學至乎没而後止也。故學教有終，
　　若其義則不可須臾舍也。爲之，人也；舍之，禽獸
　　也。」　　　　　　　　　　　　　　　　〈勸學篇〉

三、知恥

　　儒家既然堅持人應當踐行「仁、義、禮」倫理體系，「爲之，人也；舍之，禽獸也」，如果有人「言過其實」，行爲背離了「仁道」，儒家便認爲他們應當感到可恥，所以孔子說：

　　「君子恥其言而過其行。」　　　　　　《論語‧憲問》
　　「古者言之不出，恥躬之不逮也。」　　《論語‧里仁》

　　孟子也認爲人應當堅持道德，不可以油嘴滑舌，「爲機變之巧」：

　　「人不可以無恥，無恥之恥，無恥矣。」

《孟子‧盡心上》

　　「恥之於人大矣。爲機變之巧者，無所用恥焉。不恥
　　不若人，何若人有！」　　　　　　　　《孟子‧盡心上》

　　在下一節中，我們將指出：儒家賦予士一種「以道濟世」

的使命感，認為士應當追求「以道濟世」的目標，而不應當追求物質的享受：

> 子曰：「士志於道而恥惡衣惡食者，未足以議也。」
>
> 《論語·里仁》

所以，孔子讚揚子路「衣敝縕袍，與衣狐貉者立，而不以為恥」〈子罕〉。值得一提的是：儒家重視的是「樂道」，而不是無條件的安貧。

> 子曰：「天下有道則見，無道則隱。邦有道，貧且賤
> 　焉，恥也。邦無道，富且貴焉，恥也。」
>
> 《論語·泰伯》
>
> 子曰：「邦有道，穀。邦無道，穀，恥也。」
> 孟子曰：「立乎人之本朝而道不行，恥也。」
>
> 《孟子·萬章下》
>
> 孟子曰：「聲聞過情，君子恥之。」《孟子·離婁下》

儒家以為：個人出仕的主要目的是以道濟天下。在邦有道之時，個人理應出仕；如果無能出仕，而身居貧賤，那是可恥之事。反過來說，倘若邦無道，而個人身居富貴，領取國家俸祿（穀），卻尸位素餐，一無作為，「立乎人之本朝而道不行」，或甚至是浪得虛名，「聲聞過情」，更是十分的可恥。

四、君子與小人

儒家鼓勵人們用「好學、力行、知恥」的方法「修身」，目的在於培養能夠踐行「仁道」的「君子」。「君子」這個概念本來是指有貴族身份或家世的人，孔子則轉而借之，用以指稱有道德修養的人，《論語》記載的孔子語錄中，除少數例外，絕大多數都是第二種用法。孔子平日教導學生，十分強調「

君子」這個概念。譬如，子夏投入孔子門下，孔子即告誡他：
「汝爲君子之儒，無爲小人儒」《論語‧雍也》。他自己平日
更經常和弟子從各種不同角度討論「君子」和「小人」之別：

> 「君子喻於義，小人喻於利。」　　　　　《論語‧里仁》
> 「君子懷德，小人懷土；君子懷刑，小人懷惠。」
> 　　　　　　　　　　　　　　　　　　　《論語‧里仁》
> 「君子固窮，小人窮斯濫矣。」　　　《論語‧衛靈公》
> 「君子有勇而無義為亂，小人有勇而無義為盜。」
> 　　　　　　　　　　　　　　　　　　　《論語‧陽貨》
> 「君子求諸己，小人求諸人。」　　　《論語‧衛靈公》
> 「君子坦蕩蕩，小人長戚戚。」　　　《論語‧述而》
> 「君子成人之美，不成人之惡；小人反是。」
> 　　　　　　　　　　　　　　　　　　　《論語‧顏淵》
> 「君子和而不同，小人同而不和。」　《論語‧子路》
> 「君子固而不比，小人比而不固。」　《論語‧爲政》
> 「君子泰而不驕，小人驕而不泰。」　《論語‧子路》

以上的例子顯示：孔子非常重視「君子」和「小人」的不
同，並試圖從各種不同角度來突顯兩者之間的差異，其目的則
是希望弟子作爲「君子」，毋爲「小人」（高明，1983；余英
時，1987）。從以上所舉的例子，我們可以看出：孔子所
謂「君子」，其實就是懷有「仁心」，能夠「以仁居心」，並
且熟諳「仁、義、禮」倫理體系的人。他在日常生活中待人接
物，不僅「居仁由義」，而且謙恭有禮。

「君子」所關切的問題，是以「仁、義、禮」倫理體系爲
基礎的道德原則，而不像小人那樣，祇關心現實世界中的利害
，所以說「君子喻於義，小人喻於利」，「君子懷德，小人懷
土；君子懷刑，小人懷惠」，「君子固窮，小人窮斯濫矣」。
在孔子看來，奉行「仁道」、「以仁居心」的君子，不祇會「
反求諸己」，要求自己實踐「仁、義、禮」倫理體系；而且會

「成人之美，不成人之惡」，因此他的內心是坦蕩蕩的，和別人相處則能「和而不同」、「固而不比」，「泰而不驕」。這種風範和孳孳為利的小人正好成為明顯的對比。

第五節　儒家的「士之倫理」：濟世以道

　　孔孟思想認為：整個社會的安寧、秩序、以及和諧都是建立在個人的道德修養之上，因此，每一個人都有義務成為「君子」，這是儒家對於作為一個「人」的基本要求。而「君子不可以不修身」，故道德方面的自我修養（self–cultivation）也變成一種漫長、艱辛、而永無止境的歷程（Tu, 1985）。一般庶人固然應當在其家庭及生活的社區內「行仁」，對於承載有文化使命的「士」，儒家對他們還有更高一層的道德要求。

一、士志於道

　　我們曾說過，儒家所主張的倫理，本質上是一種「地位倫理」。儒家賦予「士」一種使命感，認為「士」應當「濟世以道」：

　　子曰：「人能弘道，非道弘人。」　　《論語·衛靈公》
　　子曰：「朝聞道，夕死可矣。」　　　《論語·里仁》

　　儒家希望：弟子們能夠「志於道」，要立志「弘道」，不要把「道」當做是弘揚個人名聲的工具。由於儒家認為：「道」的追求具有絕對的價值，是一件必須「生死與之」之事，孔子不僅要求弟子「篤信善學，守死善道」〈泰伯〉，甚至說出「朝聞道，夕死可矣」的話。曾子和孟子更進一步地闡述儒家的這種理想：

曾子曰：「士不可以不弘毅，任重而道遠。仁以為己
　　任，不亦重乎？死而後已，不亦遠乎？」
　　　　　　　　　　　　　　　　　　　　《論語·泰伯》

孟子謂宋勾踐曰：「……故士窮不失義，達不離道。
　　窮不失義，故士得己焉。達不離道，故民不失望焉。
　　古之人，得志，澤加於民；不得志，修身見於世；
　　窮則獨善其身，達則兼善天下。」《孟子·盡心篇》

孟子曰：「……居天下之廣居，立天下之正位，行天
　　下之達道。得志與民由之，不得志，獨行其道。富
　　貴不能淫，貧賤不能移，威武不能屈，此之謂大丈
　　夫。」　　　　　　　　　　　　　　《孟子·滕文公下》

　　依照儒家「德治主義」的理想，掌握實權的一國之君，有
能力也有責任在其封國內推行「仁政」，使其國內百姓「廣被
仁澤」，然後再逐步漸進，由「一國興仁」發展到「天下興仁
」的理想境界。在這個過程中，「士」扮演著十分重要的角色
。他應當堅持「道」的理想，在「得志」的時候，「以道事君
」，「與民由之」，「澤加於民」，甚至「兼善天下」。他施
行仁澤的範圍愈廣，他的道德成就也愈高。這就是儒家所強調
的「修身，齊家，治國，平天下」。反過來說，如果他「不得
志」，也應該「窮不失義」，「獨善其身」，「獨行其道」，
以求「修身見於世」。唯有如此地「守死善道」，「富貴不能
淫，貧賤不能移，威武不能屈」，才是所謂的「大丈夫」。

二、以道事君

　　儒家在評估個人道德成就的高下時，是以他在作道德判斷
並履行道德實踐時，施行「仁澤」所及的群體大小而定。「士
」在「得志，澤加於民」時，惠及的群體愈大，他的道德成就
也愈高。用朱元晦的話來說：「仁者如水。有一杯水，有一溪

水，有一江水，聖人便是大海水」《朱子語類·卷三十三》，所謂「杯水、溪水、江水、大海水」，可以用個人施「仁」的群體大小作爲其衡量尺度。「澤加於民」時，「民」的群體愈大，愈是「仁澤廣被」，道德成就也愈高。

儒家是主張「大德必得其祿，必得其位」的，「士」必須「仁以爲己任」，佔更高社會地位的顯貴、王侯亦莫不然：

孟子曰：「三代之得天下也，以仁；其失天下也，以
　　不仁；國之所以廢興存亡者亦然。」

孟子曰：「天子不仁，不保四海；諸侯不仁，不保社
　　稷；卿大夫不仁，不保宗廟；士庶人不仁，不保四
　　體。」
　　　　　　　　　　　　　　　　　《孟子·離婁篇》

孟子曰：「紂桀之失天下也，失其民也；失其民者，
　　失其心也。得天下有道，得其民，斯得天下矣！得
　　其民有道，得其心，斯得民矣！得其心有道，所
　　欲，與之聚之；所惡，勿施爾也。」
　　　　　　　　　　　　　　　　　《孟子·離婁篇》

天子、諸侯、卿大夫，都是在社會上佔有較高地位的人，孟子認爲：他們在做各種涉及正義的判斷時，也應當以「仁」爲基礎，以免失去民心，而不能長久保其祿位。我們說過：儒家所強調的這種「仁」，基本上是個人對其所屬群體的「愛」爲基礎，當政者在其權力範圍之內做各項決策時，都應當考慮他所屬的群體，「所欲，與之聚之；所惡，勿施爾也」。孟子以爲：做臣子的人，最重要的責任便是「格君心之非」，引君於正途（註6）。儒家認爲：「君仁莫不仁，君義莫不義，君正莫不正」，祇要「一正君，而國定矣」《孟子·離婁篇》，因此，孟子主張：「君子之事君也，務引其君以當道，志於仁而已」《孟子·告子篇》。

以對群體的「仁」爲基礎，士在出仕之後，便可以和統治

者產生出一種對等的關係：

> 孟子告齊宣王曰：「君之視臣如手足，則臣視君如腹
> 心；君之視臣如犬馬，則臣視君如國人；君之視臣如
> 土芥，則臣視君如仇寇。」　　　　　《孟子‧離婁篇》

　　這種觀念反映出儒家式的「自律性道德」。更清楚地說，在前文所說的「程序正義」方面，儒家雖然主張：居於尊上地位的「父、兄、夫、長、君」，應當依照「慈、良、義、惠、仁」的原則作決策，居於卑下地位的「子、弟、婦、幼、臣」，必須根據「孝、悌、聽、順、忠」的原則，與之交往。然而，如果居上位的人違反了「仁」的原則，儒家卻主張：「當不義則爭之」。更確切地說：「當不義則爭之」是儒家所強調的普遍性原則，任何人作出不義的行為，個人都應當挺身抗爭：

> 曾子問孔子：「若夫慈愛恭敬，安親揚名，則聞命
> 　矣。敢問子從父之令，可謂孝乎？」
> 子曰：「是何言與？是何言與？昔者天子有爭臣七
> 　人，雖無道，不失其天下。諸侯有爭臣五人，雖
> 　無道，不失其國。大夫有爭臣三人，雖無道，不
> 　失其家，士有爭友，則身不離於令名。父有爭
> 　子，則身不陷於不義。故當不義，則子不可以不
> 　爭於父，臣不可以不爭於君。故當不義則爭之。
> 　從父之令，又焉得為孝乎？」　　　《孝經‧諫爭章》

　　荀子在〈子道篇〉中亦主張：「入孝出弟，人之小行也。上順下篤，人之中行也。從道不從君，從義不從父。」

　　值得強調的是：在先秦儒家的概念裡，「君臣」和「父子」是兩類截然不同的關係，在這兩類關係裡，居於優勢地位者犯了不義之行，居於卑下地位的人經過反復諍諫之後，如果

居上位者不願聽從，居下位者的反應也應當有所不同：

「父母有過，諫而不逆。」　　　　　　　　《禮記‧祭義》

「子之事親也，三諫而不聽，則號泣而隨之。」

　　　　　　　　　　　　　　　　　　　《禮記‧曲禮》

「父母有過，下氣怡色，柔聲以諫。諫若不入，起敬
　起孝。悅則復諫。不悅，與其得罪於鄉黨州閭，寧
　孰諫。父母怒，不悅，而撻之流血，不敢疾怨，起
　敬起孝。」　　　　　　　　　　　　　《禮記‧內則》

子曰：「事父母幾諫，見志不從，又敬不違，勞而不
　怨。」　　　　　　　　　　　　　　　《論語‧里仁》

　　在儒家看來，父母親是自己生命的根源，是「己身所從出
」之人。親子之間的關係，是永遠無法切斷的血緣關係。在「
孝」的大前提之下，父母有過，作子女的人祇能「諫而不逆」
，「下氣怡色，柔聲以諫」，「幾諫」。縱然「父母怒，不悅
，而撻之流血」，表現出極端「不慈」的行為，子女也祇能忍
耐到底，「號泣而隨之」，「不敢疾怨，起敬起孝」，「又敬
不違」。

　　然而，君臣之間並沒有這種不可割裂的血緣關係。君王殘
暴不仁而又不聽人勸諫的時候，臣下的反應也應當有所不同：

齊宣王問卿。

孟子曰：「王，何卿之問也？」

王曰：「卿不同乎？」

曰：「不同。有貴戚之卿，有異姓之卿。」

王曰：「請問貴戚之卿。」

曰：「君有大過則諫，反覆之而不聽，則易位。」

王勃然變乎色。

曰：「王勿異也。王問臣，臣不敢不以正對。」

王色定。然後請問異姓之卿。

曰：「君有過則諫，反覆之而不聽，則去。」

《孟子・萬章下》

　　孟子在回答齊宣王的問題時表示：貴戚之卿和異姓之卿與國君關係不同。貴戚之卿與國君關係密切，國君有大過，反覆規勸他而不聽，則可能危及國家，在「民爲貴，社稷次之，君爲輕」的原則下，應該易置之。異姓之卿與國君關係疏遠，君王有過，反覆勸諫而不聽，便可以離開這個國家而他去。譬如君王「無罪而殺士」或「無罪而戮民」，作爲臣下的大夫、或士便可以離職他去，不必留情。遇到暴虐無道，不行仁政的君王，有勢力的諸侯更應當挺身而出，弔民伐罪：

齊宣王問曰：「湯放桀，武王伐紂，有諸？」

孟子對曰：「於傳有之。」

曰：「臣弒其君可乎？」

曰：「賊仁者謂之賊，賊義者謂之殘，殘賊之人，謂
　　之一夫。聞誅一夫紂矣，未聞弒君也。」

《孟子・梁惠王下》

　　這些觀念在在顯示出：先秦儒家諸子強調尊卑主從關係之差序性，乃是以互動雙方必須確守「仁道」的原則作爲大前提的。如果尊長的一方背離了「仁道」的原則，從屬的一方便沒有盲目遵從的義務。這是儒家「自律性道德」的最大特色。近代許多研究中國政治文化的漢學家，經常注意到中國歷史上政治人物作道德判斷時的自主性及自律性（狄白瑞，1983；Metzgar, 1977, 1981），其文化根源即在於此。然而，在儒家的傳統觀念裡，「士」的角色在於「以道事君」，「格君心之非」，他能不能「行道」，先決條件在於是不是能得到君王的重用。君主制度變成「士」實踐其理想人格的形式要件（雷霆，1991），「士」無法獨立成就其道德人格，這不能不說是傳統士人的一項悲劇。

三、結論

在本章中，作者以〈人情與面子〉的理論模式爲基礎，用結構主義的方法，分析了儒家思想的內在結構。從這樣的分析中，我們可以很清楚地看出：作者綜合先秦儒家諸子對於「仁」、「義」、「禮」等概念的闡述，所建構出來的「儒家的心之模型」，和〈人情與面子〉理論模式中「資源支配者的心理歷程」之間，具一種「同構」的關係：差序性的「仁」和作「關係判斷」時「關係」中的「情感性成份」相互對應；「義」於應於「交換法則」；「禮」則對應於經過辯證性心理衝突後所表現出來的外顯行爲。換言之，〈人情與面子〉的理論模式雖然是一種可以用來說明不同社會中之人際互動形式性理論，但我們要說明爲什麼一般華人特別重視「需求法則」或「人情法則」，卻不能不考慮儒家傳統的「深層結構」，以及自此而衍生出來的「淺層結構」（註7）。

當我們以〈人情與面子〉的理論模式爲參考架構而分析儒家思想的內在結構時，我們立即可以看出：〈人情與面子〉的理論模式其實只能說明儒家思想的部分，也就是「庶人倫理」中與「分配正義」有關的部分。除此之外，儒家思想還有其獨特的宇宙論、天命觀、心性論、和修養論，這整體的結構構成我們理解儒家「仁、義、禮」倫理體系的「背景境域」。更清楚地說，倘若我們將一切的文化價值摒棄不談，則〈人情與面子〉的理論模式將是可以適用於不同社會的形式性理論。倘若我們要說明：爲什麼傳統社會中的華人特別重視「人情、關係、與面子」，則我們不僅要正視與該理論對應的「仁、義、禮」倫理體系，而且要考慮儒家傳統所強調的「尊尊原則」。這種「程序正義」的觀念，是西方個人主義文化付諸闕如的。當然，如果我們要了解：爲什麼儒家思想會有這樣的正義觀念，我們又不能不進一步考慮儒家的人生觀及其整體的「背景

境域」。

　　同樣的，我們在討論任何與儒家傳統有關的議題時，也應當採取結構主義的觀點，作整體性的考量。比方說，在討論華人的道德思慮時，幾乎所有學者都同意：對華人道德思慮影響最大的是儒家「仁」的理念。誠然，在儒家思想裡，「仁」是超越性的道德本體，是「本心之全德」（牟宗三，1975，1985b）。然而，有些學者強調：「仁、義、禮、智」是具有「普遍主義」特色的道德原則（如：李明輝，1990；余英時，1984）；有些學者則認爲：「仁」的具體實踐是主張「特殊主義」而講究差序性的（如：傅偉勳，1973）。心理學者採用西方測量工具從事實徵研究時，所測得的結果也呈現出紛歧不一的現象（如：楊中芳，1991；傅寶玉、雷霆，1991）。如果我們對儒家思想有一種整體性的結構觀，了解「庶人倫理」和「士之倫理」之間的差異，考慮作出道德判斷者的身份地位和社會處境，其實我們不難對這許多紛歧的現象作出一個較爲妥善的解釋。由於有關此一問題的討論已經超出本書的範疇，我們只有留待其他場合再作細論。

（註1）包遵信（1986）指出：中國歷史上的學者大多將孟、荀之說視爲互相對立的理論，而視之爲理解「人」的兩種不同途徑。

（註2）關於孔子重視「禮」之差序性的討論，見蔡尙思（1982），頁62－79。

（註3）孔子主張依照儒家的標準，爲歷史人物定名份，寓褒貶，這種作法胡適（1919：87－101）稱之爲「正名主義」。

（註4）胡適（Hu, 1967）即認爲儒家的學習方法極符合科學精神。

（註5）關於孔門學習的主要內容，見胡止歸（1983），楊亮功（1983）。

（註6）在春秋戰國時代，「士」階層的興起及儒家如何賦予「士」以「行道」的使命，見余英時（1987）及徐復觀（1972）。

（註7）近年來港台社會科學工作者對於人情、關係、面子的描述，均可以看做是由此「深層結構」衍生出來的「淺層結構」。見朱瑞玲（1988），金耀基（1991, 1986, 1992），陳之昭（1988），喬健（1982）。

天理與人欲

儒家思想的發展

　　在上一章中，作者以〈人情與面子〉的理論模型爲基礎，綜合先秦儒家諸子的論述，用結構主義的方法，分析了「儒家思想的內在結構」。這樣分析所得的結果，在本質上是一種將「時間」因素抽離掉的「共時性」概念架構，而不是一種「歷時性」的理論。從思想史的角度來看，這種意識型態的結構並不是一成不變，而是處於不斷的變化之中。任何一種意識型態的轉變和調整，都是以辯證的方式進行。所謂辯證的方式是說：意識型態在某一特定群體展現出來的時候，由於該一群體和外來文化的接觸，隨著時間的經過，該一群體便可能產生內部的矛盾，正、反兩面的觀點，形成矛盾的對立，或者否定的否定，成爲改變的基礎，使意識型態的現存狀態發生轉化，而爲新的現象所取代，並朝向更高層次之整合發展（Georgoudi, 1984；Peeters, 1984）。

　　當然，這種意識型態的辯證性發展並不是在眞空中發生的。在中國歷史上，儒家意識型態的發展和政治勢力的變遷一直有十分密切的的關聯，兩者之間呈現出非常緊密的互動關係。我們可以借用希伯萊大學（Heberew University of Jerusalem）教授艾森斯塔（S. N. Eisenstadt）的現代化理論來說明儒家思想的演變對於中國政治和社會的涵義（註1）。

第一節　艾森斯塔的現代化理論

　　艾氏的理論係以 Comte、Weber、Durkheim、Tonnis 等古典社會學大師的概念爲基礎，加上結構功能論對於現代化的觀點，以及批判理論對於後者的批評，綜攝而成。他和結構功能論一樣，一方面很重視權力、意義、和社會聯帶等象徵符號的問題；一方面又不忽略它們和市場及社會分工等機構層面之間的關聯。然而，他卻不像結構功能論那樣，認爲象徵符號或機構的模式會形成恆久不變的「系統」。相反的，在他看來，任何一種「系統」的疆界和模型既不是自然生成的，也不是一成不變的。人的自主性活動，以及群體和群體之間的衝突，會不斷地導致符號和機構的建構或重構，因此而改變系統的疆界和模式。

　　艾氏非常重視文化符號對於機構的影響。他認爲：長期來看，一個文明的「前提」（premises）或「規格」（format）將型塑出許多不能化約爲物質因素的符號、概念、和行動，甚至成爲人們重新建構世界的取向。這種取向的承載者，他們所造成的張力，以及當前機構的反應，構成人類歷史上社會及文明發展的動力。他不像一般的西方社會學者那樣的認爲：個人對於自利的追求可以解釋所有的行爲。在他看來，個人在各種不同的方案間作抉擇時，其自利動機當然是十分重要的決定因素。然而，這些可供選擇的方案卻是由文化所界定的，社會的發展也因而是由文化所塑造的。

　　至於社會存在的物質層面，艾氏在論及「社會分工」時，

區分兩種不同的社會範疇：一類是「天生或生態的界域」（ascriptive or ecological contours），譬如親族、宗族、部落的界線，以及城市和鄉村的分界等等。另一類是「機構的界域」（institutional contours），這種機構通常具有一種法人的性格，大多訂有甄選成員的明確標準，也有一定的權力結構，並由少數領導者指導其中的政治活動。平時他們會從事各種技術性或功能性的活動，以創造或操縱各種不同的資源，並在各種「市場」上和其他機構或個人進行經濟、政治、或文化的交易。

一、社會的三種類型

艾森斯塔將人類歷史上出現過的社會分爲三大類：在「軸樞時期」之前（pre-axial age）的原始社會裡，並沒有清楚的意識型態，世俗和超越的範疇沒有明顯的分界，正統和異端之間也沒有形成清楚的對立。社會中雖然有一些掌管禮儀和方術的專家，但他們的社會活動和參考架構都沒有經過分化。社會族群主要是以「自然或生態的界域」來加以劃分，「機構的界域」祇在萌芽階段。社會階層並不明顯，政治鬥爭也還沒有意識型態化。菁英的地位並未固定下來，社會中心也尚未發展成型，他們跟符號模式之間也沒有什麼關聯。政治生活雖然受到宗族、派系、和個人傾向的影響，但造成政治摩擦的主要原因卻是資源的分配、和統治地位的爭奪。這種社會的適應和創新能力都相當微弱。

在人類歷史上的某個階段，古希臘、古猶太、帝制中國、早期的基督教、和印度的佛教等幾種主要的文明，都經歷過 Karl Jasper 所謂的「軸樞時期」（axial age），並發生過一系列革命性的變化，由農業社會發展出商業、城市、文學、和比較複雜的政治結構，並且不斷地分化出新的政治和文化群體，不同的機構和市場，以及日益複雜的社會階層。艾氏認爲：這

種變革的核心，主要是由三種彼此關聯的發展所構成，第一，是隨王權之興起而出現的知識份子，他們會進一步分化成為政治、軍事、及文化菁英。第二，有些文化菁英會深入思索人類的經驗，人與宇宙的關係，以及人與超越界的關係，並將他們的思想予以理性化，而成為比較穩固的意識型態。第三，是建構出所謂的「社會中心」（societal center）。

在艾氏看來，社會學的核心問題之一，是某種「文化視野」（cultural vision）如何能夠決定菁英的地位，使其進入不同的機構或市場之中。他引用 Edward Shils 的概念，將社會區分為「中心」（center）和「邊緣」（periphery），同時又借用 Robert Redfield 的術語，將文化區分為「大傳統」（great tradition）和「小傳統」（little traditon），認為社會中心所認同的是「大傳統」，而社會邊緣所踐行的則是「小傳統」。

文化的「大傳統」是指在「社會中心」運作權力時必須掌握的某種「文化符碼」（cultural code）。通常祇有受過相當水準之教育的少數知識份子，才有能力掌握這種符碼，才能成為主要文化的承載者，並有較大的可能性成為社會階層中佔有較高地位的菁英或次級菁英。像希伯萊的祭師，印度的僧侶，儒家的士，都是其傳統文化的承載者，他們的主要任務是在思索社會的「前提」，並在這些「前提」下，針對每一事件，建構各種可行的方案，提供給當權者作選擇。他們在現實社會中可能並不掌握實權，也很少採取政治或經濟行動，但卻因此而能夠成為社會建構過程中的主要推動者。

所有的社會生活都會形成社會階層。在這少數的文化菁英中，祇有少數人能夠真正掌握住財富和權力，其他大多數人只是有機會參與關鍵性的文化歷程和政治鬥爭而已。因此，「社會中心」的菁英，又可以分為「向心的」（centripetal）和「離心的」（centrifugal）兩大類，他們為爭取各種資源，而不

斷地展開權力鬥爭。儘管如此，「社會中心」通常都能夠保持某種程度的整合，能夠累積並控制相當數量的物質資源，並能夠針對各種文化、政治、和經濟的問題設立議程表，用以支配或安排社會菁英日常的生活與活動；同時又能夠提供一種「賽場」（arena），作為社會菁英權力鬥爭的場所，並在此作出能夠影響大部分社會的宏觀決策。

第三種類型的社會，就是所謂的「現代社會」（modern societies），是由這些軸樞文明中的基督教文明最先發展出來，再擴散到其他文明中去。在「現代社會」中，不僅會出現愈來愈多的工商業機構，採用西方的科技，從事生產工作，更重要的是：它會採取政治上的多元主義，允許持有不同意識型態的「離心菁英」，成立政治性的機構，並在政治市場上和其他機構展開競爭。

二、軸樞時代的意識型態

倘若我們用艾森斯塔的理論來檢視中國的歷史，我們可以說：中國歷史上的春秋戰國時代，大致就是中國文明的「軸樞時代」。在這個時代，天下四分五裂，諸侯群雄並起，他們為了爭取王權，而「爭相養士」，大量起用和自己沒有血緣關係的幹才，造成「士階層的興起」（Hsu, 1956；徐復觀，1972）。儒家思想可以說是這個軸樞時代之文化菁英所建構出來的一種意識型態。秦朝覆亡之後，漢武帝接受董仲舒的建議，罷黜百家，獨尊孔子，使儒家思想在帝制中國的「社會中心」取得「正統」的地位，成為中國文化的「大傳統」。用艾森斯塔的理論來說，這是帝制中國政治行動的「前提」或「規格」，統治者希望它也能變成一般人社會行動的「前提」或「規格」，因此透過包括科舉制度在內的各種「教化工具」，對民眾灌輸這種意識型態。當然，這樣的意識型態並不是一成不變的，在外來文化的衝擊下，在其他思想體系的刺激下，「社會中心

」的文化菁英都可能根據某種特殊目的，試圖加以改造，使其產生辯證性的發展。

在中國歷史上，儒家思想曾經經歷過幾次重大的發展。在兩漢時期，統治者爲了要利用它做爲一種官方意識型態，曾經加以「神學化」。魏晉南北朝時期，它一方面促使佛家和道家思想「儒學化」，一方面自身也發生了轉變。宋末明初，理學家在儒家的基礎上發展出複雜的理學思想體系，使其「理學化」。然而，這幾次轉變，並沒有使儒家思想的內在結構發生眞正的變化。直到淸末明初，在西方思想的衝擊之下，許多知識份子開始對儒家傳統作猛烈的抨擊；文化大革命時期，在政治運動的主導下，儒家思想才受到全面的否定。

本章的主要目的，便是要以前章所述「儒家思想的內在結構」爲經，以中國歷史爲緯，來檢視儒家思想在中國各個不同歷史階段的主要變化。由於宋明理學對近代中國的影響較大，我們分析的焦點將集中在宋明理學之後的發展。從歷史心理學的角度來看，「儒家思想的內在結構」所描述者，是一種從時間向度上抽離出來的「共時性理論」，以這個架構爲基礎，檢視它在某一特定群體中的變化，則它將變成一種「歷時性理論」。這樣的分析可以讓我們看出：在歷史轉變的過程中儒家思想的那一部分發生了辯證性的演化，那一部分則具有相對穩定性，變化較小，對華人的社會行動可能有較大的影響。

第二節　兩漢時期：儒家思想的神學化

一、王霸並用，獨尊儒術

　　春秋戰國時期，儒家諸子並未受到統治者的重用，儒家思想也未成爲顯學。到了兩漢時期，儒家地位最明顯的轉變，是統治者接受儒生的建議，一方面在政治上承襲秦制，在全國各地推行以郡縣作爲基礎的中央集權制，一方面則在思想上由秦朝的「獨任法術」，改變爲「獨尊儒術」，而儒生們則千方百計地將儒家思想「神學化」。漢王室之所以決定作這種調整，是漢初時期政治思想家總結秦王朝覆敗之歷史教訓所得的結果。漢高祖劉邦的謀士陸賈（公元前 240－170 年）首先指出：「馬上得天下，不可以馬上治之」，秦朝之所覆亡，是尙刑而不施仁義的結果。「堯以仁義爲巢，舜以禹、稷、契爲杖，故高而益安，動而益固」，「秦以刑罰爲巢，故有覆巢破卵之患」〈輔政〉。「齊桓公尙德以霸，秦二世尙刑而亡」，「守國者以仁堅固，佐君者以義不傾」〈首基〉，因此，他建議高祖「文武並用」，方爲「長久之術」。

　　同一時代的賈誼（公元前 201－169 年）也提出了類似的建議。他說：「秦以區區之地，致萬乘之勢，序八州而朝同列，百有餘年矣」。歷史不可謂不長，「然後以六合爲家，崤函爲宮」，國勢不可謂不固。然而，「一夫作難而七廟墮，身死人手，爲天下笑者，何也？仁義不施，而攻守之勢異也」〈

過秦論上〉。所以他建議高祖儒、法並用：「仁義恩厚，此人主之芒刃也；權勢法制，此人主之斤斧也」〈制不定〉。他特別重視「明尊卑，別貴賤」的倫理原則：「臣不可以疑主，賤不可以冒貴。下不凌等，則上位尊；臣不逾級，則主位安。謹守倫紀，則亂無所生」〈服疑〉。是以他主張：在政治上「人主之尊譬如堂，群臣如陛，眾庶如地」〈治安策〉；在宗族裡則「六親有次，不可相逾。相逾則宗族擾亂，不能相親」〈六術〉。

二、王道配天，天人感應

漢代最重要的政治思想家，是漢武帝時的董仲舒。董仲舒以君臣、父子、夫婦「三綱」為經，以仁義禮智信「五常」為緯，建構出所謂「王道配天」的理論：

> 「天高其位而下其施。高其位所以為尊，下其施所以為仁，故天尊地卑。地之事天，猶臣之事君，子之事父，婦之事夫，皆行其順而竭其忠。」
>
> 〈王道通三〉
>
> 「是故大小不逾等，貴賤如其倫，義之正也。」
>
> 〈精華〉
>
> 「天為君而覆露之，地為臣而持載之，陽為夫而生之；陰為婦而助之；春為父而生之，夏為子而養之。」
>
> 「王道之三綱，可求於天。」
>
> 「故聖人多其愛而少其嚴，厚其德而簡其刑，以此配天。」
>
> 〈基義〉

基於這樣的理論，董仲舒又提出「天人感應」之說：「國家將有失敗之道，而天乃出災害以譴告之；不知自省，又出怪異以警懼之；尚不知變，而傷敗乃至」〈天人對策〉。換言之

，他一方面用「王道配天」論來神化君權，一方面又企圖借助天威來約束皇權。爲了讓皇帝接受他的觀點，他說災異的發生，是「天心之愛人君，而欲止其亂也」。既然如此，作爲統治者的皇帝，應當如何自處？董仲舒的看法是「仁者愛人，義者正己」：「春秋爲仁義法。仁之法，在愛人，不在愛我。義之法，在正我，不在正人。我不自正，雖能正人，弗與爲義；人不被其愛，雖厚自愛，不予爲仁」〈仁義法〉。因此，他建議統治者：「正心以正朝廷，正朝廷以正百官，正百官以正萬民，正萬民以正四方」。他說：「天有陰陽禁，身有情欲袥，與天道一也。是以陰之行不得干春夏，而月之魄常厭於日光」，「天之禁陰如此，安得不損其欲而輟其情以應天？」在董仲舒看來，損利才能存義，損情才能存性，君王旣知此理，便應當「損其欲而輟其情」。董仲舒的這種論點，爲後世宋明理學「存天理、去人欲」的主張奠下了基礎。

漢武帝接受董仲舒的建議，罷黜百家，獨尊儒術，使儒家思想變爲漢朝政治思想的「正統」。儒家的地位雖然定於一尊，但是它並不是沒有受到其他學派的挑戰。西漢宣帝時，大臣和儒生們曾經因爲鹽鐵收歸國營的問題，分爲「御史大夫」和「賢良文學」兩派，就政治、經濟、人才、和道德問題，展開了激烈的辯論。賢良文學主張以仁義治世，御史大夫卻主張尚刑重法；賢良文學主張重義輕利，御史大夫卻主張尚利輕義；賢良文學認爲儒生是道德所歸，禮義所在，應予重用，御史大夫則認爲儒生能言不能行，迂闊不識時務，應當重用官吏。在「鹽鐵爭論」中兩派學者所表達的論點相當清楚地反映出儒、法兩家的基本立場，並讓世人了解兩者之間的辯證關係，十分值得吾人注意。

三、白虎通德，神化經義

董仲舒的「王道配天論」在儒家思想「神學化」的道路上

跨出了重要的一步。到了東漢時期，在「讖緯」流行的社會氛圍裡，儒家的神化有了更重要的發展。西漢末年，漢室不振，外戚宦官擅權，政治鬥爭不斷。在政治動盪不安的年代，社會上經常流傳著一些混雜有宗教迷信的謠言。各派政治勢力為了鞏固本身的權力並打擊異己，往往故意散播一些號稱得自「天啓」的符讖，以壯大自己的聲勢，造成「讖語」的大流行。有些術士式的儒生也因此而以「讖語」的方式，重新解釋儒家經典，對應經書，寫成所謂的「緯書」，譬如「詩緯」、「書緯」、「易緯」等等，史稱「讖緯」。

東漢王朝建立之後，既要以儒家作為國家的「正統」思想，便不能聽憑「讖緯」流行，東漢章帝建初四年（公元 79 年），皇帝因此召集百官及「諸儒會白虎觀，議論五經異同」，並由皇帝親自「稱制臨決」，再交由班固整理成書，稱為《白虎通德論》，簡稱《白虎通》。作為東漢王朝政治倫理的「國憲」。

《白虎通》雖然揚棄了讖緯對儒家倫理粗俗的神學論證，不過仍然採用「神學化經學」的方式來鞏固「三綱六紀」的概念。所謂「三綱」是指「君為臣綱、夫為妻綱、父為子綱」，六紀則是指「敬諸父兄，六紀道行。諸舅有義，族人有序，昆弟有親，師長有尊，朋友有舊」，《白虎通》認為：「綱者，張也；紀者，理也。大者為綱，小者為紀，所以強理上下，整齊人道也」，「三綱六紀」的人間秩序是和上天的秩序互相對應的。天地、陰陽、五行都蘊涵有尊卑貴賤的的等級關係，所以「三綱六紀」的等級關係也是不可逾越的。比方說，依照《白虎通》的說法，天和地相對，天是君是夫，地是臣是妻，天道左旋而地道右周，故君之對臣，是「天尊地卑，永不可及」。比如，日和月相對，日是君是夫，月是臣是妻，「日行遲而月行疾」，其象徵意義則是：臣之事君，應當「君舒臣勞」。

用現代人的角度來看，這種論證方式當然是十分的不可思

議，可是《白虎通》就用這種「神學化經學」的方式推論出「三綱六紀」的正當性，並據此而對禮樂、衣裳、宴飲、射禮、刑罰、祭禮、喪葬、謚號等等禮儀制度作出詳細的規定，而形成所謂「王道配天」的體制和理論：「朝廷之禮，貴不讓賤，所以明尊卑也。鄉黨之禮，長不讓幼，所以明有年也。宗廟之禮，親不讓疏，所以明有親也。此三者行，然後王道得；王道得，然後萬物成。」《白虎通・禮樂》

四、小結

「子不語怪力亂神」，在《儒家思想與東亞現代化》中，作者指出：孔子的「天命觀」是採取一種「義命分立」的立場（頁 104–108），一方面，他相信有一些超自然的力量可能影響到個人一生的安危禍福；另一方面，他又主張：人應當和超自然的力量劃清界線，在人夠作爲自覺主宰的範圍內，建立「義」的標準，盡力把人間事務做好。至於超自然界之事，他一向是抱著「存而不論」的態度，主張「敬鬼神而遠之」《論語・雍也》，認爲「未能事人，焉能事鬼？」「未知生，焉知死？」《論語・先進》

漢代儒生將儒家思想神學化的做法，其實已經違反了孔子的這個基本立場。隨著時間的經過，經過神化的儒學早已消蝕在歷史的洪流裡。然而，當時這種做法卻有其實際上的政治作用。在一個人們普遍相信諸如鬼、神、天之類的超自然力量能夠支配人間事務的社會裡，用超自然的力量來支持儒家的倫理主張，不僅可以讓一般民眾毫無疑義地奉行「三綱五常」，而且可以對君權產生制衡作用，使統治者不敢胡作非爲。

當然，漢代的統治者也知道：這種神化的儒學效果有限，因此，《白虎通》雖然主張天子必須「立學校，行禮樂，宣教化，崇有德，彰有道」，同時又認爲：「禮爲有知者制，刑爲

無知者設」〈五刑〉，而主張用刑罰來壓制「無知」的小民。從漢朝以後，歷代統治者莫不使用法家的刑罰來鞏固儒家的禮制，將儒法兩家的末流合而爲一、「陽儒陰法」的結果，使傳統中國變成一個階級森嚴的封建社會。

第三節　從魏晉到隋唐：佛、道的儒學化

一、無為、淀欲與縱慾

　　魏晉南北朝時期，是中國歷史上一個分裂、動亂的年代。在這個時代裡，自東漢末年開始發展的士族勢力不斷膨脹，穩固的中央集權體制卻始終無法建立。在無休無止的政治鬥爭和權力更替中，人民的生命財產得不到保障，每一個政治集團都聲稱自己是「正統」，並引用儒家意識型態來攻擊異己，儒家政治倫理的荒謬性也因而暴露無遺。有些憤世嫉俗的思想家因此而提倡道家的崇尚自然，以之與儒家倫理相對抗。

　　舉例言之，魏晉玄學的代表人物王弼認為：用政治勢力倡導仁義，人們的爭名奪利之心必然會使其作出種種虛矯不實的行動：「修其所尚而望其譽，修其所道而冀其利」。儘管統治者「極聖明以察之，竭智慮以攻之」，可是「巧愈思精，偽愈多變，攻之彌堅，避之彌勤」，結果是「智愚相欺，六親相疑，樸離眞散，事有其奸」。因此，他主張用道家無為而治的方法「載之以大道，鎭之以無名」，這樣民眾才會「物無所尙，志無所營，各任其貞事，用其誠」，而達到「絕聖而後聖功全，棄仁而後仁德厚」的目的《老子指略》。

　　嵇康更尖銳地指出：仁義之道違背了人性。他認為：「感而思室，饑而後食」，這是「自然之理」。「人性以從欲為歡

」，而《六經》卻是「以抑引爲主」。「仁義務於理僞，非養眞之要求；廉讓生於爭奪，非自然之所出」〈難自然好學論〉。王公君臣之所以提倡仁義，不過是「割天下以自私」，「勸百姓之尊己」；而世俗君子之所以熱衷於修習禮義，也不過是「以富貴爲崇高」，「由其途則通，乖其路則滯」。因此，他認爲「自然之得」、「全性之本」的養生工夫在於知足：「樂莫大於無憂，富莫大於知足」，不追求世俗的榮華富貴，便不會受到名教的壓抑：「不以榮華肆志，不以隱約趨俗。混乎與萬物並行，不可寵辱，此眞有富貴也。」〈答難養生論〉

列子的「縱慾論」提出了更爲極端的看法：「萬物齊生齊死，齊賢齊愚。十年亦死，百年亦死。仁聖亦死，凶愚亦死。生則堯舜，死則腐骨；生則桀紂，死則腐骨。腐骨一矣，孰知其異？」生命是如此難得，死亡又攸忽而至，「以難遇之生，俟易及之死」，而費盡心神「尊禮義以誇人，矯情性以招名」，豈不是愚不可及？因此《列子》主張：「盡一生之歡，窮當年之樂」，人應當擔心的是：「腹溢而不得恣口之飲，力憊而不得肆情于色」，不必顧慮什麼「名聲之醜，性命之危」《楊朱》。

王弼的「無爲論」、嵇康的「從欲論」和《列子》的「縱慾論」反對倫理道德的程度雖然有強弱之別，他們用以處理自然慾望的人生態度也各異其趣，不過他們不願意爲世俗規範所拘束的態度卻相當一致。這種態度當然引起衛道人士的極度不滿，甚至群起而攻。有人批評玄學派是「輕薄之人，跡側高深，交成財贍，名位粗會，便背禮叛教，托云率性，才不逸倫，強爲放達」，「以傲兀無檢者爲大度，以措擁節操者爲澀少」（葛洪《疾謬》），說他們是「言僞而辯，行僻而堅」，甚至指責他們「蔑棄典文，不尊禮度，游辭浮說，波蕩後生」《晉書・范寧傳》，「潰棄長幼之序，混漫貴賤之級！」

衛道人士的強硬態度使得有意推廣道家思想的人不得不懷

著戒愼恐懼的心情，調整自己的主張，冀求爲社會所接受。比方說，原始道教的經典《太平經》中本來含有平均主義的思想，認爲「世間財物乃天地中和共有，以共養人」，這種「中和共有」的財物，是「天地所以行仁」的資源，人類應當「相推通周足，令人不窮」，而不應該由少數人所專擅。這種觀念出自於道家思想，可是卻違背了儒家強調尊卑貴賤的傳統。因此，金丹道教的創始人葛洪便將其著作《抱朴子》分爲內、外兩篇，「內篇言神仙、方藥、鬼怪、變化、養生、延年、祈禳、卻禍之事，屬道家」，「外篇言人間得失、世事臧否，屬儒家」。甚至在葛洪所建構出來的神仙世界裡，也像世俗社會一樣，存有各種等級秩序：「上士舉形升虛，謂之天仙。中士游於名山，謂之地仙。下士先死後蛻，謂之尸解仙」《抱朴子‧論仙》，「上士得道，升爲天官；中士得道，棲集崑崙；下士得道，長生世間」《抱朴子‧金丹》。儒道兩家思想遂由此而逐漸冶於一爐。

二、出世修道，斷滅苦惱

佛教傳入中國之後，也發生了類似的變化。佛教源於印度，在東漢明帝時傳入中國。漢代時，作爲官方意識型態的儒家在社會上佔有絕對優勢，佛教並未爲人廣爲接受。到了魏晉南北朝時期，政治長期不穩，社會動盪不安，佛教才開始快速傳佈開來。

佛教教義認爲人間是一個苦難的世界。人生不僅有生、老、病、死之苦，而且有七情六慾之苦。推究致苦的原因，乃是源自身、口、意三方面的業障和煩惱。要想消滅苦因，斷絕苦果，必須修習佛道，脫離六道輪迴，而達到涅槃、成佛的境界。然而，佛教徒出家修道，必須剃髮去鬚，離妻別子，既不奉養父母，又不禮敬王侯，將世俗所重的倫理綱常置之度外，自然引起儒家的批判。譬如同情佛教的孫綽在其《喻道論》中

提到時論對佛教的責難：「沙門之道，委離所生，棄親即疏，刓鬚剃髮，殘其天貌，生廢色養，終絕血食，骨肉之親，等之行路，背理傷情，莫此爲甚」。

東晉成康年間的權臣庾冰對沙門的作風也提出了質疑：「因父子之教，建君臣之序，制法度，崇禮秩，豈徒然哉？良有以矣！」他批評佛教徒的不敬禮王候是：「因所說之難辯，假服飾以陵度，抗殊俗之傲禮，直形骸干萬乘」《庾冰・代晉成帝沙門不應盡敬詔》，實在不足爲法。南梁的荀濟痛斥佛教徒：「戎教興于中壤，使父子之親隔，君臣之義乖，夫婦之和曠，友朋之信絕。海內淆亂，三百年矣」。北齊的章仇子也作過類似斥責：「君臣夫婦，綱紀有本。自魏晉以來，胡妖亂華，背君叛父，不妻不夫」《廣弘明集・滯惑解》。凡此種種，都反映出當時佛教徒所受到的壓力。

唐代儒家代表人物韓愈（公元 768－824 年）以孔孟之道的繼承者自居，他對所謂「佛老異端」的排斥，可謂不遺餘力。他認爲：「釋老之害，過於楊墨」，「夫佛本夷狄之人，與中國語言不通」，「不知君臣之義，父子之情」。佛教的最大禍害，就是破壞了中國的倫理綱常。從南朝和元魏以降，愈是篤信佛教，愈是「亂亡相繼，運祚不長」。因此，他主張對佛教採取「人其人，火其書，廬其居」的斷然措施。當唐憲宗準備迎取佛骨入宮，舉國若狂之際，韓愈不惜冒死上〈論佛骨表〉，勸諫憲宗：「乞以此骨付之有司，投諸水火，永絕根本，斷天下之疑，絕後代之惑，使天下之人，知大聖人之所作爲出于尋常萬萬也。」

唐代另一位重要的儒家人物李翱也認爲：「佛法害人，甚于楊墨。論心術雖不異于中土，考較跡實有蠹於生靈」〈再請停率修寺觀錢狀〉，其主要理由即是因爲：「君臣、父子、夫婦、兄弟、朋友，存有所養，死有所歸，生物有道，費之有節，自伏羲至于仲尼，雖百代聖人不能革也」。可是自從佛教

「夷狄之術行於中華」,「吉凶之禮謬亂,其不盡爲戎禮也,無幾矣!」〈去佛端〉

面對儒家學者藉政治勢力不斷提出的責難,外來的佛教要想在中國社會裡生根成長,自然不能不有所調整。東晉時,孫綽在其〈喻道論〉中重新詮釋「佛」的意義:「佛者梵語,晉訓覺也,覺之爲義,悟佛之謂,猶孟軻以聖人爲先覺,其旨一也。應世軌物,蓋亦隨時。周孔救其弊,佛教明其本耳。共爲首尾,其教不殊。」他的看法是佛教爲本,名教爲末,兩者「共爲首尾」,並不矛盾。

三、佛教的儒學化

東晉成康年間,針對儒者抨擊沙門的不敬禮王者,名僧慧遠也提出了頗有創意的辯護。他將人分爲「在家」和「出家」兩種,名教適用於在家的「方內之人」,佛法則適用於出家的「方外之人」。「在家奉法,則是順化之民,情未變俗,亦同方內,故有天屬之愛,奉主之禮」。「出家則是方外之賓,跡絕於物」。「凡在出家,皆遁世以求志,變俗以達其道。變俗則服章不得與世典同禮,遁世則宜高尚其跡」〈沙門不敬王者論〉。可是出家人雖然遁世變俗,他們卻是「內乖天屬之重而不違其孝,外闕奉主之恭而不失其敬」,「道訓之於名教,釋迦之於周孔,發教雖殊,而潛相影響;出處誠異,終期則同」〈答何鎮南難袒服論〉。佛教徒雖然出家,卻是以「濟俗」爲己任。因此,他建議當政者:「釋氏之化,無所不可,適道因自教源,濟俗亦爲要務。世主若能翦其訛僞,獎其驗實,與皇之政,并行四海。幽顯協力,共敦黎庶,何成、康、文、景、獨可奇哉?使周漢之初,復兼此化,頌作刑清,倍當速耳」〈何尚之答贊揚佛教事引〉。既然佛教對於政權的鞏固也能作出貢獻,可以「與皇之政,並行四海」,統治者又何必加以排斥?

　　唐代大儒顏之推也接受了這種論點。他在對後世產生過深遠影響的《顏氏家訓》中說：「內外兩教，本爲一體，漸極爲異，深淺不同。內典初門，設五種之禁，與外書仁義五常符同。仁者，不殺之禁也；義者，不盜之禁也；禮者，不邪之禁也，智者，不酒之禁也；信者，不妄之禁也」，佛法和名教既然彼此「符同」，在他看來，「歸周孔而背釋宗，何其迷也」。由孫綽、慧遠、和顏之推等人的代表性言論裡，我們已經可以看出佛法如何和名教融合，逐步走上中國化的道路。

四、小結

　　佛教是一種「出世的」（other－worldly）的宗教，道家思想則是指向「遁世」，兩者和儒家思想的「入世」（this－worldly）取向有其根本的不同。在道家思想興盛、佛教廣爲流傳的魏、晉、隋、唐，儒生認爲它們的社會後果違背了儒家的「正統」，因此群起而攻之。在「向心菁英」的評擊之下，道家或佛教人士想在中國社會中繼續存在下去，自然不能不有所調整，調整的方向主要是指出彼此本質的不同，而在兩者之間作「心理區隔」，比方說，慧遠將出家和在家區分爲「方外之人」和「方內之人」；葛洪將《抱朴子》分爲內、外兩篇，「內篇言神仙、方藥」，「外篇言人間得失」。

　　從文化發展的角度來看，這種作「心理區隔」的方法，是十分有創意的。事實上，人生有許多不同層面，一個健全的社會也應當是多元開放的；在人生的各個不同階段，遭遇到不同事件的時候，個人都需要不同的哲學來滋潤自己的生命。在一個開放的社會裡，人們應當懂得作適當的「心理區隔」，讓不同的思想體系能夠在個人的心理上共存，也能夠在社會上並存。由魏晉至於隋唐這個階段，儒家思想本身並沒有顯著的發展，然而在政治壓力下，佛家、道家思想在經過一系列調整之

後，卻能夠和儒家相互融合，成爲中華文化的一部分，這不能
不說是一項收穫。

第四節 宋、元、明、清：儒家思想的理學化

　　宋明年間是儒家哲理快速發展的一個階段。宋明理學的發展，史稱新儒家，有人稱之爲儒學第二期的發展。儒家思想之所以能夠在宋明年間快速發展，也有其政治背景的肇因。宋太祖趙匡胤建國之後，爲了防止重演中唐以後藩鎮割據的局面，用「杯酒釋兵權」的方式，解除各地區節度使和禁軍將領的兵權，以後又逐步改革兵制和地方官制，將軍、政大權集中於中央。爲了鞏固中央集權制度，宋太祖首先要求武官「讀書以通治道」，接著又規定「作相須讀書人」，從此之後，宋朝遂「大重儒者」《宋史‧太祖本紀》。歷代皇帝不僅下令各州縣設立學校，講授儒學，而且在各地修建孔廟，重新刊印儒家經典，爲宋代儒學的復興，創造了有利的條件。

　　宋代儒學的復興，始於胡安定、孫泰山、和石徂徠三人。清代儒者全祖望在《宋元學案‧古靈四先生學案》的案語中說：「宋仁之世，安定先生起于南，泰山先生起于北，天下之士，從者如雲，而正學自此肇端矣」。胡、孫、石三人世稱「宋初三先生」，其後周敦頤的《太極圖說》爲儒家倫理的本體論奠下基礎，經過邵雍、張載的繼承和發揚，而由程顥、程頤二兄弟發展成以「天理」作爲宇宙最高本體的哲學理論。接著，朱熹又繼承二程思想，並加以發揚光大，建立了博大繁複的理學思想體系。

　　本書第四章指出：先秦儒家諸子用「本天道以立人道」的方式締建出「仁、義、禮」倫理體系，並且主張：「誠者，天

之道；誠之者，人之道」《中庸》，企圖以「誠」來聯繫「天道」和「人道」，從此之後，「天道」和「人道」間的關聯，便一直是儒家學者所關切的問題。孔子本人並未深入討論這個問題，他主要的關懷所在，是如何在人作為自覺之主宰所能及的範疇內建立倫理價值和文化理想，而不是在形上學的領域裡解決本體論的難題，所以《論語・子罕篇》一開始便說：「子罕言命，與性，與仁」，子貢也說：「夫子之文章，可得而聞也。夫子之言性與天道，不可得而聞也」《論語・公治長》。

然而，孔子不願多談的問題，他後世的追隨者未必不感興趣。漢朝儒家思想神學化的歷史，可以看做是他們企圖解決此一問題所作的努力。宋明理學的發展，亦是始自他們對本體論的興趣。本節將從本體論開始，檢視理學家如何由人性論、心性論，而逐步建立龐大的理學倫理思想體系（註2）。朱熹是宋代理學的集大成者，也是孔、孟之後儒家思想的代表人物，對近代的中國社會有相當大的影響。因此，我們的分析將以朱熹為主，而輔之以其他的理學家。

一、本體論：「太虛」與「道」

宋代儒學家最先開始討論本體論問題的是周敦頤（公元1017－1073年）的太極圖說。周敦頤繼承了儒家的本體論和宇宙論，又揉合佛、道二家思想，作《太極圖說》，其目的便是在「明天理之本源，究萬物之始終」（註3）：

> 「無極而太極。太極動而生陽，動極而靜；靜而生陰，靜極復動。一動一靜，互為其根。
> 分陰分陽，兩儀立焉。陽變陰合，而生水火木金土，五氣順布，四時行焉。
> 五行一陰陽也，陰陽一太極也，太極本無極也。五行之生也，各一其性。

無極之真，二五之精，妙合而凝。乾道成男，坤道成女。二氣交感，化生萬物。

萬物化生，而變化無窮焉。惟人也，得其秀而最靈。

形既生矣，神發知矣，五性感動，而善惡分，萬事出矣。

聖人定之以中正仁義，而主靜，立人極焉。

故聖人與天地合其德，日月合其明，四時合其序，鬼神合其吉凶。

君子修之吉，小人悖之凶。

故曰：『立天之道，曰陰與陽；立地之道，曰柔與剛；立人之道，曰仁與義。』

又曰：『原始終，故知死生之說。』大哉易也，斯其至矣。」

《太極圖說》認為：宇宙的生成是自無極（太虛）而太極，由太極之動靜而形成天地兩儀，天地兩儀，天分陰陽，地分剛柔，進而二氣交感，陽變陰合而生出金、木、水、火、土五行，這就是所謂的「萬物化生」。「萬物化生而變化無窮焉。惟人也，得其秀而最靈」。「形既生矣，神發知矣，五性感動而善惡分，萬事出矣」。「故曰『立天之道，曰陽與陰；立地之道，曰柔與剛；立人之道，曰仁與義』」。換言之，《太極圖說》的宗旨雖然在於「究明天地萬物之源」，不過其關注焦點仍然是在人間，為「人之道」找根源。

周敦頤繼承了先秦儒家的觀點，認為「誠」是「五常之本，百行之源」，溝通「人道」和「天道」的主要途徑就是「立誠」《通書》。《太極圖說》文字簡約，哲理深奧，引起了許多學者的繼續討論。它雖然排除了神學的成份，可是，在「人道」和「天道」之間，仍然作了許多「哲學的跳躍」，無法予人以滿意的解答。

　　和周敦頤同一時代的邵雍（公元 1011－1077 年），作「先天象數學」，對宇宙的生化過程作了更為神秘的描述。他認為：「唯人兼乎萬物，而為萬物之靈」，「天地之道備於人，萬物之性備於身」，事無巨細大小，「皆有天人之理」，「皆有道在其間」〈觀物外篇〉。「以目觀物，見物之形；以心觀物，見物之情；以理觀物，見物之性」。聖人能夠「以理觀物」，所以能夠「當兆物之物」，「當兆人之人」，「以一心觀萬心」，「以一世觀萬世」，甚至「心代天意，口代天言，手代天工，身代天事」〈觀物內篇〉。

　　這樣的論點，玄則玄矣，要成為一種為人普遍接受的哲學理論，畢竟還有一段距離。在這方面真正作出哲學之突破者，還是張載的「元氣論」。張載在論證「太虛」和「氣」的關係時，主張：

　　「氣之為物，散入無形，適得吾體；聚為有象，不失
　　　吾常。太虛不能無氣，氣不能不聚而為萬物，萬物
　　　不能不散而為太虛。循是出入，是皆不得己而然
　　　也。」　　　　　　　　　　　　　　　《正蒙·太和》
　　「氣於人，生而不離，死而游散者謂魂；聚成形質，
　　　雖死而不散者為魄。海水凝則冰，浮則漚，然冰之
　　　才，漚之性，其存其亡，海不得與焉。」

　　　　　　　　　　　　　　　　　　　　　《正蒙·動物》

　　張載認為：「氣」是宇宙的本質，它有兩種基本狀態，一是「太虛」，二是陰陽二氣。「太虛」無形，是「氣之本體」，「氣」則有聚散。「氣」聚而為萬物，氣散則萬物又還原為「太虛」，「氣」之聚散於「太虛」，猶如冰之於水，「凝釋雖異，為物一也」《正蒙·誠明》。

　　人生亦然。人為萬物之一，人的生命亦是由「氣」凝聚而成，「聚成形質」，死後則游散，回歸「太虛」。張載相信：

人死後不散的部分，稱爲「魄」。人由生到死，其「氣」凝散的過程，正如「海水凝則冰」，散則剩下氣泡（漚），死後只留下「魄」。這種觀念很明顯是受到莊子「陰陽氣化宇宙論」的影響：

> 「生也死之徒，死也生之始，孰知其紀？人之生，氣之聚也。聚則爲生，散則爲死。若死生爲徒，吾又何患。故萬物，一也。是其所美者爲神奇，其所惡者爲臭腐。臭腐化爲神奇，神奇化爲臭腐。故曰：通天下一氣耳。」　　　　　　《莊子‧知北遊》

張載以道家「太虛」和「氣」的概念爲基礎，來解釋宇宙萬物的生成，將「氣」與「太虛」的關係，比擬成「冰」與「水」的關係，氣聚則萬物生成，氣散則回歸太虛。嚴格說來，這種說法只不過是一種類比（analogy）而已，它們就像康德所說的基督教神學的三大設準「上帝存在」、「意志自由」及「靈魂不滅」一樣，既無法獲得經驗性的支持，又無法予以否證。可是，他卻能以這樣的「設準」爲基礎建構出比較合理的「人性論」和「心性論」，而對理學的發展產生重大的影響。

二、人性論：「氣質之性」與「天地之性」

張載認爲：人和天地間的萬物一樣，都各有其「性」。「性者，萬物之一源，非我有之得私也」《正蒙‧誠明》。不過，作爲萬物之靈的人，卻和宇宙間的其他萬物有所不同：「人性」可以分爲「氣質之性」和「天地之性」。「氣質之性」是形而下的，用「儒家的心之模型」來看，它是作爲自然之生物體所具有的本性，「飲食男女皆性也」《正蒙‧乾稱》。它不僅包含人的自然生理慾望，而且也包含人的各種稟賦氣質。因此，張載認爲：在「氣質之性」方面，「天下之物無兩個有相似者」，「至如同父母之兄弟，不惟其心之不相似，以至聲言

形狀，亦莫有同者」《張子語錄中》。

天地之性則是形而上的，是由超越性之宇宙本體所朗現出來的。這種「天地之性」是「生無所得」、「死無所喪」，不生不滅，永恆長存的。「氣質之性」與「天地之性」之關係，猶如「太虛」與「氣」之間的關係，又如「水」與「冰」之間的關係，用現代哲學的話來說，就是一種本體與現象之間的關係。「天地之性」之在於人，猶如「水性之在於冰，凝釋雖異，爲物一也」《正蒙・誠明》。換言之，每一個人的「氣質之性」（即形體相貌）雖然各有不同，但都同樣具有「天地之性」。人願不願意讓這種「天地之性」發揮作用，或者能不能察覺到這種「天地之性」，關鍵在於他「善不善自反而已」，「善反之，則天地之性存焉」《正蒙・誠明》。

自從孟子道性善，荀子言性惡之後，人性到底是善是惡，一直是儒家學者聚訟紛云，而無法解決的一大難題。張載的比喻將善惡混雜的「氣質之性」，和純然性善的「天地之性」統合在一起，解決了儒家數百年來懸而未決的難題，因此朱熹稱讚他這種理論「極有功於聖門，有補於後學」《朱子語類・卷四》。

然而「太虛」與「氣」之論源自於道家，堅持儒家立場的二程，自然不容易接受這種說法。他們認爲：「凡物之散，其氣逐盡，無復歸本元之理。天地如洪爐，雖生物，銷鑠亦盡，況旣散之氣，豈有復在？天地造化，又焉用此旣散之氣？」《遺書・卷十五》所以他們提出「理」的概念，認爲：

「理，便是天道也。」 　　　《遺書・卷二十二上》
「有形總是氣，無形只是道。」 　　《遺書・卷六》
「氣是形而下者，道是形而上者。」《遺書・卷十五》
「萬事皆出於理。」
「萬物皆出於理。」 　　　　　《遺書・卷二》

因此，他們雖然接受了張載的比喻，卻以「義理之性」的概念取代了「天地之性」，而爲朱熹所接受。「理」也因此而成爲理學體系的最高哲學範疇。

三、心性論：「人心」與「道心」

從「義理之性」和「氣質之性」統一的人性論出發，朱熹也提出了他的心性論。用本書的架構來看，朱熹的心性論和作者綜合孔、孟、荀等人有關心性的討論，所建構出來的「儒家的心之模型」是十分類似的。在「儒家的心之模型」中，作者強調：先秦儒家諸子所體認到的「心」，是一種「雙層次的存在」，「識心」是作爲生物體之人類所共有的認知心，「仁心」則是先秦儒家諸子所啓示出來的道德本體，它必須藉認知心的運作才能夠朗現出來。

這樣的一個模型和朱熹的主張的心性論十分類似。朱熹在解釋《中庸》關於「人心惟危，道心惟微」之章句時，說道：「『道心』、『人心』，只是一個心，知覺從耳目之欲上去，便是『人心』；知覺從義理上去，便是『道心』」《朱子語類·卷十八》。由此可見，朱熹所體到的「心之模型」，也是一種「雙層次的存在」。「人心」是作爲生物體之人類所共有的認知心：「人心者，氣質之心也，可以爲善，可以爲不善」《朱子語類·卷五》，「人心者，人欲也；危者，危殆也」《朱子語類·卷七十八》。

「道心」則是由超越性道德本體之「仁心」所衍生出來的倫理道德：「道心者，理也」。「道心者，兼得理在裡面，惟精而無雜，惟一是始終不變，乃解允執厥中」《朱子語類·卷七十八》。

「儒家的心之模型」中的「仁心」是一種超越性的道德本體，必須透過認知心的運作才能夠朗現出來。用朱熹話來說，這就是：「道心都發現在那人心上」，「道心卻雜出於人心（認知心）之間，微而難見，故必須精而一之」《朱子語類·卷六十二》。儘管如此，「道心」卻是「人心之主宰」，「人心」必須「據以爲準」：「必使道心常爲一身之主，而人心每聽命焉，則危者安，微者著，而動靜云爲自無過不及之差矣」《朱子文集·中庸章句序》。

「儒家的心之模型」是作者以現代心理學的知識爲基礎所建構出來的一個理論模型。朱熹的心性論則是根據張載的人性論而發展出來的。張載用道家「太虛」和「氣」之類比所建構出來的人性論，竟然讓朱熹發展出相當符合現代知識的心性論，無怪乎他要對張載之說稱讚不置！

四、天人合一：「聞見之知」與「德性之知」

張載從其統一「天地之性」和「氣質之性」的人性論出發，一路推思下來，便很容易注意到「聞見之知」和「德性之知」的不同。張載繼承了先秦儒家的觀點，和周、邵等人一樣，以爲：「誠」是溝通「天、人之道」的橋樑：「性與天道合一，存乎誠」。但是他卻認爲：「誠明所知，乃天德良知，非聞見小知」《正蒙·大心》。他很清楚地指出「聞見之知」和「德性之知」的差別：「德性之知」是「天德良知」，而所謂「聞見之知」，「乃物交而知」，也就是人經由耳目感官與外界接觸而獲得的經驗。

從康德知識論的角度來看，「聞見之知」和「德性之知」的分疏，有十分重要的涵意。以感官經驗的「聞見之知」爲基礎，抽象出純粹理性的概念，加以清楚的界定，再經過邏輯的推演，可以逐步建構出科學知識，此即爲康德所謂的「理論理

性」。

　　「德性之知」在本質上是康德所謂的「實踐理性」。以「實踐理性」爲基礎建構出來的「德性之知」，只能成爲一種道德哲學。遺憾的是：在時代的限制下，新儒家們並未見及於此。他們的興趣並不在於發展科學知識。在張載看來，「今盈天地之間者皆物也。如只據己之聞見，所接幾何？安能盡天下之物？」「以聞見爲心，則不足以盡心」，「若只以聞見爲心，但恐小卻心」。因此，他認爲「聞見之知」只是「聞見小知」，並不是儒家所要追求之物：「世人之心，止於聞見之狹。聖人盡性，不以見聞至其心」。他相信「大其心，則能體天下之物」。

　　更清楚的說，張載所追求的終極目標仍然是儒家所嚮往的「天人合一」：「儒者則因明致誠，因誠致明，故天人合一。致學而可以成聖，得天而未始遺人」《正蒙・乾稱》。他很清楚地指出：「因明致誠」（自明誠）和「因誠致明」（自誠明）的不同：「自誠明者，先盡性以至於窮理也，謂先自其性理會來，以至窮理。自明誠者，先窮理以至於盡性也，謂先從學問裡，以達於天性也」《語錄下》。值得注意的是：不論是「先盡性以至於窮理」的「自誠明」，或是「先窮理以至於盡性」的「自明誠」，其目的都是要追求「天人合一」。用康德的知識論來說，張載所謂的「窮理」，是要「窮」「實踐理性」之「理」，而不是要追求「理論理性」之「理」。沿這條路線往前走，根本無法開展出科學知識體系，這是我們不能不特別注意之處。

五、修養論：「窮理」與「致知」

　　了解新儒家的思想走向之後，我們便可以進一步來討論宋代理學家對其他問題的看法。程、朱雖然接受張載統一「天地

之性」和「氣質之性」的人性論，但是他們卻不接受他視「氣」為萬物之本源的論點。他們認為：氣是形而下的，是末，不是本。相反的，他們提出了「理」的概念，認為「道」和「理」才是萬事萬物的本源。他們把「天道」和「人道」視為一體：「道一也，當『天道』自是『人道』，當『人道』自是『天道』」《遺書‧卷十八》。不過，「道」是形而上的，它展現在世間形而下之事物者，即為「理」：「天之付與之謂命，稟之在我之謂性，見于事業之謂理」《遺書‧卷六》，他們一再強調：「理、性、命、三者未嘗有異」《遺書‧卷二十二下》，認為：「在天為命，在義為理，在人為性，主於身為心，其實一也」《遺書‧卷十八》。

理、性、命三者既然「未嘗有異」，「窮理」、「盡性」、「至命」當然也是同樣的一回事：「窮理、盡性、至命，只是一事。才窮理，便盡性；才盡性，便至命」《遺書‧卷十八》。他們雖然也注意到「德性之知」和「聞見之知」的區別，可是他們的主要關懷所在，仍然是「德性之知」，而不是「聞見之知」：「聞見之知，非德性之知。物交物則知之，非內也，今之所謂博學多能者是也。德性之知，不假見聞」《遺書‧卷二十五》。同樣的他們雖然強調「致知」，認為：行，「須以知為本，知之深則行之必至，無有知之而不能行者。知而不能行，只是知得淺」，「人為不善，只為不知」《遺書‧卷十五》，可是，他們所要「致」的「知」，仍然是「德性之知」，而不是「聞見之知」，所以二程說：「致知，但知止於至善，為人子止於孝，為人父止於慈之類，不須外面，只觀物理，泛然正如游騎無所歸也」《遺書‧卷七》。

同樣的，朱熹也十分重視「格物致知」和「窮理」的重要性。他說：「格物者，格，盡也。須是窮盡事物之理，若是窮個兩三分，便未是格物，須是窮盡到十分，方是格物」《朱子語類‧卷十五》。他在注釋《大學》中「格物致知」一詞時，說：「所謂致知在格物者，言欲致吾之知，在即物而窮其理

也，蓋人莫不有知，而天下之物莫不有理，惟於理有未窮，故其知有不盡也。是以《大學》始敎，必使學者即凡天下之物，莫不因其已知之理而益窮之，以至於其極。至於用力之久，而一旦豁然貫通焉，則衆物之表裡精粗無不到，而吾心之全體大用無不名矣。此謂格物，此謂知之至也」《四書集注・大學》。

這一段話，似乎也可以應用於知識論，其實還是在講道德修養論（註４）。也正因爲如此，朱熹在諸般「窮理」的方法中，特別重視「讀書」，尤其是讀「聖賢之書」；「夫天下之物莫不有理，而其精蘊則已具於聖賢之書，故必由是以求之。然而其簡而易知，約而易守，則莫若《大學》、《論語》、《孟子》、《中庸》之篇也」《朱子文集・卷五十九》。

朱熹不惜投注大量時間和精力註解經書，其道理即在於此。他和陸九淵之間長年的爭執，主要亦是出自於此。陸九淵和朱熹一樣，都認爲「理」是世界萬物的本體。然而，他們對「心」的看法卻大不相同。本節第三小段強調：朱熹對於「心」的概念和作者建構的「儒家的心之模型」十分類似。兩者都把「心」看做是認識的主體和行動的主宰。可是陸九淵的「心學派」卻把心看做是一個能夠「收萬物於方寸，歷古今而常住」的絕對本體。用陸九淵的話來說，這就是「四方上下曰宇，往古來今曰宙。宇宙便是吾心，吾心便是宇宙」《象山全集・卷二十二・雜說》。

兩人對心的概念不一樣，他們主張的修養方法也不相同。朱熹講究「窮理致知，讀聖賢書」的「道問學」，陸九淵則強調「切己自反，發明本心」的「尊德性」。對陸九淵而言，修養最重要之事，在於「就本上理會」，「先立乎其大」，「不失其本心」，「盡人道」，「學爲人」《象山全集・卷三十五・語錄》。他認爲朱熹注重解經注傳，議論古今，是一種「邪意見，閑議論」，「支離事業」，並作詩諷之曰：「易簡工夫終久大，支離事業竟浮沉」《象山全集・卷二十五・鵝湖和敎

309

授兄韻》。有人批評他：「除了一句『先立乎其大』外，全無技倆」，陸九淵欣然回答道：「誠然」《象山全集・卷二十五・語錄》。

六、天理論：理一分疏

儘管朱、陸兩人在「尊德性」和「道問學」一事上爭論不休，他們對「理」的看法卻相當一致。更清楚地說，他們所談的「理」，都是屬於「實踐理性」之範疇內的「天理」，而不是「理論理性」之「理」。也正因為如此，宋明理學家才有所謂「理一分疏」的說法。要了解這番轉折，必須從張載的一篇文章談起。張載寫過一篇對宋明理學發展影響十分重大的《西銘》：

「乾稱父，坤稱母，予茲藐焉，乃混然中處。故天地之塞，吾其體；天地之帥，吾其性。民，吾同胞；物，吾與也。

大君者，吾父母宗子；其大臣，宗子之家相也。尊高年，所以長其長，慈孤弱，所以幼其幼。聖，其合德；賢，其秀也。凡天下疲癃殘疾惇獨鰥寡，皆吾兄弟之顛連無告者也。

于時保之，子之翼也；樂且不憂，純乎孝者也。違曰悖德，害仁曰賊，濟惡者不才，其踐形，惟肖者也。知化，則善述其事；窮神，則善繼其志。不愧屋漏為無忝，存心養性為匪懈。」

「富貴福澤，將厚吾之生也；貧賤憂戚，庸玉女於成也。存，吾順事；沒，吾寧也。」

王夫之指出：從周敦頤的《太極圖說》開始，很多人都認為：乾道成男，坤道成女，人之生皆為天命流行的結果，所以

「不父其父而父天，不母其母而母地」，違背了儒家的倫理觀念。《西銘》提出的「乾坤父母論」則主張應由孝敬父母做起，發揮了扭轉時潮的作用，「故張子此篇不容不作」《張子正蒙論‧乾稱上》。

然而，也有不少人對張載思想懷有疑慮。當時理學家楊時以爲張載之說近於墨氏，程頤即寄書予以辨駁：「《西銘》之爲書，推理以存義，擴前聖所未發，與孟子性善、養氣之論同勢，豈墨子之比哉！《西銘》明理一而分殊，墨氏則二本而無分。分殊之蔽，私勝而失仁；無分之罪，兼愛而無義。分立而推理一，仁之方也。無別而述兼愛，至於無分之極，義之賊也。子比而同之，過矣」《程伊川文集‧卷五》。

「二本」之說，出自孟子。《孟子‧滕文公篇》記載：墨者夷子謂其說爲「愛無差等，施由親始」，孟子認爲這種說法自相矛盾，而斥之爲「二本」。程頤因此而提出「理一分殊」的概念，來說明儒家的基本立場。這個概念受到朱熹的高度讚賞。他因而寫了一篇《西銘論》，說：「《西銘》之作，……程子以爲『明理一而分殊』，可謂一言以蔽矣。蓋以乾爲父，以坤爲母，有生之類，無物不然，所謂『理一』也。而人物之生，血脈之屬，各親其親，各子其子，則其分亦安得而不殊。一統而萬殊，則雖天下一家。中國一人，而不流於兼愛之弊。萬殊而一貫，則雖親疏異情，貴賤異等，而不告於爲我之私。此《西銘》之大旨也。」

朱熹的詮釋，充分說明了儒家的立場。用本書的架構來看，「理一」之「理」，乃是由超越性道德本體之「仁心」所發出的「天理」。我們說過：儒家主張的倫理是一種「地位倫理」，一般庶民在家庭範疇內所踐行的倫理，是一種講究「愛有差等」的倫理，也是朱熹所謂「血脈之屬，各親其親，各子其子」的倫理。出了家庭之外，每一個人（尤其是「士」或是在社會上居高位者）都應該盡自己的力量，往外推行「仁道」，

這就是孟子所謂的「親親而仁民，仁民而愛物」。推行「仁道」的範圍愈廣，個人的道德成就也愈高。儒家之所以作此主張，便是因為其本體論「以乾為父，以坤為母，有生之類，無物不然」。張載的《西銘》充分反映儒家的這種立場，無怪乎會得到理學家們一致推崇！

七、道德論：仁為五常之本

前一章指出：在儒家思想裡，「仁心」是超越性的道德本體，所有的道德綱目都應當由此源生而出。理學家們認為「理一分殊」，「萬事皆出於理」，「萬物皆出于理」，這個分殊為萬事萬物之理的「理一」，便是「儒家的心之模型」中的「仁心」，也就是程、朱所謂的「道心」。這一點以二程說得最為精闢。他們從宇宙本體的層次來解釋仁：「生生之謂仁」「天地之大德曰生，天地絪縕，萬物化醇，生之謂性，萬物之生意最可觀。此元者，善之長也，斯所謂仁也」《遺書·卷十一》。

他們引用先秦儒家的說法，將「仁」視為人之根本：「孟子曰：『仁也者，人也；合而言之，道也。』《中庸》所謂『率性之為道』是也。仁者，人此者也」《遺書·卷十一》。因此，「仁者，以天地萬物為一體」，「仁者，渾然與物同體」，對仁者而言，「一人之心即天地之心，一物之理即萬物之理」《遺書·卷二上》。

也正因為如此，在仁、義、義、智、信五常之中，仁是「本」，其他的道德綱目則是由此源生而出的「用」：「仁義禮智信五者，性也。仁，全體也；四者，四肢。仁，體也；義，宜也；禮，別也；智，知也；信，實也。」《遺書·卷二上》。二程並且下許多工夫仔細說明「仁」和其他道德綱目的關係。在他們看來，「仁」和「愛」是不同的：「孟子曰：『惻隱

之心，仁也。」後人遂以愛爲仁。惻隱因是愛也，愛自是情，仁自是性，豈可專以愛爲仁？孟子言惻隱爲仁，蓋爲前已言『惻隱之心，仁之端也。』旣曰仁之端，則不可便謂之仁。退之言『博愛之謂仁』，非也。仁者固博愛，然便以博愛爲仁，則不可」《遺書·卷十八》。

他們更進一步說明「仁」和「義」之間的關係：「仲尼言仁，未嘗言義，獨於《易》曰：『立人之道，曰仁與義』。而孟子言仁，必以義配。蓋仁者體也；義者，用也。知義之爲用而不外焉者，可與語道矣」。「世之所論義者，多外之，不然則混而無別，非知仁義之說者也」《遺書·卷四》。

在二程看來，就「仁」與「愛」的關係而言，「仁」是「性」，是「體」；「愛」是「情」，是「用」。就「仁」與「義」的關係而言，「仁」是「體」，「義」是「用」。用本書的架構來看，作者說過：儒家所主張的倫理，是一種「地位倫理」。對於一般庶人，儒家祇要求他們盡一己之力，在其能力所及的範圍內行仁。在「儒家的心之模型」中，和「仁、義、禮」之「仁」相對應而代表「關係」之長方形方塊，以一條對角線分隔爲「情感性成份」和「工具性成份」，其意思爲：「仁」在日常倫理生活中所展現出來的「愛」（「情感性成份」），是有差序性的：以這種「愛」爲出基礎，適用於各種不同「關係」，而符合「義」之標準的「交換法則」，也是有差序性的。

然而，「仁」的意義並不僅此而已。對於「士」或在社會上居高位的人，儒家對他們還有更高的道德要求。他們除了「一家與仁」之外，還應當就其能力所及，盡量行仁。行仁的範圍愈廣，個人的道德成就也愈高。對儒家而言，「行仁」是一種沒有止境的歷程，二程說「仁者固博愛，然便以博愛爲仁，則不可」，其理由即在於此。

八、三綱五常

理學家承襲了儒家的傳統觀點，將「仁」看做是「五常之本」，其他道德綱目均由此衍生而出：「仁者天下之正理，失正理則無序而不知」《遺書‧卷十一》，「仁」既然是「理」，由此而衍生而出的道德綱目亦莫不爲「理」：

「仁、義、禮、智、信五者，性也。」

《遺書‧卷二上》

「性即理也。」　　　　　　　　《遺書‧卷二十二上》

「父子、君臣、天下之定理，無所逃於天地之間。」

《遺書‧卷五》

「上下之分，尊卑之義，理之當也，理之本也。」

「下順乎上，陰承陽，天下之至理。」

《周易程氏傳‧卷一》

「三綱五常」是儒家倫理的核心，歷代儒家學者建構出許多繁複的道德形上學，其目的無非在鞏固「三綱五常」。在內憂外患交加的宋代，理學家們既然認定「三綱五常」爲不可移易的「天理」，自然要全力加以維護。對於這一點，朱熹很清楚地說：「宇宙之間，一理而已。天得之而爲天，地得之而爲地，而凡生于天地之間者，又各得之以爲性。其張之爲三綱，其紀之爲五常。蓋皆此理之流行，無所適而不在。」《朱子文集‧讀大紀》

他對「綱紀」的詮釋是「夫所謂綱者，猶網之有綱也；所謂紀者，猶絲之有紀也。網無綱則不能以自張，絲無紀則不能以自理。」故「一家有一家之綱紀，一國有一國之綱紀」《朱子文集‧庚子應詔封事》。

　　「三綱五常」就是「國」、「家」的「綱紀」：「三綱，謂：君爲臣綱，父爲子綱，夫爲妻綱；五常，謂：仁、義、禮、智、信。」《論語・爲政注》

　　在他的著作中，他反反覆覆地提示「三綱五常」的重要性：

　　「三綱五常，天理民彝之大節，而治道之本根也。」
　　　　　　　　　　　　　　《朱子文集・戊申延和奏札一》
　　「仁莫大于父子，義莫大于君臣，是謂三綱之要，五常之本。人倫天倫之至，無所逃于天地之間。」
　　　　　　　　　　　　　　《朱子文集・癸未垂拱奏札二》
　　「自天下生此民，敍之以君臣、父子、兄弟、夫婦、朋友之倫。則天下之理，固已無不具于一人之身矣。」
　　　　　　　　　　　　　　　《朱子文集・經筵講義》

九、理欲觀：「存天理、滅人欲」

　　理學家們將「三綱五常」視爲不可移易的「天理」，他們無可避免的便要面臨「天理」和「人慾」對立的問題。在儒家經典中，最早提到「天理」與「人慾」之相對概念者，是《禮記・樂記》：「人化物也者，滅天理而窮人欲者也。於是有悖逆詐僞之心，有淫佚作亂之事。是故強者脅弱，衆者暴寡，此大亂之道也。」

　　此後歷代的儒者並沒有再進一步作「天理」和「人欲」之辨。「天理」和「人欲」的對立，可以說是宋明理學之「實踐理性」的邏輯後果。本節第三小段指出：程、朱的心性論和作者所建構的「儒家的心之模型」極爲類似。程朱既把「人」看做是自然生物體，又把「三綱五常」看做是不可移易的「天理」，他們便很容易把「天理」和「人欲」視爲互相對立，也

因此而提出「存天理、滅人欲」的主張（註 5）。在二程的著
作裡，到處都可以看到這樣的主張（註 6）：

> 「大抵人有身，便有自私之理，宜與其道難一。」
>
> 《遺書·卷三》
>
> 「人心，私欲也；道心，正心也。」
>
> 「人心，人欲；道心，天理。」　　《外書·卷二》
>
> 「不是天理，便是私欲」，「無人欲，即皆天理。」
>
> 《遺書·卷二十五》
>
> 「人欲肆而天理滅矣。」　　　　　　《遺書·卷二》
>
> 「人心私欲故危殆，道心天理故精微，滅私欲，則天
> 　理明矣。」　　　　　　　　《遺書·卷二十四》

可是朱熹卻注意到這兩者的差別。他很精確地指出：「人
心」不等於「人欲」。在解釋「人心惟危」的意義時，他說：
「人心亦不是全不好底，故不言凶咎，只危。」「蓋為人心易
走從惡處去，所以下個『危』字。若全不好，則是都倒了，何
止于危？」《朱子語類·卷九十七》

他又很正確地指出：人不能沒有「欲」：

> 「若是飢而欲食，渴而欲飲，則此欲亦豈能無？」
>
> 《朱子語類·卷九十四》
>
> 「雖聖人不能無人心（欲），如飢食渴飲之類。」
>
> 《朱子語類·卷七十八》

可是「欲」有合「理」、不合「理」之分：

> 「須是食其所當食，欲其所當欲，乃不失所謂『道
> 　心』。」
>
> 「飢而思食後，思量當食與不當食；寒而思衣後，思
> 　量當著不當著，這便是『道心』。」

《朱子語類・卷七十八》

他認為「人欲」是由「心之疢疾」所產生出來的「私」與「邪」：

「人欲者，心之疢疾。循此則其心私且邪。」
《朱子文集・辛丑延和奏札二》

「初來本心都自好，少間多被利害遮蔽，如殘賊之
事，自反了惻隱之心，是自反其天理。」
《朱子語類・卷九十七》

「只是為嗜欲所迷，利害所逐，一齊昏了。」
《朱子語類・卷八》

用本書的架構來看，朱熹對「人心」和「人慾」所作的分辨，有十分重要的涵意。在本節之初，作者指出：朱熹的心性論和「儒家的心之模型」有相通之處，二程的心性論則無法納入此一模型之內。「儒家的心之模型」認為：「識心」是作為自然生物體之人類所具有認知心：「仁心」則是一種超越性的道德本體。「識心」固然必須處理「主我」的慾望和衝動，社會期望透過「仁、義、禮」倫理體系而構成的「客我」，亦在「識心」的作用範圍之內。「主我」和「客我」之間的辯證，決定了「自我」的行動。

朱熹所謂的「人心」，頗類似於作者所說的「識心」；「人心」必須處理「主我」「饑食渴飲」的慾望，同時根據作為「客我」的「天理」（即作者所說的「仁、義、禮」倫理體系）衡量「當與不當」。朱子的心性論和作者建構的「儒家的心之模型」，除了使用的術語有所不同，其構想幾乎是一致的。然而，此處我們只能說「幾乎一致」，而不能說「完全一致」，其間最大的差別，在於朱熹雖然也經常體會到「天理」和「人慾」之間的辯證關係，而認為其間題難以區辨：

「有個天理，便有個人慾。」

「天理、人欲，無硬底界線。」

「天理、人欲，幾微之間。」

「雖是人欲，人欲中自有天理。」

《朱子語類‧卷十三》

「要須驗之此心，真知的如何是天理，如何是人欲。
　　幾微間極難理會。」

「只是一人之心，合道理底是天理，徇情欲底是人
　　欲，正當於其分界處理會。」

《朱子語類‧卷七十八》

　　可是，在理學的傳統之下，他又受二程影響，經常將「天
理」和「人欲」處理成「存天理、滅人欲」的壓抑關係，而不
是辯證關係：

「人之一心，天理存，則人欲亡；人欲勝，則天理
　　滅。未有天理人欲雜者。」　　《朱子語類‧卷十三》

　　尤其是在處理涉及「三綱五常」的問題時，他更是堅決的
主張「存天理、滅人欲」。比方說。朱熹認為「夫為妻綱」是
「三綱之首」：「蓋聞人之大倫，夫婦居一，三綱之首，理不
可廢」《朱子文集‧勸女道還俗榜》，程頤主張：寡婦「餓死
事極小，失節事極大」，他也大表贊同。他認為：「夫喪改嫁
，皆是無恩也」，因此建議地方官吏，對「守節」的「義夫、
節婦」「依條旌賞」，對不守節者，「依法究治」：

「保內如有孝子、順孫、義夫、節婦，事跡顯著，即
　　仰具申，當依條賞。其不率教者，亦仰申舉，依法
　　究治。」　　　　《朱子文集‧揭示古靈先生勸諭文》

　　在君臣、父子方面，他「存天理、滅人欲」的態度也十分

堅決：

「君尊於上，臣茶於下，尊卑大小，截然不可犯，似
　若不和之甚，然能使各得其宜，則其和也。」

《朱子語類·卷六十八》

「君臣父子，定位不易，事之常也。君令臣行，父傳
　子繼，道之經也。」

《朱子文集·申寅行宮便殿奏札一》

　　在朱熹看來，三綱關係是「定位」不可易的；尊卑大小也
是截然不可侵犯的。他甚至上書皇帝，對於「以下犯上，以卑
凌尊」者，雖然有道理也不能予以支持，如果沒有道理，更應
當罪加一等：

「臣伏願陛下深詔中外司政典獄之官，凡有獄訟，必
　先論其尊卑、上下、長幼、親疏之分，而后聽其曲
　直之辭。凡以下犯上，以卑凌尊者，雖直不右；其
　不直者，罪加幾人之坐。其有不幸至於殺傷者，雖
　有疑慮可憫，而至於奏獻，亦不許用擬貸之例。」

《朱子文集·戊申延和奏札一》

十、致頁和與識天理

　　在儒家思想發展史上，朱熹是孔、孟之後的第一個重要人
物。他繼承張載、二程，發展出博大精深的理學思想體系。宋
寧宗時期，由於黨派之爭，程頤被指爲「奸黨」，朱學則被指
爲「僞學」，下詔查禁。到宋代末年，理宗即位，理學才又恢
復地位。

　　元滅宋之後，仁宗認爲：儒學能「維持三綱五常之道」，
而決定以儒學作爲統治思想，又下令：科舉考試「明經」項內
「四書、五經以程子、朱晦庵注本爲主」。明清兩代開科取

士，亦沿襲其制，理學因此而能維持其官方正統的地位，歷經宋、元、明、清四代而不變。

明初時期儒家的代表人物是王守仁（1472－1528）。他繼承了陸九淵的思想，提出「心即理」的學說，認為「心」是天地萬物的本源，「萬化根源總在心」，「心外無物」，「心外無事」，天地萬物都必須通過心之「靈明」的感應，才能夠「顯現」出來：「天沒有我的靈明，誰去仰他高；地沒有我的靈明，誰去俯他深；鬼神沒有我的靈明，誰去辨他吉凶災祥。天地、鬼神、萬物離卻我的靈明，便沒有天地、鬼神、萬物了」《傳習錄》，由此而走入極端唯心論的道路。

在倫理學方面，王守仁借用了孟子「良知」的概念，認為良知是比「心」更高一層的純粹本體：「良知即是未發之中，即是廓然大公，寂然不動之本體」，心則不然：「心者，身之主也」，「凡知覺處便是心，如耳目之所視聽，手足之所知痛，此知覺便是心」。「良知即天理」《傳習錄》，「良知即是道。良知之在人心，不但聖賢，雖常人亦無不如此。若無物欲牽蔽，但循著良知發用流行將去，即無不是道」〈答陸原靜書〉。他很正確地指出：「良知不由見聞而有，而見聞莫非良知之用，故良知不滯於見聞，而亦不離於見聞」〈答歐陽崇一書〉，用現代的概念來說，世間諸般事物莫不有其道德意涵，個人在作道德判斷時，決不能只本之於良知，還必須訴諸於經驗探究，保持心胸的開放，收集有關訊息，反覆析辯，才能作出較為中肯的道德判斷（劉述先，1991）。

在理慾觀方面，王陽明認為：「此心無私慾之蔽，即是天理，不須外面添一分」，「聖人只是順其良知之發用」，而常人之心，卻「如斑垢駁雜之鏡，須痛加刮磨一番」。如何「刮磨」呢？王陽明提出了一種「明心反本」的方法：「省察克治之功，則無時而可間，如去盜賊，須有個掃除廓清之意。無事時將好色、好貨、好名等逐一追究，搜尋出來，定要拔去病

根，永不復起，方始爲快。常如貓之捕鼠，一眼看著，一耳聽著，才有一念萌動，即與克去，斬釘截鐵，不可姑容與他方便，不可窩藏，不可放他出路，方是眞實用功，方能掃除廓淸」，「初學必須省察克治，即是思誠，只思一個天理」，這就是他所謂的「去得人欲，便識天理」。

第五節　宋明理學的批判

　　從本書第三章對「儒家思想之內在結構」的分析來看，儒家在「程序正義」方面，雖然主張「尊尊原則」，希望能做到「父慈，子孝；兄良，弟弟；夫義，婦聽；長惠，幼順；君仁，臣忠」《禮記・禮運篇》，扮演「父、兄、夫、長、君」等尊上角色的人，分別依照「慈、良、義、惠、仁」的原則作決策；扮演「子、弟、婦、幼、臣」等從屬角色的人，則應當分別遵循「孝、弟、聽、順、忠」的原則，接受他們的指示。不儒家過思想內部卻有一種「當不義則爭之」的調整機制，認為扮演尊上角色的人所作的決策如果違反了「慈、良、義、惠、仁」的原則，扮演從屬角色的人，便應當力爭到底。換言之，這種先秦儒家所主張的「尊尊原則」是相對的，而不是絕對的。

　　然而，宋儒通過心性之學的繁複論證，提出「存天理、滅人欲」的命題，其主要目的就是要支持「君為臣綱，父為子綱，夫為婦綱」的「三綱」之說，將「尊尊原則」由相對關係處理成為絕對關係。這種作法，固然很能夠討統治者的歡心，可是也引來許多有識之士的批判。在理學發展之初，講究經世濟民、注重事功的王安石便很反對理學。宋朝末年，陳亮又繼承王安石的功利思想而批判理學：「今世之儒自以為得正心、誠意之學者，皆風痺不知痛癢之人也」《上孝宗皇帝第一書》。

　　明代中葉以後，中國東南地區的紡織業、陶瓷業、採礦業

興起，出現所謂「資本主義萌芽」的現象。生產關係的改變，促使某些知識份子質疑儒家的意識型態。當時著名的異端思想家李贄，不但反對盲目崇拜周公、孔子，甚至指責理學家是「陽爲道學，陰爲富貴，被服儒雅，行若狗彘」，批評其「存天理、滅人欲」之說違反了人性。

一、空言與實學

　　明朝末年，朝政腐敗，社會動盪不安。滿淸入關之後，黃宗羲、顧炎武、王夫之等儒家學者深感亡國之痛，而開始反省儒家傳統。他們的共同特點是批判宋明理學，但不反對儒學，反倒希望通過研讀儒家經典，以復興儒學，並開創出新的局面。比方說，顧炎武批評理學家：「以明心見性之空言，代修己治人之實學」《日知錄・卷七》，置四海困窮於不顧，而終日講危微精一之說，結果培養出一批「無事袖手談心性，臨危一死報君主」的腐儒，將整個大明江山斷送掉。因此，他竭力反對空談，而提倡「博學於文」和「行己有恥」的聖人之道：在「博學」方面，他希望用「僻土地」、「治田野」、「興學校」的方法，來「拯斯人於塗炭，爲萬世開太平」；在「有恥」方面，則提倡「不恥惡衣惡食，而恥匹夫匹婦之不被其澤」《亭林文集・卷三・與友人論學書》；對淸代的學術風氣造成了深遠的影響。

　　顏元也指責理學家們平時正襟危坐，低頭拱手談心性，弄得「士無學術，相無政事，民無同俗，邊疆無功」，一旦國家發生危難，則是「愧無半策匡時艱，惟余一死報君恩」〈存學篇〉。譬如朱熹，入仕二十餘年，「分毫無益於社稷生民」，一聽到金兵入侵，只知道「聞警大哭」，「充卻百棟汗千牛，大儒書卷遞增修，聞道金人聲勢重，紫陽齋裡淚橫流！」《朱子語類評》。他認爲：宋明理學是「率天下入故紙堆中」，「誤人才，破國家」，「入朱門者，便服其砒霜，永無生機」，

正因爲「普地昏夢，不歸程朱，則歸陸王」，所以他斷言：「程朱之道不熄，孔孟之道不著」，「必破一分程朱，乃入一分孔孟。」《習齊記餘》

針對理學家的一派「虛言」，顏元提出的對策是：「正其誼而謀其利，明其道而計其功」。他指責「正其誼而不謀其利，明其道而不計其功」的論調猶如「用兵而不計兵之勝」，「耕田而不計田收」。「世有耕種而不謀收獲者乎？世有荷網持鈎而不計得魚者乎？」「蓋正誼便謀利，明道便計功，全不謀利計功，是空寂，是腐儒」《顏習齋先生言行錄》。因此，他在晚年所辦的「漳南書院」中，既講經史，又講藝能；既設文事，又設武備，終身爲「墾荒，均田，興水利」的「富天下」目標而奮鬥。

清代反理學的代表人物載震更進一層指責理學家「以理殺人」：「尊者以理責卑，長者以理責幼，貴者以理責賤，雖失，謂之順；卑者、幼者、賤者以理爭之，雖得，謂之逆」《孟子字義疏證》，「其所謂理者，同於酷吏之所謂法。酷吏以法殺人，後儒以理殺人」，「天下自此多迂儒，及其責民也，民莫能辯，彼方自以爲理得，而天下受其害者衆也」《與某書》。他因此而感嘆：「人死於法，猶有憐之者；死於理，其誰憐之？」

二、天理與人欲之辯

然則，理學家的空言，爲什麼能弄到「以理殺人」的地步？啓蒙思想家也曾經針對理學的哲學基礎進行了批判。由於個人所處時空的限制，他們對理學的批判也有程度深淺的不同。譬如，明清之際三大思想家之一的黃宗羲（註 7），承陸、王「心性是一」之說，而反對程朱將之析分爲二。他認爲：「理」，就是「流行而不失其序」，「理不可見，見之於氣」，「

理不能離氣以爲理」，「理爲氣之理，無氣則無理」《明儒學案》。基於此一思想，他也反對宋儒將「義理之性」和「氣質之性」分裂爲二，認爲「義理之性」純然至善，「氣質之性」則善惡混雜的說法，而主張：「義理之性」是「從氣質而有」，沒有「氣質之性」，就不會有「義理之性」。

按照這樣的思想邏輯，他在「天理」與「人欲」的問題上，應當會主張「天理」即存在於「人欲」之中，但是在這一方面，他卻保留了宋儒的觀點，認爲「人欲」是「一人之私」，而與「天理」正相反對：「天理人欲，正是相反。此盈則彼絀」。結果他也同意宋儒「存天理、滅人欲」之論，認爲「寡之又寡，至於無欲，而後存乎天理」《與陳乾初論學書》。

明、清之際三大思想家中，以王夫之（1619－1692）提出的哲學體系最爲完整（註8）。他從哲學的角度，提出「理者氣之理」的主張，而對宋儒展開批判。他認爲：「天之所用爲化者，氣也；其化成乎道者，理也」，「天之命人物也，以理以氣」，「理只在氣上見，其一陰一陽，多少分合，主張調劑者，即理也」《讀四書大全說・卷十》。他反對宋儒將人性劃分爲「天地之性」與「氣質之性」。在他看來，「天命之謂性」，「性」、「命」是一事之兩面，都要從人物上看出來：自「天之賦予人」的角度來看，則可以說是「命」，自「人之受於天」的角度來看，則可以說是「性」。在他看來，「無人物則無命也」，那裡有什麼獨立於人之外的「天地之性」？「蓋言心言性，言天言理，俱必在氣上說，若無氣則俱無矣」《卷十》。換言之，「理」與「氣」之間的關係，應當是「一陰一陽」、「分合調劑」的辯證性關係，而不是像理學家所講的天人割裂，「理」、「氣」分立的壓抑關係。

王夫之也反對宋儒將「天理」與「人欲」二分之說，而主張「天理充周，原不與人欲相爲對壘」〈卷六〉，「終不離人而別有天，終不離欲而別有理」〈卷八〉。換言之，天理並不

是可以離開人欲而獨立存在的，人欲只要「盡其宜，中其節」，即為「天理」。「人欲之大公，即天理之至正」，「人欲之各得，即天理之大同」，而不必如理學家所謂的「存天理、滅人欲」，「須是人欲淨盡，然後天理自然流行」。

顏元在他所著的〈存性篇〉中，先針對朱熹將「天命之性」「氣質之性」二分的理論進行了詳盡的批判，然後提出他自己的主張：「心性非精，氣質非粗，不惟氣質非吾性之累害，而且舍氣質無以存心養性」。他認為宋儒是「以氣質為惡」，所以才會「視己為私欲」，提出「克己制私」的主張。在〈存人篇〉中，他又進一步主張：人的耳目聲色之欲，反映出人的「真情至性」，根本不應加以克制。他說：「天不能無地，夫豈可無婦。你看見婦人，果不動念？這一動念，就是天理不可絕處」，「禽有雌雄，獸有牝牡，昆蟲蠅蟅也有陰陽，豈人為萬之靈，而獨無情乎？故男女者，人之大欲也，亦人之真情至性也。」

在這樣的基礎之上，清代的載震對宋儒「存天理、滅人欲」之說作了更有系統的批判。他認為：「飲食男女，生養之道也，天地之所以生生也」，「生養之道，存乎欲者也；感通之道，存乎情者也，二者，自然之符，天下之事舉矣」〈原善〉。在他看來，「理」就是「自然之分理，事物之條理」（註9），並不像理學家所說，在事物之外，還有「得之於天而具於心」的「天理」：「循理者非別有一事，曰：『此之謂理』，與飲食男女之發乎情者分而為二也。即此飲食男女，其行之而是為循理；行之而非為悖理而已矣」〈緒言〉。

載震進一步指出「情」和「理」之間的關聯：「在己與人，皆謂之情。無過情無不及情之謂理。」「天理者。節其欲而不窮人欲也。是故欲不可窮，非不可有；有而節之，使無過情，無不及情。」這就是所謂的「天理」。然則，怎樣做到「無過情」，而又「無不及情」的境界呢？載震認為：「人之有欲

也，通天下之欲，仁也」，「欲不失其私，則仁」，因此而提出「以我之情絜人之情，而無不得其平」的基本主張《孟子字義疏證》。

戴震這種「以情絜情」、「不失於私」的理論和近代西方社會學者所強調的「溝通理性」（communicative rationality）是相互通契的，也蘊涵了「辯證倫理」的重要概念（Habermas, 1984）。然而，這樣的概念又是源自於儒家的「絜矩之道」或「己所不欲勿施於人」的「恕道」。這是我們在盲目引進西方的社會科學理論時，不能不特別注意的。

三、君臣關係的批判

除了在理論上批判宋儒之外，啓蒙思想家們也批判了傳統封建社會中的君臣關係。舉例言之，黃宗羲根據其「理氣一本論」，主張：「有生之初，人各自私也，人各自利也」，但卻又認爲：「徒以自私自利，不可以治天下國家」，因此主張：「不以一己之利爲利，而使天下受其利；不以一己之害爲害，而使天下釋其害」。以此觀點爲基礎，他在《明夷待訪錄》的〈原君篇〉中，對中國兩千多年的君主專制進行了激烈的批判。在他看來，「三代以上」的理想君主是「以天下爲主，君爲客；凡君之所畢世而經營者，爲天下也」，但後來的君主卻是「以天下之利盡歸於己，以天下之害盡歸於人」，「敲剝天下之骨髓，離散天下之子女，以奉我一人之淫樂」，因此，他認爲：「天下之大害者，君而已矣」，對於這樣的國君，天下之人當然可以「視之如寇仇，名之爲獨夫」。

黃宗羲更進一步假設：「三代以上之法」是「立法爲公」，「未嘗爲一己而立」，所以可稱之爲「天下之法」〈原法〉。後世之法則不然。「後人之主，既得天下，唯恐其祚命之不長也，子孫之不能保有也」，爲了要「藏天下於筐篋」，「日

唯筐篋之是虞，故其法不得不密，這樣的法是所謂的「一家之法」，而不是「天下之法」。以這種「非法之法梏桎天下人之手足」，則「法愈密而天下之亂即生於法之中」。因此，必須用古代的「天下之法」，取代後來的「一家之法」。

要做到這一點，首先必須改變傳統的君臣關係。他認為：在傳統封建社會裡，是「臣為君而設」，為臣者以為「君分吾以天下而後治之，君授吾以人民而後牧之，視天下人為君橐中之私物」；在他看來，合理的君臣關係，應當是「君臣之名，從天下而有之者也。吾無天下之責，則吾在君為路人」，所以臣之為臣，應當是「為天下，非為君也；為萬民，非為一姓也」，在他看來，「出而仕於君也，不以天下為事，則君之僕妾也；以天下為事，則君之師友也」〈原臣〉，因此他很反對臣向君一人一姓報以死節，認為真正的氣節應當是「以天下為事」，為天下創「一治大法」，亦即所謂的「天下之治」。

其次，他認為應當擴大「學校」的職權，使學校成為政府的諮詢和監督機構：「必使治天下之具皆出於學校」，「天子亦遂不敢自為是非，而公其是非於學校」。換言之，作為啟蒙時期的思想家，黃宗羲雖然開始反省並批判封建君主制度，但是作為一位儒家學者，他乃然無法跳開傳統的限制，希望借用「託古改制」的方法，用學術的力量來制衡政治。

顧炎武在明朝覆亡之後，也深入反省國家與民族、君王與臣民之間的關係。他區分「亡國」和「亡天下」的不同，所謂「亡國」是指朝代更替，易姓改號；所謂「亡天下」，則是指天下大亂，道德崩潰，「率獸食人，人將相食」。在他看來，「保國」是一家一姓之事，「其君其臣肉食者謀之」即可，而「保天下」則是「匹夫之賤，與有責焉」《日知錄·卷十三》。「君臣之分，猶不敵華裔之防」，「華裔之防，所繫者在天下」，所以，滿清入主中原，不只是「亡國」，而且是「亡天下」。

　　有明爲什麼會遭此「亡天下」之痛呢？顧炎武首先將批判
的矛頭指向統治者。他承襲儒家傳統聖王的理想，認爲：「古
先王之教，能事人而後能使人」，「舜之聖也，而飯糗茹草；
禹之聖也，而手足胼胝，面目黧黑。此其所以道濟天下，而爲
萬世帝王之祖也」《日知錄・卷七》。後世的統治者則不然：
「自三代以下，人主之於民，賦斂之而已爾」，統治者祇顧一
家一姓之利益，橫征暴斂，奴役百姓，其臣僕則是「無官不賂
遺」，「無守不竊盜」，「君臣上下，懷利以相接」《日知錄
・卷十三》，國家安得不亡？

第六節　儒學第三期的發展

　　從武帝之後，到 1911 年清廷覆亡以前，儒家思想一直是帝制中國「正統」的意識型態。所有的政治行動都必須在儒家思想的「前提」或「規格」之下進行。在下一章中，作者將會指出：依照這種「規格」或「前提」所建構出來的政治制度，在某種程度上能夠吸納社會邊緣所發出的變革要求，並且做出有限度的變革。當社會問題嚴重到超出政治中心所能處理的程度，甚至釀成全面性的叛亂，進而推翻原有的政治中心，新成立的政權也仍然是在原有的價值體系或「規格」之下運作，並沒有毀棄其意識型態。「中國文明」也因此而能夠保持其符號系統和文化模式的延續性。

　　在本書第四章中，作者用「結構主義」的方法，建構出「儒家的心之模型」，並分析了儒家思想的內在結構。在本章中，作者又以前一章的分析爲基礎，論述了儒家思想在中國歷史上的發展。本章的重點是在論述儒學第二期的發展，討論宋明理學家如何以「天地之性」和「氣質之性」的對立爲基礎，逐步發展出「存天理、滅人欲」之說，以支持其「三綱」之論，而受到政治勢力的利用。由於每個人都是「其父之子女」，除掉君王之外，每個人又都是「其君之臣民」，「三綱」之說講到極端，每個人在其君、父面前，都無法作爲自身意志之主體，甚至連專制帝王也必須「以祖宗爲法」。結果竟然是造就了一個「主體性消蝕殆盡」的龐大封建帝國。

一、新文化運動

　　這樣的意識型態並不是一成不變的。在本章中，我們檢視了儒家思想在中國歷史上的變化。明朝滅亡之後，清初時期的啓蒙思想家雖然對宋儒提出猛烈的批判，甚至開始質疑行之數千年的君主制度，但他們思考的立足點仍然是原始儒家。清朝末年，太平天國農民運動興起，洪秀全假借耶穌皇上帝的名義，到處砸孔廟，燒燬儒家經典，才使儒家倫理受到一次重大打擊。辛亥革命之後，袁世凱復辟帝制，通令恢復尊孔讀經，激起了五四新文化運動，而對儒家倫理展開全面性的批判。

　　五四運動在本質上是以對西方文化的片面了解來打擊儒家倫理，譬如陳獨秀當年倡言：「要擁護那德先生，便不得不反對孔教、禮法、貞節、舊倫理、舊政治。要擁護那賽先生，便不得不反對舊藝術，舊宗敎。要擁護那德先生，又要擁護那賽先生，便不得不反對國粹和舊文學。」而其批判的焦點則在於儒家倫理的「三綱」之說：「儒者三綱之說，爲一切道德政治之大原。君爲臣綱，則民於君爲附屬品，而無獨立自主之人格矣；父爲子綱，而子於父爲附屬品，而無獨立自主之人格矣；夫爲妻綱，則妻於夫爲附屬品，而無獨立自主之人格矣。率天下之男女，爲臣，爲子，爲妻，而不見有一獨立自立之人格，三綱之說爲之也。緣此金科玉律之道德名詞，曰忠、曰孝、曰節，皆非推己及人之主人道德，而爲以己屬人之奴隸道德也。」因此，他號召全國青年男女，「各其奮鬥以脫離此附屬品之地位，以恢復獨立自主之人格」。

　　魯迅在《狂人日記》中，則借狂人之口，直斥儒家道德「吃人」：「我翻開歷史一看，這歷史沒有年代，歪歪斜斜的每頁上都寫著『仁義道德』幾個字。我橫豎睡不著，仔細看了半夜，才從字縫看出字來，滿本都寫著兩個字是『吃人』！」

被胡適稱讚爲「隻手打孔家店的老英雄」吳虞接著寫了一篇〈吃人與禮教〉，抨擊儒家的封建禮教：「孔二先生的禮教講到極點，就非殺人吃人不成功，眞是慘酷極了。一部歷史裡面，講道德、說仁義的人，時機一到，他就直接間接的都會吃起人肉來了。」「我們中國人，最妙的是一面會吃人，一面又能夠講禮教。吃人與禮教，本來是極相矛盾的事，然而他們在當時歷史上，卻認爲並行不悖的，這眞是奇怪了！」「我們如今應該明白了！吃人的就是講禮教的！講禮教的就是吃人的呀！」「什麼『文節公』呀，『忠烈公』呀，都是那些吃人的人設的圈套，來誆騙我們的！」

二、三綱革命

從本書第三章「儒家思想的內在結構」來看，「三綱革命」的主要打擊對象，仍然是儒家倫理中涉及程序正義的「尊尊原則」，尤其是由宋儒心性之學所支撐而絕對化的「君爲臣綱，父爲子綱，夫爲妻綱」。然而，在當時的政治和社會氛圍之下，大多數青年將西方的「德先生」和「賽先生」當做新偶像頂禮膜拜，新文化運動愈演愈烈，「吃人的禮教」、「打倒孔家店」變成喧騰一時的口號。儘管新文化運動的主要領導人物並未全面否定傳統，新文化運動實際上卻演變成爲「整體性的反傳統主義」（林毓生，1972／1983），並爲後來的「文化大革命」，作了舖路奠基的工作。

從今天的角度來看，新文化運動對中國所造成的後果，可以說是利弊參半。就當時的「政治／社會」結構來看，當時會發生「三綱革命」，可以說是時勢之所必然。在中國社會結構和生產方式都面臨巨變的前夕，支持中國社會維持其尊卑秩序的「尊尊原則」是不可能不有所調整的。然而，從儒家思想的整體結構來看，「三綱」並不等於儒家思想的全部。在先秦儒

家諸子的思想裡，根本找不到「三綱」之說；而宋明理學的內容，也遠較「三綱」之說來得龐大而且複雜。誠然，在中國社會結構快速轉型的時代，支撐「三綱」之說的「存天理，去人欲」是應當有所調整，儒家傳統是應當依據時代的要求重新加以詮釋，然而，這並不意味著儒家思想或宋明理學一無可取。五四時代的「三綱革命」演變成為「全面反傳統主義」，正應了西諺所說的「將洗澡水和嬰兒一起倒掉」，可以說是愚不可及之事！

　　五四時代參與「科學論戰」的新知識份子將以儒家思想為主的中華文化傳統界定為「玄學」，認為要在中國社會裡提倡「科學」，便不能不打倒「玄學」，不能不消滅「玄學鬼」。從今天的角度來看，這也是十分膚淺的皮相之論。「科學」和「玄學」並不是對立之物，用康德的知識論來看，以科學方法所獲致的知識，是屬於「理論理性」的範疇；儒家傳統所討論的議題，是屬於「實踐理性」的範疇，兩者根本不相統屬，如何可能以「科學」來取代所謂的「玄學」？

　　不僅如此，「傳統」和「現代」也不是截然對立的兩個概念，任何一種文化傳統都有其延續性，任何一個社會的現代化，都必須以奠基在其文化傳統之上。現代西方倫理學的困難之一，在於他們難以回答：「為何我應該道德」的問題（劉述先，1986）。倘若我們將儒家傳統消滅殆盡，作為一個華人，我們將如何回答這一個問題？「全盤西化」式的現代化，又如何能夠解決這樣一個問題？如果華人社會真的能夠「全盤西化」，華人又將如何保持他們的文化認同？

三、結論

　　五四運動的發生已經宣告作為官方意識型態之儒家思想的死亡。然而，作為華人之「文化／心理建構」的儒家傳統，卻

有其強韌的生命力。在資本主義的經濟體制之下，儒家傳統和西方文化的結合，產生了令人矚目的變化。在 1980 年代，這是東亞四條小龍經濟奇蹟的問題，在 1990 年代，這是東亞經濟圈崛起的問題，在 2000 年代，這是工商業化的華人社會如何維持社會正義的問題。換言之，在可預見的將來，儒家傳統在排除掉政治因素的扶植、利用、或打擊之後，將和「道、儒、法、兵」以及外來的西方文化，共同並存於華人社會之中，成為中華文化傳統中的一個子系統。有些人會從現代哲學的角度，重新加以詮釋，希望賦予它新的活力，譬如：華人社會中的許多衛道人士，都持有此種立場；有人則是置之不理，而只是在思想和行動上不知不覺地受這種文化傳統的影響。當然，也有人從社會科學的角度，冷靜而客觀的分析：這樣的文化傳統，如何走入即將到來的二十一世紀。這是本書的立場，也將是所謂「儒學第三期發展」的最大特色。

（註 1）美國漢學家墨子刻（Metzger, 1984）曾作一長文評介艾森斯塔的現代化理論及其對中國現代化問題的討論（Eise-nstadt, 1981, 1982, 1983），並惠贈有關著作，特此敬致謝意。

（註 2）本節旨在以「儒家的心之模型」來詮釋宋明理學的主要理念，而不在於對每一位理學家的背景和思想作詳細的分疏。關於後一回題，錢穆（1977）曾根據全祖望《宋元學案》及黃宗羲《明儒學案》對宋明理學家作初步之介紹；牟宗三（1968－69）的《心體與性體》最爲學術界所推崇，此外，唐君毅（1975）、蔡仁厚（1977）、李書有（1992）之著作亦極有參考價值。

（註 3）有關周敦頤及張載思想的論述，見牟宗三（1968）：《心體與性體㈠》，頁 321－570；蔡仁厚（1977），頁 17－76；朱建民（1989）；陳俊民（1986），頁 1－136。

（註 4）劉述先（1982）認爲：不能眞正正視「德性之知」與「聞

見之知」二者之間的差別，是「朱子之病」。

（註 5 ）此處特別討論程朱之理欲觀，並非全面否定其理學體系。
　　　　在作者看來，程朱所提出的理學思想體系並不一定導
　　　　致「存天理、去人欲」的結論，也不必然要用來支持「三
　　　　綱」之說，而可以作爲儒家道德形上學之基礎，見牟宗三
　　　　（1968 ）：《心體與性體㈠》，頁 115－189；及劉述
　　　　先（1982 ）。

（註 6 ）牟宗三（1968 ）在其《心體與性體》第二册中，對二程思
　　　　想有詳細的析論。

（註 7 ）劉述先（1982 ）認爲：黃宗羲是宋明時期最後一位理學
　　　　家，又見古淸美（1978 ）。

（註 8 ）熊十力認爲王夫之是理學家，侯外盧（1982 ）則從馬克斯
　　　　主義的觀點，認定其爲「唯物論者」，林安梧（1987 ）對
　　　　此則有較中肯之析論。

（註 9 ）戴震和章學誠是淸代中葉儒學考證學風的理論大師，余英
　　　　時（1976 ）認爲：捨此二人，考證學風將在理論上將無所
　　　　附麗。

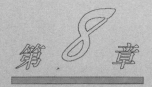

第 *8* 章

法家與陽謀

中國人的組織理論

　　前一章提到：在帝制中國漫長的歷史上，儒家思想始終是統治者所提倡的意識型態，它不僅是中國人政治行動和社會行動的「規格」或「前提」，而且成爲「中國文明」的表徵。用艾森斯塔的理論來看，任何一種意識型態之所以能夠長期存在，必然是因爲「社會中心」根據依這種意識型態所建構出來的政治體制，能夠吸納「社會邊緣」所提出的改革要求，在世俗的社會秩序和超越的政治理想之間製造出一種緊張，作爲社會變革的動力；同時又能夠有效地控制住社會邊緣集體的政治或社會行動。「中國文明」亦不例外。然而，儒家思想如何能夠發揮這種作用呢？帝制中國又是藉用什麼的機制來控制其社會的呢？

第一節　「仁道」與「公道」：儒家與法家

一、變革的道德張力

　　我們可以分兩個層面來討論這些問題，首先，我們要討論的是：帝制中國的政治中樞如何吸納社會邊的變革要求。本書第六章論及「儒家思想的內在結構」時，其中的「尊尊原則」應用在政治的領域之中時，它所強調的是「天無二日，人無二王」，除了全國奉爲「正統」的中樞之外，絕不容許有其他中樞存在。這是儒家社會和講究「機構多元主義」（institutional pluralism）之現代社會在政治方面的最大不同之處。

　　在政治地位的安排方面，儒家的主張是「大德必得其祿，必得其位」，認爲居高位的人，必須竭盡一己之力，施行「仁道」。用孟子的學說來說，這就是：

> 「天子不仁，不保四海；諸侯不仁，不保社稷；卿大
> 　夫不仁，不保宗廟；士庶人不仁，不保四體。」
> 　　　　　　　　　　　　　　　　　　《孟子・離婁篇》
> 「得天下有道，得其民，斯得天下矣！得其民有道，
> 　得其心，斯得民矣！得其心有道，所欲，與之聚
> 　之；所惡，勿施爾也。」　　　　《孟子・離婁篇》

　　儒家的「士之倫理」賦予「士」一種「以道濟世」的使命

感，要求他們出仕之後，必須堅持「所欲，與之聚之；所惡，勿施爾也」的原則，看到君王的決策或行動違背「仁道」的時候，應該「當不義則爭之」，努力「革君心之非」。當然，這祇是儒家的政治理想，並不是一個出仕爲「士」的人都能夠做到的（註1）。然而，在中國歷史上，我們確實也可以看到有不少的志士仁人能夠堅持儒家的原則，反應社會邊緣的要求，並且在世俗的現實和超越的理想之間，產生出一種道德的張力，藉以推動世俗的變革（de Bary, 1957；狄白瑞，1983）。

由於帝制中國的政治一向不容許有「機構的多元主義」，同時又十分強調政治中樞的穩定與和諧，因此傳統中國始終缺乏意識型態上的創新，而政治中樞也祇能接受溫和的變革（Eisenstadt, 1983；Metzger, 1984）。更重要的是：中國人在歷史上雖然曾經有過許多重大的發明，但是他們的科技發明卻沒有改變傳統中國以農業爲主的生產型態。由於中國的人口衆多，可耕地相對狹小，而農業生產又有一定的極限。人口增長便成爲決定中國社會治亂的最重要因素。當人口增加到糧良嚴重不足，而政治中樞又無法解決日益嚴重的問題時，便可能引發全面的叛亂，甚至推翻原來的政府。經過一段時期的戰亂，人口大量減少，社會情勢才會漸趨穩定。然而，新崛起的統治者仍然會援用儒家的意識型態作爲建構新政治體制的參考架構，結果中國社會便出現了一治一亂的往復循環，艾森斯塔也因此而認定：帝制中國的歷史祇有「叛亂」（rebellions），並沒有眞正的「革命」（revolutions）。

二、「陽儒陰法」的社會

中國知識份子之所以很少有意識型態上的創新，帝制中國在承平時期之所以能夠保持穩定，不僅是因爲其政治體制能夠吸納溫和的變革，更重要的是：自唐、宋以後，中國統治者便設計出一套和其官僚體制密切配合的科舉制度，作爲社會控制

的機制。讀書人想要進入政府的官僚體制中擔任公職，其主要途徑是熟讀儒家經典，並且通過科舉考試（Krache, 1953；Miyazaki, 1976）。這套控制機制不容許任何向政治中樞挑戰的「異端」式意識型態，也不允許任何「離心的」菁英組成強而有力的政治群體。它對於道家或佛家採取寬容態度的主要原因，是因為後者在本質上是一種出世的意識型態，對「正統」的政治中樞不但不構成威脅，反倒有強固作用。

這套精緻的控制機制，其實質目的固然是在落實儒家的意識型態，並強固既有的政治和社會秩序；但其控制的方法和技術卻是源自於法家思想。在戰國時期，法家思想原本是從儒家辯證性地發展出來，並且和儒家思想針鋒相對的一種意識型態。以其意識型態為基礎，法家又發展出一套形式性的組織理論，可以用來落實任何一種的意識型態，或達成任何一種的組織目標。漢朝的統治者開始用法家的控制技術，來落實儒家的社會倫理，「禮為有知者制，刑為無知者設」，以達到其社會控制的目的（瞿同祖，1937）。唐、宋以後，更發展出科舉制度，用法家的組織理論，將政府用人制度和儒家意識型態緊密結合在一起，而所謂的「儒家中國」其實也變成為「陽儒陰法」的社會。

三、《君王論》與《王者之道》

了解法家思想在帝制中國社會中的作用之後，我們可以再從西方社會學的角度來說明法家思想在現代中國社會中可能發生的作用。傅柯（Foucault, 1979）在討論資本主義社會組織中的權力運作時，曾經提出一個重要的概念，即伴隨資本主義之生產方式而興起的「監督技術」。依照傅柯的觀點，「監督技術」的主要目的是要製造出一種既有生產能力，而又可以任人擺佈的「馴良身體」，並將之納入於資本主義的生產體制之中。在工廠、軍營、醫院、監獄裡，都各有其監督技術，甚至

連學校、大學、或行政機構亦不例外。在他看來,「監督技術」的發展和「馴良身體」的製造,與資本主義的興起有非常緊密的聯繫。但是「由資本累積所產生的經濟變化,和由權力累積所產生的政治變化,並非完全獨立。他們想要成功並且不斷擴增,就得互相依賴。比方說,許多軍事方法大量用於管理之上,便是依照權力格局的模式來組織勞動及分配。這種格局並非產生自經濟領域,而是源自於政治領域。」(Foucault, 1979:221)

Dreyfus 和 Rabinow(1983 / 1992)認為:西方政治中這種「監督技術」的哲學根源可以上溯至文藝復興時期的 Machiavelli。在此之前,西方政治思想關注的是正當和美好的生活。不論是亞里斯多德,或是 St. Thomas,都認為政治的目的是在不完善的世界中引導人們走向美善。Machiavelli 的《君王論》則代表了西方政治思想傳統的巨大轉變。他不考慮任何形而上學的問題,也不關心公民的自由和美德,他對君王所提的各種忠告和意見,其終極目的都是在於權力的增強和鞏固。

其實,早在兩千多年前,韓非子(公元前 280 - 233 年)綜合道家、荀子、以及商鞅、管仲等人的思想,所提出的法家思想體系,不但比《君王論》周延完整,而且中國歷史上的統治者也莫不援引,以之作為其「監督技術」的哲學基礎。在儒家學者的貶抑之下,法家思想雖然曾經以各種不同的形式流傳於中國社會之中,但它在學術界卻很少受到應有的重視。今天我們要想研究資本主義社會中華人的組織及社會行為,自然不能不對法家思想有所了解。

四、法家的「監督技術」

我們說過,法家思想的內容是一套建立在其獨特之意識型

態上的組織理論。在戰國末期，韓非子關注的焦點，是如何發展出一套組織理論，以幫助當時的諸侯列王達到「富國強兵、鞏固王權」的目標，因此，法家思想的基本價值取向是重農、重兵，而帶有濃厚的反智論色彩（余英時，1987），譬如，在〈五蠹篇〉中，韓非子認為：學者、言古者、帶劍者（俠士）、患御者（遠戰求安的懦夫）、和商工之民是有害於國家的「五蠹」，建議君王予以「去除」。

用現代的角度來看，這樣的觀點自然是受到極大的時代限制，而不值得再予以闡揚的。因此，在《王者之道》中（黃光國，1991），作者將法家思想中不合時宜的價值理念予以剔除，再用結構主義的方法抽離出其形式結構，並配合許多實際的例子，來說明法家思想在現代社會中的適用性。

依照作者的分析，法家的思想體系基本上是由「法、術、勢」三個觀念所構成的。「勢」是指「權力」，「法」是規章制度或工作計畫，是達成組織目標的辦法。「術」則是運用權力，執行規章制度，實踐工作計畫，以達成組織目標時，可以使用的各種人際關係的技巧。依照法家的理想，這整套「法、術、勢」的運作，必須建立在「道」的原則之上。而法家最重視的「道」，又是「公道」，亦即作者所謂的「公平法則」。

五、法家的適用範疇

在韓非看來，任何一種人際關係都是建立在「人性自利」的預設之上，因此，他的心性論也應當具有普遍性，而適用於各種不同的人際關係：

「醫者吮人之傷，含人之血，非骨肉之親也，利所加也。輿人成輿，則欲人之富貴；匠人成棺，則欲人之夭死，非輿人仁，而匠人賊也。人不貴，則輿不

售；人不死，則棺不買。情非憎人也，利在人死
也。」　　　　　　　　　　　　　　　　　　〈備內篇〉

　　在韓非看來，醫師「吮人之傷，含人之血」，做轎子的人
希望別人富貴，賣棺材的人希望別人夭死，其原因都是出於自
利。甚至連「骨肉之親」亦不例外：

　　「且父母之於子也，產男則相賀，產女則殺之。此俱
　　出父母之懷衽，然男子受賀，女子殺之者，慮其後
　　便，計之長利也。故父母之於子也，猶用計算之心
　　以相待，而況無父母之澤乎！」　　　　〈六反篇〉
　　「人為嬰兒也，父母養之簡，子長而怨。子盛壯成
　　人，其供養薄，父母怒而譙之，子父至親也，而或
　　譙或怨者，皆挾相為，而不周於為己也。」
　　　　　　　　　　　　　　　　　　　　〈外儲左上〉

　　在「父母不相親，兄弟不相安，夫婦離散，莫保其命」的
戰國時代，韓非看到有些親子之間，不僅因為「養之簡薄」而
互相抱怨，甚至還出現了「產男則相賀，產女則殺之」的極端
現象，因此認為：家人親子之間，也是人人自利，「用計算之
心以相待」。然而，考慮當前華人社會之現實，雖然我們仍然
可以看到韓非所指稱的若干現象，但這也祇是特殊案例而已。
若是以之作為普遍性的命題，難免犯上以偏概全的謬誤。

　　用〈人情與面子〉的理論模式來看，在正常情況下，華人
和屬於「情感性關係」的家人或屬於「混合性關係」的親戚朋
友的互動，通常是依照「需求法則」或「人情法則」而進行，
其中雖然有「工具性成份」，但「情感性成份」卻更受到重
視。從韓非理論所論述的內容來看，其實法家哲學最適用的範
疇，應當是作者在〈人情與面子〉理論模式中所述及的「工具
性關係」。在這種關係裡，一般人確實是「用計算之心以相待
」的：

「臣盡死力，以與君市；君重爵祿，以與臣市。君臣
　之際，非父子之親也，計數之所出也。」〈難一篇〉

「君以計畜臣，臣以計事君，君臣之交，計也；害身
　而利國，臣弗為也；害國而利臣，君不行也。臣之
　情，害身無利；君之情，害國無親。君臣也者，以
　計合者也。」　　　　　　　　　　　　　〈飾邪篇〉

　　用韋伯的概念來說，此處所謂的「計」、「計較」，正是
個人站在其利害的立場「精打細算」（calculation）後，所作
出的工具理性行動。換言之，在韓非的心目裡，君臣之間的關
係正如「市場交易」一樣，本質上是一種「工具性關係」：臣
「盡死力」提供服務，君則給予地位、財富（「爵祿」）以為
回報，所以說：「君臣之交，計也」，「君臣也者，以計合者
也」。

　　統治者與被統治者之間的「君民關係」，也是如此。韓非
認為：

「民之故計，皆就安利而辟危窮。」　　　〈五蠹篇〉
「夫安利者就之，危害者去之，此人之情也。」
　　　　　　　　　　　　　　　　　　　〈姦劫弒臣〉
「好利惡害，夫人之所有也，……喜利畏罪，民莫不
　然。」　　　　　　　　　　　　　　　〈難二篇〉

　　因此，統治者便可以此種「計算心」為基礎，來統馭民
眾：

「凡人之有為也，非名之，則利之也。」〈內儲說上〉
「利之所在，民歸之；名之所彰，士死之。」
　　　　　　　　　　　　　　　　　　　〈外儲左上〉
「夫耕之用力也勞，而民為之者，曰：『可得以富

也。』戰之事也危，而民為之者，曰：『可得以貴
也。』」　　　　　　　　　　　　　　〈五蠹篇〉

　　統治者祇要掌握住人民所欲的「名」和「利」，便可以之
作為資源，來和他們進行社會交易，要求他們做出「耕」、「
戰」等有利於國家的行為。倘若我們將這些陳述中的「君、臣
」或「君、民」抽換成資本主義社會組織內的「領導者」和「
被領導者」，我們不難看出：這些陳述其實都是在討論工具性
的人際關係，而整套法家思想也可以看做是用以支持在組織中
使用「監督技術」的管理哲學。

六、操縱與反操縱

　　了解法家思想的適用範疇之後，我們便可以進一步為法家
思想的性質「定位」。首先，我們要討論的是它在本書之架構
中的位置。在本書第六章圖 6－1「儒家的心之模型」中，「
關係」、「交換法則」、和「社會行動」分別和儒家倫理中的
「仁」、「義」、「禮」互相對應；「關係」中的「工具性成
份」由「情感性關係」、「混合性關係」至「工具性關係」而
逐漸增大；而作者又一再強調：作為儒家之「庶人倫理」的「
仁、義、禮」倫理體系，是以「仁」作為基礎而衍生出來的。
在資本主義式的社會組織中，作為主要之交換型態的「工具性
關係」裡，「情感性成份」（仁）極少，「工具性成份」卻頗
大；這意思是說：「工具性關係」，尤其是現代社會中的「工
具性關係」，並非儒家倫理的主要適用範疇，而是法家思想的
主要適用範疇。

　　由此觀之，在本世紀初，中國社會面臨巨變前夕所發生的
「五四運動」便具有一層重要的涵意：當時所謂「三綱革命」
的目的，是希望將個人從舊式家庭和專制政體中解放出來。然
而，這樣的「解放」並非意味著每一個人都可以獲得「為所欲

為」的自由。在資本主義式的工商業社會裡，大多數人都必須
置身於形形色色的社會組織之中，和屬於「工具性關係」的其
他人進行互動，而受到各種「監督技術」的控制。老子說：「
失道而後德，失德而後仁，失仁而後義」，用本書的架構來
看，中國社會在五四運動「三綱革命」後的巨變，可以說是「
失禮而後勢，失勢而後術，失術而後法」。

　　在任何一種社會互動的情境裡，有監督，便有反監督；有
控制，便有反控制；有操縱，便有反操縱。在中國長久的歷史
裡，中國人民在專制政體的壓制之下，也發展出許多「反控
制」或「反操縱」的行動，「上有政策，下有對策」，這種行
動就是源自於兵家的「計策行動」。當然，我們在此說屬下可
能用「計策行動」對上司進行「反控制」或「反操縱」，並非
意指：「只有」屬下可能用「計策行動」來對付上司。事實
上，在組織與組織之間，在組織與個人之間，甚至在個人與個
人之間，凡是「交易標準」（即「法」）不清楚的地方，便可
能產生策略性的社會互動；有權力的上司當然也可能用計策行
動來操縱屬下。就這一層意義而言，我們可以將老子前述的命
題繼續推演為：「失法而後兵」。

七、陽謀與陰謀

　　我們可以再借用 Habermas（1984）對於社會行動的分類
，來為華人社會中的計策行動定位。Habermas 的溝通行動理
論將社會行動（social actions）分為兩大類：溝通行動（com-
municative action）和計策行動（strategic action）。溝通行
動是一種以達成理解為取向的行動（action oriented to reach
understanding），其目的在獲取合理的共識。Habermas 認
為：達成合理共識的基本條件是要有「理想的言談情
境」（ideal speech situation），他因此而提出「真理的共識
理論」（a consensus theory of truth），欲以之取代「真理的

對應理論」（a correspondence theory of truth）。「理想的言談情境」是 Habermas 之溝通理論的核心概念，它既是理性討論的先決條件，又是一種理想的生活形式（ideal form of life），本章下節在論及法家思想的決策程序時將再作一進步的討論。

「計策行動」是一種以成功為取向的行動（action orien-ted to success）。它又可以分為「公開的計策行動」（open strategic action）和「隱藏的計策行動」（concealed strategic action）兩種，前者即為中國人所謂的「陽謀」，是互動雙方中的一方對另一方的一種明示性的操縱行動，法家思想中的管理理論泰半屬之。後者即中國人所謂的「陰謀」，又可分為「無意識的欺騙」（unconscious deception）和「有意識的欺騙」（conscious deception）。

「無意識的欺騙」是由「有系統地扭曲的溝通」（system-atically distorted communication）所造成的。Habermas 認為：理性的溝通必須容許說話者自由選擇溝通的的方式。凡是某一溝通結構中存在著有系統的限制（systematic constraint），使參與者不能在各種溝通方式之間自由作選擇，即形成「有系統地扭曲的溝通」。在制度的層次上，當權力關係或意識形態不當地干預溝通的過程，使得其中一方採取以追求成功為取向的行動，他便可能使溝通淪為表象，造成溝通結構的扭曲與僵化；在個人層次上，心理症和精神病都可能因為欺矇自己，而使溝通產生有系統的扭曲。

所謂「有意識的欺騙」，是互動雙方中至少有一方的行動是以成功為取向的，但他卻欺騙另一方，讓對方誤以為溝通行動的所有預設都已經成立，而他卻以一種「虛假共識」的方式（pseudo-consensual manner）採取行動，事後對方才猛然發現：他們之間原先關於有效聲稱之信念，或適當規範之共識都是虛假的，騙人的。源自於兵法而流傳於中國社會中的「計策

行爲」，都是此中之例。

第二節　法家思想的形式結構

　　了解法家思想和兵家策略之間的辯證關係，以及它們在現代資本主義社會中的適用性之後，我們便可以進一步討論華人社會中的「陽謀」和「陰謀」。本節所要談的是法家思想的形式結構，有關兵家思想和計策行動之間的關聯，我們將留待下一章再作細論。我們說過：法家的組織理論是以「法」、「術」、「勢」三個概念爲核心而發展出來的。在華人社會中操縱行動的實踐順序通常是「失禮而後勢，失勢而後術，失術而後法」，但是就其組織理論的內在理路而言，領導者必須先佔有領導的位置，有了「勢」以後，才能使用「法、術」來操縱屬下。因此，我們首先要談的是「勢」。

一、勢：勝衆之資

　　韓非子說：「勢者，勝衆之資也」〈八經篇〉。換言之，「勢」就是領導者所擁有而可以用來影響屬下的資源，也就是西方人所謂的「權力」（power）。在中國，「權勢」經常合爲一詞，而爲人所混用。事實上，中國人談「勢」的時候，其中蘊涵的意義遠較西方人所說的「權力」爲廣。我們可以用西方心理學家對「權力」的分析，來闡明「勢」的概念。French和 Raven（1960）認爲：「權力」主要可以分爲合法權、酬賞權、懲罰權、知識權、參考權等五類，這五種權力，韓非子或多或少也曾經加以論述。茲分別說明如下：

㈠位：合法權

「合法權」（legitimate　power）又稱爲「職位權」（position　power），中國人稱之爲「位」，是個人經過組織成員公認的合法程序，佔有某一位置後，因而擁有的權力。中國人一向很重視這種權力。譬如，孔子說過：「不在其位，不謀其政」，反過來說，一個人既在其位，便可以「謀其政」，領導屬下，並影響他們的行爲。法家也非常重視這種權力，最早提出這種觀點的，是主張「勢治」的愼到。他說：

> 「故騰蛇遊霧，飛龍乘雲，雲罷霧霽，與蚯蚓同，則失其所乘也。故賢而屈於不肖，權輕也；不肖而服於賢者，位尊也。堯爲匹夫，不能使其鄰家，至南面而王，則令行禁止。由此觀之，賢不足以服不肖，而勢位足以屈賢矣。」　　　《愼子・威德篇》

愼子以爲：權位之於個人，正如雲霧之於龍、蛇，個人據有權位，便可以呼風喚雨，騰雲駕霧；一旦失去權位，雲消霧散，「飛龍」、「騰蛇」跟蚯蚓也沒有什麼兩樣。俗語所謂「人在台上一條龍，人在台下一條蟲」，正是這個意思。

在韓非所著的〈功名篇〉中，也引用了愼子的這個觀念：

> 「夫有材而無勢，雖賢不能制不肖；故立尺材於高山之上，而不臨千仞之谿，材非長也，位高也。桀爲天子，能制天下，非賢也，勢重也。堯爲匹夫，不能正三家，非不肖也，位卑也。千鈞得船則浮，錙銖失船則沈，非千鈞輕而錙銖重也，有勢之與無勢也。故短之臨高也以位，不肖之制賢也以勢……聖人德若堯舜，行若伯夷，而位不載於勢，則功不立，名不遂。」

　　韓非子認為：有才幹而不佔有高的地位，能力再強也發揮不了作用。像堯還沒有當上皇帝之前，甚至無法影響到他的鄰人，這並不是因為他能力不行，而是因為他的地位卑下。像桀那樣暴虐無道的人，當了天子之後，也一樣令行禁止，號令天下，甚至「制賢以勢」，指揮能力比他強的人；這也不是因為他能力高強，而是因為他位尊權重。因此，一個人能力再高，品德再好，「德若堯舜，行若伯夷」，如果不在社會上佔有重要位置，也是「功不立，名不遂」，難以一展長才。

㈡二柄：賞與罰

　　然而，光在組織中佔有位置，並不足以影響他人。組織中有許多位置是「虛有其位」，並不掌握有實權。什麼是「實權」呢？韓非子認為是「賞」和「罰」，也就是西方心理學中所謂的「酬賞權」（reward　power）和「強制權」（coersive power）。這兩種權力，他稱之為「二柄」，認為領導者必須「執柄以處勢」：

> 「明主之所導制其臣者，二柄而已矣。二柄者，刑、
> 德也。何謂刑、德？曰：殺戮之謂刑，慶賞之謂
> 德。為人臣者，畏誅罰而利慶賞，故人主自用其
> 刑、德，則群臣畏其威而帥其利矣。」　〈二柄篇〉

　　在封建專制時代，君王掌握有臣民之生、殺大權，所以將懲罰權定義為「殺戮」、「刑」。在現代的工商業組織裡，員工和雇主的關係，是一種自由市場的交易關係，員工如果對雇主有所不滿，他可以隨時辭職求去。因此，經營者在支配員工時通常是以酬賞權為主，懲罰權為輔；懲罰權的意義和內涵也應當重新加以界定。然而，領導者要「導制」屬下，必須「執其二柄」，這個原則卻是勿庸置疑的。

(三)材：能力主義

然而，韓非子並不迷信權力。他雖然同意慎子的「勢治」之說，主張領導者應當「執柄處勢」，但他也十分強調領導者才幹的重要性：

> 「夫釋賢而專任勢力，足以為治乎？則吾未得見也。夫有雲霧之勢而能乘遊之者，龍蛇之材美也。今雲盛而蚓弗能乘也，霧濃而蚓不能遊也，夫有盛雲濃霧之勢而不能乘遊者，蚯蚓之材薄也。今桀紂南面而王天下，以天子之威為之雲霧，而天下不免於大亂者，桀紂之材薄也……夫勢者，……賢者用之則天下治，不肖者用之則天下亂。」　〈難勢篇〉
>
> 「今以國位為車，以勢為馬，以號令為轡，以刑罰為鞭策，使堯舜御之則天下治，桀紂御之則天下亂，則賢不肖相去遠矣。夫欲追速致遠，不知任王良，欲進利除害，不知任賢能，此則不知類之患也。」　〈難勢篇〉

「賢能」、「才」，便是西方心理學家所謂擁有「知識權」或「專家權」（expert power）的人。由以上引文，可以看出：韓非十分強調「能力主義」。他認為：一個人沒有才能而硬要他擔任領導的職位，正如要蚯蚓騰雲駕霧一樣，雖然有「盛雲濃霧之勢」，他也無能為力，而難免弄得天下大亂。因此，才幹必須和勢位互相配合，組織中也必須特別重視任用賢能。同樣的職位，不同的人來幹，便可能有不同的結果，「賢者用之則天下治，不肖者用之則天下亂」。若是能夠「以國位為車，以勢為馬，以號令為轡，以刑罰為鞭策」，也必須要找像堯舜那樣賢能的人來駕馭，才能「天下治」，他才能享有西方心理學者所謂的「參考權」（referent power），而為屬下所信服。

二、法：因道全法

韓非子認為：掌握有權力的「人主」應當用「法」和「術」來控制屬下。「法」是規章制度，「術」則是領導者帶領屬下，達成組織目標時，可以使用的「操縱」技巧（skills of manipulation）。此處先談「法」。韓非子雖然主張「法生於君」，但他並不認為領導者可以憑自己的好惡，隨便立法。他在一篇十分重要的著作〈主道篇〉中寫道：

> 「道者，萬物之始，是非之紀也。是以明君守始以知
> 　萬物之源，治紀以知善敗之端。」

韓非子認為：「道」是宇宙萬物運作的根本原理，聰明的領導者應當加以把握，作為訂定「是」、「非」綱紀的基礎。在，〈功名篇〉中，他主張明主應「守自然之道」、「得人心」，這樣才能「不促而自勸」；在〈大體篇〉中，他又主張明君應：

> 「因道全法，君子樂而大姦止；澹然閒散，因天命，
> 　持大體。故使人無離法之罪，魚失水之禍。」
> 「故至安之世，法如朝露，純樸不散，心無結怨，口
> 　無煩言。」
> 「故大人寄形於天地而萬物備，歷心於山海而國家
> 　富。上無忿怒之毒，下無伏怨之患，上下交順，以
> 　道為舍，故長利積，大功立，名成於前，德垂於
> 　後，治之至也。」　　　　　　　　　　　　〈大體篇〉

由此可見，韓非子所主張的法，是「自然法」，他認為領導者應當「因天命，持大體」、「守自然之道」，「因道全法」。這樣的概念擺在現代的工商企業組織裡來看，就是領導者

在制訂規章制度的時候，必須用心體會組織中各項事物運作的道理，以「道」作爲是非取捨的標準，再據以訂「法」。他所訂出來的規章制度，絕不能「逆人心」，而應當符合「公道」或「公平法則」，這樣的「交易標準」才能像晨間的露水那樣的純樸自然，凝聚不散。員工樂於遵守，又能防止弊端，做到「上無忿怒之毒，下無伏怨之患」，組織中大家「心無結怨，口無煩言」。「上下交順」，使組織獲得「長利」，而成立不凡功業。

韓非云：「法也者，治常者也」〈忠孝篇〉，他又主張「因道全法」，這樣的「法」訂出來後，必須具備幾個特性，這些特性即使是對現代組織的規章制度也還是適用的，我們可以將韓非子對「法」的觀念加以整理，說明如后：

(一)客觀性

我們說過，法家主張「因道全法」，規章制度訂出來之後，必須公正客觀，符合「公道」，而蘊涵有「公平法則」的精神，能夠作爲組織成員行爲的準繩：

「一民之軌，莫如法。」 〈有度篇〉
「釋法術而任心治，堯不能正一國。去規矩而妄意
　度，奚仲不能成一輪。廢尺寸而差長短，王爾不能
　半中。使中主守法術，拙匠執規矩尺寸，則萬不失
　矣。」 〈用人篇〉
「立法令者，所以廢私也，法令行，則私道廢矣。私
　者，所以亂法也……上無其道，則智者有私詞，賢
　者有私意。上有私惠，下有私欲。」 〈詭使篇〉

規章制度應當是組織中每一個成員行爲的「規矩」或「準繩」，組織中成員要從事相關的行爲，便應當依照規章制度規定的程序，循軌而行。如果喪失了「法」，組織中失掉每一個

人都可以依循的「公道」，則在「人性自利」的前提之下，一定是「智者有私詞，賢者有私意，上有私惠，下有私欲」，大家想盡辦法，爭取自己的最大利益。到最後是「聖智成群，造言作詞」，彼此互相勾結，大搞派系鬥爭，組織中「私道」橫行，卻見不到「公道」。

㈡公開性

「法」既然是組織中每一個成員行爲的準繩，它一定要具備有公開性：

> 「法者，編著之圖籍，設之於官府，而布之百姓者
> 也。」 〈難三篇〉
> 「法者，憲令著於官府，刑罰必於人心，賞存乎慎
> 法，而罰加乎姦令者也：此人臣之所師者也。」
> 〈定法篇〉

所謂「法」應當「憲令著於官府」，「編著之圖籍」，是指它必須成文，而具備有固定恆常性。「法」應當「設之於官府，而布之於百姓」，是指法必須公布，讓組織中每一成員都知所遵從。韓非子主張：「法」，應爲「人臣之所師」，組織中的規章制度必須是幹部執法的依據；良好的組織必須「以法爲教」，「以吏爲師」，由幹部負責將組織中的規章制度教給屬下，一定要讓法令深入人心，每一個人都明白了解。

㈢可行性

規章制度必須備有可行性，讓每一個人都能依法而行：

> 「明主立可爲之賞，設可避之罰，……明主之表易
> 見，故約立；其教易知，故言用；其法易爲，故令
> 行。三者立，而上無私心，則下得循法而治，望表

而動，隨繩而斫，因欎而縫。如此，則上無私威之
毒，而下無愚拙之誅。」 <用人篇>

組織中的規章制度一定要簡便易行，具有高度的可行性，
「表易見」，「教易知」，「法易爲」，員工一看就會，一教
就懂，這樣幹部才能「依法而治」，依規章制度從事管理工作
，屬下也才能「依法而行」，依照組織的規定做事，「望表而
動，隨繩而斫，因欎而縫」，以獲得酬賞，並避開懲罰。至於
一般人不容易了解的大道理，絕不可以拿來作爲規章制度：

「察士然後能知之，不可以為令，夫民不盡察；賢者
　然後能行之，不可以為法，夫民不盡賢。」
<八說篇>
「微妙之言，上智之所難知也。今為眾人法，而以上
　智之所難知，則民無從事之矣。」 <五蠹篇>

連聰明才智之士都不容易了解的奧妙玄理，一般人必然無
法了解，絕不可以拿來作爲規章制度。「法」是爲每一個人而
設立的，因此立法務必要做到人人可知可行的程度。我們不能
希望每一個人都是才能出眾，敏銳過人的「賢者」，「察士」
，所以說：「察士然後能知之，不可以爲令」，「賢者然後能
行之，不可以爲法」。

㈣強制性

「法」一旦公布之後，必須具有強制性，一定要做到「令
出必行」、「信賞必罰」：

「法莫如一而固。」 <五蠹篇>
「明主之國，令者，言最貴者也；法者，事最適者
　也。言無二貴，法不兩適，故言行而不軌於法者必
　禁。」 <問辨篇>

「以事遇於法則行，不遇於法則止。」 〈難二篇〉

「明其法禁，必其賞罰。」 〈五蠹篇〉

「賞罰不信，則禁令不行。」 〈二柄篇〉

「信賞以盡能，必罰以禁邪。」 〈外儲說下〉

「聖王之立法也，其足以勸善，其威足以勝暴，其備
足以完法。」 〈守道篇〉

就理論而言，規章制度應當是組織中處理各項事務最恰當
的程序，規章制度一旦公佈之後，有關事務便應當依照規章制
度來處理，不可輕易變動，「法莫如一而固」，「遇於法則
行」，「不遇於法則止」。由於「賞罰不信，禁令不行」，所
以一定要「信賞必罰」，「明其法禁，必其賞罰」，使屬下一
面樂於盡力達成組織目標，一面不敢做出任何危害組織之事。

㈤普遍性

「法」一旦頒行之後，應當具有普遍性，組織中每一個成
員都應當共同信守，不得違背：

「法不阿貴，繩不撓曲，法之所加，智者弗敢辭，勇
者弗敢爭，刑過不避大臣，賞善不遺匹夫。」

〈有度篇〉

「明主之道，必明公私之分，明法制，去私恩。」

〈飾邪篇〉

「明主使法擇人，不自舉也，使法量功，不自度
也。」 〈有度篇〉

「人主使人臣，雖有智能，不得背法而專制。」

〈南面篇〉

「阿」是「阿諛」、「拍馬屁」的意思，「繞曲」是拐彎
抹角，不依照法的規定辦事。法家並不像儒家那樣地主張「刑
不上大夫，禮不下庶人」，相反的，韓非認為：法令規章一旦

公佈實施之後，就應當是每一個人行為的準繩，不能因為某一個人地位高，權力大，就可以不遵照法令，惟有做到「刑過不避大臣，賞善不遺匹夫」，聰明的智者才不會找理由為自己辯說，魯莽的勇者也不敢出面為自己抗爭。

組織最高領導者的主要任務是要督導屬下依照組織的規章制度或工作計畫，來達成組織目標，「守法責成以立功」，因此，他一定要「明公私之分」，「明法制，去私恩」：任用人才時，必須「使法擇人」，不能依照自己好惡來舉薦人才；在評估屬下的工作表現時，必須「使法量功」，不能隨自己的主觀的臆度衡量屬下。他在指揮屬下做事時，即使自己能力非凡，英明過人，也不能「背法而專制」。如果他喜歡自作聰明，不把法令規章當一回事，而又私心自用，經常朝令夕改，亂下命令，則會如〈亡徵篇〉所言：「好以智矯法，時以私雜公，法禁變異，號令數下者，可亡也。」

㈥適應性

除了上述五項特性之外，「法」還必須有適應性，必須隨著外在情勢的變化，作適應性的修正。韓非在〈五蠹篇〉中說：「論世之事，因為之備」，「世異則事異，事異則備變」。所謂「備」是指「設備」或「工具」。意思是說：一個組織必須分析他面臨的問題（世之事），擬訂出解決事情的方法。規章制度不過是能解決問題的程序和方法而已；由於所處的外在環境不斷變化，用以解決問題的程序和方法，也應當隨之作適應性的調整。在另外一段話裡，韓非子更清楚地表達出這個觀點：

> 「治民無常，惟治為法。法與時轉則治，治與世宜則有功……時移而治不易者亂，能治眾而禁不變者削。故聖人之治民也，法與時轉，而禁與治變。」
>
> 〈心度篇〉

用現代組織管理的概念來說，這段話的意思是：管理（治民）並沒有一定不變的程序或方法，能夠把組織中的事務處理妥當，就是最好方法。因此，「法與時轉則治」，「治與世宜則功」，規章制度必須隨著外在環境的變化，而作適應性的調整，調整得恰當，便能收到良好的功效。外在環境的變化，管理方法卻不隨之改變，組織中便會亂成一團；領導者個人管理能力不錯，組織中的規章制度卻無法隨之調整，「能治衆而禁不變」，也會事倍功半，削弱管理的功效。所以聰明的領導者，一定要記住「法與時轉」，「禁與治變」。

三、術：操縱技巧

「法」的意義旣如上述，「術」的意義又是什麼呢？韓非爲「術」所下的定義是：

> 「術者，因任而授官，循名而責實，操生殺之權，課
> 群臣之能者也。此人主之所執也。」 〈定法篇〉

㈠因任而授官

這段定義中，最值得吾人注意者，是「因任而授官」、「循名而責實」兩種「術」。這兩種「術」分別蘊涵了近代「科層組織」及「目標管理」的重要概念。韓非在〈用人篇〉中寫述一段話，最能反映他「因任而授官」的思想：

> 「治國之臣，效功於國以履位，見能於官以受職，盡
> 力於權衡以任事。人臣皆宜其能，勝其官，輕其
> 任，而莫懷餘力於心，莫負兼官之責於君……明君
> 使事不相干，故莫訟；使士不兼官，故技長；使人
> 不同功，故莫爭，爭訟止，技長立，則強弱不觸

立，冰炭不合形，天下莫得相傷，治之至也。」

這樣的觀念跟德國社會學大師韋伯（Weber, 1947）所謂的「科層組織」是相當類似的。韓非認為：在一個上軌道的政府組織裡，擔任每一項職務的人，都應當在自己的職位上，依照規章制度，盡自己的能力做事，來報效國家。做臣下的祇要能夠勝任他所擔負的職務即可，不必為職務之外的事情擔心，也不必為職務之外的事情對上司負責。聰明的領導者在規劃組織中工作之分配時，一定要使每一職位所掌管的任務分工明確，每一人不兼任兩個職務，「事不相干，士不兼官」，這樣就可以讓每個人在自己的職位上發揮專長，不同職位的人也不會因此而發生紛爭。

㈡循名而責實

「因任而授官」之後，組織在運作時，必須講究「循名而責實」。我們說過：韓非是個極端的功利主義者。任何一個組織在追求其目標之達成，都可能遭遇到許多問題。這時候，組織的領導者必須針對問題，督導其屬下，擬訂出工作計畫，來加以解決。用韓非子的話來說，這就是「挈前言而責後功」：

> 「夫言行者，以功用為之的彀者也。今聽言觀行，不以
> 　功用為之的彀，言雖至察，行雖至堅，則妄發之說
> 　也。」　　　　　　　　　　　　　　　　〈問辨篇〉
> 「今人主之於言也，說其辨，而不求其當焉；於其行
> 　也，美其聲，而不責其功焉。是以天下之眾，務為
> 　辯而不周於用，故舉先王言仁義者盈廷，而政不免
> 　於亂。行身者，競於高而不合於功。故智士退處巖
> 　穴，歸祿不受，而兵不免於弱。」　　　　〈五蠹篇〉

「的彀」是「目標」的意思。韓非子以為：領導者觀察屬下言行，必須以他對組織的「功用」作為主要考慮。如果對組

織不具功用，則不管他說得多動聽，行為多清高，「務為辯而不周於用」，「競為高而不合於功」，對組織都是有害無益。因此，他主張：

> 「明主聽其言，必責其用；觀其行，必責其功。然則虛舊之學不談，矜誣之行不飾矣。」　〈六反篇〉
>
> 「人主將欲禁姦，則審合形名。形名者，言與事也。為人臣者陳其言，君以其言授之事，專以其事責其功。功當其事，事當其言則賞；功不當其事，事不當其言則罰。」　　　　　　〈二柄篇〉

所謂「形名」，「名」是指「言」，「形」是指「事實」，用現代管理學的概念來說，「名」或「言」是指「工作計畫」；「形」或「實」是指「實踐行動」，所謂「審合形名」就是由屬下「陳其言」，提出自己的工作計畫，由上司核可後，「授以事」，授權讓他做事，再檢驗他的工作成效，以判定其功過。名實相符，「功當其事，事當其言」則賞；名不符實，「功不當其事，事不當其言」，則罰。這種「形名參同」的辦法又叫做「循名責實」，「綜覆名實」。

(三)計功而行賞

「形名參同」、「循名責實」之術中最重要的精神是「計功而行賞」：「功當其事，事當其言」，名實相符，則賞；「功不當其事，事不當其言」，名不符實，則罰。韓非子認為：惟有經過「循名責實」，判定屬下功過之後，上司才能恰如其分地給予屬下賞、罰，這就是所謂的「計功而行賞，程能而授事」、「有過者罪，有能者得」：

> 「明主使法擇人，不自舉也；使法量功，不自度也。能者不可弊，敗者不可飾，譽者不能進，非者弗能退，則君臣之間，明辨而易治。」　　　〈有度篇〉

「故明主之吏，宰相必起於州部，猛將必發於卒伍。
　夫有功者必賞，則爵祿厚而愈勸；遷官襲級，則官
　職大而愈治。夫爵祿大而官職治，王之道也。」

韓非認爲：聰明的領導者在評量屬下勢績或選拔人才的時
候，不會憑藉自己的主觀好惡妄加臆度，而會根據一定的客觀
標準，務必要使能幹的人能夠出頭，失敗者亦無法掩飾自己的
過錯。每一個人都應從基層幹起，有功的人才能在組織中晉
陞。「宰相必起於州部，猛將必發於卒伍」，有功必賞，逐級
遷升，則地位愈高的人，愈會競競業業，淬勵奮發，把事情做
好。

第三節 程序正義：中西文化的對比

一、法家思想中的正義觀

從上一節的論述中，我們可以看出：法家思想是一種可以用來支持現代資本主義社會裡各種不同類型組織之「監督技術」的管理哲學，其本質和現代西方的組織理論似乎沒有太大的差異。其實不然。倘若我們仔細檢視法家思想的主要內容，我們還是可以看出東方文化的獨特之處。法家思想畢竟是東方威權政治文化中的產物，韓非一向把「法」、「術」當做是統治者專用的工具：

「人主之大物，非法則術也。」 〈難三篇〉
「君無術則蔽於上，臣無法則亂於下，此二者不可一
　　無，皆帝王之具也。」 〈定法篇〉

「法」、「術」是領導者最重要的兩個層面，是「人主之大物」、「帝王之具」，也是領導者管理、駕馭屬下的兩種工具。但這兩種「帝王之具」卻有其本質上的不同：

「術者，藏之於胸中，以偶眾端，而潛御群臣者也。
　　故法莫如顯，而術不欲見。是以明主言法，則境內
　　卑賤莫不聞知也；用術，則親愛近習莫之得聞
　　也。」 〈難三篇〉

「凡術也者，主之所以執也；法也者，官之所以師
　也。」　　　　　　　　　　　　　　　〈說疑篇〉

　　「法」和「術」兩者最大的不同，在於「法」應爲組織中
全體成員所共守，故應明文公布，務使其能爲組織中的每一成
員所周知。「術」則爲領導者控制其直接部屬（ immediate
subordinates ）之技巧，應當潛藏於心胸之中，看外在情況的
需要，俟機而用。前者爲組織中每一成員「莫不聞知也」，後
者即使是和領導者最親近的人也「莫之得聞」。「法」的使用
對象是組織中的全體成員，「術」的使用對象則祇限於領導者
的直接部屬。

　　韓非雖然主張「法莫如顯」，應當使組織內的成員「莫不
聞知」，然而，對於法的來源，法家也相信「人爲構成說」，
認爲「法」是由「聖王」所制訂的，在法家的傳統裡，從管仲
便開始主張：

「有生法者，有守法者，有法法者。生法者君也，守
　法者臣也，法法者庶民也。」　　　《管子·任法篇》

　　韓非子也承襲了這種思想，認爲「君」是「生法者」，主
張「立法於君」。不僅如此，法家雖然主張「因道全法」，但
是法家所主張的「公道」，卻是源自於「聖君」心目中所作的
判斷。法家雖然也主張：「法」應當具有客觀、公開、可行、
強制、普遍、適應等等的特性，可是，「法生於君」，被統治
的臣民只能「守法」或「法法」。他們對於「法」的內容並沒
有置喙的餘地。換言之，用西方心理學的「正義理論」來看，
法家所主張的「公道」祇是領導者心目中所認定的「公平法
則」。在「程序正義」方面，法家卻像儒家的「尊尊原則」一
樣，主張「法生於君」。從現代西方「正義理論」的角度來
看，這種主張自然是不符合「社會正義」的；在西風東漸之
後，這也是東方社會變遷的主要方向。在此我們不妨介紹西方

社會科學對「程序正義」的若干看法，藉以突顯東、西文化之差異。

■ 二、西方文化中的程序正義

在西方社會科學裡，有關「程序正義」的問題，一直是許多學者所關注的重要焦點。譬如社會心理學者 Deutsch（1974,1975）主張：在討論生活中重要資源的分配正義問題時，同時也應當處理「程序正義」的問題。他指出：在西方社會裡，一項重要資源的分配過程有四個層面可能引起有關公平或正義問題的爭議：

1. 分配規則所強調的「價值」（value）：是成就？能力？背景？年資？還是關係？
2. 將這些價值賦予不同的比重（weights），並結合在一起，以決定分配的「規則」。
3. 將分配規則「落實」（actual implementaiton）的方式是否公正？有無偏私？
4. 決定上述「價值」、「規則」、和「落實」方式的「決策程序」（decision making procedures）。

Deutsch（1975）認為：在上述四個層面中，「決策程序」一項是最為基本的。在西方文化裡，倘若「決策程序」缺乏合法性或正當性，人們便可能對分配規則、規則背後的價值、以及規則的落實方式發生質疑。Leventhal（1980：18）也認為西方文化十分重視程序的公正性：「如果人們認為程序是公正的，即使最後的分配對自己不利，人們也會接受它，並視之為公平。」

他認為：在西方文化中成長的個人都有一張包含有決策程序及正義規則的「認知圖」（cognitive map）：在決策程序方

面，他們可能考慮的問題包括：選擇能夠維護正義的代言人，獲得並分配酬賞，收集有關的訊息，制訂決定分配之程序，保證執行程序的公正無私，以及在必要的時候可以提出抗議並改變程序。在考慮這些層面的問題時，他們可能使用的判準（criteria）包括：一致性，公正性，正確性，代表性，道德性（ethicality），和可更正性（correctability）等等。當然，就某一特定事件而言，涉及事件的關係人可能使用其中幾個判準，來考慮有關分配程序某幾個層面的問題；可是，當涉及事件的所有關係人使用不同的判準，來考慮不同層面的問題時，就比較可能保持分配程序的正義性。

三、理想言辭情境

　　談到這裡，我們又必須要回到 Habermas（1984）的溝通理論，來討論維持程序和分配正義的先決條件。本章第一節提到，Habermas 的溝通理論將「社會行動」分爲「溝通行動」和「計策計動」兩種，而「理想言辭情境」（ideal speech situation）則是獲致良好溝通的先決條件。Habermas 認爲：組織中的成員要達成眞正合理的共識，並以之作爲「法」或「社會契約」的基礎，則所有的參與者一定要能夠有相等的機會來擔任對話的角色，選擇及應用言辭行動，並排除溝通結構內、外的限制；此一條件，他稱之爲「一般性的對稱要求」（general symmetry requirement）。他更針對四類不同的言辭行動，將此種要求具體定義如下：

1. 所有潛在的參與者必須有相等的機會，可以使用溝通的言辭行動（communicative speech acts），以便能夠隨時引發理性的討論，並使討論能夠持續下去。

2. 所有潛在的參與者必須有相等的機會，可以使用指述的言辭行動（connotative speech acts），互相詰疑、說明、反駁、支持、或辯解，因此，長久而言，任何意見都不能

免於被檢討或受批判。

以上兩項係就辯論的內容而言。除此之外，對於互動的方式也有兩項原則：

3. 理性討論的參與者必須有相等的機會，可以使用表意的言辭行動（expressive speech acts），自由表達自己的態度、情緒、意向等，以使參與者能夠互相了解。
4. 理性討論的參與者必須有相等的機會，可以使用規約的言辭行動（regulative speech acts），包括命令、反對、允許、禁止等等，如此方能排除只對單方面具有約束力的規則，避免特權的干預。

要求指述言辭行動的對稱，旨在追求「真理」；要求表意言辭行動的對稱，旨在追求「自由」；要求規約言辭行動的對稱，則在於追求「正義」。換言之，理想言辭情境的目的是在尋求西方文化傳統中的真理、自由、和正義三大理念。當然，由於客觀環境或心理因素上的限制，現實生活裡的理性討論很少能夠符合上述的理想言辭情境，但 Habermas（1984）仍然認為它是一種可以實際發生作用的幻構（operatively effective fiction），是人們參與理性討論時不可或缺的假定，我們可以視之為西方文化維護正義並達成「理想生活形式」（ideal form of life）的先決條件。

四、結論

從 Habermas 的溝通理論來看，不論是儒家的「尊尊原則」，或是法家的「法生於君」，都不是一種「理想言辭情境」。韓非子在論及「術」的時候，雖然主張「因任而授官，循名而責實，計功而行賞」，十分重視組織中的「分配正義」，但是他卻又認為：「術」是統治者「藏之於胸中，以偶眾端

，而潛御群臣者也」，雖「親愛近習莫之得聞」，絲毫沒有近代西方「程序正義」的概念。當然，我們這樣說，並沒有責怪孔子或韓非子意思。孔子或韓非子畢竟是兩千多年前的人，近代西方人對「眞理」、「自由」、和「正義」的追求，不過是十六世紀文藝復興以後之事，上述「正義理論」或「溝通理論」的出現，更是二十世紀末葉之事。以今非古，不僅不公平，而且毫無意義。

今天，我們在討論法家的文化傳統時，我們也可以再藉用 Habermas（1971）對於知識的分類，來思考這樣的討論可能滿足我們那些不同的認知旨趣：

從經驗科學的角度來看，我們可以用這樣的分析架構作爲基礎，來研究：法家的文化傳統在華人社會各種不同類型的機構和組織中如何體現出來？我們說過：用傅柯的概念來看，法家思想可以說是源自於中國文化傳統的一種「監督技術」。儘管許多組織的領導者不一定對法家思想有系統性的全面認識，但他們仍然可能從不同的文化渠道學到一部分的法家理念，並將之用於其機構的管理之上，使其呈現出華人機構或組織的特色。當然，這樣說並非意指：法家思想是華人組織或管理其機構的唯一參考架構。事實上，在中西文化密切交流的今日，任何一個華人機構的領導者都可能採用西方的管理理念或方法，來管理其組織。然而，「橘逾淮而爲枳」，即使在這種情況下所呈現出來的組織型態，也必然是「中西合璧」，而保有其文化的特色，不會是「全盤西化」，將西方管理模式一成不變的在本地社會中加以複製。因此，以中華文化傳統爲參考架構，來研究華人社會中不同類型機構或組織的運作，正是華人社會科學家值得戮力以赴的一項課題。

從詮釋科學的角度來看，我們可以用現代組織心理學的角度，從新詮釋法家思想，並配合現代的案例，來建構中國人的管理理論。從本章的論述中，我們可以看出：法家的管理思想

和現代西方的組織理論其實有許多相通之處。從現實的角度來看，法家思想中的許多理念早已融入華人日常生活所使用的語言和文字之中，倘若我們能夠以現代的組織理論重新詮釋法家思想，一定比直接翻譯西方的組織理論更容易為華人管理者所接受，而收到「古為今用」的效果。事實上，作者所著的《王者之道》一書，便是根據這樣的想法而寫成的。

再從批判科學角度來看，我們要對華人社會作出理性的批判，也一定要對法家的文化傳統有所了解。舉例言之，用艾森斯塔的現代化理論來看，中國社會現代化的主要任務之一，是在維持社會系統穩定的前提之下，一方面提高人民的生活水準，一方面維持人與自然生態環境的均衡。政治機構的多元化，固然可能有助於此一目標的達成，但兩者之間並沒有必然的關聯。政治機構尚未多元化的華人社會可能遭遇到那些問題？這些問題應當如何解決？政治機構已經多元化的華人社會又可能產生什麼樣的問題？這些問題又應當如何解決？發展程度不同的華人社會，應當如何作妥善的規劃，並採取實際的行動，以達成上述「現代化」的目標？社會科學家想要回答諸如此類的問題，必須一方面了解傳統文化的特色，一方面了解現代社會的困境，採用批判科學的觀點，權衡輕重，提出最佳的建議。不可像五四人物那樣，以為西方式的「現代社會」就是十全十美的烏托邦，把「民主」和「科學」當做是可以解決一切問題的萬靈丹，將之口號化，神聖化，結果是激情有餘，理性不足，半個世紀之後，華人社會裡，仍然看不到西方式的「民主」和「科學」，豈不令人浩嘆！

<hr />

（註 1 ）王壽南（ 1993 ）曾舉出中國歷史上的許多實例，說明傳統士人在實際政治中，絕大多數都只是拿儒家的政治理想掛在口上，不管君主或他本人的行為是否合於儒家之「道」，而全心全意在追求自己的榮華富貴。

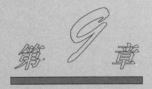

第 **9** 章

兵家與陰謀

中國人的計策行動

　　在前一章中，作者引用 Habermas（1985）的溝通理論，將「計策行動」區分爲「公開的計策行動」和「隱藏的計策行動」，前者所論及的「陽謀」，是互動雙方中的一方對另一方的明示性的操縱行動。後者又可區分爲「無意識的欺騙」和「有意識的欺騙」：所謂「無意識的欺騙」是因爲溝通結構中存在著有系統的限制，造成溝通的扭曲；「有意識的欺騙」，則是本章所要討論的「陰謀」，這是互動雙方中至少有一方爲了成功地獲取某一種目標，而故意欺騙對方，讓對方誤以爲溝通行動的所有預設都已經成立，及至雙方達成「虛假共識」之後，他所採取的行動卻讓對方猛然發現：他們之間原先關於有效聲稱之信念或適當規範，都是虛假的、騙人的。

第一節 中國社會中的「詭道」

在中國的文化傳統裡，兵家的主要內容，便是教人在敵對的戰鬥行動中，如何使用「有意識的欺騙」，或識破對方「有意識的欺騙」，以擊敗敵手，成功地達成自己所希望獲取的目標。中國兵學始祖孫武在其所著的《孫子兵法》中講過一段出名的話，可以反映出兵家的基本精神：

> 「兵者，詭道也。故能而示之不能，用而示之不用，
> 近而示之遠，遠而示之近，利而誘之，亂而取之，
> 實而備之，強而避之，怒而撓之，卑而驕之，佚而
> 勞之，親而離之。攻其無備，出其不意。此兵家之
> 勝，不可先傳也。」　　　　　《孫子兵法·始計篇》

一、兵家的歷史遭遇

所謂「詭道」，用 Habermas（1985）的概念來說，就是「有意識的欺騙」。也正因為兵家的內容在本質上是一種「詭道」，因此，它在中國歷史上經常受到統治者忽冷忽熱，「冷熱不一」的極端待遇。在天下四分五裂、群雄並起，或國家遭遇外患、強敵環伺的時候，統治者為了加強武備，往往特別重視兵家。及至四海統一、天下太平之後，兵家又往往被打入冷宮，兵書甚至遭到禁絕的命運。舉例言之，中國歷史上春秋戰國時期是軍事思想最發達的時期，在班固所著的《漢書·藝文志》裡，〈兵書略〉便收錄了五十三家的兵書，其中大多數是

春秋戰國時期的作品。秦始皇在公元前 221 年統一中國之後，爲了鞏固政權，下令「車同軌、書同文」，統一全國法律、度量衡。到了公元前 213 年，他又接受承相李斯的建議，下令焚書坑儒，並收繳天下兵器，運到都城咸陽，鑄成十二金人。當時可能動搖其統治基礎的兵書當然也在焚燒之列（註 1）。

宋朝開國皇帝趙匡胤在陳橋兵變、黃袍加身之後，深怕有人步其後塵，奪取趙家天下，因此用「杯酒釋兵權」的辦法，將天下兵權收攬在皇帝手裡，並將兵書列爲禁書。皇帝獨攬兵權的結果是「將不知兵，兵不知將」，武備鬆弛，外患頻仍。到了仁宗時期，由於外患日亟，朝廷深感軍事人才缺乏，才又積極重整武備。宋神宗正式開辦「武學」，招收學員，學習諸家兵法；並下令國子監，校定《孫子》、《吳子》、《六韜》、《三略》、《司馬法》、《尉繚子》、《李衛公問對》等書，頒爲武經七書，「立之學官，亦以之取士」，一面作爲「武學」的教材，同時又作爲武舉取士的考試內容。

明成祖朱棣的一則故事，最足以反映出中國統治者對於兵家的矛盾心態。朱棣原本是明太祖朱元璋的第四個兒子，被封爲燕王，鎮守北平。公元 1398 年，朱元璋將帝位傳給皇太孫朱允文，朱棣大爲不悅，發動「靖難事變」，經過四年戰爭，終於攻下南京，迫使建文帝出走，自己則取而代之，登上皇帝寶座。當時有人從山東進京，獻上兵陣圖，朱棣卻將他痛斥一頓：「此輩狂妄！必謂朕有好武之意，故上此圖，以冀進用。」「好武豈聖德事？」「自古帝王用兵，皆出于不得已。夫驅人以冒白刃，鮮有不殘傷毀折，其有不死者亦幸也。朕每親當矢石，見死于鋒鏑之下者，未嘗不痛心！今天下無事，惟當修養斯民，修禮樂，興教化，豈當復言用兵！」（註 2）

明成祖之所以講出這番「義正詞嚴」的話，一方面可能是出自他個人「做賊心虛」的心理因素，一方面則是儒家的文化傳統讓他可以藉題發揮，表明自己的「仁心」。也正是因爲這

樣的儒家傳統，致使中國社會普遍存有一種「重文輕武」的風氣，譬如唐代詩人杜牧在其所著的《孫子兵法註》中，便慨然嘆稱：「因使縉紳之士不敢言兵，或恥言之；倘有言者，世以為粗暴異人，人不比數」。而中國歷史上出現過的上千種兵書，也因為不受重視，大多佚失流散，不復可考（註3）。

二、「詭道」的適用範圍

然而，兵書不受重視，並不表示：在號稱「禮義之邦」或「道德國家」的華人社會裡，人們都不使用「詭道」或「陰謀」。相反的，從兵家思想衍生出來的「計策行為」，早就變成一般華人耳熟能詳的「成語故事」，並在日常生活的語言行動中廣泛使用。尤其是在工商業社會裡，這種現象更是普遍。用〈人情與面子〉的理論模式來看，當華人社會由農業轉向工商業社會之後，個人有愈來愈多的機會，和屬於「工具性關係」的其他人交往。在不帶任何「情感性成份」的「工具性關係」裡，個人最可能使用兵家的「詭道」來「克敵制勝」，以達成個人所欲的目標。

借用康德的話來說，這是一種「以對方為工具，而不以對方為目的」的人際關係；依照兵家的理論，在這種關係裡，個人應當摒除掉所有的情感成份，而以純粹理性的精打細算來追求克敵致勝之道：

「主不可以怒而興師，帥不可以慍而致戰，合於利而
　動，不合於利而止。」　　　《孫子兵法‧火攻篇》
「夫未戰而廟算勝者，得算多也。未戰而廟算不勝
　者，得算少也。多算勝，少算不勝，而況於無算
　乎！吾以此觀之，勝負見矣。」

　　　　　　　　　　　　　　《孫子兵法‧始計篇》

儘管儒家非常重視「誠」的價值，認為：「不誠無物」《中庸・第二十五章》，「誠者，天之道」，「誠之者，人之道」《中篇・第二十章》，但個人一旦將對方界定爲敵人，並將對方「物化」，雙方的關係脫離了道德的約束，他理所當然的可以對對方「不誠」，甚至用各種「詭道」來欺騙對方。譬如：在商場競爭的場合，捲入競爭的對手之間，可能彼此素未謀面，也毫無感情可言，他們在不違反法律的前題之下，採用任何「詭道」來擊敗對方，都不會被人們認爲是「不道德」的。

在工商業社會的組織與組織之間，或群體與群體之間，固然可能採取各種「計策行動」來互相競爭，即使是在同一群體或同一組織之內，人們也可能爲了獲得一己的目標，而採用各種計策，和他人互相競爭。再用〈人情與面子〉的理論模式來看，不論是「工具性關係」、「混合性關係」或甚至是「情感性關係」，都是由「工具性成份」和「情感性成份」所構成的，其間差異不過是兩種成份的多寡而已。換言之，不管是在那一種人際關係裡，當個人以對方作爲個人達成目標的工具時，他便可能使用「計策行動」，和他人進行互動。根據本書第六章及八章的分析，在儒家「尊尊原則」和法家「生法於君」的傳統之下，當組織內的交易標準或「遊戲規則」不明確時，便預留下許多使用「計策行動」的空間，個人便可能採取計策行動來爭取利益。由此可見，欲對華人的社會行動有一全面性的了解，除了前章所論述的法家之「陽謀」外，還須要進一步探討源自於兵家的「陰謀」，也就是本章所謂的「計策行動」。

用本書的架構來看，研究華人社會中的計策行動是有其特殊意義的。以「結構主義」的角度觀之，兵家思想正如道家、儒家、法家思想那樣，構成了中華文化的「深層結構」。以這樣的「深層結構」爲基礎，中國歷史上有許多人成功地使用兵法，或者打敗敵人，或者度過人生中的難關，成爲一般華人家喻戶曉的成語故事，這種成語本身具有高度的隱喻性（metaphoric），當個人覺得他所面臨的生活情境跟某一成語所描述的情境相當類似時，他便可能引用該一成語來應付他所面臨的情境。這時候，我們可以說：他的語言行動是由其文化之「深層結構」所衍生出來的「淺層結構」。當然，對於行動者而言，他自己可能根本感覺不到有任何「結構」存在。可是，倘若我們從華人計策行動的「淺層結構」重新建構出其「深層結構」，我們不僅能夠看出計策行動和兵家思想之間的關聯，而且能夠對華人的社會行動有更深一層的了解。

三、三十六計

關於中國社會裡的計策行動，很早以前便有「三十六計」之說。無谷（1979）在其譯註的《三十六計》「前言」中指出：「三十六計」一詞，最早見於《南齊書・卷二十六・王敬則傳》：

> 敬則倉措東起，朝廷震懼。東昏侯⋯⋯使人上屋望，見往虜亭失火，謂敬則至，急裝欲走。有告敬則者，敬則曰：「檀公三十六策，走為上計，汝父子唯應急走耳。」

檀公是指南朝宋國名將檀道濟。根據《南史・卷十五・檀道濟傳》的記載，有一次，他帶領軍隊跟魏軍作戰，雙方交鋒三十餘次，大多告捷，攻到歷城時，糧食補給不濟，而準備撤退。其部下有人降魏，洩露宋軍糧食將盡的消息。道濟卻教軍需補給人員故意在晚間大聲量沙，再以剩下的米糧覆於其上，讓魏軍探子誤以為宋軍還有餘糧。情報送回後，魏軍不但不敢猛攻，反倒認為降者妄語，而將之斬首。道濟撤退時，兵力已經呈現弱勢，他命令軍隊披堅執銳，自己穿上文官服裝，乘坐轎輿在軍隊的外圍徐徐走動，魏軍疑其有詐，不敢急追。結果「道濟雖不克定河南」，卻能夠「全軍而返，雄名大振，魏甚

憚之。」所謂「三十六策，走爲上計」，便是指檀道濟運用各種計策行動，成功的達到「全軍而退」的目的。

至於其他的三十六計是什麼呢？史書上並沒有詳細記載。1941 年，有人在陝西邠州某一書攤上發現一本名爲《三十六計》的手抄本，旁注小字「秘本兵法」，這本書後來由成都興華印刷廠用土紙翻印。這本書不僅列出三十六計的名稱，每一條計策均依易經卦象予以解釋，並根據兵法作了按語。後來，服務於北京政治學院的「無谷」先生將這些解釋和按語譯成白話，再加註釋，交由吉林人民出版社於 1979 年重新刊行。

「秘本兵法」將《三十六計》分爲六套，每六計成爲一套，第一套爲勝戰計；第二套爲敵戰計；第三套爲攻戰計；第四套爲混戰計；第五套爲併戰計；第六套爲敗戰計。依照原作者的說法，勝戰、攻戰、併戰，是處於優勢時所用之計謀；敵戰、混戰、敗戰，則是處於劣勢時所用之計。這六套計的內容是：

一、勝戰計		二、敵戰計		三、攻戰計	
1	瞞天過海	7	無中生有	13	打草驚蛇
2	圍魏救趙	8	暗渡陳倉	14	借屍還魂
3	借刀殺人	9	隔岸觀火	15	調虎離山
4	以逸待勞	10	笑裡藏刀	16	欲擒故縱
5	趁火打劫	11	李代桃僵	17	拋磚引玉
6	聲東擊西	12	順手牽羊	18	擒賊擒王

四、混戰計		五、併戰計		六、敗戰計	
19	釜底抽薪	25	偷樑換柱	31	美人計
20	混水摸魚	26	指桑罵槐	32	空城計
21	金蟬脫殼	27	假痴不癲	33	反間計
22	關門捉賊	28	上屋抽梯	34	苦肉計
23	遠交近攻	29	樹上開花	35	連環計
24	假道伐虢	30	反客爲主	36	走爲上

「秘本兵法」原作者用「陰／陽」、「剛／柔」、「虛／實」、「動／靜」的概念來解釋每一計策，比方說，「瞞天過海」的解釋是：「備周則意怠，常見則不疑。陰在陽之內，不在陽之對。太陽太陰」。「圍魏救趙」的解釋是「共敵不如分敵；敵陽不如敵陰」；「以逸待勞」是「困敵之勢，不以戰；損剛益柔」；「趁火打劫」則是「敵之害大，就勢取利。剛決柔也」。這些解釋中的斷語，譬如：「太陽、太陰」、「敵陽不如敵陰」、「損剛益柔」、「剛決柔也」，都是《易經》中的卦象，原作者顯然是試圖用易經來說明三十六計的變化。在他看來，這六套計策，各有首尾、次第，而且由這六套計策，還可以推演出更多的計策來。

在「秘本兵法」原作者的角度來看，甚至連這「六六三十六」之數也有其特殊涵意。無谷先生引用《汲古叢語》中的一段話來說明這一點：「一、三、五者，天之生數也，積天之數而為九；二、四者，地之生數也，積地之數而為六。故陽爻用九；而陰爻用六」，「用陰爻『坤』的符號『三三』（六）做為基礎，重（乘）六，得積數三十六」，而《嘉祐集·太玄論下》則稱：「太玄之策，三十有六」（無谷，1979：2），因此，在《易經》的傳統裡，「六六三十六」便是代表「陰中之陰」，充滿了神秘的「太玄之策」。

由此我們大致可以推知：在中國的文化傳統裡，「三十六」本來就是一個代表神秘的數字，「三十六計」之名雖然是自古有之，但並沒有一定的具體內容。「秘本兵法」的作者因此搜集民間留傳的計策名稱，配合兵法及易經的理念，編成《三十六計》之書。用結構主義的概念來說，對於一般華人而言，諸如前述「三十六計」之類的計策名稱，是所謂的「自覺模式」，《三十六計》作者所列出的分類系統，則是屬於「非自覺模式」。

在「秘本兵法」之後，坊間也出現過許多與「三十六計」

或「計策行動」有關的通俗書籍，其中所列計策項目，或者抄自「秘本兵法」，或者與之大不相同。譬如，馬森亮、張贛萍（1969）合著的《三十六計古今引例》是一本寫得比較嚴謹的書，但計策編序與「秘本兵法」完全不同，項目內容也彼此各異。喬健（1981）認爲：最初說「三十六計」，可能只是籠統指出一個神秘高深的計策系統，並未清楚列出每一計策的名目，後人附會的結果，三十六計遂有不同的內容。他進一步收集人們經常認爲是計策的成語或單字，共列出了六十六條：

37	一箭雙鵰	38	明知故昧	39	先發制人	40	落井下石
41	移屍嫁禍	42	殺雞警猴	43	激將計	44	移花接木
45	張冠李戴	46	狐假虎威	47	兩面三刀	48	看風使舵
49	投石問路	50	棄卒保帥	51	避重就輕	52	賊喊捉賊
53	小題大作	54	旁敲側擊	55	將計就計	56	魚目混珠
57	虛張聲勢	58	順水推舟	59	捧（拍）	60	攀
61	拉	62	鑽	63	附		

事實上，這樣的計策清單是可以一直開列下去的。更清楚地說，在任何一個文化裡，人們使用的語言都是鮮活的。在兵家文化傳統的「深層結構」影響之下，只要人們在社會生活中持續使用「詭道」，一旦有某一社會事件演變成膾炙人口的歷史故事，人們便可能「鑄造」出一個成語來概括此一事件，它便可能變成人們沿用的計策。

不僅如此，計策行動的名目也會隨著語言的使用而增生出新的意義。比方說，三十六計中有一招「暗渡陳倉」，原先的典故是：楚漢相爭之際，劉邦從鴻門宴上逃離項羽的控制，率部進入四川，謀士張良即將入蜀棧道燒燬，一方面預防項羽追擊，一方面明示不再東歸。及至韓信拜將之後，經過幾年生聚教訓，在出兵東征之前，先派人去修復棧道，使項羽守將章邯誤以爲劉邦將由此出擊：暗中卻派大軍由陳倉的小路進襲，出其不意，攻其無備，大敗楚將章邯，接著又步步進逼，最後迫

使項羽自刎於烏江邊。自此之後，凡是雙方對壘，一方故意明示目標，吸引對方注意，暗地裡卻進行另一項進攻計畫，出奇制勝，都可以叫做「明修棧道，暗渡陳倉」。可是，民間卻常常使用「陳倉暗渡」一詞來指稱男女在婚外偷情。

　　然則，這許許多多的計策名目，這些不斷滋生出新意義的計策名目，究竟是從什麼樣的「深層結構」衍生出來的？它對於了解華人的社會行動又具有什麼涵意？前文論及：「秘本兵法」的作者曾經以易經和兵法為基礎，探討《三十六計》的結構；但是他分析計策行動的基本立場，卻是以之作為「兵法」，而不是把它當做「社會行動」。喬健（1981）也曾經試圖將計策行動加以分類，但尚未提出一定的結論。因此，作者認為：我們有必要將計策行動看做是日常生活中的一種社會行動，用本書所提出的架構作為基礎，重新加以詮釋，藉以看出：計策行動之後的「深層結構」。

　　用〈人情與面子〉的理論模式來看，個人會使用計策的場合，通常是行動者為了獲取某種資源，但卻因為資源分配規則不明確，或者根本沒有分配規則，或者許多人一起爭奪有限的資源，在僧多粥少的情況下，構成了一種競爭的局面。喬健（1993）曾經引用西方社會科學中的「賽場」（arena）一詞，來說明此種競爭之局（Orum, 1979：38）：

　　「在每一個社會裡，都有一種公共賽場，人們得以在
　　其中從事政治活動，互相較力及彼此鬥爭，以決定
　　誰是霸主，誰是附從。我們完全可以用空間的概念
　　來理解『賽場』的意義，但這種空間卻具備兩種重
　　要的性質：首先，它必須有一個中心，也就是一個
　　中央舞台，讓人們可以在舞台上從事政治鬥爭，勝
　　利者則能夠行使作為政治活動之媒介的權力。這種
　　空間的第二個性質是：它是以社會而非物理的概念
　　建構出來的。換言之，『賽場』並不是平常我們所
　　想像的物理場所，其中的位置和距離也不能用諸如
　　英寸之類的物理概念來加以描述；它是一種社會空
　　間，其中的位置和距離必須以諸如角色和關係之類
　　的概念來加以描述。」（註4）

　　用艾森斯塔的現代化理論來看，進入「軸樞時期」之後的帝制中國，其政治中樞最重要的任務之一，便是設定一個決定國家重大事務的議程表，同時提供一個「賽場」，讓對各項事

務持有不同觀點的政治菁英在此展開權力鬥爭。在一般情況之下，皇帝擁有最後的決策權，而涉入權力鬥爭的各方人馬，都有可能採用各種計策行動，來贏取他在「賽場」上的優勢。

在現代社會裡，不論是在政治、經濟、或是學術的領域裡，都會採取「機構多元主義」，允許人們自由組成各種機構，並在政治、經濟、或學術的「賽場」上展開競爭。這種機構並非完全以天生的血緣關係爲基礎所組成的，用〈人情與面子〉的理論模式來看，其中大部分的人際關係是屬於「混合性關係」或「工具性關係」。在這種機構裡，或者機構與機構之間，他們可能營構出各種不同性質的「賽場」，並制訂有關事務的「議程表」，採取各種計策行動，展開權力鬥爭。

一、因勢利導，量力乘機

處於「賽場」中的行動者必須考慮其對手的角色、關係、價值取向、擁有的資源、及其可能採取的行動，而對「賽場」中的局面有一個全盤性的了解，才能決定他下一步將採取什麼樣的行動。由於「賽場」是一種社會空間，而社會空間中的權力結構是隨著時間的經過而不斷改變的，這就構成了中國兵法家所謂的「時」、「機」：

> 「夫難得而易失者時也。時至而不旋踵者機也。故聖
> 　人常順時而動，智者必因機以發。」　《九州春秋》
> 「勢之維繫爲機，事之轉變爲機，物之要害爲機，時
> 　之湊和爲機。有目前爲機，轉盼即非機者；有乘之
> 　則爲機，失之即無機者。謀之宜深，藏之宜密，定
> 　於識，利於決。」　　　　　《兵法百言‧智篇‧機》

「勢之維繫」即是「賽場」之社會空間中的權力結構。由於時機「難得而易失」，「不旋踵」即失，「轉盼即非機」，

「乘之則爲機，失之即無機」，因此許多兵法家都極力強調「機不可失」，要把握一蹤即逝的時機。譬如周武王伐紂，紂王潰敗之後，周武王問姜太公：「殷已亡之人，今可伐乎？」姜太公便講了一段極富戰略概念的話：

> 「臣聞之，知天者不怨天，知己者不尤人。先謀後事者昌，先事後謀者亡。且天與不取，反受其咎；時至不行，反受其殃。非時而生，是為妄成。故夏條可結，冬冰可釋，時難得而易失也。」《太公金匱》

中國人所謂的「計」、「謀」，便是要把握住這種間不容髮「難得而易失」的時機，根據賽場上的權力結構，作出對自己最有利的行動。王陽明說：

> 「兵無定勢，謀貴從時。苟勢或因地而異變，則事宜量力以乘機。」
>
> 《王陽明全集·卷十·議夾剿方略疏》

李靖則強調：

> 「凡事有形同而勢異者，亦有勢同而形別者。若順其可，則一舉而功濟，如從未可，則擊動而必敗。故孫臏曰：『計者，因其勢而利導之。』」

「勢」是指賽場上雙方的實力。「形」則是雙方實力之外觀及比較，由於「兵無定勢」，「勢或因地而異變」，賽場上的形勢不斷地發生變化，因此兵家主張「謀貴從時」，「事宜量力以乘機」，「因其勢而利導之」，希望能「一舉而功濟」，達到克敵制勝的目的。

二、先爲不可勝，而後求勝

了解「計策」在兵家思想中的意義之後，我們便可以進一步探討兵家思想的主要內容，藉以說明：「計策行動」是從什麼樣的「深層結構」衍生出來的。

對於兵家而言，強固本身的各種條件，「立於不敗之地」，讓敵人不敢隨意侵犯，是行動主體立身處世的第一要務。《孫子兵法》一再強調：

> 「故善戰者，立於不敗之地，而不失敵之敗也。」
>
> 〈軍形篇〉
>
> 「昔之善戰者，先為不可勝，以待敵之可勝；不可勝
> 在己，可勝在敵。故善戰者，能為不可勝，不能使
> 敵之可勝。故曰：勝可知，而不可為。」〈軍形篇〉
>
> 「故用兵之法，無恃其不來，恃吾有以待也；無恃其
> 不攻，恃吾有所不可攻也。」　　〈九變篇〉

所謂「先爲不可勝」、「恃吾有以待之」、「恃吾有所不可攻」，其意義都是在強固自身的條件，「立於不敗之地」，讓敵人不敢隨便萌發來犯之意。這種自固自強的行動，是可以完全操之在我的，所以說：「能爲不可勝」、「不可勝在己」。反過來說，倘若行動主體自己不爭氣，從內部開始腐化，那就是在「使敵之可勝」，替敵人製造可能獲勝的機會。商鞅說：「能勝強敵者，先自勝者也」《商君書‧劃策第十八》所謂「自勝」，其意義即在於此。

孫武之後，有許多兵法家繼續發揮此一命題：

> 「用兵之道，難保其必勝，而可保其不敗。不立於不

敗之地，而欲求以勝人者，此僥倖之道也，而非得
算多也。」　　　　　　《投筆膚談・上卷・家計・第二》
「蓋聞善用兵者，必先修諸己，而後求諸人。先為不
可勝，而後求勝。修己於人，求勝於敵。己未能治
也，而攻人之亂，是猶以火救火，以水應水也，何
能所制？」　　　　　　　　《淮南子・卷十五・兵略訓》

　　在兵家看來，決定「賽場」上勝負的因素非常之多，這些
因素的關鍵，並非完全操之在我，有些是不可知的，有些則是
由敵方控制的。行動主體所能做的事，是掌握自己所能控制的
因素，「立於不敗之地」後，「以待敵之可勝」，等待有利的
時機，再俟機出襲。孫子說：「勝可知，而不可為」，《淮南
子》說：「先為不可勝，而後求勝」，其用意均在於強調：用
兵之道，僅能保其不敗，而無法保其必勝。倘若行動主體自身
條件不固，而妄想克服他人，「己未能治，而攻人之亂」，這
是「僥倖之道」，是「以火救火，以水應水」，唯有自取其禍
而已，不足為訓。

三、不戰而屈人之兵

　　中國兵法始祖孫武是堅決反對窮兵黷武，隨意動兵的：

「夫戰勝攻取，而不修其功者凶。」
「明君慮之，良將修之。非利不動，非得不用，非危
不戰。主不可以怒而興師，將不可以慍而致戰，合
于利而動，不合于利而止。怒可以復善，慍可以復
悅，亡國不可以復存，死者不可以復生，故明君慎
之，良將警之，此安國全軍之道也。」　〈火攻篇〉

　　在孫武看來，出兵打仗是非常耗費實力之事：「凡興師十
萬，出征千里，百姓之費，公家之奉，日費千金，內外騷動，

怠於道路，不得操事者，七十萬家」〈用間篇〉，萬一戰爭失敗，國破人亡，「亡國不可以復存，死者不可以復生」，那更是災情慘重，懊悔莫及。因此，他一再告誡「明君」、「良將」：「兵者，國之大事，死生之地，存亡之道，不可不察也。」〈始計篇〉。在他看來，「兵凶戰危」，戰爭是不得已時的下下之策，他最講究的是：「不戰而屈人之兵」：

> 「凡用兵之法，全國為上，破國次之；全軍為止，破
> 軍次之。」
> 「是故百戰百勝，非善之善者也；不戰而屈人之兵，
> 善之善者也。」
> 「故善用兵者，屈人之兵而非戰也，拔人之城而非攻
> 也，毀人之國而非久也，必以全爭於天下。故兵不
> 鈍，而利可全，此謀攻之法也。」　　　〈謀攻篇〉

以「全」取勝，以「全」爭天下，是中國兵家思想中的一個重要命題。在兵家看來，雙方經過激烈戰爭之後，即使將敵方擊敗了，對方固然是城破國亡，斷瓦殘垣，我方也難免損兵折將，元氣大傷。因此，兵家主張：「兵者，凶器也；戰者，逆德也」，非萬不得已不隨便輕用。行動主體最應當思考的是：「不戰而屈人之兵」，「以全爭天下」。在「兵不鈍，利可全」的情況下，便可以「屈人之兵」，「拔人之城」，「毀人之國」，讓對方「全國」、「全軍」為我所用。

四、伐謀制變，勝於無形

然則，如何才能達到此一目標呢？孫武的觀點是：

> 「故上兵伐謀，其次伐交，其次伐兵，其次攻城。」
> 　　　　　　　　　　　　　　　　　　　〈謀攻篇〉

後世的兵法家更進一步闡述孫子的此一主張：

「伐謀者，攻敵之心，使不能謀也；伐交者，絕敵之
　援，使不能合也；伐兵者，合刃於力士之場，不得
　已而用之也。」《武經總要・前集・卷三・敍戰上》

　　所謂「伐謀」的意思，就是「凡敵始有謀，我從而攻之，
使彼計衰而屈服」《百戰奇法・謀戰》，「攻敵之心」，使其
計窮而無法再謀。在兵家看來，這是「不戰而屈人之兵」的最
重要方法：

「善戰者，不待張軍；善除患者，理於未生；善勝敵
　者，勝於無形。上戰爭無與戰。故爭勝於白刃之前
　者，非良將也；設備於已失之後者，非上聖也。」
　　　　　　　　　　　《六韜・龍韜・軍勢・第二十六》
「善師者不陣，善陣者不戰。此言發謀制變，先聲後
　實。《軍志》素定，奪人之心，不待旗壘之相摩，
　兵矢之相接，而勝負之勢決於前矣。」
　　　　　　　　　　　《經武要略・正集・卷二・陣法上》

　　《軍志》是古代兵書，其內容已經佚失。「《軍志》素定
，奪人之心」的意思是：依照兵法的原則，做好戰爭的準備，
「發謀制變」，打好「謀略戰」，讓對方順服於行動主體之意
志。這就是所謂的「善師者不陣，善陣者不戰」，「上戰無與
戰」，「善勝敵者，勝於無形」。由此可見，中國兵法家一向
非常強調「伐謀」的重要性，至於在戰場上「旗壘之相摩」，
「兵矢之相接」，雙方「爭勝於白刃之前」，那是不得已的下
下之策，最好能夠備而不用。

五、伐交勾結，以為己援

前文說過，「伐交」的意義是「絕敵之援，使不能合」，意思就是運用外交手腕，孤立敵人：

> 「善觀敵者，當逆知其所始；善制敵者，當先去其所恃。」　　　　　　　　　　　　　　　　《岳忠武王文集·卷一》
>
> 「凡于敵戰，傍與鄰國，當卑詞厚賂結之，以為己援。若我攻敵人之前，彼犄其後，則敵人必敗。」　　　　　　　　　　　　　　　　《百戰奇法·交戰》

「伐交」一方面要能夠「絕敵之援」，「去其所恃」，一方面要連結鄰國，「以為己援」，行動主體萬一跟敵人發生衝突，第三者若不能拔刀相助，最少也不能乘機圖我。這就是計策行動中所謂的「遠交近攻」，也是近世所稱的「外交戰」。然而，「伐交」的意義並不僅此而已。作為「詭道」之一，「伐交」的神髓在於「勾」字：

> 「勾敵之信以為通，勾敵之勇以為應，與國勾之為聲援，四裔勾之助攻擊。勝天下者，用天下，未聞己力之獨恃也。抑勾者險策，必防其中變。恩足以結之，力足以制之，乃可以勾。」《兵法百言·法篇·勾》

「伐交」的原則是「勝天下者，用天下」，團結所有可資利用的資源，而不能獨恃一己之力。因此不僅要「與國勾之以為援」，「四裔勾之助攻擊」，而且要勾結敵方的親信為我方通消息，勾結敵方的兵勇作為我方的內應。至於「勾」的方法，則不外乎「威逼利誘」四字：「恩足以結之，力足以制之」，再「卑詞厚結之」。

六、先謀而後戰

從以上的論述中，我們已經可以看出：兵法家對於「伐謀」、「伐交」、「伐兵」三者之間的態度是「上兵伐謀，其次伐交，其次伐兵」。將這樣的概念用在日常生活中的「賽場」之上，便是主張勾心鬥角的「文鬥」，而反對動手動腳的「武鬥」。值得強調的是：在兵家看來，不論是「伐兵」或者「伐交」，都必然含有「伐謀」的成份在內；而「伐謀」的許多原則，則是源自於在戰場上「伐兵」的經驗。此處，我們首先要說明的是「伐謀」在「伐兵」時的優位性：

> 「兩強相接，兩軍相持；事機之來，間不容息。蓄謀
> 而俟，猶恐失之。臨時始謀，固已疏矣。」
>
> 《陸宣公奏議·卷九》
>
> 「謀，所以始吾戰也；戰，所以終吾謀也。是故先謀
> 而後戰，其戰可勝；先戰而謀，其謀可敗。」
>
> 《兵鏡或問·卷上·謀戰》
>
> 「是以古之善戰者，無幸勝而有常功。計必勝而後
> 戰，是勝不可以幸得也；度有功而後動，是功可以
> 常期也。」 《何博士備論·李陵論》

雙方一旦開戰之後，「兩強相接，兩軍相持」，戰場上的情勢瞬息萬變，「事機之來，間不容息」，預先作縝密的規劃和準備，都還可能有所疏失，更何況是「臨時始謀」，毫無準備！因此，善於作戰的人一定要了解：計畫是作戰的開始，作戰則是計畫的實踐，緊緊掌握住「先謀而戰」的原則，仔細估算有必勝的把握之後，再對敵宣戰，這就是所謂的「度有功而後動」，「計必勝而後戰」，絕對不打沒有把握的仗。

七、知己知彼

「度有功而後動」，「計必勝而後戰」的第一步，是要客觀評量雙方對立的情勢。《孫子兵法・始計篇》開宗明義地說：

> 「兵者，國之大事，死生之地，存亡之道，不可不察也。故經之以五，校之以計，而索其情：一曰道，二曰天，三曰地，四曰將，五曰法。」
>
> 「此五者，將莫不聞。知之者勝，不知者不勝。故較之以計，而索其情。曰：主孰有道？將孰有能？天地孰得？法令孰行？兵眾孰強？士卒孰練？賞罰孰明？吾以此知勝負矣。」

「較之以計，而索其情」的意思是：兩軍對恃，在開戰之前，作為雙方行動主體的主將，必須詳細地收集有關雙方「道、天、地、將、法」等方面的情報，客觀地加以比較。孫子認為這種雙方實力的客觀評估是「知之者勝，不知者不勝」：

> 「知己知彼者，百戰不殆；不知彼而知己，一勝一負；不知彼，不知己，每戰必殆。」　　〈謀攻篇〉

同樣的原則也可以用在「謀攻」的階段：

> 「古之善用天下者，必量天下之權，而揣諸侯之情。量權不審，不知強弱輕重之稱；揣情不審，不知隱匿變化之動靜。」　　《鬼谷子・揣篇・第七》

此處所謂的「天下」，可以看做是本文所稱的「賽場」；「諸侯」則是在「賽場」中參與權力鬥爭的各個角色。《鬼谷

子》這段話的意思是說：在進入「賽場」參與權力角逐之前，一定要先「量天下之權」，而「揣諸侯之情」，了解整個賽場上的形勢，以及參與角逐者的意向，就是《六韜》中所說的：

> 「必見其陽，又見其陰，乃知其心；必見其外，又見其內，乃知其意；必見其疏，又見其親，乃知其情。」
>
> 《六韜‧武韜‧發啓‧第十三》

「必見其陽，又見其陰」，「必見其外，又見其內」，「必見其疏，又見其親」，其意義就是要能夠客觀評量雙方情勢。兵家認爲：惟有「料其彼我之形」，方能「定乎得失之計」，在必要時候，「始可出兵決于勝負」《衛公兵法》。而「料其彼我之形」的不二法門，便是派遣間諜，收集情報：

> 「故明君賢將，所以動而勝人，成功於眾者，先知也。先知者不可取於鬼神，不可象於事，不可用於度，必取於人，知敵之情者也。」
>
> 《孫子兵法‧用間篇》

孫子反對迷信鬼神，反對憑舊經驗（事）作類比推測（象），也反對仰觀天象星宿的「度」，而主張從了解敵情的人取得情報。在〈用間篇〉中，他更進一步將間諜分爲五種：「因間」是誘使對方的鄉人作間諜，「內間」是引誘敵方的官吏作間諜；「反間」是誘敵方間諜爲我所用；「死間」是冒著生命危險傳遞假情報，使敵人信以爲眞。「生間」則是能活著回來報告敵情者。

華人社會中所流行的計策行動中，便有「反間計」一項。「苦肉計」是派出孫子所謂的「死間」；「美人計」中的美人，也大多負有收集情報或策反的任務。其他像「旁敲側擊」、「投石問路」、「拋磚引玉」等等，其目的都在於摸清楚對方底細，以了解「賽場」上的整體情勢。

八、提正名，舉義兵

前節說過，兵家取勝的重要原則之一是「勝天下者，用天下」，不能只憑一己之力。用兵家的話來說，這就是：

> 「夫乘眾人之智，則無不任也；用眾人之力，則無不勝也。」　　　　　　　　　《淮南子‧卷九‧主術訓》

怎樣才能夠「乘眾人之智」，「用眾人之力」呢？兵家的主張是「提正名以伐，得所欲而止」《經法‧稱》，提出堂堂正正的出兵理由，達到自己所宣稱的目標後便鳴金收兵。用中國人常用的話來說，就是要起「義兵」，舉「正正之旗」，與「堂堂之師」：

> 「兵苟義，攻伐亦可，救守亦可。兵不義，攻伐不可，救守不可。」　　《呂氏春秋‧卷七孟秋紀‧禁塞》
> 「夫以義誅不義，若決江何而溉爝火，臨不測而擠欲墮，其克必矣。」　　　　　　　　　《三略‧下略》

「爝火」是以葦草紮成的小火把。「決江河而溉爝火」是用江河之水去淹滅小火把；「臨不測而擠欲墮」是在深淵旁邊推落一個搖搖欲墜的人。在兵家看來，「以義誅不義」，正如摧枯拉朽一樣，不論「攻伐」、「救守」，都可水到渠成。反過來說，「師出無名」是兵家大忌，不僅「攻伐」不可能成功，連「救守」都可能遭致失敗。因此，兵家主張：

> 「兵非道德仁義者，雖伯有天下，君子不取。」
> 　　　　《神機制敵太白陰經‧卷二‧善師篇‧第十一》

《吳子兵法‧圖國篇》上說：「百姓皆是吾君而非鄰國，

則戰已勝矣。」然則，怎樣讓大家認定我方所舉的是「義兵」，進而「是吾君而非鄰國」呢？兵家的主張是：

> 「舉事以為人者，眾助之；舉事以自為者，眾去之。
> 眾之所助，雖弱必強；眾之所去，雖大必亡。」
>
> 《淮南子·卷十五·兵略訓》

倘若興兵討伐的目的是為了大眾的利益，「誅暴討亂」，便可以得到大眾的支持；相反的，倘若舉兵的目的是為了自身的利益，便可能受到大眾的背棄。有些人為了讓大眾認定他是舉「義兵」，而用「移屍嫁禍」之計，使大眾將攻擊的箭頭指向對方，再以「誅暴」之名，「以義伐不義」。當然，在歷史上，玩弄「移屍嫁禍」的手法，卻因為手腳不夠乾淨俐落而弄巧反拙的案例，也所在多有。

九、批吭搗虛

在《史記·孫子吳起列傳》中，孫臏講過一段話：「夫解雜亂紛糾者不控拳，救鬥者不搏戰，批吭搗虛，形格勢禁，則自為解矣。」

「吭」是「咽喉」之意，在此指要害。「批吭搗虛」的意思是抓住對方要害，擊其虛弱之處。這段話的意思是說：排解糾紛而場面雜亂時，不能自己握緊拳頭去硬打；在打鬥中救援別人，也不能用空手去搏武器，而必須抓住敵人要害，打擊其虛弱之處，對方在形勢逼迫之下，自然會解兵而去。當雙方在「賽場」上開始正面衝突之後，「批吭搗虛」正是擊潰對方的最高指導原則：

> 「凡用兵者，攻堅則軔，乘瑕則神。攻堅則瑕者堅，
> 乘瑕則堅者瑕。」　　　《管子·制分·第二十九》

「釋實而攻虛，釋堅而攻脆，釋難而攻易，此百戰百
　勝之術也。」

　　　　　　　　《武經總要‧前集‧卷四‧制度四‧察敵形》
「出其所不趨，趨其所不意，行千里而不勞者，行於
　無人之地也。攻而必取者，攻其所不守也；守而必
　固者，守其所不攻也。」　　　《孫子兵法‧虛實篇》

　　「軏」是防止車輪轉動的木頭，車開動前須先抽去。「瑕
」是瑕疵、弱點之意。攻擊敵人的堅強之處，必然會遭遇到阻
力；打擊對方的弱點，就能取得神奇的成就。比方說，「行於
無人之地」，便能夠「行千里而不勞」；「守其所不攻」，便
能夠「守而必固」；「攻其所不守」，便能夠「攻而必取」。
這樣的「批吭搗虛」，如何能不讓人驚嘆不置，而佩服其用兵
如神？因此，作戰的最高指導原，就是「釋實而攻虛，釋堅而
攻脆，釋難而攻易」，「見其虛則進，見其實則止」《六韜‧
龍韜》。

第三節　兵家思想與計策行動

　　了解兵家思想的主要內容，我們便不難理解：從這樣的「深層結構」，如何衍生出華人日常生活中所用的種種計策行動。在前述各節的分析中，作者強調：用〈人情與面子〉的理論模式來看，華人生活中的「賽場」，主要是由含有高度「工具性成份」的各種人際關係所構成。行動主體之所以和他人建立這種性質的關係，主要是企圖以這種關係爲工具，獲取某種特定目標。由於這種關係裡的工具性成份多，而情感性成份少，因此人與人之間比較不容易有坦誠的溝通。在「知己知彼，百戰不殆」的原則之下，進入「賽場」中的行動主體一定要用諸如「旁敲側擊」、「投石問路」、「拋磚引玉」之類的計策行動，來了解整個「賽場」上的情勢。必要的時候，他還可以用「反間計」、「苦肉計」、或甚至「美人計」，透過熟悉「敵情」的人來傳遞消息，收取情報。

一、知己知彼，見機行事

　　在「賽場」上，由於彼此間利益的爭奪，造成人與人之間關係的詭詐多變。尤其是在「人治」重於「法治」的華人社會裡，當人與人之間「交易標準」不明確時，「賽場」上的變化更可能與戰場十分類似：

　　「見利則疾，未利則止；趨利乘時，間不容息。先之
　　　一刻則太過，後之一刻則失時也。」

在前一節中，作者指出：「伐謀」的意思就是「敵始有謀，我從而攻之」「使彼計衰而屈服」。由於「賽場」上的情勢變化萬端，計策的內容也應當「隨機應變」。用兵法的概念來說，這就是：

> 「善計者，因敵而生，因己而生，因古而生，因書而生，因天時，地利、事物而生，對法而生，反勘而生。」
> 　　　　　　　　　　　《兵法百言‧智篇‧生》

「反勘」是反覆斟酌之意。「對法而生」，是根據兵法擬訂計策。在兵家看來，「事各具善機也，時各載善局也」，擬訂計策時，最重要的原則是針對時局，把握事機，「合於利則行，不合於利則止」。至於計策的內容，則可以「因敵而生，因己而生，因古而生，因書而生……」，用華人日常生活中的語言來說，這就是要「隨機應變」，「見機行事」，「將計就計」，「見風駛舵」，「順水推舟」。

由於兵家主張「勝天下者，用天下」，在「人治」重於「法治」的文化傳統之下，儒家的「尊尊原則」又常常使資源支配者掌握有極大的自由裁量權，行動主體為了獲取某項特定的目標，往往會利用鑽空隙、拉關係、拍馬屁或其他「卑詞厚賂」的方法，動員各種可資利用的力量，向自己的競爭對手進行「遠交近攻」，而資源支配者也可能利用拖、拉、推等計策，避開人情的困擾。

在同一個「賽場」上，倘若有第三者和行動主體的對手發生衝突，行動主體可能採取「隔岸觀火」的策略，「坐山觀虎鬥」。當然，在「批吭搗虛」的原則之下，他可能在混亂中「混水摸魚」或「順手牽羊」，佔點小便宜，也可能「趁火打劫」或「落井下石」，趁機打擊對方。

二、虛實相生，借局佈勢

由於「批吭搗虛」是攻戰的最高指導原則，雙方一旦在「賽場」上「攻伐」，行動主體會「釋實而攻虛」，他的對手也會「釋堅而攻脆」，因此，他們必須一方面了解對方的虛實，一方面則讓對方弄不清楚我方的虛實。針對後者，老子最先主張：

> 「將欲翕之，必固張之；將欲弱之，必固強之；將欲
> 去之，必固與之；將欲奪之，必固予之。」

孫武據此而提出了「兵者，詭道也」的著名命題。以後又有許多兵法家根據此一命題繼續再作發揮：

> 「虛實在敵，必審知之，然後能避實而擊虛；虛實在
> 我，貴我能誤敵。或虛而示之以實，或實而示之以
> 虛；或虛而虛之，使敵轉疑我為實；或實而實之，
> 使敵轉疑我為虛。玄之又玄，令不可測，乖其所
> 之，誘之無不來，動之無不從者，深之虛實之妙而
> 巧投之也。」　　　　　　　《草廬經略‧卷六‧虛實》

華人社會中所流傳的計策行動，有許多是由兵家「虛／實」或「剛／柔」的對立之中，辯證性地衍變出來的。「虛而示之以實」，是一般人最常用的策略，譬如「虛張聲勢」、「樹上開花」，均是此中之例。「樹上開花」的意思是說：此樹本來無花，而樹上又可以有花，因此剪一些彩紙貼在樹上，藉以惑人耳目。其他種種「借局佈勢」的手法，都可以說是「樹上開花」之計。

《六韜‧發啟》上所說的「鷙鳥將擊，卑飛斂翼，猛獸將

搏，弭耳俯伏，聖人將作，必有愚色」是「實而示之以虛」，
卻又隨時可能「化虛爲實」，其目地在於「出其不意，攻其不
備」。「無中生有」是「示之以虛，而化虛爲實」。「空城
計」是「虛而虛之，使敵轉疑我爲實」；「打草驚蛇」是「實
而實之，使敵轉疑我爲虛」。「偷天換日」、「移花接木」、
「偷桃換李」、「張冠李戴」、「偷樑換柱」，或者是「化實
爲虛」，或者是「化虛爲實」，其目的則在於「魚目混珠」，
以求「瞞天過海」。

> 「用兵之道，示之以柔而迎之以剛，示之以弱而乘之
> 以強，爲之以斂而迎之以張，將欲西而示之以東，
> 先忤而後合，前冥而後明。若鬼之無跡，若水之無
> 創。故所向非所之也，所見非所謀也。舉措動靜，
> 莫能識也。若雷之擊，不可爲備，所用不復，故勝
> 可百全。」　　　　　《淮南子・卷十五・兵略訓》

「笑裡藏刀」是「示之以柔而迎之以剛」；「扮豬吃虎」
是「示之以弱而乘之以強」；「欲擒故縱」是「爲之以斂而迎
之以張」；「聲東擊西」是「將欲西而示之以東」。「明知故
昧」或「假痴不癲」是孫子所說的「能而示之以不能」；「借
屍還魂」則是「用而示之以不用」。「暗渡陳倉」是「所向非
所之也」；「指桑罵槐」則是「所見非所謀也」。「圍魏救趙
」是「攻其所必救」；「調虎離山」是「誘之無不來，動之無
不從」。再用孫子的話來說，「混水摸魚」是「亂而取之」；
「暗藏軍兵」是「實而備之」；「走爲上計」是「強而避之」
；「激將計」是「怒而撓之」；「卑詞厚賄」是「卑而驕之」
；「以逸待勞」是「逸而勞之」；「兩面三刀」是「親而離之
」。

三、擒賊擒王，反敗爲勝

> 「凡戰者，以正合，以奇勝。故善出奇者，無窮如天
> 地，不竭如江河……戰勢不過奇正，奇正之變，不
> 可勝窮也。」
>
> 《孫子兵法·兵勢篇》

「奇／正」的辯證使用，是中國古代兵法中的重要概念之一。一般而言，常規爲正，變法爲奇；在軍事作戰上，按一般原則，堂堂正正進軍，作正面攻擊爲正兵；採用迂迴、側擊、偷襲等特殊戰法，則爲奇兵。以上所說的各種計策行動，都可以說是「出其不意，攻其無備」的奇兵之例。在孫子看來，善於運用這些計策的人，將可「無窮如天地，不竭如江河」，再配上「正兵」靈治使用，必然是「奇正之變，不可勝窮」；其最終目的，則在於「擒賊擒王」。杜甫的〈前出塞〉詩很能反映中國的兵家哲學：

> 「挽弓當挽強，用箭當用長。
> 　射人先射馬，擒賊先擒王。
> 　殺人亦有限，立國自有疆。
> 　苟能制侵陵，豈在多殺傷！」

能夠克敵制勝、「擒賊擒王」，當然最爲理想。可是，「勝敗兵家常事」，萬一形勢對我不利，又當如何？「秘本兵法」的作者認爲：在敵勢全勝，而我又不能戰的情況下，只有「降」、「和」、或「走」三條路。「降」則全敗，「和」則單敗，「走」則未敗。未敗還會有勝之轉機，因此，「三十六計，走爲上計」。倘若連走都走不脫時，怎麼辦呢？

「三十六計」中，有一著「李代桃僵」，是出自《樂府詩集·雞鳴篇》：「桃生露井上，李樹生桃旁。蟲來齧桃根，李

樹代桃僵」，意思是說：當局勢發展到必然要有所損失的時候，行動主體要能捨得局部的損失，以保存實力；此即為「棄卒保帥」，等到時機有利時，再「反客為主」。這一計，也可以叫做「扮豬吃虎」，意思是說：獵人要捉老虎，先把自己扮成一野豬，將老虎引出來後，再「出其不意，攻其不備」。用《孫子兵法》的概念來說，「扮豬」就是「藏之九地之下」，「吃虎」就是「動於九天之上」。比方說，在三國演義裡，大司徒王允為了圖謀董卓，先送大禮給董卓的義子呂布，引呂布登門答謝，呂布說：「布乃一相府將，司徒為朝臣，何故錯敬？」王允答道：「方今天下別無英雄，惟有將軍耳。允非敬將軍之職，實敬將軍之才也。」

　　這番話拍得呂布飄飄欲仙。他再請董卓時，又必恭必敬地說：「允自幼頗習天文，夜觀乾象，漢家氣數已盡，太師功德振於天下，若舜之授禹，禹之繼舜，正合天心人意。」「自古有道代無道，無德讓有德，豈過份乎？」董卓聽了後，喜不自勝，道：「若果天命歸我，司徒當元勳。」及至王允用美人計收買呂布，董卓羽翼已除，王允見時機成熟，便帶領兵馬，圍住董卓，喝道：「反賊至此，武士安在？」擺出一幅「吃虎」之相。

四、結論：由傳統到現代

　　本書在分析中華文化傳統的時候，並不是像五四知識那樣，認為「傳統」是可以「打倒」的對象。相反的，作者認為：「傳統」即存在於語言中，是永遠無法消滅的。然而，本書也不把「傳統」當做是一成不變的固定之物，以為它有既定的形貌，可以歷久而彌堅，永世而不變。用海德格的哲學來看，這種視傳統為永恆不變的觀點，等於是把「過去→現在→未來」的時間向度，凝聚成為只有「現在」一點，認為像「傳統」這樣的東西是「天不變，道亦不變」，過去如此，現在如

此，將來還是如此。採取這種觀點的人，將被異化成爲「博物館的管理員」或「拍賣場上的古董商」，在時間和歷史的經過中，他只是「保管」傳統，或只是「經手」傳統，而不是以實踐主體的身份，在從事文化傳統的創造。

依照本書的立場，傳統是一個「沒有定型的開放系統」，它永遠處在不斷的消解、重構、和整合之中。本書並不像許多學者那樣，將儒家思想視爲等同於「中華文化傳統」。相反的，本書認爲：儒家只是「中華文化傳統」中的一個子系統，除了儒家之外，「中華文化傳統」還包含「道、佛、法、兵」以及其他的子系統，而且還在不斷地成長擴大之中。在中、西文化密切交流的今日，許多外來文化也可能進入華人社會之中，而型塑出新的傳統。此處說傳統「沒有定型」，並不是說傳統「沒有形狀」，而是說傳統「沒有固定的形狀」。在現代社會裡，任何人都可能根據某種特定的觀點，重新詮釋傳統，利用傳統，並試圖用它來解決生活中的不同問題，借用馬克斯的一段話來說：

> 「人們創造自己的歷史，但是他們並不是隨心所欲地創造，並不是在自己選定的條件下創造。已死的先輩們的傳統，像夢魘一樣糾纏著活人的頭腦。當人們好像只是在忙於改造自己和周圍的事物，並創造前所未聞的事物時，恰巧處於這種革命危機的時代，他們戰戰兢兢地請出亡靈，盼望它們伸出援手，借用它們的名字、戰鬥口號和衣服，以便穿著這種久受崇敬的服裝，用借來的語言，演出世界歷史的新場面。」　　《馬克斯恩格斯全集》，第 8 卷，頁 121

在華人社會現代化的過程裡，當華人「忙於改造自己和周圍的事物，並創造出前所未聞的事物」時，他們是如何請出祖先的亡靈，「借用它們的名字、戰鬥口號、和衣服」，穿上「久受崇敬的服裝，用借來的語言，演出世界歷史的新場面」？

探討諸如此類的問題，正是當代華人社會科學家不可推託的使命。

- - - - - - - - - - - - - - -

（註1）關於中國歷代統治者對待兵家的矛盾態度，見王顯臣、許保林（1983），頁130－157。

（註2）余繼登《典故紀聞》。

（註3）1933年，陸達節廣泛查錄古人著作中提及的兵書書目，上自黃帝傳疑時代，下迄明清，共收錄兵書書目一千三百零四種，編成《歷代兵書目錄》一書。其中絕大部分均已失傳，流傳下來的，僅有二百八十八部。1944年，他在《中國兵學現存書目》中，改稱：古代兵書存世者為二百八十一部。

（註4）喬健（1993）曾引用此段文字之英文原文，由作者將之譯成中文。

東亞文明的理性化

文化傳統的理解與應用

　　在本書第三章中，作者主張「多元典範的研究取向」。在第五章中，作者說明：他如何採用「科學實在論」的觀點，建構出〈人情與面子〉的理論模型。在第六章中，作者以該一理論模型爲基礎，分析了儒家思想的內在結構，在八、九兩章，作者又分別討論法家和兵家思想的結構，並試圖在本書的架構中找到它們的定位。

　　作者說過：他寫本書的用意，是要爲華人的本土社會科學奠下一個堅實的基礎。這本書如何可能做到這一點呢？爲了回答這個問題，在本章中，作者將先討論近代中國及西方知識份子對中華文化傳統的誤解，再從詮釋學的立場，說明：在華人社會中從事本土社會科學研究，爲什麼必須正視其文化傳統。然後，作者將以他最近所做的研究爲例，說明如何運用本書所提供的架構，在華人社會中從事社會科學研究。

第一節 「傳統」與「現代」的糾結

本書第二章提到：民國初年時，由於一般民眾對傳統文化無法忘情，許多軍閥政客也藉著提倡孔孟學說，來維護自己的既得利益。1915 年，袁世凱在北京復辟稱帝，便主張「尊孔讀經」，企圖推尊儒教為國教。洪憲帝制失敗之後，各省軍閥勢力迅速膨脹，中國形成割據之局，軍閥們為了壯大自己的實力，紛紛勾結帝國主義勢力，以與反對派對抗。1919 年，第一次世界大戰結束後，中國代表以戰勝國之身份，居然在「巴黎和會」上對日本妥協，將戰前德國在山東所有各項權利讓渡給日本，消息傳來，輿論大嘩，遂激發了「五四運動」（Chow, 1967）。

一、「全盤西化」論

在隨之而起的新文化運動裡，許多知識份子在「感時憂國」的使命感驅使之下，開始思索改造中國的根本途徑。由於中國傳統思想模式裡存有一種由一元論或唯智論所構成的「有機整體觀」，使得中國知識份子傾向於視「思想文化為解決一切問題的途徑」（Lin, 1972 / 1989）。當時流行的思潮之一，便是試圖去描繪東、西文化的對比。在從事這種比較工作的時候，他們或者強調空間因素，將東西文化的差異，看做是其間根本性質不同；或者強調時間因素，將之視為發展階段上的差距，這兩種不同的思考方式，也使他們獲致不同的結論。

409

　　比方說，新文化運動的主要領導人之一陳獨秀在《新青年》創刊號上所發表的〈敬告青年〉一文中，宣稱：「古代文明，語其大要，不外宗教以止殘殺，法禁以制黔首，文學以揚神武，此萬國之所同，未可自矜其特異者也。」「近代文明之特徵，最足以變古之道，而使人心社會劃然一新者，厥有三事：一曰生物進化論，一曰社會主義，是也。」（陳獨秀，1984）他先以「古代／近代」的向度將「文明」加以劃分，認爲：在古代，不同地域的文明都是相同的，可是歷史發展到了近代，東西洋文明卻「絕別爲二」，印度和中國是東洋文明的代表，它們之間雖然「不無相異之點」，不過彼此卻「大體相同」，都未能脫離「古代文明之窠臼」。至於「近世文明」，則是「歐羅巴人所獨有」，這就是所謂的「西洋文明」。東西文化的差異旣然是歷史發展階段上的差距，中國人要想脫離「蒙昧時代」，「羞爲淺化之民」，便應當急起直追，學習西洋的新文化。

　　三個月之後。陳獨秀又發表〈東西民族根本思想之差異〉一文，從幾個不同層面比較東西文明：「西洋民族以戰爭爲本位，東洋民族以安息爲本位；西洋民族以個人爲本位，東洋民族以家族爲本位；西洋民族以法治爲本位，以實利爲本位；東洋民族以感情爲本位，以虛文爲本位」。在這些對比中，「個人本位／家庭本位」一項確實觸及了東西文明之根本差異；其他層面的對比，則只能說是陳獨秀個人在當時時空條件下的片面之見。譬如在論及「戰爭／安息」一項時，他大力讚揚西方諸民族的「好戰健鬥」，是「根於天性，成爲風俗」，卻又痛斥「愛平和、尙安息、雍容文雅」是東洋民族「卑劣無恥之根性」。然而，由於時代認識的限制，陳獨秀並沒有能力區辨什麼是東西文明的根本差別。他在析論東西文明的差別之前，便籠統地斷言：「東西洋民族不同，而根本思想亦各成一系，若南北之不相幷，水火之不相容也。」當他大力鼓吹新文化運動時，他會以「古代／近代」的向度討論東西文明之別，然而，當他認定東西文明有其性質上的根本差異時，他又不自覺地流

露出近乎絕望的情緒。

梁漱溟（1948／1982：38－43）則曾經清楚認識到這兩種觀點的不同。在他看來，學者對於人類社會進化的觀點可以分為「階梯觀」和「流派觀」兩種。「階梯觀」又稱為「獨系演進論」（unilinear development），是說世界各地的文化都循著同一條路線演進。文化表現的不同，便是代表此一路線的各階段，有些民族進得快，有些進得慢；但他們都會逐級前進，不會越等跳過。

他所抱持的「流派觀」則認為：人類文化史的早期受自然限制極大，各地文化不期而有某些類似或相同之處。隨後就個性漸顯，各走各路；以後又接觸融合，而出現幾條幹道。及至世界大交通，則將融會貫通成世界文化。在世界文化內，各處仍有其情調風格的不同。

在《東西文化及其哲學》一書中（梁漱溟，1921），他從生機主義宇宙觀的文化哲學出發，認為西方、中國、和印度文化對生活中解決問題的方法各走了不同的路向：西方文化是以意欲「向前要求」為其根本精神，傾向於奮力取得所要求的東西，設法滿足其欲求。中國文化是以意欲「自為調和持中」為其根本精神，遇到問題不去要求解決，改造局面，就在這種境地上求自己的滿足。印度文化則是以意欲「向後要求」為其根本精神，遇到問題就想根本取消此種問題或要求。以這三條路作為出發點，他對中西文化作了許多具體的比較描述，說明西方人是走第一條路，中國人是走第二條路。在他看來，中國文化是人類文化的早熟，已經走上與西洋不同的路而盤旋不進了，「中國不是尚未進於科學而是已不能進於科學；中國不是尚未進於資本主義，而是已不能進於資本主義；中國不是尚未進於德謨克拉西，而是已不能進於德謨克拉西」（梁漱溟，1921：65）。梁漱溟也因此而被稱為是「文化保守主義者」。

　　相反的，持有「階梯觀」或「獨系演進論」的人，則傾向於主張「現代化」或「全盤西化」。比方說，常燕生曾將東、西文明的特色列成一表：

東方文明的特色	西方文明的特色
重階級	重平等
重過去	重現在
重保守	重進取
重玄想	重實際
重宗教	重科學
重退讓	重競爭
重自然	重人為
重出世	重入世

　　常氏認為：當時這兩種文明的差別雖然十分明顯，但它們之間的關係不是對峙的，而是前後的。表中所列西方文明的要素，其實是近代文明的特質；東方文明的要素，則是古代文明的特點。東西文明的差別，究其根本，不過是因為西方已經進入現代，東方則尚停留在古代而已。東方文明要迎頭趕上，便要努力學習「現代文明」（常燕生，1985）。這種論點將「傳統／現代」看做是二元對立的兩極，奠下了「現代化論」的思想基礎。

　　當時主張「全盤西化」的胡適也採取了此一立場。胡適極力反對所謂「東方精神文明，西方物質文明」的觀點。他指出：任何一種文明的造成，必有兩個因子，一是物質的（ material ），包括自然界的種種勢力與原料；一是精神的（ spiritual ），包括一個民族的聰明才智，感情和理想。沒有一種文明單是精神的；也沒有一種文明單是物質的。東西文明只有「精粗巧拙的程度上的差異，卻沒有根本上的不同」。他批評梁漱溟「文化三路向」的主張是「閉眼瞎說」（胡適，1923／1985），而特別強調文化的同一性。他認為文化是各民

族生活的樣法，而各民族生活的樣法是大同小異的。如果拿歷史的眼光去觀察文化，各個民族都在「生活本來的路」上走，只不過因爲「環境有難易，問題有緩急，所以在走的路有先後、遲速之別」。他竭力宣揚西方文明，批判東方文化，其目的便是要促成中國的「西化」，「迎頭趕上」西方。

二、儒家傳統的批判

五四時期新文化運動領導人物將「傳統／現代」視爲二元對立的思考模式，爲日後中國「現代化派」知識份子所主張的「全盤性反傳統主義」奠下了基礎。這道理其實並不難理解：中國的現代化發展是必行之路，「傳統」和「現代」文化既然「絕無調合兩全之餘地」，中國要想現代化，便只能揚棄傳統。其實不只許多中國知識份子存有這種看法，甚至許多西方的知識份子，也持有類似觀點。最先提出這種看法的是德國社會大師韋伯。

如衆所知，韋伯在學術上畢生用力之所在，是在闡釋西方文明之所以發生資本主義的原因。他認爲：從十六世紀歐洲文藝復興運動發生之後，理性主義在宗教、科學、法律、政治等各個領域中的興起，是西方文明產生工業資本主義的主要原因，而宗教改革後產生的基督新教倫理，則是促成資本主義發生的精神因素（Weber, 1958）。爲了解釋：在二十世紀初期以前，中國爲什麼不發生資本主義，他在《中國的宗教：儒家與道家》一書中，逐一檢視帝制中國社會的貨幣制度，城市與商會，家產制國家與科層政治，親屬組織與法律制度，並深入探討儒家及道家思想在傳統中國社會中的體現（Weber, 1951）。他最後的結論是：以儒家倫理爲核心所構成的中國意索（Chinese ethos），有礙於資本主義的發展。

此處必須強調的是：韋伯所稱的資本主義，是指以科技生

產為中心的工業資本主義（industrial capitalism），而不是憑藉政治關係以獲取商業利益的官僚資本主義（political capitalism）。韋伯斷言：儒家倫理有礙於中國發展資本主義，等於是說：儒家思想有礙於中國的現代化。從此之後，研究中國歷史及社會的漢學家大多同意韋伯的觀點，認為儒家思想不利於中國的現代化。例如，以研究「同治中興」出名的美國歷史學家 Mary C. Wright（1957）認為：同治時期，中國國內名臣輩出，外國與中國相當合作，可以說是中國現代化的最好時機。然而，同治中興仍然歸於失敗，其主要原因是：當時發起「洋務自強運動」的士大夫「我族中心主義」的心態頗強，自以為「中國文武制度，事事遠出西人之上，獨火器萬不能及」，因此雖然主張「師夷人之長技以制夷」，所學者不過是「泰西技藝」，「造輪船，製槍砲」。在她看來，這種觀念反映出儒家抗拒變革的心態。由於「儒家要求安定的特性和現代化的特性正好衝突，所以即使在最有利的條件下，儒家社會也不會變成現代國家」。

她的丈夫 Arthur F. Wright（1962）回顧中國歷史上十幾位深受儒家影響之名臣的傳記，從其中歸納出十三點「儒者的性格」，包括：

　　　　1.順從權威
　　　　2.順從禮儀規範
　　　　3.尊重歷史
　　　　4.喜好學習傳統
　　　　5.重視典範
　　　　6.重視道德修養甚於專業才能
　　　　7.偏好國家及社會的和平改革
　　　　8.小心謹慎，偏好中庸之道
　　　　9.不好競爭
　　　　10.對偉大傳統負有使命感
　　　　11.在困境中保持自尊
　　　　12.在道德及文化上排斥異端

13.待人注意細節

他認爲：「當中國努力地在古老的廢墟上建立新社會時，儒家的態度和行爲也變得荒謬和不合時宜。」

已故美國加州大學教授 Joseph R. Leveson（1958－65）在其皇皇三册的鉅著《儒家中國及其現代命運》中，從哲學思想、官僚制度、政治文化、社會心理、和理想人格等層面，分析明、清以降至中共統治大陸期間，儒家思想對中國知識份子的影響。他認爲：晚清以後，主張西化的中國知識份子在心理上都面臨了一種兩難困境：他們在理智上接受西方文化的價值，但是在感情上卻排斥西方；他們在感情上迷戀中國的歷史文化，在理智上又要揚棄舊日的傳統。這樣的兩難困境使他們無法全面接受西方文化。Levenson 認爲：儒家思想和科學彼此水火不容，但是共產主義卻和科學可以彼此契合。因此，共產黨在 1949 年取得政權之後，Levenson（1965：p. 81）立刻宣佈儒家思想的死亡：「中國想要擁有並利用科學，一定要先將儒家思想禁錮起來，不能讓他橫行跋扈。科學所到之處，孔子一定要鎖在玻璃櫃裡。……共產黨人必須將孔子埋葬，送上祭壇。儒家已經變成歷史名詞，再也無法激起衛道者的熱情，他們已經徹底瓦解了。」

第二節　傳統之迷及其詮釋

　　這樣的觀點當然是極有問題的。從詮釋學的角度來看，任何一種文化傳統都不可能變成博物館中「收藏品」。事實上，語言才是傳統的儲藏所，傳統將它自身隱藏在語言之中。當一個人試圖解釋或理解某一種語言時，他已經開始和他的文化傳統展開了聯繫。在大多數情況下，傳統是一種透明的媒介，十分不容易為人所察覺。從一個人出生之日開始，他已經生活在某一文化傳統裡，必須在他所存在的世界裡，學習使用語言來理解並解釋其文化中的「傳統」；而傳統也會透過語言進入他的生活與存在。從時間的向度來看，「傳統／現代」並不是同一個向度的兩極端；傳統也不是已經消逝的「過去」，它恰恰是留存於日常生活中的「現代」（殷鼎，1990）。由於每一時代的人都會以自己的理解來解釋傳統，是以傳統對每一代人都會有不同的意義。它就像浴火的鳳凰那樣，在每一時代都會以不同的姿態重新出現，並朝向「未來」，持續延伸下去。

一、東亞經濟奇蹟之迷

　　「傳統」既然留存於「現代」，而且又將持續留存於未來，然則，到底什麼是中華文化傳統？它和華人日常生活中的社會行動又有什麼關聯？從 1980 年代開始，台灣、香港、和西方的學術界開始掀起一股「重新認識中華文化傳統」的熱潮，這股的熱潮，主要是由「東亞經濟奇蹟」的經驗現象所引起的：在 1960 年代初期，除了日本以外，東亞各國大多是世

界公認的「低度開發國家」（underdeveloped countries），和南亞、東南亞、拉丁美洲、以及非洲的大多數國家並無兩樣。然而，到了八〇年代初期，光景丕變。日本固然已經變成世界上的經濟巨強，力量足以與美國抗衡，香港、新加坡、台灣、和韓國也變成了所謂的「新興工業國家」（NICs, Newly Industrialized countries）（McMullen, 1982），他們被看做是國際貿易市場上的「超級競爭者」（super-competitors），而且也贏得了「亞洲四條小龍」的稱號（Balassa, 1981；Chen, 1979；Hofheinz and Calder, 1982）。

「東亞經濟奇蹟」究竟是什麼因素所造成的？以往有許多經濟學家及社會學家曾經從不同的角度，探討這個問題。總體而言，以往學者大多同意：「東亞經濟奇蹟」此一複雜的經驗現象係由(1)政治及法律，(2)經濟及地理，(3)社會及文化等多重因素交互作用所產生（Hicks and Redding, 1984a, b）。在這許多因素中，有利的社會和文化因素是經濟發展的必要而非充分條件。唯有在有利的社會和文化因素上，東亞國家的政府才能提出有利的政治和經濟政策，來克服不利的地理因素，以造成經濟的發展。

然而，東亞國家具有那些共同的社會和文化因素，能夠有利其經濟發展？許多社會科學家以為：香港、新加坡、台灣、韓國、乃至於日本，在歷史上都是深受儒家文化影響的地區。如果社會和文化因素確是造成東亞經濟奇蹟的因素之一，則在東亞經濟發展的過程中，儒家思想必然曾經產生過一定作用。

譬如 H. Kahn（1979）在他所著的《世界經濟發展》中，最先試圖以儒家倫理來解釋東亞經濟奇蹟。他認為：受儒家薰陶的東亞人民，具有一些共同的文化特質，使其特別善於組織，而能夠在經濟上獲取成就。這些文化特質包括：

1.家庭內的社會化過程特別強調

(1)自制，(2)敎育，(3)學習技藝，以及

(4)以嚴肅的態度對待工作、家庭、及義務。

2.協助個人所認同的團體。

3.重視階層並視之爲理所當然。

4.重視人際關係的互補性。這一文化特質和第三點相結
合，能增加個人在機構中知覺到的公平感。

由於國家的不同，儒家文化的特質也略微有所差異。譬
如，上述第二點所稱的「群體」，在中國爲家庭，在日本則爲
工作團體。雖然學者們對於儒家之具體內容的認定有所不同，
然而，從 1980 年代以後，學者們大多肯定：儒家倫理有助於
東亞國家的經濟發展。例如，Morishima（1982）主張：儒家
思想對於知識的重視，有助於日本德川幕府時代接受西方的科
學知識。Jones 和 Sakong（1980）認爲：儒家傳統是韓國企業
家精神的構成要素。有許多學者更認爲：儒家傳統是華僑能夠
控制東南亞地區之經濟的重要因素（Coppel, 1983；Hicks and
Redding, 1982）。MacFarquhar（1980）因此提出了一項「
後期儒家假設」（post-Confucian hypothesis），謂：「如果
西方的個人主義適合於工業化的初期發展，儒家的『群體主義
』或許更適合於大量工業化的時代」。其後，波士頓大學社會
學敎授 P. Berger（1983）更提出了「兩型現代化」的概念
，他認爲：現在世界上其實已經出現了兩種不同類型的現代
化，除了西方的現代化之外，東亞社會也已經發展出具有其特
殊性格的現代化。西方現代化的根源在基督敎，東亞現代化的
根源則是在儒家思想。

二、資本主義世界體系的文化發展

然而，什麼是「儒家思想」？儒家思想如何轉化成爲足以
影響華人社會或經濟行動的「儒家傳統」？除了儒家之外，還
有那些文化因素可能影響東亞人民的社會或經濟行動？在東亞

國家已經快速工業化，而即將步入二十一世紀的今日，諸如此類的問題，或許已經引不起學者討論的興趣；然而，儒家倫理有礙於中國發展資本主義和「東亞經濟奇蹟之謎」的爭議，卻使得華人社會科學家不得不以嚴肅的態度，思考如何從社會科學的角度，重新詮釋中華文化傳統。

我們可以從 Henry（1986／1993）所提出的文化發展的世界體系理論，來說明：爲什麼要用西方社會科學的方法來分析中華文化傳統。在十六世紀文藝復興運動發生之前，當今資本主義世界體系中所謂核心與邊陲社會的文化變遷型態，大略是相似的。在那個時代，宗敎菁英享有社會認可的正當性，他們所提供的符號象徵能夠滿足一般民衆的認同需求，因此，宗敎成爲文化體系中主要的次部門，藝術、哲學、以及其他的工具性知識，都附屬在宗敎部門的認知宣稱之下。

文藝復興運動發生之後，資本主義世界體系逐漸形成，核心與邊陲社會也展現出不同的文化發展方向。在核心國家中，新興的科學與政治菁英逐漸控制了國家機關，經濟菁英有系統地將科學與生產活動聯結起來，並建立全球貿易體系，其權力逐漸凌駕在宗敎菁英之上。在其現代化過程中，資本主義的市場理性和科學生產活動的技術／工具理性，逐漸取代神話和宗敎的理性，以及宗敎的與形而上的世界觀，使得前資本主義的傳統文化形構逐漸瓦解，「形式／工具理性」凌駕在「價値理性」之上，以這兩種不同理性爲原理所組織而成的兩種不同社會生活領域之間，也因而無法再保持平衡關係（Henry, 1986／1993）。

邊陲社會的文化發展型態卻是截然不同的。在全球經濟體系形成的分工過程中，邊陲資本主義經濟體制所承接的角色往往是偏狹而且極受限制的。它通常只生產某些特定產品，其產量則是取決於國際市場的需求，而不是國內的需求或技術的創新，結果其經濟體系往往毫無節制地不斷生產同樣的產品。由

於這些產品在性質上大多屬於初級產業，並不需要科學知識的支持，因此科學很難在國內紮根，以科學合理化作爲主導的文化型態，也很難獲得成長。

在邊陲社會中，傳統權威（包括宗教權威在內），遭到推翻的方式，也和核心社會有所不同。在核心社會裡，搖撼傳統權威的主要力量，來自促使其生產方式科學化的本土菁英；在邊陲社會，向傳統權威挑戰的主要力量，則是受到帝國主義勢力支持的知識買辦階級。他們推翻傳統權威的過程，主要是訴諸於政治運動，而不是致力將其知識生產部門科學化，並將其文化體系從傳統權威中解放出來。結果其文化體系不僅未能經歷科學性的合理化過程，反而經常處在抗拒、停滯、混和、乃至於退化等等的過程裡，而呈現出文化低度發展的狀態。

三、「依賴式」發展

用這樣的概念來檢視台灣（乃至於整個中國）的文化發展，可以說是極其適恰的。前文說過，民國八年五四運動發生之後，許多主張「新文化運動」的知識份子認爲：中西文化在性質上是根本相反的；要提倡「新文化」一定要打倒「舊傳統」。在儒家傳統一元論主知主義的思想模式影響之下，五四知識份子普遍存有一種「藉思想文化以解決問題」的思考習慣，認爲要解決社會政治問題，必須先注重思想與文化的改造（Lin, 1979）。在當時內憂外患交加的情況下，在「喝過洋墨水」的「新青年」窮追猛打之下，中國知識界產生出一種「全盤性反傳統思想或全盤性反傳統主義」（Lin, 1972 / 1976），他們把儒家傳統看做是「吃人的禮教」，甚至叫出「打倒孔家店」、「把線裝書扔到茅廁坑裡去」之類的極端口號。及至中共奪得政權，到了「文化大革命」時代，他們更進一步地「批孔揚秦」，用大規模的群眾運動來「破四舊、立四新」，結果「十年文革」也演變成爲「十年浩劫」。

1947 年，國民政府撤守台灣，並在 1960 年代，開始發展勞力密集的加工出口業。1971 年，蔣經國出任行政院長，同時積極推動十大建設，為日後二十年台灣快速的經濟發展奠立下基礎。然而，從資本主義世界體系的角度來看，台灣早期的經濟發展基本上是一種依附在核心國家之上的「依賴式」發展，而不是由其文化體系內部衍生出來的「自發式」發展。當時台灣經濟生產體系所需要的資本和技術，主要是來自美、日等核心國家，產品則是銷售到以美國為主的國際市場。

不僅如此，台灣的文化和教育體系也被吸納並依附在以美國為主的核心國家之上。台灣的高等教育，除了少數的文、史科目之外，絕大多數的理工科系都是使用英文教科書或其翻譯本。許多大學教師都曾經到美國留學。他們普遍以到過美國「進修」為榮，卻很少有人願意定下心來，用他們所學到的西方科學方法，回過頭來，研究自身的文化傳統。如果我們無法以理性的科學方法研究自身的文化傳統，我們又如何能夠解決諸如「東亞經濟奇蹟之謎」之類的爭議？

四、牟宗三與新儒家

那個時代，在台灣文教體系內，獨力對中華文化傳統作深入反省者，首推牟宗三先生。牟先生是山東栖霞人，早年在北大哲學系求學時，曾受教於張申府、金岳霖兩位先生，並曾下功夫鑽研羅素與懷海德合著的《數學原理》；後來受到熊十力先生的啟發，決心向中國哲學覓取價值之源。1949 年，由大陸流亡至台灣，曾在東海大學任教，使東海成為當代新儒學的中心之一（另一個中心是唐君毅所主持的新亞書院）。1960 年底，又轉往香港大學。在港、台任教期間，他陸續完成《才性與玄理》（1963）、《心體與性體》（1968－69）、《從陸象山到劉蕺山》（1979）、《佛性與般若》（1972）等一系列著作。牟氏說：他的努力主要是在用西方理性的「架構表現」

整理中華文化傳統，將傳統只重視理性之「運用表現」的思維成果，賦與概念上的明確性和清晰性（牟宗三，1961a），他也因此而成為新儒家的一代宗師。

我們可以用牟宗三（1959）的「三統」之說，來說明牟氏這一系列著作的獨特貢獻。依照牟氏所主張的「道德的理想主義」，欲充實華族文化生命的內容，開出華族文化發展之途徑，吾人必須致力於確立並發展「三統」：

㈠道統之肯定：護衛傳統的睿識，肯定儒家道德之價值，並護住孔孟所開闢的人生宇宙之本源。

㈡學統之開出：由民族文化生命中，經由「良知的坎陷」，轉出「知性主體」，以吸納西方自希臘傳承而來的理性及科學傳統，建立具有獨立性的學術傳統。

㈢政統之繼續：認識政體發展的方向，肯定民主政治的必然性，並吸納西方民主、法治的傳統，以建立「政統」。

牟氏（1961b）認為：傳統中國只有「治統」，而沒有「政統」，因此吾人不僅應當繼承「道統」，對傳統哲學的睿智作全新的解釋，而且也應當坦承傳統之不足，全力開展出西方式重視客觀科學的「學統」，更應當建立西方式民主法治的「政統」。他年輕時費了很大氣力去吸納康德、黑格爾、羅素、懷海德、乃至於維根斯坦的西方哲學，主要用意便是想以西方架構式的思維方式，重新詮釋以儒家作為主流的「道統」，以建立中國哲學的「學統」。他因而提出儒學第三期發展的觀念（牟宗三，1959），認為先秦諸子鑑於周代禮樂文化的崩壞，而提出孔孟思想，為儒學發展的第一期；程朱等人針對源自印度佛教的挑戰，而發展出宋明理學，是為儒學第二期的發展。至於儒學第三期的發展，最迫切的問題則是如何面對強勢西方

文化的挑戰，做出適當的回應。

五、儒家的小傳統

　　牟氏及其新儒家的弟子們所作的工作，以西方架構式的思
維，重新詮釋「道統」，是屬於儒學第三期的發展，是他們對
強勢西方文化之挑戰所作的回應。用前述文化發展的世界體系
理論來看，這是在西方文化的衝擊之下，華人對其文化傳統的
一種理性化過程。我們要問的問題是：新儒家固然是在建立一
種可以傳承中華「道統」的「學統」，然而，在當前的華人社
會，我們所應建立的「學統」，是不是僅此而已？

　　這個問題的答案顯然是否定的。我們可以借用劉述先對於
儒家傳統的區分，來說明這一點。劉氏認為：儒家傳統可以區
分為三個不同卻又緊密關聯的傳統，它們分別為：

(一)儒家精神的大傳統。這是指自孔孟以降，程朱、陸王，
　　以至於當代新儒家一脈相承的大傳統，亦即宋明儒者所
　　謂的「道統」。

(二)政治化儒家的道統。這是指漢代以來，掛著儒家的招
　　牌，其實確是揉合了道、法、陰陽、雜家，而成為支持
　　傳統皇權之主導意理，通常稱為「政統」，其實卻是牟
　　氏所謂的「治統」（1961b）。

(三)民間的小傳統。這是在前述兩種傳統的影響之下，廣大
　　的中國人民長期累積下來的心理習慣與行為模式。它們
　　通常都不是浮在意識層面上的某種自覺的主張，必須要
　　經過研究者的詮釋，才能彰顯出來。是以此處所謂的「
　　儒家」，只具有十分寬鬆的意義，不能作太嚴格的要
　　求。

　　歷史學家黃俊傑（1993）將二次大戰後，台灣對於儒學的研究分爲三大支流：第一，是以孔孟學會和中華文化復興運動委員會爲主的「官方儒學」；第二，是以牟宗三和唐君毅門生弟子做爲核心的「新儒家」；第三，則是目前正在推行「社會科學本土化運動」的社會科學家。他所說的「官方儒學」，企圖延續上述第二種傳統。以牟宗三爲首的新儒家，旨在承續儒家精神的大傳統，亦即前文所謂的「道統」，以建立符合現代精神的「學統」。然而，作爲社會科學工作者，我們所要建立的「學統」，卻是以第三項的「民間小傳統」作爲對象，希望能夠了解：在中華文化傳統影響之下，華人長期積累下來的心理習慣與行爲模式。

　　以「民間小傳統」作爲對象所要建立的「學統」，和新儒家所要接續的「儒家大傳統」並不完全相同。其間甚至還有相當大的裂隙存在。譬如，傅偉勳（1996：52）批評新儒家「以建立純正哲學的形上學、心性論、知識論、道德論自豪，實有貶低儒家本來宗教性的價值意義之嫌。」「自宋明理學到當代新儒家如此變本加厲的道統哲理化的結果，所謂『大傳統』與『小傳統』的間隙割裂日益嚴重，到了今天，新儒家思想只變成一小撮教授學者的專業，充其量只在自己書房裡想作聖人，孤芳自賞而已，與一般民眾的日常生活以及精神需要毫不相干。」

　　傅教授的批評是否公允，是新儒家門下弟子所要回答的問題，作者無法代勞。此處作者所要強調的是：社會科學家最關切的，是一般民眾在日常生活世界中所表現出來的社會行動，是影響其社會行動的「小傳統」，也是儒家對一般華人所具有的宗教性價值意義。基於這樣的立場，作者先以「實在論」爲基礎，建構出〈人情與面子〉的理論模式，然後再用「結構主義」的方法，分析先秦儒家思想的內在結構，將其結果列於本書第六章中。

第三節 科學的問題與進步

用社會學家 Schutz（1932／1991）的理論來說，我對中華文化傳統的分析，是社會科學家對華人生活世界所作的「第二度的解釋」（second－order　interpretation），它和華人社會中的行動者對自身行動所作的「第一度的解釋」，並沒有必然的對應關係。用結構主義大師 Levi-Strauss（1963）的概念來說，前者是行動者「自覺的模型」（conscious model），後者則是研究者為解釋行動者之行動所建立的「非自覺的模型」（unconscious　model）；兩者之間，並不能劃上等號。然而，以「第二度的解釋」建立「非自覺的模型」，卻是使傳統文化體系理性化的基本工作，是我們在華人社會中從事社會科學研究的根本基礎。

一、解決問題的效力

我們可以用科學哲學家 Lauden（1978／1992）的觀點，來說明建立理論模型的重要性。Lauden 認為：判斷科學理論的理性和進步性，不在其可確認性和可否證性，而在於它解決問題的效力（its problem solving effectiveness）。他將科學必須解決的問題分成「經驗性問題」和「概念性問題」兩種。「經驗性問題」又可以分為三種：(1)已解決的問題，(2)未解決的問題，和(3)異例。依照勞登的觀點，所謂的「經驗性問題」只能在某種理論體系的討論脈絡中才能產生。對於任何一項理論的首要檢驗，是要看該理論是否能對相關問題提出可接受性的

答案。只要依據理論，能夠導出某項問題的近似性陳述，此一理論就算解決了該問題。我們要判斷一個科學理論是否進步，就要看它是否能夠成功地將「未解決的問題」和「異例」轉化成為「已解決的問題」。

在《知識與行動》這本書中，作者先以「實在論」的立場，建構〈人情與面子〉的理論模式；然後再以此一理論模式為基礎，用結構主義的方法，分析儒家思想的內在結構，以及法家和兵家的文化傳統。作者認為：這是使傳統文化理性化的基本工作，是我們在華人社會中從事社會科學研究的基礎。用 Lauden（1978／1992）的觀點來看，我們下一步要問的問題是：我們建構出來的理論模型能不能對某些相關的「經驗性問題」提出可接受的答案？能不能把某些「未解決的問題」和「異例」成功地轉化成為「已解決的問題」？倘若我們建構出來的理論模型不能對某些相關的「經驗性問題」提出可接受的答案，我們是不是要再進一步思考：如何再建構其他的理論模型來解決相關的「經驗性問題」，使我們所建構的理論成為「理論系列」，甚至成為 Lauden（1978／1992）所謂的「研究傳統」？

用 Lauden 的科學哲學來看，理論建構是屬於概念性層次的問題。勞登認為：在概念性問題方面，科學家可能產生的概念性問題有兩類：(1)當理論的內在概念自我矛盾或概念模糊不清時，可能產生「內在的概念性問題」。(2)當科學理論與其他理論衝突，而這衝突的部份被原來的支持者認為是有「相當合理基礎」時，而和原來的理論成為競爭性的理論（competitive theories），就會產生「外在概念性的問題」。

二、建構理論模型的必要性

〈人情與面子〉的理論模式提到：當「資源支配者」以「

人情法則」和屬於「混和性關係」的他人互動時，他可能面臨「人情困境」；當他以「需求法則」和屬於「情感性關係」的他人互動時，他可能面臨「親情困境」。當他面臨「困境」的時候，同時也是他可能和別人發生衝突的時候。然而，像「衝突」這樣的「經驗性問題」，顯然是我們的理論無法加以處理的。這時候，我們要不要再建構一個理論模型來解決相關的「經驗性問題」？

　　從實在論的角度來看，這個問題的答案應當是肯定的。本書第一章提到：Putnam（1978）主張的趨同實在論（convergent realism）認為：一個成熟的科學理論，通常都是近似的真理。倘若先前的理論對其對象的解釋，有一部份正確，有一部份錯誤，則後來的研究者當然可以對同一對象建構更有解釋力的理論，來取代它。後繼的理論應當包含先前理論所取得的成果，而前後相繼的理論，也應當愈來愈接近真理。

　　Watofsky（1980）所主張的「歷史認識論」認為：人類的理性基本上是一種歷史的成就，它植根於我們的語言使用之中，也植根於我們的社會實踐之中。人類的認識過程是不斷隨歷史而演變的。人類用「模型」來表象世界的方式，反映出他們理解和觀察世界的方法：而這種表象方式又隨著人類對世界的理解及其文化實踐而不斷的發展。換言之，不僅人類認識的客觀對象會隨著歷史而改變，即使是人類的認識模式本身，也會隨歷發的演進而不斷的發展。對於一個能自覺、有認識的「人」而言，其認識模式既是其實踐活動的一部份，又能回過頭來調節其實踐活動，因此它必然伴隨著人的實踐活動而不斷發展。同樣的，以理論或法則的形式呈現出來的認識模式，也會通過理論的實踐和批判的思考，而不斷被重新構造出來。科學是有認識能力之人類所從事的活動，科學知識的目的是為了滿足人類的需要，因此，科學知識必須在人類生活實踐的歷程中不斷地被解構和重新建構。

提倡「科學無政府主義」的 Feyerabend（1978 / 1990；
1978 / 1996）也認為：理論是「人」創造出來的，沒有一種理
論可以稱作是「真理」，因為任何理論都不可能與它研究的事
實完全符合。對於接受了一個理論的人來說，他可以不理睬和
其理論不符合的事實。由於用實驗、觀察、或任何研究方法所
獲得的結果，都受到理論的指引，所以我們從一個理論出發，
只能看到與理論一致的事實，而無法看出其盲點。我們唯有從
一個新理論著手，才有可能看出與原理論不符的實在世界。

　　他因此而提出一種理論的多元論，一方面主張「增生原則
」（principle of protification），認為：一個理論即使已經得
到高度確認和普遍接受，也要發明或精心設計一個與公認觀點
不一致的理論；一方面又主張「韌性原則」（principle of tena-
city），認為：一個舊理論即使受到事實的反駁和否證，它也
應當被保留下來，因為它的內容可能對得勝的對手理論有所貢
獻。

三、西方既有理論的反省與批判

　　那麼，西方既有的理論能不能解釋華人社會中的衝突現象
呢？以往西方學者曾經根據不同的向度，建構出不同的衝突化
解或衝突管理模式，他們所考慮的向度不同，建構出來的衝突
管理模式也有所不同。譬如：Hall（1969）依「追求個人目標
」和「顧慮人際關係」兩個向度，將衝突化解模式區分為戰鬥
型、友善型、退縮型、整合型、妥協型五種；Thomas（1976
）則依「積極或消極」（assertive vs. unassertive）與「戰鬥
或不合作」（cooperative vs. uncooperative）兩個向度，建構
出競爭、調適、逃避、協調、妥協等五種不同的衝突化解模
式；Rahim（1986）則依個體試圖滿足「自己需求 vs. 他人需
要」的程度，區分出五種爭議處理方式：「整合型態」（in-
tegrating style）、「支配型態」（dominating style）、「討

好型態」（obliging style）、「逃避型態」（avoiding style）和「折衷型態」（compromising style）。

　　過去也有一些學者運用西方學者發展出來的概念架構和測量工具來研究華人社會中的衝突化解歷程（例如：Liu, 1993）。然而，作者認為：西方學者在個人主義文化中所發展出來的概念架構，並不一定能夠貼切地描述東方文化中的衝突化解模式。倘若我們要建構出華人社會中化解管理的理論，我們一定要考量「和諧」的文化價值，及其人際關係列入考慮。

　　職是之故，作者先將 Hall（1969）的兩個向度稍加修改，以「追求個人目標 vs. 放棄個人目標」和「維持人際和諧 vs. 不顧人際和諧」兩個向度，建構出五種衝突化解模式的芻型，如圖 10-1。圖 10-1 假設：行動者之所以必須採取某種衝突管理模式，是因為他的對手堅持要達成其個人目標。面對這樣的情境，個人必須考慮的兩個問題是：「要不要維持人際關係的和諧？」以及「要不要達成個人的目標？」

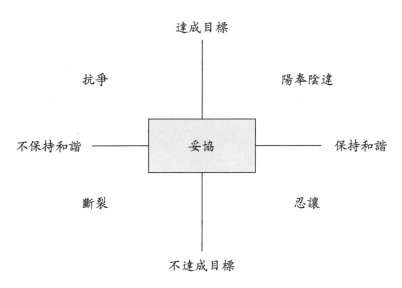

圖 10-1　行動者可能採取的衝突化解模式

倘若他爲了人際關係的和諧，而放棄個人目標的追求，他會做出「忍讓」（endurance）的反應。倘若他不顧人際關係的和諧，堅持要追求個人的目標，他會和對方發生「抗爭」（confrontation）。倘若他爲了追求人際關係的和諧，避免和對方發生對抗，而又不放棄個人目標，他可能採用「陽奉陰違」的方式，來達成其目的。倘若他既考慮人際關係的和諧，又願意在個人目標有所退讓，他可能和對方「妥協」（compromise）。倘若他不顧人際關係的和諧，又不再設法在和對方的互動中追求個人目標之達成，他和對方的關係便可能宣告斷裂（severance）。

然而，這五種衝突化解模式尙不足以描述華人社會中的衝突管理。要對華人社會中的衝突管理模式作完整的描述，必須進一步考量華人社會中人際關係的性質。從作者對儒家「庶人倫理」的分析來看，我們可以根據發生衝突雙方的角色，將其關係區分爲縱向的「上／下」關係以及橫向的平行關係。就文化理想的層次，所有的縱向關係都應是屬於內團體的關係，但其橫向關係卻可能被個人區分爲「內團體」或「外團體」兩種。因此，我們可以將人際關係分爲三種：縱向內團體，橫向內團體，以及橫向外團體。用〈人情與面子〉的理論模式來看，橫向外團體必爲某種「工具性關係」，橫向內團體則屬於「情感性關係」。

從科學哲學的角度來看，以實在論（realism）爲基礎所建構出來的理論模型大多是一種共時性的理論。然而，集體主義社會中人際網絡的最大特色，卻是它在時間上有持續性。我們雖然可能以衝突事件（episode）作爲單位，建構出華人社會中的衝突化解模式，但卻不能不考慮：每一衝突事件在時間上都有其延續性，個人可能採取的衝突化解模式，也可能隨著時間的進展而有所變化。因此，我們可以依照個人在面臨涉及上述三種人際關係的衝突事件時，他主要考量因素是「維護和諧關係」，或是「達成個人目標」，他爲達成目標可能採取的「

表 10-1　華人社會中的衝突化解模式

	保持和諧	達成目標	協　　調	優勢反應
縱向內團體	顧　面　子	陽奉陰違	迂迴溝通	忍　　讓
橫向內團體	給　面　子	明爭暗鬥	直接溝通	妥　　協
橫向外團體	爭　面　子	抗　　爭	調　　解	斷　　裂

協調」（coordination）方式，以及他最可能採取的「優勢反應」（dominant　response），將華人社會中的衝突化解模式進一步區分為十二種，列如表 10-1。

四、華人社會中的之衝突化解模式

在縱向的「上／下」關係中，當位居劣勢的個人和居高位者發生衝突時，為了保持人際關係的和諧，他必須替對方「顧面子」。他最可能採取的優勢反應是「忍讓」。如果他想和對方進行協調，他往往會採取「迂迴溝通」（indirect　communication）。如果他想追求個人目標之達成，則往往會採取「陽奉陰違」的策略。

在橫向的人際關係中，個人可能採取的衝突化解模式，則要看他是將對方界定為「內團體」或「外團體」而定。倘若他將對方界定為「內團體」，在發生衝突時，他們比較可能採取「直接溝通」（direct　communication）的協調方式。為了保持彼此關係的和諧，雙方都必須要「給對方面子」。他們也比較可能達成「妥協」（compromise）。倘若雙方中有一人堅持要達成其目標，另一方不堅持，他們可能陷入長期的「明爭

暗鬥」之中。相反的，倘若雙方都堅持要達成其目標，他們便可能將對方界定爲「外團體」，而爆發明顯的「抗爭」（confrontation）。此時，他們會不顧彼此人際關係的和諧，而要和對方「爭面子」。爲了消除雙方的衝突，在進行協調時，往往必須由第三者來進行調解（mediation）。衝突後的優勢反應則爲雙方關係的「斷裂」（severance）。

在縱向內團體中，當居高位者不顧弱勢者的感受，而一再堅持要達成其目標時，弱勢者也可能採取反抗行動，爆發嚴重的抗爭，甚至導致關係的「斷裂」。

第四節　台灣政治文化的變遷

　　以上所述，爲有關華人社會中衝突化解模式的主要命題。前文曾經提到科學哲學家 Lauden（1978 / 1992）的觀點，他認爲：判斷科學理論的理性和進步性，要看它解決問題的效力，是否能夠成功地將「未解決的問題」和「異例」轉化成爲「已解決的問題」。只要依據理論，能夠導出某項問題的近似性陳述，此一理論就算解決了該問題。而且，任何一個「經驗性問題」都必須置放在某一理論的討論脈絡中才能看出它的意義。然則，我們能不能用上述華人社會中衝突化解的理論模式，來說明解嚴前後台灣政治文化的變遷呢？

　　在最近出版的《權力的漩渦》中，作者即以上述這些命題作爲基礎，從社會心理學的角度討論：解嚴前後台灣的政治文化如何由「國家統合主義」轉變到「多元政治主義」。首先我們要談的是「國家統合主義」下的政治文化：

一、一黨獨大的威權政體

　　1945 年，第二次世界大戰結束，戰敗後的日本將台灣歸還給中國。國民黨政府接收台灣後，處處擺出「新統治者」的姿態，其廉能程度又遠不如日本殖民政府，因而引起台灣民眾的普遍反感，兩年後便因爲警察取締販賣菸酒小販處置失當，引發大規模的「二二八事變」，不得不從大陸調來軍隊，以武力鎮壓，並將台灣置於軍事統治之下（賴澤涵、馬若孟、魏

蕚，1993）。

1949 年，大陸淪陷，國民政府播遷來台。爲了要安定台灣社會的民心，加強它對台灣社會的控制，以便貫徹「反攻大陸」的國策，從 1950 年起，國民政府一方面推動土地改革，一方面恢復地方公職人員選舉（陳明通、朱雲漢，1992）。當時，國民政府以外來政權之姿，接收了日本殖民地政府的龐大資產，將之轉變成爲國營事業或黨營事業。同時又因爲它跟地主階級之間並沒有複雜的利益糾葛，所以能夠通過以國營事業股權交換土地產權的方式，很順利地完成第一次土地改革，將地主階級轉變成爲國家控制之下的資本階級。

在吸納本土政治菁英方面，國民政府先從 1950 年起恢復辦理地方公職人員選舉，以增強其統治的正當性基礎；接著又由司法院大法官會議在 1954 年作成釋字第三十一號的解釋：決定「在第二屆委員未能依法選出集會與召集之前，自應仍由第一屆立法委員，監察委員繼續行使職權」，將本土政治勢力隔絕在中央政府的層級之外，而將國家機器促造成爲「一黨獨大的威權政體」（authoritarian regime with one-party domination）。在這個階段，國民黨最爲關切的重大問題之一是：如何用政治籠絡的手段，找到能夠與其施政密切配和而又具備當選能力的本地政治菁英，使其掌握地方政治權力；並且將反對其政治立場的人士排除在政治權力的範圍之外，以達成其政治控制的目標？

二、國家統合主義

依據政治學者的看法，這個時代國民黨達成其政治控制和社會控制的兩種主要機制，是「國家統合主義」（state corporation）和「依侍主義」（clientelism）（陳明通、朱雲漢，1992）。由於這兩種機制對於瞭解台灣的政治發展有十分

重要的涵意，我們有必要對它做進一步的析論：

在政治學上，統合主義（corporatism）和多元主義（pluralism）是一組對比的概念，它們分別代表公民社會匯集其利益，而與國家機關相連接的兩種制度安排。Schmitter（1979：13）將前者界定為：「一種利益匯集的系統，其構成單位被組織成少數獨佔性、強迫性、無競爭性、層級分明而又功能分化的領域，經由國家機關的認可或授權後，它們在各自的領域內獲有完全的代表性壟斷，而國家機關則對他們的選任領導、表達須要和之持有一定程度的控制力。」相反的，在多元主義的利益匯集系統中，「其構成單位得組織成多數的、自發的、競爭性的、非層級式而且（其類型及利益範圍又係）自行決定的領域，它們未曾受到國家機關的授權、認可、補助、或其他形式的控制，以影響其領導選任或利益表達，在各自的領域內也無法形成壟斷或代表性的活動。」（Schmitter, 1979：15）

在戒嚴時期，依「非常時期人民團體組織法」第八條規定：人民團體在同一（行政）區域內，同性質同級者，以一個為限，國民黨並且以此作為法令依據，一方面將全國各種商會、產業工會、職業工會，納入由中央到地方的統合結構之中；一方面又成立與各級政府及統合組織平行的黨部，滲透並控制各個政府部門及統合組織，以強化政治活動中樞的整合功能，因此，許多政治學者都認為國民黨所採行的是一種「國家統合主義」（朱雲漢、黃德福，1989；林鍾沂，1991；陳明通、朱雲漢，1992）。

三、依侍主義

「依侍主義」是以一種存在於政治、社會、或經濟組織中的「階序式雙人關係」（hirerarchical dyadic relationship）作

為基礎的（Lande, 1977）。在這種關係中，佔有優勢地位的「恩庇主」（patron）對非個人化的正式體制極度不信任，寧願依賴廣泛而靈活的初級關係，去達成各種政治、社會、以及經濟目標。他和「依侍者」（client）之間的存有一種垂直而不對等的政治權力或社會經濟地位，並掌握有「依侍者」渴望獲得的政治、經濟、或社會資源，因此能使「依侍者」對他產生高度的依賴，並和「依侍者」維持一種宰制與服從的關係（Lemarchand, 1981）。當然，在這種關係中，「依侍者」也必須擁有「恩庇主」所需，但並非不可替代的資源，否則便無法形成這種不對等的特殊交換關係。

用作者對「儒家思想之內在結構」所作的分析來看，在「依侍主義」中，「恩庇主」和「依侍者」之間的互動，基本上是依照儒家的「庶人倫理」來進行的：在程序正義方面，「依侍者」必須遵照「尊尊法則」聽從「恩庇主」作出決策；在分配正義方面，作為「資源支配者」的「恩庇主」則可能根據〈人情與面子〉的理論模式，視他和「依侍者」之間的關係，以「人情法則」或「需求法則」和「依侍者」進行互動。當然，「依侍者」也必須遵照「恩庇主」的指示，提供「恩庇主」所需要的資源，以作為回報。

四、西方自由主義的理想

就台灣政治變遷的方向而言，台灣政治「現代化」的主要方向之一，是建立西方式「多元主義」的民主政治體制。然而，西方式「多元主義」的民主政制是由其相伴隨的自由主義理念所支撐起來的，它和東方國家支撐威權政體的文化理念截然不同。就台灣政治現代化的次序而言，是「理念」的引入在先，「制度」的變革在後：在解嚴之前，早已有不同立場的知識份子引入西方自由主義的文化理念，促成日後台灣政治制度的民主變革。在那個時代之初，自由主義的聲音雖然微弱，但

它卻與東方的文化傳統同時並存，使台灣社會中媒體所刊載的「論述理路」逐漸呈現出多元化的現象。

然而，支撐東方國家威權政治的文化傳統和作爲西方民主政治之根基的自由主義，對於「法治」的概念到底有什麼不同？以這兩種文化理念作爲基礎所構成的「論述理路」，在那些方面可能形成衝突？它們如何可能成爲台灣政治發展的動力？在《知識與行動》第八章中，作者曾經分析法家思想的結構，認爲它是一套源自於中國文化傳統的組織理論。這樣的組織理論和西方自由主義的理念是截然不同的。

依照西方自由主義的理想，國家是爲了保障公民權力與謀求公民福利而存在，而不是公民爲國家而存在。爲了防止國家濫用其權力，必須用「法治」的架構來限制國家權力的使用，並導引社會的發展。然而，西方自由主義所主張的「法治主義」（the rule of law）和中國傳統法家所強調的「依法統治」（the rule by law）卻有根本的不同。「法治主義」必須符合兩個條件：第一，社會中的基本法律必須是抽象的，它沒有具體的目的，不能爲任何特定的政治團體服務。第二，法律的執行必須是公正而普遍地有效，任何人在法律面前都一律平等。爲了滿足這兩個條件，立法機構在制訂法律時，其程序必須合法，制訂出來的法律內容必須合乎民意。行政機構必須堅持「行政中立」的原則，依法行政；而司法機構則必須完全獨立於政治的影響之外，獨立地審理案件與執行判決，包括人民對政府控訴案件的審理與判決（林毓生，1989）。

從自由主義的觀點來看，在一個法治的社會裡，每一個人在他行動的每一階段，都能夠預期：與他處在同一社會的其他人士在做他們所要做的事的過程中，能夠提供他所需要的各種服務。基於這樣的一種理念，每個人都能夠在普遍與沒有具體目的的社會規則之內，運用自己的知識和能力，做自己要做的事；而整個社會也因爲個人自動自發的意圖，彼此互相協調，

而產生出的秩序，Hayek（1960）稱之爲「自發自動的秩序」（spontaneous order），Polanyi（1951）稱之爲「多元中心的秩序」（polycentric order）。這種秩序不是由上司或公共權威所決定的，不是由服從命令所產生的，而是因爲人們遵從公平並且普遍適用於一切人士的法律而產生出來的。

■ 五、依恃主義的社會互動模式

以上有關西方自由主義的論述，以及東、西方「法治」觀念的對比，基本上都是學者們提出來的「論述理路」。在現實政治裡，所謂「多元中心的秩序」，所謂「自發自動的秩序」，其實都不是「自發自動」產生出來的，而是經由不斷的衝突和爭鬥所獲致的。我們可以用前節所述「華人社會中的衝突化解模式」，從社會心理學的角度，來分析「國家統合主義」和「政治多元主義」這兩種政治文化中的的社會互動模式：

在「國家統合主義」之下，整個國家的重要資源掌握在一個政黨手裡，統治者要求人們把整個國家看做是一個大的整體（大體），並且強調要維繫人與人之間縱向的「上／下」關係。在政治的領域裡，人們十分強調「尊尊法則」，遇到事情的時候，通常是由居高位者來作決策。居高位者則傾向於用「親親法則」，將他所掌控的資源依他與屬下間關係的親疏遠近，做出不同的分配。

當居高位者爲了要達成某種目標，要求屬下貫徹其個人意志，而與屬下想追求的目標發生衝突時，屬下必須以維持彼此之間關係的和諧作爲首要考慮，絕不能不顧上司的「面子」，在第三者面前公開和上司發生衝突，「以下犯上」，讓上司喪失「顏面」。在這種情況下，他最可能做出的優勢反應是「忍讓」順從，接受上司的指示。

倘若他一定要達成自己個人的目標，他可能在表面上服從，「敷衍」上司的面子，私底下則另外設法，透過自己的人際關係網絡，用「人情關說」的辦法，來解決自己的問題。這就是所謂的「陽奉陰違」，「上有政策，下有對策」。

倘若他有意見必須和上司協調，他往往會採取「迂迴溝通」的方式，請託和上司關係比較親近的人，傳達自己的意思。倘若他必須和上司面對面的溝通，他也會「拐彎抹角」，不敢「直言」。當他必須直接表達時，他會強調自己個人對團體的忠誠，強調他是「不爲自己，只爲群體」，才不惜「犯顏直諫」。而上司則會視其忠誠度，給予適當的酬賞。這可以說是「依侍主義」的社會互動模式。

六、黨派主義的社會互動模式

當東方社會由「軸樞時期」進入「現代時期」，在「多元主義」的社會結構之下，政治場域中的社會互動型態，也會發生根本的改變。在「政治多元主義」之下，任何一個政黨都無法掌控所有的國家資源。在政治的場域裡，人們會依照自己的「理念」，結合成不同的黨派，來追求自身的最大利益。這時候，人們所重視的，不是縱向的「上／下」關係，而是橫向的平行關係，雙方會視彼此掌握資源的多寡，依〈人情與面子〉的理論模式，進行社會互動。

當他們結合成爲同一黨派，平常他們必須以「人情法則」進行互動，照顧彼此的利益，並加強彼此的「關係」。當他們之中有人爲自己的利益和他人發生衝突時，他們傾向於採取直接溝通的方式，和對方進行協調。在協調過程中，如果雙方想維持彼此之間的和諧關係，他們會互相「給」對方面子，彼此各讓一步，而獲得妥協。如果有一方堅持要達成自己的目標，迫使對方不得不退讓，對方便可能懷恨在心，伺仇報復，而演

變成爲長期的明爭暗鬥。

在「明爭暗鬥」的過程中，他們可能採取各種不同的計策來打擊對方。「用計」也是華人的重要傳統之一（汪睿祥，1996），許多華人都熟知「三十六計」的故事（喬健，1981；1985）。在《知識與行動》中，作者指出：計策行爲源自於兵家思想，有極其深厚的文化基礎。當個人在心理上將對手劃歸爲「外團體」時，他便可能用「計策」來應付對方。一旦雙方「撕破臉」，衝突浮上抬面，雙方便可能爆發抗爭。這時候，他們可能是爲了爭取某些實質性的利益，而和對方持續「對抗」，也可能是因爲彼此心中有內在的敵意，爲了和對方「爭面子」、「爭一口氣」，而發生所謂的「意氣之爭」。

由於華人文化一向缺乏以和平方式化解外團體間衝突的傳統（Ward, 1965；Bond and Wang, 1981），衝突浮上抬面之後，雙方經常會以激烈的言詞攻擊對方，甚至演變成爲肢體暴力。此時，往往需要由第三者出面來進行調解。調節者通常是其內團體中社會地位比較高，而且受雙方尊重的人。在調節過程中，調節者常常會要求雙方：「看我的面子」，「不要丟我們大家的面子」。當事人爲了顧全調解者面子，使彼此的紛爭可能暫時平息，他們之間的關係也可能從此「斷裂」。

以上所述，可以說是在「政治多元主義」之下，華人「黨派主義」的社會互動模式。值得強調的是：在華人的自我概念裡，「小我」指的是「身體我」（physical self）。「小我」則是指「社會我」（social self）。「小我」的邊界是在他「身體我」的周圍，「大我」的邊界卻具有伸縮性，可以包含他的任何友人，也可以包括整個政黨，或甚至整個國家。同樣地，他對「內團體／外團體」的區分也具有伸縮性的。一位立委跟隸屬不同政黨的對手在立法院賽場中互相對抗的時候，他可能將對方劃分爲「外團體」，但他們私底下在喝咖啡，聊天時，卻又可能極力找尋彼此的共同點，設法將對方拉入自己的內團

體。譬如說：「大家都是好朋友」，「都是立委」，或「都是台灣人」。因此，以上對於「黨派主義」互動模式的分析，也可以用來分析政黨跟政黨之間的互動。

然而，「政黨」層次的社會互動和「個人」層次的權力鬥爭是以擊敗對方，獲得執政的權力作為最終目的，在雙方都有喪失執政的可能時，他們才會努力制訂「公平並且普遍適用於一切人士的法律」，才可能建立「自發自動的秩序」或「多元中心的秩序」。

第五節　建立本土社會心理學的研究傳統

在本章中，作者首先回顧民國初年以來，中國及西方知識份子對中華文化傳統的誤解，然後從詮釋學的立場，說明：「傳統／現代」並不是同一個向度的兩極端；每一時代的人都會以自己的理解來解釋傳統，不論華人社會如何接受外來文化，傳統就像浴火的鳳凰那樣，在每一時代都會以不同的姿態重新出現，並朝向「未來」持續延伸下去。因此，要在華人社會中從事本土社會科學研究，一定要用西方的科學方法，來研究華人的文化傳統。

在本書中，作者先以「實在論」為基礎，建構出〈人情與面子〉的理論模式，然後再用「結構主義」的方法，分析先秦儒家思想的內在結構，以及「道、儒、法、兵」各家思想，其目的便在於用西方社會科學方法家，研究影響一般華人日常生活社會行動的「小傳統」，是使傳統文化體系理性化的基本工作，也是為我們在華人社會中從事社會科學研究奠立基礎。

這樣建構出來的理論模型並不一定能夠解決我們遭遇到的每一個「經驗性問題」。倘若我們建構出來的理論模型不能對某些相關的「經驗性問題」提出可接受的答案，我們就要再進一步再建構其他的理論模型來解決相關的「經驗性問題」。本章中，作者進一步說明：他如何以他對中華文化傳統的分析為基礎，建構出「華人之衝突化解」的理論模式，並用這個理論模式說明：解嚴之後，當台灣的政治由「國家統合主義」轉變到「多元政治主義」；其政治文化如何由「依侍主義」轉變到

「黨派主義」。

　　當然，作者所建構出來的理論模型並不只是能夠解決這一個「經驗性問題」而已；但是，它們也不一定能夠解決我們遭遇到的每一個「經驗性問題」。倘若我們建構出來的這些理論模型都不能解決某些相關的「經驗性問題」，我們還要再進一步再建構其他的理論模型。這樣建構出來的一系列理論，將構成一種新的「研究傳統」，為社會心理學的本土化開創出一個新的局面。

知識與行動

444

參考資料

第一章　邏輯實證論與科學實在論：西方社會科學的危機

李澤厚（1986）：《批判哲學的批判：康德述評》。台北：谷風出版社。

高宣揚（1991）：《哈伯瑪斯論》。台北：遠流出版公司。

高宣揚（1994）：《實用主義與語用論》。台北：遠流出版公司。

陳榮波（1982）：《哲學分析的天才：維根斯坦》。台北：允晨文化公司。

舒光（1986）：《維根斯坦哲學》。台北：水牛出版社。

舒煒光，邱仁宗（1990）：《當代西方科學哲學述評》。台北；水牛出版社。

舒煒光（1994）：《科學哲學導論》。台北：五南圖書公司。

黃光國（1995）：《知識與行動：中華文化傳統的社會心理詮釋》。台北：心理出版社。

Angell, J. R. （1913）. Behavior as a category of psychology. *Psychological Review*. 20, 255－270.

Baumgartner, Hans M.（1985 / 1988）. *Kants "Kritit der reinen Vernunft"：Anleitung zur Lekture,* Friburg / Munchen：Verlag Karl Alber.
李明輝（譯），康德〈純粹理性批判〉導讀，台北：聯經出版事業公司。

Bridgman, P. W.（1927）. *The Logic of Modern Physics,* New York： Macmillan.

Bunge, M. （1977）. The furniture of the world. *Treatise on Basic Philosophy*. Dordrecht, Neth.：D. Reidel.

Canfield, J. V.（ed.）（1986）. *The Philosophy of Wittgenstein：A Fifteen Volume Collection*. New York：Garl and Pub.

Comte, A. （1855 / 1974）. *The Positivistic Philosophy*. Translated and condensed by H. Martineau. New York：AMS Press.

Comte, A. （1908 / 1953）. *A General View of Positivism,* Stanford, Calif.：Academic Reprints.

Dilthey, W.（1977）. *Descriptive Psychology and Historical Understanding*. Translated by R. M. Zaner and K. L. Heiges. The Hague：Nijhoff.

Durkheim, E.（1938 / 1990）. *The Rules of Sociological Method*. Translated by S.A. Solovay and J. H. Mueller. Chicago：The University of Chicago Press.
黃丘隆（譯）：《社會科學研究方法論》。台北：結構群。

Feyerabend, P. K. （1978 / 1992）. *Against Method*： *Outline of an Anarchistic Theory of Knowledge*. London：Verso.
周昌忠（譯）：《反對方法：無政府主義知識論綱要》。上海：譯文出版社。

Habermas, J. （1988 / 1991）. *On the Logic of the Social Sciences*. Cambridge, UK：Polity Press
杜奉賢與陳龍森（譯）：《論社會科學的邏輯》。台北：結構群。

Hempel, C. G. （1958）. Foundamentals of concept formation in empirical science. In *International Encyclopedia of Unified Science*. Vol. II.

Hempel C. G.（1977）. Formulation and formalization of scientific theories. In F. Suppe（Ed.）, *The Structure of Scientific Theories,* Urbana, Ill.,：University of Illinois Press.

Hull, C.L. （1943）. *Principles of Behavior*： *An Introduction to Behavior Theory*. New York：Appleton-Century-- Crofts.

Hull, C.L. （1952） *A Behavior System：An Introduction to Behavior Theory Concerning the Individual Organism.* New Haven：Yale University Press.

Husserl, E. (1936 / 1992). *The Crisis of European Sciences and Transcendental Phenomenology：An Introduction to Phenomenological Philosophy.* Translated by D. Carr. Evanston, Ill.：Northwestern University Press.
張慶熊（譯）：《歐洲科學危機和超越現象學》。台北：桂冠圖書公司。

James, W. （1902 / 1985）. *Varieties of Religious Experience.* Cambridge, MA.：Harvard University Press.

James, W.（1918 / 1950）. *Principles of Psychology,* 2 vols. New York：Dover.

James, W. （1907 / 1975）. *Pragmatism.* Cambridge, Mass.：Harvard University Press.

Kolakowski, L.（1972 / 1988）. *Positivist Pholosophy.* Harmondsworth：Penguin Books.
高俊一（譯）：《理性的異化：實証主義思想史》。台北：聯經出版公司。

Kant, I.（1781 / 1983）. *Critique of Pure Reason.* Translated by N. K. Smith.
牟宗三（譯註）：《純粹理性之批判》。台北：學生書局。

Kant, Immanuel,（1785 / 1990）. *Grundlegung Zur Metaphysik der Sitten,*
李明輝（譯），《道德底形上學之基礎》，台北：聯經出版事業公司。

Kant, I.（1788 / 1983）. *Critique of Practical Reason.* Translated by T. K. Abbott.
牟宗三（譯）：〈實踐理性之批判〉。《康德的道德哲學》。台北：學生書局。

Kendler, H. H.（1952）．〞What is learned？〞A theoretical blind alley. *Psychological Review,* 59, 269－277.

Kuhn, T. S.（1970／1992）．*The Structure of Scientific Revolutions.* Enlarged ed., Chicago：University of Chicago Press.
王道還等（譯）：《科學革命的結構》。台北：遠流出版公司.

Lakatos, I.（1970／1990）．Falsification and the methodology of scientific research programmes. In I. Lakatos & A. Musgrave（eds.），*Criticism and The Growth of Knowledge.* Cambridge University Press.
周寄中（譯）。〈否証與科學研究綱領方法論〉。《批判與知識的成長》。台北：桂冠圖書公司。

Lakatos, I.（1978／1990）．*The Methodology of Scientific Research Programmes.* Cambridge University Press.
于秀英（譯）：《科學研究綱領方法論》。台北：結構群。

Lazarus, M., and Steinthal, H.（1860－1890）．*Zeitschrift fur Volkerpsychologie und Sprachwissenschaft.* 20 vols. Berlin：F. Dummler.

Leahey, T. H.（1991）．*A History of Modern Psychology.* Englewood Cliffs.：New Jersey：Prentice-Hall.

MacCorquodale, K. and Meehl, P. E.（1948）．On a distinction between hypothetical constructs and intervening variables. *Psychological Review,* 55, 95－107.

Marcuse, H.（1964／1990）．One-dimensionsl Man. Boston：Beacon Press.
劉繼（譯）：《單向度的人》。台北：桂冠圖書公司。

Peirce, Charles S.（1878／1966）．How to make our ideas clear. Partially reprinted in A. Rorty（ed.），*Pragmatic Philosophy.* Garden City, New York：Anchor Books.

Pickering, M.（1993）. *Auguste Comte：An Intellectual Biography*. Cambridge, New York：Cambridge University Press.

Pompa, L.（1990）. *Vico：A Study of the New Science*. New York：Cambridge University Press.

Popper, K. K.（1957 / 1981）. *The Poverty of Historicism*. London：Routledge & Kegen Paul.
李豐斌（譯）：《歷史定論主義的窮困》。台北：聯經出版公司。

Popper, K. K.（1965 / 1984）. *The Open Society and Its Enemies,* 5rd. ed., London：Routledge & Kegen Paul.
莊文瑞和李英明（合譯）：《開放社會及其敵人》。台北：桂冠圖書公司。

Popper, K. K.（1969）. *Conjectures and Refutations,* 3rd. ed., London：Routledge & Kegen Paul.

Popper, K. K.（1972 / 1989）. *Objective Knowledge：An Evolutionary Approach*. Oxford：Oxford University Press.
程實定（譯）（1989）。《客觀知識》。台北：結構群。

Putnam, H.（1978）. *Meaning and the Moral Science*. London：Routledge and Kegan Paul.

Ryle, G.（1949）. *The Concept of Mind*. New York：Barnes & Noble.
劉建榮（譯）：《心的概念》。台北：桂冠圖書公司。

Sahakian, W.S.（1974 / 1990）. *History and Systems of Social Psychology,* 2nd ed., Washington：Hemisphere.
周曉虹等（譯）：《社會心理學的歷史與體系》。貴州人民出版社。

Schlip, P. A.（1963）. *The Philosophy of Rudolf Carnap*. Cambridge：Cambridge University Press.

Schouls, P. A.（1989）. *Descartes and the Enlightment*. Kingston, Ont.：McGill-Queen's University Press.

Skinner, B. F. (1938) . *The Behavior of Organisms*. En-
glewood Cliffs, New Jersey : Prentice-Hall.

Skinner, B. F. (1953) . *Science and Human Behavior*. New
York : Macmillan.

Skinner, B. F. (1963) . Operant behavior. *American Psycho-
logist*. 18, 503— 515.

Stevens, S. S. (1935a) . The operational basis of psycho-
logy. *American Journal of Psychology*. 43, 323—330.

Stevens, S. S. (1935b) . The operational definition of
psychological concepts. *Psychological Review*. 42,
517—527.

Stevens, S. S. (1939) . Psychology and the science of science.
Psychological Bulletin, 36, 221—263.

Tolman, E. (1922) . A new formula for behaviorism.
Psychological Review, 29, 44—53.

Tolman, E. (1925) . Behaviorism and purpose. *Journal of
Philosophy,* 22, 36—41.

Tolman, E (1926) . A behavioristic theory of ideas.
Psychological Review, 33, 352—369.

Tolman, E. (1951 / 1966) Operational behaviorism and curr-
ent trends in psychology. In Tolman, E., *Behavior and
Psychological Man*. Berkeley : University of California
Press.

Waisman, F. (1979) . *Wittgenstein and the Vienna Cir-
cle : Conversations*. Translated by J. Schulte and B.
McGuiness. New York : Barnes and Noble.

Wartofsky, M. (1979) . Models : Representation and the
scientific understanding. *Boston Studies in the Philosophy
of Science*. Vol. XLVIII, Dordrecht, Neth. : d. Reidel.

Watkins, J. (1975) . Metaphysics and the advancement of
science. *The British Journal for the Philosophy of Science,*
26, 91—121.

Watson, J. B. (1913). Psychology as the behaviorist views it. *Psychological Review,* 20, 158－177.

Wittgenstein, L. (1945 / 1958). *Philosophical Investigations.* Translated, by G. E. M. Anscombe. Oxford：Blackwell.

Wittgenstein, L, J. J. (1922 / 1961 / 1974). *Tractatus Logico-Philosophicas,* with an introduction by B. Russell. English translation by D. F. Pears and McGuinness. London：Routledge & Kegan Paul；

張申府（譯）（1927）：《名理論（邏輯哲學論）》。北京大學出版社。

Wundt, W. M. (1902 / 1904). *Principles of Physiological Psychology.* Translate by E. B. Titchner. New York：Macmillan.

Wundt, W. M. （1896）. *Lectures on Human and Animal Psychology.* New York：Macmillan.

Wundt, W. M. (1916). *Volkerpsychogie.* 10 Vols., 1900－1920. Translated by E. L. Schaub, *Elements of Folk Psychology.* New York：Macmillan.

第二章 古典時期與現代時期的知識型：
學術實踐主體性的喪失

丁文江（1923）：〈玄學與科學答張君勱〉。《科學與人生觀》。上海：亞東圖書館。

丁文江（1934）：〈我的信仰〉。《獨立評論》，第100號，頁9－12。

丁文江（1935）：〈科學化的建設〉。《獨立評論》，第151號，頁9－13。

王國維（1926）：《人間詞話》。樸社。

王國維（1968）：〈叔本華與尼采〉。《王觀堂先生全集》，第5冊。台北：文華出版公司。

石峻（編）（1975）：《中國近代史資料：五四時期主要論文選》。香港出版。

朱瑞玲（1993）：《台灣心理學研究之本土化的回顧與展望》。《本土心理學研究》，第1期，頁89－119。

余安邦、楊國樞（1991）：〈成就動機本土化的省思〉。楊中芳、高尚仁（編）：《中國人‧中國心：人格與社會篇》。台北：遠流出版公司，頁201－290。

余伯泉（1993）：《論世俗的形式主義：心理學、國營企業、及軍艦國造之個案研究》。臺灣大學心理學研究所。

周策縱等（1979）：《五四與中國》。台北：時報文化公司。

吳稚暉（1923）：〈一個新信仰的宇宙觀及人生觀〉。《科學與人生觀》。上海：亞東圖書館。

胡適（1923）：〈「科學人生觀」序〉。《科學與人生觀》。上海：亞東圖書館。

胡適（1926）：〈我們對於西洋近代文明的態度〉。《東方雜誌》，第23卷，第17號。

胡適（1936）：〈介紹我自己的思想〉。《「胡適文選」序》。上海：仿古書店。

胡適（1966）：《四十自述》。台北：遠東圖書公司。

殷海光（1982）：〈自由主義的趨向〉。《近代中國思想人物論：自由主義，第 3 版。台北：時報文化出版公司。

殷海光（1988）：《中國文化的展望》（重刊本）。台北：桂冠圖書公司。

郭正昭（1980）：〈達爾文主義與中國〉。《近代中國思想人物論；晚清思想》。台北：時報文化出版公司。

陳獨秀（1915）：〈敬告青年〉。《新青年》，第 1 卷，第 1 號。

陳獨秀（1917）：〈再論孔教問題〉。《新青年》，第 2 卷，第 5 號。

陳獨秀（1918）：〈答佩劍青年〉。《新青年》，第 3 卷，第 1 號。

陳獨秀（1919）：〈本誌罪案之答辯書〉。《新青年》，第 6 卷，第 1 號。

梁啓超（1920 / 1976）：《歐遊心影錄節錄（台三版）》。台北：中華書局。

曾志朗（1991）：〈專文推薦〉。楊中芳、高尙仁（編）：《中國人·中國心：人格與社會篇》。台北：遠流出版公司，頁 I－VI。

張君勱（1923）：〈人生觀〉。《科學與人生觀》。上海：亞東圖書館。

張朋園（1977）：〈清末民初的知識份子，1898－1921〉。李思涵、張朋園等：《近代中國：知識份子與自強運動》。台北：食貨出版社。

葉啓政（1982）：〈從中國社會學旣有性格論社會學研究中國化的方向與問題〉。楊國樞、文崇一（編）：《社會及行爲科學研究的中國化》。台北：中央研究院民族學研究所，1982，頁 115－151。

葉啓政（1985）：〈邊陲性與學術發展：再論社會科學中國化〉。《現代化與中國文化研討會文彙編》。香港中文大學社會科學院暨社會研究所，頁 247－264。

葉嘉瑩（1980）：《王國維及其文學批評》。九龍：中華書局香港分局。

楊中芳（1991）：〈回顧港台「自我」研究：反省與展望〉。楊中芳、高尙仁（編）：《中國人・中國心：人格與社會篇》。台北：遠流出版公司，頁 15 – 92。

楊國榮（1990）：〈科學的形上化及其內在涵義〉。劉靑峰（編）：《歷史的反響》。香港：中文大學中國文化研究所。

楊國樞（1974）：〈小學與初中學生自我概念的發展及其相關因素〉。《中國兒童行爲的發展》。台北：環宇出版社，頁 417 – 453。

楊國樞、文崇一（編）：（1982）：《社會及行爲科學研究的中國化》。台北：中央研究院民族學研究所。

瞿同祖（1937）：《中國封建社會》。長沙：商務印書館。

蕭新煌（1985）：〈再論社會學中國化的結構問題：台灣的社會學家如是說〉。《現代化與中國文化研討會論文彙編》。香港中文大學社會科學院暨社會研究所，頁 27 – 296。

蕭新煌（1982）：〈社會學中國化的結構問題：世界體系中的範型分工初探〉。楊國樞、文崇一（編）：《社會及行爲科學研究的中國化》。台北：中央研究院民族學研究所，頁 69 – 89。

羅榮渠（編）（1990）：《從「西化」到現代化》。北京大學出版社。

Abelson, R. P. and Rosenberg, M. J.（1958）. Symbolic psycho-logic：A model of attitudinal congition. *Behavioral Science,* 3, 1 – 13.

Bonner, J.（1986）. *Wang Kuowei：An Intellectual Biography.* Cambridge, Mass.：Harvard University Press.

Brubarker, R.（1984）. *The Limits of Rationality.* London：Allen and Unwin.

Cartwright, D.（1959）. *Studies in Social Power*. Ann Arbor, Mich.：Research Center for Group Dynamics：Institute for Social Research, University of Michigan.

Cartwright, D. & Harary, F.（1956）. Structural balance：A generalization of Heider's theory. *Psychological Review, 63*, 277－293.

Chomsky, N.（1957）. *Syntactic Structures*. The Hague：Mouton.

Chomsky, N.（1959）. Review of B. F. Skinner's verbal behavior. *Language, 35*, 26－58.

Chow, T. T.（1960）. *The May Fourth Movement：Intellectual Revolution in Modern China*. Cambridge, Mass.：Harvard University Press.

Dreyfus, H. L. and Rabinow, P.（1982／1993）. *Michel Foucault：Beyond Structuralism and Hermeneutics*. The University of Chicago Press.
錢俊（譯）:《傅柯：超越結構主義與詮釋學》。台北：桂冠圖書公司。

Festinger, L.（1957）. *A Theory of Cognitive Dissonance*. Stanford：Standford University Press.

Foucault, M.（1973）. *The Order of Things：An Archaeology of the Human Sciences*. New York：Vintage／Random House.

Foucault, M.（1972）. *The Archaeology of Knowledge*. Translated by S. Smith. New York：Harper Colophen.
王德威（譯）:《知識的考掘》。台北：麥田出版公司。

Frankel, C.（1976）. Intellectual foundations of liberalism. In *Liberalism and Liberal Education*. New York：Columbia University Program of General Education, 3－11.

French, R. L.（1956）. Social psychology and group processes. *Annual Review of Psychology, 7*, 63－94.

457

Gergen, K. J. (1984). An introduction to histroical social psychology. In K. J. Gergen and M. M. Gergen (eds.), *Historical Social Psychology*. Hillsdale, New Jersey：Lawrence Eribaum Associates, 3 – 38.

Gergen, K. J. (1973). Social psychology as history. *Journal of Personality and Social Psycholoby,* 26, 309 – 320.

Gergen, K. J. (1976). Social science and history. *Personality and Social Psychology Bulletin,* 2, 373 – 383.

Gordon, C. (1980). *Power / Knowledge：Selected Interviews and Other Writings by Michel Foucault, 1972－1977.* New York： Pantheon Books.

Heider, F. (1958). *The Psychology of Interpersonal Relations. New York：Wiley.*

Hooykaas, R. (1972 / 1991). *Religion and the Rise of Modern Science.* Grand Rapids, Mich.：Eerdmans Pub. Co..
錢福庭等（譯）：《宗教與現代科學的興起》。成都：四川人民出版社。

Jenkins, J. J. (1981). Can we find a fruitful cognitive psychology. In J. H. Howers (ed.), *Nebreska Symposium on Motivation* (vol. 28)：Cognitive Processes. Lincoln：University of Nebraska Press.

Kwok, D. W. Y. (郭穎頤) (1965 / 1987). *Scientism in Chinese Thought, 1900－1950.* New Haven, Conn.：Yale University Press.
雷頤（譯）：《中國現代思想中的唯科學主義（1900 – 1950 ）》。江蘇：人民出版社。

Leahey, T. H. (1991). *A History of Modern Psychology.* Englewood Cliffs, New Jersey：Prentice – Hall.

Lin, Y. S. (1979). *The Crisis of Chinese Consciousness：Radical Anti-traditionalism in the May Fourth Era.* Madison, Wisconsin：The University of Wisconsin Press.

Lin, Y. S.（1972 / 1976）. Radical iconoclasm in the May Fourth period and the future of Chinese liberalism. In Benjamin I. Schwartz （ed.）, *Reflections on the May Fourth Movement*. Harvard University Press.

林毓生（1983）：〈五四時代的激烈反傳統思想與中國自由主義的前途〉。《思想與人物》。台北：聯經出版事業公司，頁 139－196。

Maslow, A. H.（1970）. *Motivation and Personality,* 2nd ed.. New York：Harper and Row.

McDougall, W.（1920）. *The Group Mind.* New York：G. P. Putnam's Sons.

McDougall, W.（1908 / 1960）. *An Introduction to Social Psychology*. London：Barnes and Noble.

Neisser, U.（1967）. *Cognitive Psychology.* New York：Appleton-Century-Crofts.

Neisser, U.（1976）. *Cognition and Reality.* San Francisco：W. H. Freeman.

Neisser, U.（1984）. Toward an ecologically oriented cognitive science. In T. M. Schlecter and M. P. Toglia （eds.）, *New Directions in Cognitive Science.* Norwood, NJ：Ablex.

Newell, A., Shaw, J. C. and Simon, H. A.（1958）. Elements of a theory of problem solving. *Psychological Review,* 65, 151－166.

Newell, A.（1973）. You can't play 20 questions with nature and win. In W. G. Chase（ed.）, *Visual Information Processing.* New York：Academic.

Osgood, C. E. and Tannenbaum, P. H.（1955）. The principle of congruity in the prediction of attitude change. *Psychological Review,* 62, 42－55.

Piaget, J.（1954）. *The Construction of Reality in the Child.* New York：Basic Books.

Piaget, J. (1968 / 1970). *Structuralism*. Translated by C. Maschler. New York：Harper and Row.

Piaget, J. (1977). *The Development of Thought：Equilibrium of Cognitive Structures*. New York：Viking Press.

Popper, K. (1970 / 1992). Normal science and its dangers. In I. Lakatos and A. Musgrave（eds.）, *Criticism and the Growth of Knowledge*. Cambridge：Cambridge University Press.

周寄中（譯）：〈常態科學及其危險〉。《批判與知識的增長》。台北：桂冠圖書公司。

Popper, K. K. (1972 / 1989). *Objective Knowledge：An Evolutionary Approach*. Oxford：Oxford University Press.

程實定（譯）：《客觀知識》。台北：結構群。

Polanyi, M. (1964). *Personal Knowledge*. New York：Harper Torchbooks.

Pusey, J. R. (1983). *China and Charles Darwin*. Cambridge, Mass.：Harvard University Press.

Rogers, C. R. (1964). *Client-centered Therapy*. Boston：Houghton Mifflin.

Ross, E. A. (1908). *Social Psychology：An Outline and Source Book*. New York：Macmillan.

Sahakian, W. S. (1974 / 1990). *History and Systems of Social Psychology,* 2nd ed.. Washington：Hemisphere.

周曉虹等（譯）：《社會心理學的歷史與體系》。貴州：人民出版社。

Schwartz, B. T. (1964). *In Search of Wealth and Power：Yen Fu and the West*. Cambridge, Mass.：Harvard University Press.

Skinner, B. F. (1957). *Verbal Behavior*. Englewood Cliffs., NJ：Printice Hall.

Tarde, G. (1901 / 1903). *The Laws of Imitation.* New York：Henry Holt, 1903.

Turing, A. M. (1950). Computing Machinery and Intelligence. *Mind,* 59, 433－460.

Wartofsky, M. W. (1980). Scientific judgment：Creativity and discovery in scientific thought. In T. Nickeles (ed.), *Scientific Discovery：Case Studies.* Dordrecht：Reidel.

Weber, M. (1948 / 1991). Science as a vocation. *From Max Weber：Essays in Sociology.* Ed. with an introduction by H. H. Gerth and C. W. Mill. London：Routledge and Kagan Paul, 129－156.
錢永祥（編譯）：〈學術作爲一種志業〉。《韋伯選集（Ⅰ）：學術與政治》。台北：遠流出版公司。

Weber, M. (1949 / 1991). *The Methodology of the Social Sciences.* New York：The Free Press.
黃振華、張與健（譯）：《社會科學方法論》。台北：時報文化公司。

Weber, M. (1951). *The Religion of China：Confucianism and Taoism.* Translated by H. H. Gerth. Glencoe, Ill.：The Free Press.
簡惠美（譯）：《中國的宗教》。台北：遠流出版公司。

Weber, M. (1952). *Ancient Judaism.* Translated and edited by H. H. Gerth and D. Martindale. Glencoe, Ill.：The Free Press.

Weber, M. (1958 / 1955). *The Protestant Ethic and the Spirit of Capitalism.* Translated by T. Parsons. New York：Charles Scriber's Sons.
張漢裕（譯）：《基督新教的倫理與資本主義的精神》。台北：協志工業叢書。

Weber, M. （1958b）. *The Religion of India : the Sociology of Hinduism and Buddhism*. Translated and edited by H. H. Gerth and D. Martindale. Glencoe, Ill. : The Free Press.

Wellmuth, J. J.（1944）. *The Nature and Origins of Scientism*. Milwaukee, Wisc. : Marquette University Press.

第三章 主觀研究與客觀研究：
多重典範的研究取向

李澤厚（1986）：《批判哲學的批判：康德述評》。台北：谷風出版社。

徐崇溫（1994）：《結構主義與後結構主義》。台北：結構群。

高宣揚（1990）：《結構主義》。台北：遠流出版公司。

舒煒光、邱仁宗（1990）：《當代西方科學哲學述評》。台北；水牛出版社。

葉啓政（1982）：〈結構、意識與權力〉。《社會學理論與方法研討會論文集》。台北：中央研究院民族學研究所，頁 1 – 60。

傅偉勳（1986）：《批判的繼承與創造的發展》。台北：東大圖書公司。

劉述先（1987）：〈系統哲學的探索〉。《中西哲學論文集》。台灣：學生書局。

Adorno, T. W.（1984/1993）. *Negative Dialektik*. In Gesammelte Schriften Band 6, Schrkamp Verlag Frankfurt am Main.

張鋒（譯）：《否定的辯證法》。重慶：重慶出版社。

Burrell, G. and Morgan. G.（1979）. *Sociological Paradigms and Organizational Analysis*. New Hamisphire： Heinemann Educational Books.

Cassirer, E.（1944）. *An Essay on Man：An Introduction to a Philosophy of Culture*. New Haven： Yale Yniversity Press.

Cassirer, E.（1946）. *Language and Myth*. Translated by S. K. Langer. New York：Harper and Brothers.

Cassirer, E. (1953). *The Philosophy of Symbolic Forms.* Translated by R. Manheim. New Haven：Yale University Press.

Douglas, M. (1966). *Purity and Danger.* Baltimore：Penguin Books.

Durkheim, E. and Mauss, M. (1903 / 1963). *Primitive Classification.* Chicago：University of Chicago Press.

Dreyfus, H. L. and Rabinow, P. (1982 / 1993). *Michel Foucault：Beyond Structuralism and Hermeneutics.* The University of Chicago Press.
錢俊（譯）：《傅柯：超越結構主義與詮釋學》。台北：桂冠圖書公司。

Ehrmann, J. (ed.) (1970). *Structuralism.* Garden City, New York：Anchor Books.

Eliade, M. (1959). *Cosmos and History：The Myth of the External Return.* New York：Harper and Row.

Erikson, E. H. (1974). *Dimensions of A New Identity.* New York：Norton.

Evans-Pritchard, E. E. (1956). *Nuer Religion.* Oxford, England：Clarendon Press.

Foucault, M. (1973). *The Order of Things：An Archaeology of the Human Sciences.* New York：Vintage / Random House.

Giddens, A. (1979). *Central Problems in Social Theory.* Berkeley：University of California Press.

Gioia, D. A. and Pitre, E. (1990). Multiparadigm perspectives on theory building. *Academy of Management Review,* vol. 15, No. 4, 584－602.

Gramsci, A. (1971 / 1983). *Selections from the Prison Notebooks.* Translated and edited by Q. Hoare and G. N. Smith. New York：International Publishers.
葆煦（譯）：《獄中札記》。北京：人民出版社。

Habermas, J. (1968) . *Knowledge and Human Interests.* Boston, Mass.：Beacon Press.

Hawkes, T. (1977) . *Structuralism and Semiotics.* Berkeley, Calif.：University of California Press.

Holdcroft, D. (1991) . *Saussure：Signs, System and Arbitrariness.* Cambridge：Cambridge University Press.

Horkheimer, M. (1972 / 1985) . Traditional and critical theory. *Critical Theory.* New York：The Seabury Press.
黃瑞祺（譯）：〈傳統理論與批判理論〉。《批判性理論與現代社會學》。台北：巨流圖書公司，293－350。

Hussserl, E. (1960 / 1982) . *General Introduction to a Pure Phenomenology.* Translated by F. Kresten. The Hague：M. Nijhoff.

Hwang, Kwang-Kuo (1987) . Face and favor：The Chinese power game. *American Journal of Sociology,* 92, 4, 944－974.

Kant, I. (1781 / 1983) . *Critique of Pure Reason.* Translated by N. K. Smith.
牟宗三（譯註）：《純粹理性之批判》。台北：學生書局。

Levi-Strauss, C. (1949 / 1969) . *The Elementary Structure of Kinship.* Boston：Beacon Press.

Levi-Strauss, C. (1962 / 1966) . *The Savage Mind.* Chicago：University of Chicago Press.

Levi-Strauss, C. (1963) . *Structural Anthropology.* Translated by C. Jacobson and B. G. Schoepf. New York：Basic books.

Marcuse, H. (1941 / 1985) . A note on dialectic. *Reason and Revolution.* New York：Oxford.
黃瑞祺譯：〈辯證法箋註〉。《批判理論與現代社會學》。台北：巨流圖書公司，351－360。

Needham, R.（1962）. *Structure and Sentiment：A Test Case in Social Anthropology*. Chicago：University of Chicago Press.

Parsons, T.（1949）. *The Structure of Social Action,* 2nd ed.. New York：McGrew-Hill.

Piaget, J.（1979 / 1984）. *Le Structuralisme*. Presses Univer-sitaires de France, Paris.
倪連生、王琳（譯）：《結構主義》。北京：商務印書館。

Popper, K. R.（1963）. *Conjection and Refutations：The Growth of Scientific Knowledge*. New York：Harper and Row.

Popper, K. R.（1972 / 1989）. *Objective Knowledge：An Evolutionary Approach*. Oxeford：Clearendon Press.
程實定（譯）：《客觀知識》。台北：結構群。

Radcliffe-Brown, A. R.（1922）. *The Anderman Islanders*. Cambridge, England： Cambridge University Press.

Redding, S. G.（1990）. *The Spirit of Chinese Capitalism*. New York：Walter de Gruyter.

Rickert, H.（1910 / 1987）. *Kurturwissenschaft und Naturwis-senschaft. Science and History：A Critique of Positivist Epistemology*. Translated by G. Reisman. Princeton, NJ：Van Nastrand.

Schutz, A.（1932 / 1991）. *The Phenomenology of the Social World*. Evanston, Ill.：Northwestern University Press.
盧嵐蘭（譯）：《社會世界的現象學》。台北：桂冠圖書公司。

Schutz, A.（1962 / 1992）. *Collected Papers I：The Problem of Social Reality*. Hugue：Martinus Nijhoff.
盧嵐蘭（譯）：《舒茲論文集（第一冊）：社會現實的問題》。台北：桂冠圖書公司。

Spengler, O. (1926 – 28 / 1975) . *The Decline of the West*. Translated by C. F. Atkinson. New York：A. A. Knopf. 陳曉林（譯）：《西方的沒落》。台北：桂冠圖書公司。

參考資料

第四章 道與存在：
東西文化的交會與整合

王樹人（1992）：〈超越的思想理論之建構〉。《道家文化研究》，第2輯。上海：古籍出版社，頁41－66。

王慶節（1989）：〈走向澄明之境：海德格爾之路〉。甘陽（編）：《中國當代文化意識：尋路篇》。台北：風雲時代公司，頁247－293。

李天命（1986）：《存在主義概論》。台灣：學生書局。

成復旺（1992）：〈道家開闢了中國審美之路〉。《道家文化研究》，第2輯。上海：古籍出版社，頁111－124。

宋志明（1991）：〈道家文化與現代文明〉。葛榮普（編）：《道家文化與現代文明》。北京：中國人民大學出版社，頁280－295。

金觀濤、劉青峰（1987）：《興盛與危機》。臺北：谷風出版社。

胡適（1919）：《中國古代哲學史》。上海：商務印書館。

陳榮華（1992）：《海德格哲學：思考與存有》。台北：輔仁大學出版社。

陶文樓（1984）：《辯證邏輯思想簡史》。天津：南開大學出版社。

張汝倫（1988）：《意義的探索》。台北：谷風出版社。

張德勝（1989）：《儒家倫理與秩序情結》。臺北：巨流圖書公司。

葉秀山（1988）：《思·史·詩》。人民出版社。

蒙培元（1991）：〈老莊哲學思維特徵〉。《道家文化研究》，第2輯。上海：古籍出版社，頁111－124。

劉述先（1989）：〈由天人合一新釋看人與自然之關係〉。《大陸與海外：傳統的反省與轉化》。臺北：允晨出版公司。

Heidegger, M.（1962）. *Being and Time*. Translated by J. Macquarrie and E. Robinson. New York：Harper and Row.

Heidegger, M.（1985/1993）. *Unterwegs zur Sprache*. Frankfurt am Main：Vittorio Klostermann.
孫周興（譯）：《走向語言之途》。台北：時報文化出版公司。

Hu, Shih（1922）. *The Development of the Logical Method in Ancient China*. Shanghai：Oriental Book Co..

Levi-Strauss, C.（1963）. *Structural Anthropology*. Translated by C. Jacobson and B. G. Schoepf. New York：Basic books.

Nakamura, H.（1966）. *Ways of Thinking of Eastern Peoples*. Edited by. P. P. Weiner. Honolulu, Hawaii：East West Center Press.

Needham, J.（1954－1987）. *Science and Civilization in China,* 6 vols. Cambridge：Cambridge University Press.

Needham, J.（1969 / 1978）. *Grand Titration：Science and Society in East and West*. Toronto：University of Toronto Press.
胡菊人（譯）：〈中國科學對世界的影響〉。《李約瑟與中國科學》。香港：文化生活出版社。

Needham, J.（1970 / 1978）. *Clerks and Craftman in China and the West：Lectures and Addresses on the History of Science and Technology*. Cambridge：Cambridge University Press.
胡菊人（譯）：〈中西科學的比較〉。《李約瑟與中國科學》。香港：文化生活出版社。

Oakes, G.（1988）. *Weber and Rickert：Concept Formation in the Cultural Sciences*. Cambridge, Mass.：MIT Press.

Palmer. R. E.（1968 / 1992）. *Hermeneutics.*
嚴平（譯）:《詮釋學》。台北：桂冠圖書公司。

Piaget, J.（1971 / 1989）. *Biology and Knowledge：An Essay on the Relations between Organic Regulations and Cognitive Processes.* Chicago：the University of Chicago Press.
尚新建等（譯）:《生物學與認識》。北京：生活・讀書・新知三聯書店。

Piaget, J.（1972 / 1981）. *The Principles of Genetic Epistemology.* Translated by W. Ways. London：Routledge and Kegan Paul.
王憲鈿等（譯）:《發生認識論原理》。北京：商務印書館。

Polanyi, M.（1964a）. *Personal Knowledge.* New York：Harper Torchboo.

Polanyi, M.（1964b）. *Science, Faith and Society.* Chicago：University of Chicago Press.

Polanyi, M.（1966）. *The Tacit Dimension.* Garden City, NY：Doubleday.

第五章　符號互動與社會交換：
〈人情與面子〉理論模式的建構

李亦園（1993）：〈傳統中國宇宙觀與現代企業行為〉。香港、蘇州：「第四屆現代化與中國現文化研討會」，1993年10月9－18日。

高承恕等（1989）：《台灣企業的限制與發展》。台北：聯經出版事業公司。

高承恕、陳介玄（1989）：〈台灣企業運作的社會秩序：人情、關係、與法律〉。《社會與經濟》，第3、4期合刊，頁151－165。

莊英章（1980）：〈信用合會的比較研究：人類學的考察〉。《思與言》，第18卷，第3期。

彭懷真（1989）：《台灣企業業主的「關係」及其轉變》。東海大學社會學研究所博士學位論文。

葉啓政（1984）：〈「傳統」概念的社會學分析〉。《社會、文化、和知識份子》。台北：東大圖書公司，頁57－88。

葉啓政（1987 / 1991）：〈對社會學一些預設的反省〉。《制度化的社會邏輯》。台北：東大圖書公司。

雷霆（1991）：〈中國人的「自我」與「自己」：形上與形下，新理與心理：人格與社會篇〉。楊中芳、高尚仁（編）：《中國人‧中國心》台北：遠流圖書公司，頁147－197。

Adams, J. S.（1965）. Inequity in social exchange. In L. Berkowitz（ed.）, *Advances in Experimental Social Psychology,* vol. 2. NY：Academic Press.

Bales, R. F.（1958）. Task roles and social roles in problem
  – solving groups. In E. E. Maccoby, T. M. Newcomb,
  and E. L. Hartley（eds.）, *Readings in Social Psycho-
  logy,* 3rd ed.. New York：Holt, Rinehart and Winston,
  396－413.

Benjamin, L. S.（1974）. Structural analysis of social
  behavior. *Psychological Review,* vol. 81, No. 5, 392－425.

Berkowitz, L. and Walster, E.（eds.）（1976）. Equity
  theory：Toward a general theory of social interaciton.
  Advances in Experimental Social Psychology, vol. 9.
  NY：Academic Press.

Blau, P.（1955）. *The Dynamics of Bereaucracy：A Study of
  Interpersonal Relations in Two Government Agencies.*
  Chicago：University of Chicago Press.

Blau, P.（1964）. *Exchange and Power in Social Life.* New
  York：John Wiley.
  孫非（譯）：《社會生活中的交換與權力》。台北：久
  大、桂冠聯合出版。

Blumer, H.（1969）. Society as symbolic interaction. In H.
  Blumer, *Symbolic Interactionism：Perspective and
  Method.* Englewood Cliffs., NJ：Prentice-Hall, 78－89.

Blumer, H. （1969）. The methodological position of
  symbolic interactionism. In H. Blumer, *Symbolic Interac-
  tionism：Perspcetive and Method,* 1－60.

Charon, J.（1979）. *Symbolic Interaction：An Introduction,
  an Interpretation, an Integration.* Englewood Cliffs, NJ：
  Prentice-Hall.

Cooley, C. H.（1902 / 1964）. *Human Nature and the Social
  Order.* New York：Scribner's Sons.

Corrado, G. (1980). Rawls, games and economic theory. In H. G. Blocker and E. H. Smith (eds.), *John Rawls' Theory of Social Justice*. Athens : Ohio University Press, 71 − 109.

Deutsch, M. (1975). Equity equality and need : What determines which value will be used as the basis of distributive justice ? *Journal of Social Issues,* 31, 137 − 149.

Emerson, R. (1981). Social exchange. In M. Rosenberg and R. Turner (eds.), *Social Psychology : Sociological Perspectives*. New York : Basic Books.

Engels, F. (1880 / 1959). Socialism : Utopian and scientific. In L. S. Fever (ed.), *Marx and Engels : Basic Writings on Politics and Philosophy*. NY : Doubleday.

Fleishman, E. A., Harris, E. F. and Brutt, H. E. (1955). *Leadership and Supervision in Industry*. Columbus : Ohio State University Press.

Foa, U. G. and Foa, E. B. (1974). *Societal Structures of the Mind*. Springfield, Ill : Charles C. Thomas.

Foa, E. B. and Foa, U. G. (1976). Resource theory of social exchange. In J. S. Thibaut, J. Spence and R. Carson (eds.), *Contemporary Topics in Social Psychology*. Morristown, NJ : General Learning Press.

Foa, E. B. and Foa, U. G. (1980). Resource theory : Interpersonal behevior in exchange. In K. J. Gerger, M. S. Greenberg and R. H. Willis (eds.), *Social Exchange : Advances in Theory and Research :* New York : Plenum.

Goffman, E. (1955). On face work. *Psychiatry,* 18, 213 − 31.

Goffman, E.（1959／1992）. *The Presentation of the Self in Everyday Life*. Garden City, New York：Doubleday. 徐江敏、李姚軍（譯）：《日常生活中的自我表演》。台北：久大、桂冠聯合出版。

Goffman, E.（1967）. *Interaction Ritual*. Garden City, New York：Doubleday.

Greenberg, J. and Cohen, R. L.（1982）. Why justice ? normative and instrumental interpretations. In J. Greenberg and R. L. Cohen（eds.）, *Equity and Justice in Social Behavior*. New York：Academic Press, 437–467.

Halpin, A. W.（1966）. *Theory and Research in Administration*. New York： Macmillan.

Hanson, C.（1985）. Individualism in Chinese thought. In D. J. Munro（ed.）, *Individualism and Holism*. Ann Arbor, Michigan：The University of Michigan, 35–56.

Homans, G.（1950）. *The Human Group*. New York：Harcourt Brace Javanovich.

Homans, G.（1961）. *Social Behavior：Its Elementary Forms*. NY：Harcourt, Brace and World.

Holmes, J. G.（1981）. The exchange process in close relationships, microbehavior and macromotives. In M. J. Lerner and S. C. Lerner（eds.）, *The Justice Motive in Social Behavior*. New York：Plenum Press, 261–184.

Husemann, L. P. and Levinger, G.（1976） Incremental exchange theory：A formal model for progression in dyadic social interaciton. In L. Berkowitz and E. Walster（eds.）, Equity theory：Toward a general theory of social interaciton. *Advances in Experimental Social Psychology,* vol. 9. NY：Academic Press.

James, W.（1890）. *Principles of Psychology,* 2 vols.. New York：Dove.

Kataner, L. I.（1980）. The original position and the veil of ignorance. In H. G. Blocker and E. H. Smith （eds.）, *John Rawls' Theory of Social Justice*. Athens：Ohio University Press, 47－70.

Kayser, E., Schwinger, T. and Cohen, R. L.（1984）. Laypersons' conceptions of social relationships：A test of contract theory. *Journal of Social and Personal Relationships,* 1, 433－458.

Kelley, H. H. and Thibaut, J. W.（1978）. *Interpersonal Relations：A Theory of Interdependence*. New York：Wiley.

Lee, L.（1984）. Sequences in seperation：A framework for investigating endings of the personal （romantic） relationship. *Journal of Social and Personal Relationships,* 1, 49－73.

Lerner, M. J.（1975）. The just motive in social behavior：Introduction. *Journal of Social Issues,* 31, 1－19.

Lerner, M. J.（1977）. The just motive in social behavior：Some hypotheses as to its origins and forms. *Journal of Personality,* 45, 1－52.

Lerner, M.（1981）. The justice motive in human relations：Some thoughts on what we know and need to know about justice. In M. Lerner and S. C. Lerner （ed.）, *The Justice Motive in Social Behavior： Adapting to Times of Scarcity and Change*. New York：Plenum Press, 11－35.

Lerner, M. J. and Whitehead, L. A.（1980）. Procedual justice viewed in the context of justice motive theory. In G. Mikula（ed.）, *Justice and Social Interaction*. New York：Springer-Verlag, 219－256.

參考資料

Leventhal, G. S.（1976）. The distribution of reward and resources in groups and organizatons. *Adavances in Experimental Social Psychology,* vol. 9, L. Berkowitz（ed.）. New York：Academic, 91－131.

Levi-Strauss, C.（1969）. *The Elementary Structures of Kinship. Boston：Beacon Press.*

Malinowski, B.（1922）. *Argonauts of the Western Pacific.* London：Rontledge and Kegan Paul.

Mauss, M.（1954 / 1984）. *The Gift.* Translated by Ian Cunnison. London：Cohen and West.
何翠萍、汪宜珍（譯）：《禮物》。臺北：允晨。

McClintock, C. G. and Keil, L. J.（1982）. Equity and social exchange. In J. Greenberg and R. L. Cohen（eds.）, *Equity and Justice in Social Behavior.* New York：Academic Press, 337－387.

Mead, G. H.（1934）. *Mind, Self and Society.* Edited by C. Morris. Chicago：University of Chicago Press.

Mead, G. H.（1938）. *The Philosophy of the Act.* Edited by C. Morris. Chicago：University of Chicago Press.

Mead, G. H.（1964）. Social consciousness and conscious-ness of meaning. In G. H. Mead, *Selected Writings.* Edited by Andrew Reck. Indianapolis, Indiana：Bobbs-Merrill.

Mills, J. and Clark, E. S.（1982）. Exchange and communal relationships. In L. Wheeler （ed.）, *Review of Persona-lity and Social Psychology,* vol. 3. Bevely Hills, CA：Sage, 121－144.

Parsons, T.（1949）. *The Structure of Social Action,* 2nd ed.. New York：McGrew Hill.

Piaget, J.（1965）. *The Moral Judgment of the Child.* New York：Free Press.

Piaget, J. (1972 / 1981). *The Principles of Genetic Episte-mology*. Translated by W. Ways. London：Routledge and Kegan Paul.

王憲鈿等（譯）：《發生認識論原理》。北京：商務印書館。

Putnam, H. （ 1978 ）. *Meaning and the Moral Science*. London：Routledge and Kegan Paul.

Rawls, J. (1971). *A Theory of Justice*. Cambridge, Mass.：Belknap Press of Harvard University Press.

Reis, H. T. (1984). The multidimensionality of justice. In R. Folger (ed.), *The Sence of Injustice：Social Psycho-logical Perspectives*. New York：Plenum Press.

Sampson, E. E. (1981). Social change and the contexts of justice motivation. In M. J. Lerner and S. C. Lerner （ eds. ）, *The Justice Motive in Social Behaivor*. New York：Plenum Press, 97－124.

Schaefer, E. S. (1959). A circumplex model for maternal behavior. *Journal of Abnormal and Social Psychology,* 59, 226－235.

Schwinger, T. (1986) The need principle of distributive justive. In H. W. Bierhoff, R. L. Cohen and J. Greenberg (eds.), *Justice in Social Relation*. New York：Plenum Press, 211－225.

Shils, E. (1981 / 1992). *Tradition*. Chicago：University of Chicago Press.

傅鏗與呂樂（譯）：《論傳統》。台北：桂冠圖書公司。

Stogdill, R. M. (1974). *Handbook of Leadership：A Survey of Theory and Research*. New York：Free Press.

Tedeschi, J. T. (1981). *Impression Management Theory and Social Psychological Research*. New York：Academic Press.

Thibaut, J. W. and Kelley, H. H.（1959）. *The Social Psychology of Groups*. New York：Wiley.

Thibaut, J. W. and Walker, W.（1975）. *Procedural Justice：A Psychological Analysis*. Hillsdale, NJ：Lawrence Erlbaum Associates.

Thomas, W. I. and Thomas, D. S.（1928）. *The Child in America：Behavior Problems and Programs*. New York：Knopf.

Turner, R. H.（1956）. Role-taking, role standpoint and reference group behavior. *American Journal of Sociology*, 61, 316－328.

Yang, Lien-sheng（1952）. *Money and Credit in China：A Short History*. Cambridge, MA：Harvard University Press.

Young, John Aubrey,（1971）. *Interpersonal Networks and Economic Behavior in a Chinese Market Town*. Ph. D. Thesis, Stanford University, Stanford.

Walster, E., Traupmann, J. and Walster, G. W.（1978）. Equity and extramarital sex. *Archives of Sexual Behavior*, 121－141.

Walster, E., Walster, G. W. and Berscheid, E. （1978）. *Equity：Theory and Research*. Boston：Allyn and Bacon.

第六章 庶人倫理與士之倫理：
儒家思想的內在結構

方東美（1981）：〈中國人的人生觀〉。《中國人生哲學》。
　　臺北：黎明文化事業，頁 169－208。

包遵信（1986）：〈荀子研究歷史評述〉。《踱步集》。成
　　都：四川人民出版社，頁 128－164。

狄白瑞（著），李弘祺（譯）（1983）：《中國的自由傳統
　　》。臺北：聯經出版公司。

牟宗三（1975）：《現象與物自身》。臺北：學生書局。

牟宗三（1985）：《道德的理想主義》，臺灣學生書局。

牟宗三（1985）：《圓善論》。臺北：學生書局。

朱瑞玲（1988）：〈中國人的社會互動：論面子的問題〉。楊
　　國樞、黃光國（主編）：《中國人的心理》。臺北：桂冠
　　圖書公司。

杜維明（1987）：〈論儒家的「體知」：德性之知的涵義〉。
　　劉述先（編）：《儒家倫理研討會》。新加坡：東亞哲學
　　研究所，頁 98－111。

余英時（1980）：〈古代知識階層的興起與發展〉。《中國知
　　識階層史論》。臺北：聯經出版事業公司，頁 1－92。

余英時（1984）：《從價值系統看中國文化的現代意義》。臺
　　北：時報文化出版公司。

余英時（1987）：〈儒家「君子」的理想〉。《中國思想傳統
　　的現代詮釋》。臺北：聯經出版事業公司，頁 145－
　　165。

李明輝（1990）：《儒家與康德》。台北：聯經出版公司。

李沛良（1993）：〈現代化與中國文化的能動宿命觀〉。「第
　　四屆現代化與中國文化研討會」。香港、蘇州：香港中文
　　大學與北京大學聯合主辦。

李澤厚（1985）：〈孔子再評價〉。《中國古代思想史論》。臺北：谷風出版社，頁 7–58。

金耀基（1981）：〈人際關係中人情之分析〉。楊國樞（主編）（1988）：《中國人的心理》。臺北：桂冠圖書公司。

金耀基（1988）：〈「面」、「恥」與中國人行爲之分析〉。楊國樞（編）：《中國人的心理》。臺北：桂冠圖書公司。

金耀基（1992）：〈關係及網絡的建構：一個社會學的詮譯〉。《二十一世紀雙月刊》，8 月，頁 143–157。

胡止歸（1983）：〈孔子之「學」字思想探原〉。《孔子思想研究論集（二）》。臺北：黎明文化事業公司，頁 177–211。

胡適（1919）：《中國古代哲學史》。上海：商務印書館。

高明（1983）：〈孔子的人生理想〉。《孔子思想研究論集㈠》。臺北：黎明文化事業公司，頁 1–30。

韋政通（1968）：〈從周易看中國哲學的起源〉。《中國哲學思想批判》。臺北：水牛出版社，頁 31–70。

徐復觀（1963）：〈以禮爲中心的人文世紀之出現及宗教的人文化：春秋時代〉。《中國人性論史：先秦篇》。臺中：東海大學，頁 36–62。

徐復觀（1972）：〈在封建社會解體中，士人階層的發展與轉變〉。《周秦漢政治結構之研究》。香港：新亞研究所。

唐君毅（1986）：《中國哲學原論：原道篇（卷一）》。臺北：學生書局。

陳之昭（1988）：〈面子心理的理論分析與實際研究〉。楊國樞（編）《中國人的心理》。臺北：桂冠圖書公司。

陳榮捷（1969）：〈仁的概念之開展與歐美之詮釋〉。《儒學在世界論文集》。香港：東方人文學會，頁 271–286。

勞思光（1968）：《中國哲學史》，第 1 卷。香港：中文大學崇基學院。

喬健（1982）：〈關係芻議〉。楊國樞、文崇一（主編）：《
社會及行為科學研究的中國化》。臺北：中央研究院民族
學研究所。又見楊國樞（主編）（1988）：《中國人的心
理》。臺北：桂冠圖書公司。

黃光國（1988）：《儒家思想與東亞現代化》。臺北：巨流圖
書公司。

傅偉勳（1973）：〈哲學〉。高希均（編）：《現代美國行為
及社會科學論文集》。台北：學生書局，頁 317 – 334。

傅寶玉、雷霆（1991）：〈社會思慮發展研究在港、台〉。楊
中芳、高尚仁（編）：《中國人‧中國心：發展與教學編
》。臺北：遠流出版公司，頁 214 – 304。

楊中芳（1991）：〈試論中國人的道德發展：一個自我發展的
觀點〉。楊國樞、黃光國（編）：《中國人的心理與行為
》。臺北：桂冠圖書公司，頁 1 – 47。

楊亮功（1983）：〈從論語研究孔子所說的學〉。《孔學四論
》。臺北：聯經出版事業公司，頁 7 – 31。

蔡仁厚（1984）：《孔、孟、荀哲學》。臺北：學生書局。

蔡尚思（1982）：《孔子思想體系》。上海：人民出版社。

劉述先（1989 / 1992）：〈由天人合一新釋看人與自然之關係
〉。《儒家思想與現代化》。北京：中國廣播電視出版
社。

Chan, W. T.（1955）. The evolution of Confucian concept of
Jen. *Philosophy East and West,* 4, No. 1, 295 – 319.

Hu, Shih（1967）. The scientific spirit and method in
Chinese philosophy. In C. A. Moore （ed.）, *The
Chinese Mind.* Honolulu：University of Hawaii,
104 – 131.

Leventhal, G. S.（1976）. Fairness in social relationships. In
J. Thibaut, J. T. Spence and R. T. Carson （eds.）,
Contemporary Topies in Social Psychology. Morristown,
NJ：General Learning Press, 211 – 239.

Leventhal, G. S. (1980). What should be done with equity theory? In K. J. Gergen, M. S. Greenberg and R. H. Willis (eds.), *Sociel Exchange : Advances in Theory and Research.* New York : Plenum Press, 27 – 55.

Metzgar, T. A. (1981). Selfhood and authority in Neo-Confucian political culture. In A. Kleinman and T. Y. Lin (eds.), *Normal and Abnormal Behevior in Chinese Culture.* Dordrecht : Reidel, 7 – 27.

Metzgar, T. A. (1977). *Escape from Predicament : Neo-Confucianism and China's Evolving Political Culture.* New York : Columbia University Press.

Schutz, A. (1967 / 1991). *The Phenomenology of the Social World.* Evanston, Ill. : Northwestern University Press. 盧嵐蘭（譯）:《社會世界的現象學》。台北：桂冠圖書公司。

Tu, W. M. (1985). *Confucian Thought : Selfhood as Creative Transformation.* New York : State University of New York Press.

Weber, M. (1920/ 1951). *The Religion of China : Confucianism and Taoism.* Translated by H. H. Gerth. New York : Free Press.

第七章　天理與人欲：儒家思想的發展

古清美（1978）：《黃梨洲之生平及其學術思想》。國立台灣
　　大學文史叢刊之 49。

牟宗三（1968－69）：《心體與性體》。台北：正中書局。

朱建民（1989）：《張載思想研究》。台北：文津出版社。

杜維明（1989）：《儒學第三期發展的前景問題》。台北：聯
　　經出版公司。

余英時（1976）：《論戴震與章學誠》。香港：龍門書店。

余英時（1980）：《中國知識階層史論：古代篇》。臺北：聯
　　經出版公司。

李書有（1992）：《中國儒家倫理思想發展史》。江蘇：古籍
　　出版社。

宋仲福、趙吉惠、裴大洋（1991）：《儒學在現代中國》。中
　　州：古籍出版社。

林安梧（1987）：《王船山人性史哲學之研究》。台北：東大
　　圖書公司。

徐復觀（1972）：〈封建政治社會的崩解及典型專制政治的成
　　立〉。《周秦漢政治社會結構之研究》。香港：新亞研究
　　所。

陳俊民（1986）：《張載哲學思想及關學學派》。北京：人民
　　出版社。

蔡仁厚（1977）：《宋明理學：北宋篇》。台北：台灣學生書
　　局。

劉述先（1982）：〈朱子哲學思想的現代意義〉。《朱子哲學
　　思想的發展與完成》。台北：學生書局。

劉述先（1986）：〈宋明儒學的特質與其現代意義〉。《文化
　　與哲學的探索》。台北：學生書局。

劉述先（1986）：〈黃宗羲在思想史上的貢獻與地位〉。《黃
　　宗羲心學的定位》。台北：學生書局。

483

劉述先（1990）：〈「理一分殊」的現代解釋〉。《法言》，
　　第2卷，第4、5期。

劉述先（1991）：〈論中國人的價值觀在現代的重建〉。「中
　　國人的價值觀國際研討會」。臺北：漢學研究中心。

錢穆（1977）：《宋明理學概述》。台北學生書局。

deBary, W. T.（1957）. Chinese despotism and the Con-
fucian ideal. In J. K. Fairbank（ ed. ）, *Chinese Thought
and Institutions*. Chicago：University of Chicago Press.

Eliade, M.（1959）. *Cosmos and History：The Myth of the
External Return*. New York：Harper and Row.

Georgoudi, M., Modern dialectics in social psychology. In K.
J. Gergen and M. M. Gergen（ eds. ）, *Historical Social
Psychology*. Hillsdale New Jersey：Lawrence Eribaum
Associates, 1984, 83 – 101.

Eisenstadt, S. N.（1981）. Sociological approaches to the
study of the historical process. In Klingenstein and Lutz
（eds.）, *Spezialforschung und "gesamtgeschichte"*. Vien-
na：wiener Beitrage zur Geschichte der Neuzeit.

Eisenstadt, S. N.（1982）. The axial age： the emergence of
transcendental visions and the rise of clerics. *European
Jouranal of Sociology,* 23, 2, 294 – 314.

Eisenstadt, S. N.（1983）. This-worldly transcendentalism
and the structuring of the world：Weber's " Religion of
China " and the format of Chinese history and
civilization. In Wolfgang Schluchter（ ed. ）, *Max Weber
Studie Uber Konfuzianismus and Taoismus*. Frankfurt am
Main：Suhrkamp Verlag.

Habermas, J.（1983 / 1989）. *Moral Consciousness and Com-
municative Action*. Cabbridge, MA：The MIT Press.

Hsu, C. Y. (1956). *Ancient China in Transition：An Analysis of Social Mobility, 722－222 B.C..* Stanford：Stanford University Press.

Levi-Strauss, C. (1963). *Structural Anthropology.* Translated by C. Jacobson and B. G. Schoepf. New York：Basic books.

Metzger, T. A. (1984). Eisenstadt's analysis of the relation between modernization and tradition in China. 《國立臺灣師範大學歷史學報》, 12, 418－346.

Peeters, H. F. M., Theoretical orientation in a historical psychology. In Kenneth J. Gergen and Mary M. Gergen (eds.), *Historical Social Psychology.* Hillsdale, Eribaum Associates, 1984, pp.61－101.

參考資料

第八章　法家與陽謀：中國人的組織理論

王壽南（1993）：〈中國傳統士人的政治理想與現實〉。香港、蘇州：「第四屆中國文化與現代化研討會」宣讀之論文。

余英時（1976）：〈反智論與中國政治傳統：論儒、道、法三家政治思想的分野與匯流〉。《歷史與思想》。台北：聯經出版事業公司，頁1－46。

黃光國（1991）：《王者之道》。台北：台灣學生書局。

瞿同祖（1937）：《中國封建社會》。長沙：商務印書館。

狄白瑞（1983）：〈明代理學與黃宗羲的自由思想〉。《中國的自由傳統》。台北：聯經出版公司。

deBary, W. T.（1957）. Chinese despotism and the Confucian ideal. In J. K. Fairbank（ed.）. *Chinese Thought and Institutions.* Chicago：University of Chicago Press.

Deutsch, M.（1974）. Awakening the sense of injustice. In M. J. Lerner and M. Ross（eds.）, *The Quest for Justice：Myth, Reality, Ideal.* Toronto：Holt, Rinehart and Winston.

Deutsch, M.（1975）. Equity, equality and need：What determines which value will be used as the basis of distributive justice？ *Journal of Social Issues,* 31, 137－149.

Dreyfus, H. L. and Rabinow, P.（1982 / 1993）. *Michel Foucault：Beyond Structuralism and Hermeneutics.* The University of Chicago Press.
錢俊（譯）：《傅柯：超越結構主義與詮釋學》。台北：桂冠圖書公司。

Eisenstadt, S. N. (1983). This—worldly transcendentalism and the structuring of the world : Weber's " Religion of China " and the format of Chinese history and civilization. In Wolfgang Schluchter (ed.), *Max Weber Studie Uber Konfuzianismus and Taoismus*. Frankfurt am Main : Suhrkamp Verlag.

Foucault, M. (1979). *Discipline and Punish : the Birth of Prison*. Translated by A. Sheridan. New York : Vintage / Random House.

French, J. R. P., Jr. and Raven, B. H. (1960). The bases of social power. In D. Cartwright and A. Zander (eds.), *Group Dynamics : Research and Theory,* 2nd ed.. New York : Peterson, 607 — 623.

Habermas, J. (1971). *Knowledge and Human Interests*. Translated by J. J. Shapiro. Boston : Beacon Press.

Habermas, J. (1984). *Theory of Communicative Action,* vol. 1, *Reason and the Rationalization of Society*. Translated by T. McCarthy. Boston, Mass. : Beacon Press.

Kracke, Jr., E. A. (1953). *Civial Service in Early Sung China : 960—1069*. Cambridge, Mass. : Harvard University Press, 1953.

Leventhal, G. S. (1980). What should be done with equity theory ? New approaches to the study of fairness in social relationships. In K. J. Gergen, M. S. Greenberg and R. H. Willis (eds.), *Social Exchange Theory*. New York : Plenum Press.

Machiavelli, N. (1919). *The Prince*. Translated by N. T. Thomson. New York : P. F. Collier and Son.

Metzger, T. A. (1984). Eisenstadt's analysis of the relation between modernization and tradition in China. 《國立臺灣師範大學歷史學報》, 12, 418 — 346。

Miyazaki, I. (1976). *China's Examination Hell* : *the Civil Service Examinations of Imperial China*. New York : Weatherhill.

Orum, A. M. (1979). Social constraints in the political arena : A theoretical inquiry in their form and manner. *Political Behavior,* 1, 1, 31 – 52.

Redding, S. G. (1990). *The Spirit of Chinese Capitalism*. New York : Walter de Gruyter.

Weber, M. (1923). *The Theory of Social and Economic Organization*. Translated by A. M. Henderson and T. Parsons. New York : Haper.

知識與行動

第九章　兵家與陰謀：中國人的計策行動

王顯臣、許保林（1983）：《中國古代兵書雜談》。北京：解
　　放軍出版社。

無谷（譯註）（1979）：《三十六計》。吉林：人民出版社。

喬健（1993）：〈人在江湖：略說賽場概念在研究中國人計策
　　行為中的功能〉。香港、杭州：第四屆現代化與中國文化
　　研討會。

喬健（1981）：〈中國的民族、社會與文化：逸夫教授八秩壽
　　慶論文集》。台北：食貨出版社，頁1-13。

喬健（1985）：〈建立中國人計策行為模式芻議〉。李亦園、
　　楊國樞、文崇一（編）《現代化與中國化論集》。台北：
　　桂冠圖書公司，頁57-91。

第十章 東亞文明的理性化：文化傳統的理解與應用

牟宗三（1959）：《道德的理想主義》。台中：東海大學。

牟宗三（1961a）：〈論中國之治統〉。《政道與治道》。台北：廣文書局。

牟宗三（1961b）：〈理性的運用表現與架構表現〉。《政道與治道》。台北：廣文書局。

牟宗三（1963）：《才性與玄理》。香港：人生出版社。

牟宗三（1968－69）：《心體與性體》。台北：正中書局。

牟宗三（1972）：《佛性與般若》。台北：學生書局。

牟宗三（1979）：《從陸象山到劉蕺山》。台北：學生書局。

汪睿祥（1996）。〈傳統中國人用「計」的應事理法〉。台北：台灣大學社會學研究所博士論文。

林毓生（1983）：〈五四時代的激烈反傳統思想與中國自由主義的前途〉，《思想與人物》，頁139－196。台北：聯經出版事業公司。

林毓生（1989）。〈兩種關於如何構成政治秩序的概念〉。《政治秩序與多元社會》。台北：聯經出版公司。頁3－49。

林鍾沂（1991）。〈論不可治理、統合主義與政策作為的實際〉。「公共事務與國家發展學術研討會」發表論文。台北：政大公企中心。

胡適（1923／1985）：〈讀梁漱溟先生東西文化及其哲學〉。《五四前後東西文化問題論戰文選》。北京：中國社會科學院。

殷鼎（1990）：《理解的命運》。台北：東大圖書公司。

常燕生（1985）：〈東方文明與西方文明〉。《五四前後東西文化問題論戰文選》。北京：中國社會科學院。

梁漱溟（1921）：《東西文化及其哲學》。上海：商務印書館。

梁漱溟（1948／1982）：《中國文化要義》。台北：里仁書局。

陳明通、朱雲漢（1992）。〈區域性聯合獨佔經濟、地方派系與省議員選舉：一項省議員候選人背景分析〉。《國科會研究彙刊：人文及社會科學》。第 2 卷，第 1 期。頁 77－97。

陳獨秀（1984）：《陳獨秀文章選編》。（上），香港：生活。讀書。新知三聯書店。

黃俊傑（1993）：〈戰後台灣關於儒家思想的研究〉。《戰後台灣的教育與思想》。台北：東大圖書公司，1988。

傅偉勳（1996）：〈佛學、西學與當代新儒家〉。《明報月刊》。12 月號，頁 49－56。

喬健（1981）。〈中國文化中的計策問題初探〉。李亦園、喬健（編）：《中國的民族、社會與文化》。台北：食貨出版社，頁 1－13。

喬健（1985）。〈建立中國人計策行為模式芻議〉。楊國樞（編）：《中國人的心理》。台北：桂冠圖書公司。

黃光國（1988）。《儒家思想與東亞現代化》。台北：巨流圖書公司。

黃光國（1995）。《知識與行動：中華文化傳統的社會心理詮釋》。台北：心理出版社。

賴澤韓、馬若孟、魏萼（合著）羅珞珈（譯）（1993）：《悲劇性的開端：台灣二二八事變》。台北：時報文化公司。

Balassa, Bela A.（1981）. *The Newly Industrializing Countries in the World Economy.* New York： Pergamon Press.

Berger, Peter L（1983）. Secularization： West and East.

Bond, M.H. and Wang, S.H.（1981）. Aggressive behavior in Chinese society：The problem of maintaining order and harmony. *Acta Psychologica Taiwanica,* Vol. 23, No. 1, 57－73.

Bond, M. H. and Lee, P. W. H.（1981）. Face saving in Chinese culture：a discussion and experimental study of Hong Kong students. In A. King and R. Lee（Eds.）*Social Life and Development in Hong Kong.* Hong Kong：Chinese University Press.

Chen, Edward K. Y（1979）. *Hyper-Growth in Asian Economics：A Comparative Study of Hong Kong, Japan, Korea, Singapore, and Taiwan.* New York：Holmes & Meier Publishers.

Chow, Tse-tsung（1967）. *The May Fourth Movement：Intellectual Revolution in Modern China.* Stanford, Calif., Stanford University Press

Coppel, C. A.（1983）. *Indonesian Chinese in Crisis.* Kuala Lumper：Oxford University Press,

Feyerbend, P.（1978 / 1990）. *Science in a Free Society.* London：NLB.
結構群（編譯）：《自由社會中的科學》。台北：結構群。

Feyerbend, P.（1978 / 1996）. *Against Method：Outline of an Anarchistic Theory of Knowledge.* London：Verso Edition.
周昌忠（譯）：《反對方法》。台北：時報出版公司。

Hayek, F.A.（1960）. *The Constitution of Liberty.* London：Routledge.

Hall, J.（1969）. *Conflict Management Survey.* Rochester, N. Y.：Technometrics.

Henry, P.（1986／1993）.

〈本土宗教與邊陲社會的轉型〉林本炫（編譯）：《宗教與社會變遷》。台北：巨流圖書公司。

Hicks, G. L. and Redding, S. G（1982）. Culture and Corporate Performance in the Philippines：The Chinese Puzzle, *The Philippine Review of Economics and Business,* Vol. XIX, p.199－215.

Hicks, G. L. and S. G. Redding（1984a）. The Story of the East Asian 'Economic Miracle'. Part One： Economic Theory Be Damned！ *Euro-Asia Business Review,* 2（3）：24－32.

Hicks, G. L. and S. G. Redding（1984b）. The Story of the East Asian 'Economic Miracle'. Part Two：the Cultural Connection. *Euro-Asia Business Review,* 2（4）：18－22.

Hofheinz, Roy, and Kent E. Calder（1982）. *Eastasia Edge.* New York： Basic Books.

Jones, L. P. and Sakong, II（1980）. *Government, Business and Entrepreneurship in Economic Development：The Korean Case.* Cambridge Mass.：Harvard University Press.

Kahn, Herman（1979）. *World Economic Development ：1979 and Beyond.* Boulder, Colo.：Westview Press.

Lande, C. H.（1977）. Introduction：the dyadic basis of clientelism. In S.W. Schmidt, J. C. Scott, C. Lande, and L. Guasti（eds.）. *Friends, Followers, and Factions：A Reader in Political Clientalism.* Berkeley, CA：University of California Press, pp. 13－33.

Lauden, L.（1978／1995）. *Progress and its Problems： Toward a Theory of Scientific Growth.* New Dehli ：Ambika Publications.

陳衛平（譯）：《科學的進步與問題》。台北：桂冠圖書公司。

Lemarchand, R. （1981）. Comparative political cliental-
ism：Structure, process, and optic. In S.N. Eisenstadt
and R. Lemarchand（eds.）, *Political Clientelism, Pa-
tronage, and Development*. Beverly Hills：Sage Publica-
tions, pp. 1－32.

Levenson, Joseph. R. （1965）. *Confucian China and Its
Modern Fate*. Berkeley：University of California Press, 3
vols

Levi-Strauss, C. （1963）. *Structural Anthropology*. Trans-
lated by C. Jacobson and B. G. Schoepf. New York：
Basic books.

Lin, Y. S.（1972／1976）. Radical Iconoclasm in the May
Fourth period and the future of Chinese liberalism. In
Benjamin I. Schwartz （Ed.）, *Reflections on the May
Fourth Movement*. Harvard University Press

Lin, Y. S.（1979）. *The Crisis of Chinese Consciousness：Ra-
dical Anti-traditionalism in the May Fourth Era*. Madison,
Wisconsin：the University of Wisconsin Press.

Liu, Whei-ching（1993）. Conflict resolution processes in
close relationship. *Journal of Woman and Gender Studies,*
4, 207－242. Taipei, Taiwan： Woman's Research
Program, Population Studies Center （National Taiwan
University）.

MacFarquhar, R. （1980）. The post-Confucian challenge,
T*he Economist,* Feb. 9, 67－72.

McMullen, N. （1982）. *The Newly Industrializing Coun-
tries：Adjusting to Success,* Washington：British-
North American committee.

Morishima, M. （1982）. *Why has Japan Succeed？ Western
Technology and the Japanese Ethos*. Cambridge： Ca-
mbridge University Press.

Polanyi, M.（1951）. *The Logic of Liberty*. Chicago：University of Chicago Press.

Putnam, H.（1978）. *Meaning and the Moral Science*. London：Routledge and Kegan Paul.

Rahim, M. A.（1986）. *Managing Conflict in Organizations*. New York：Praeger.

Schmitter, P. C.（1979）. Still the century of corporatism？In P.C. Schimitter and G. Lehmbruch（eds.）, *Trends toward Corporatist Intermediation*. Beverly Hills, CA：Sage, pp. 7−52.

Schutz, A.（1932 / 1991）. *The Phenomenology of the Social World*. Evanston, Ill.：Northwestern University Press. 盧嵐蘭（譯）：《社會世界的現象學》。台北：桂冠圖書公司。

Thomas, K. W.（1976）. Conflict and conflict management. In M. Dunnette（Ed.）：*Handbook of Industrial and Organizational Psychology,* Chicago：Rand McNally.

Ward, B. E.（1965）. Varieties of the conscious model：the fisherman of South China. In M. Bauton（Ed.）, *The Relevance of Models for Social Anthropology*. London：Travistock.

Wartofsky, M.（1979）. Models：Representation and the scientific understanding. *Boston Studies in the Philosophy of Science*. Vol. XLVIII, Dordrecht, Neth.：d. Reidel.

Weber, Max（1958）. *The Protestant Ethic and the Spirit of Capitalism*. trans. by Talcott Parsons, New York：Scribner's.

Weber, Max（1951）. *The Religion of China：Confucianism and Taoism*. trans. by Hans H. Gerth, New York：Free Press.

Wright, Arthur F. (1962). Values, roles and personalities, in Wright, A. F. and Twitchett, D. (eds.) *Confucian Personalities,* Stanford : Stanford University Press, p. 8.

Wright, M. C (1957). *The Last Stand of Chinese Conservatism : the Tu'ng-chih Restoration, 1862－1874.* Stanford : Stanford University Press.

心理出版社有限公司圖書目錄

※為1998 年新書

A. 心理叢書

【一、心理學系列】

A1-001	**認知心理學**	鍾聖校著
A1-002	**兒童認知發展**	林美珍著
A1-004	**發展心理學（修訂版）**	蘇建文等著
A1-007	**變態心理學（修訂版）**	林天德著
A1-008	**人格心理學**	E.J.Phares著・林淑梨等譯
A1-009	**組織心理學**	陳彰儀著
A1-010	**社會與人格發展（精裝）**	D.R.Shaffer著・林翠湄譯
A1-011	**學習與教學**	R. M. Gagne著・趙居蓮譯
A1-012	**心理衡鑑** M. P. Maloney & M. P. Warde著・許文耀總校閱
A1-014	**青少年發展**	李惠加著
A1-018※	**運動心理學論文集(第一集)**	王俊明・季力康主編
A1-019※	**心理學**	葉重新著

【二、一般心理系列】

A2-001	**智力新探**	魏美惠著
A2-002	**心理測驗與統計方法**	簡茂發著
A2-005	**縱論發展心理學**	蘇多菊譯
A2-006	**教師心理衛生**	王以仁等著
A2-007	**心理測驗的發展與應用**	中國測驗學會主編
A2-008	**華文社會的心理測驗**	中國測驗學會主編
A2-009	**現代測驗理論**	王寶墉編著
A2-010	**教育測驗與評量（附磁片）**	余民寧著
A2-011	**心理與教育測驗**	周文欽等著
A2-012	**壓力管理**	J.S.Greenberg著・潘正德譯
A2-013	**心理衛生與適應**	王以仁等著
A2-014※	**多元才能—IQ以外的能力**	趙志裕等著

B.輔導叢書

C.教育叢書

【三、特殊教育系列】

T0-012	OFFICE 新知(4卷錄音帶)	董家儀主講
T0-013	OFFICE EQ(4卷錄音帶)	紀惟明主講
T0-014	原生家庭(6卷錄音帶)	紀惟明等主講
T0-015	性教育(2卷錄音帶)	林燕卿主講
T0-025	兒童權利公約	李園會編著

Ⅴ.諮商實務有聲圖書

V0-011	諮商實務錄影帶全套(十卷，含學習手冊)	蕭文策畫
V0-012	學習手冊	蕭文策畫製作
V1-013	諮商技巧（二卷）	
V1-014	校園常見問題（二卷）	
V1-015	特殊個案處理（三卷）	
V1-016	教師輔導知能（三卷）	

永然法律事務所聲明啟事

　　本法律事務所受心理出版社之委任爲常年法律顧問，就其所出版之系列著作物，代表聲明均係受合法權益之保障，他人若未經該出版社之同意，逕以不法行爲侵害著作權者，本所當依法追究，俾維護其權益，特此聲明。

　　　　　　　　　　永然法律事務所

　　　　　　　　　　　李永然律師

一般教育 31

知識與行動──中華文化傳統的社會心理詮釋

作　　　者：黃光國
總　編　輯：吳道愉
執　行　編　輯：張毓如
發　行　人：邱維城
出　版　者：心理出版社有限公司
社　　　址：台北市和平東路二段 163 號 4 樓
總　　　機：(02) 27069505
傳　　　眞：(02) 23254014
郵　　　撥：0141866-3
　E-mail　：psychoco@ms15.hinet.net
駐美代表：Lisa Wu
　　Tel　：973 546-5845　　Fax：973 546-7651
法律顧問：李永然
登　記　證：局版北市業字第 1372 號
印　刷　者：博創印藝文化事業有限公司
初版一刷：1995 年 6 月
再版一刷：1998 年 8 月

定價：新台幣 550 元（精裝）
ISBN 957-702-278-2

國家圖書館出版品預行編目資料

知識與行動：中華文化傳統的社會心理詮釋 /
黃光國著.－ 再版. － 臺北市：心理，
1998〔民 87〕
　　面 ；　公分 . --（一般教育；31）
參考書目：面
ISBN 957-702-278-2(精裝)

1.　社會心理學 － 中國　2.　中國 － 文化

541.262　　　　　　　　　　　　87009670

讀者意見回函卡

No._____   填寫日期： 年 月 日

感謝您購買本公司出版品。為提升我們的服務品質，請惠填以下資料寄回本社【或傳真(02)2325-4014】提供我們出書、修訂及辦活動之參考。您將不定期收到本公司最新出版及活動訊息。謝謝您！

姓名：_____   性別：1□男 2□女

職業：1□教師 2□學生 3□上班族 4□家庭主婦 5□自由業 6□其他_____

學歷：1□博士 2□碩士 3□大學 4□專科 5□高中 6□國中 7□國中以下

服務單位：_____   部門：_____ 職稱：_____

服務地址：_____ 電話：_____ 傳真：_____

住家地址：_____ 電話：_____ 傳真：_____

書名：_____

一、您認為本書的優點：（可複選）

❶□內容 ❷□文筆 ❸□校對 ❹□編排 ❺□封面 ❻□其他_____

二、您認為本書需再加強的地方：（可複選）

❶□內容 ❷□文筆 ❸□校對 ❹□編排 ❺□封面 ❻□其他_____

三、您購買本書的消息來源：（請單選）

❶□本公司 ❷□逛書局⇨_____書局 ❸□老師或親友介紹

❹□書展⇨____書展 ❺□心理心雜誌 ❻□書評 ❼□其他_____

四、您希望我們舉辦何種活動：（可複選）

❶□作者演講 ❷□研習會 ❸□研討會 ❹□書展 ❺□其他_____

五、您購買本書的原因：（可複選）

❶□對主題感興趣 ❷□上課教材⇨課程名稱_____

❸□舉辦活動 ❹□其他_____   （請翻頁繼續）

廣　告　回　信
台灣北區郵政管理局登記證
北　台　字　第　8133　號

（免貼郵票）

心理出版社有限公司

台北市106和平東路二段163號4樓

TEL:(02)2706-9505
FAX:(02)2325-4014
EMAIL:psychoco@ms15.hinet.net

沿線對折訂好後寄回

六、您希望我們多出版何種類型的書籍
　　❶□心理❷□輔導❸□教育❹□社工❺□測驗❻□其他

七、如果您是老師，是否有撰寫教科書的計劃：□有□無
　　書名/課程：＿＿＿＿＿＿＿＿＿＿＿＿＿＿＿＿＿＿＿＿＿

八、您教授/修習的課程：

上學期：＿＿＿＿＿＿＿＿＿＿＿＿＿＿＿＿＿＿＿＿＿＿＿

下學期：＿＿＿＿＿＿＿＿＿＿＿＿＿＿＿＿＿＿＿＿＿＿＿

進修班：＿＿＿＿＿＿＿＿＿＿＿＿＿＿＿＿＿＿＿＿＿＿＿

暑　假：＿＿＿＿＿＿＿＿＿＿＿＿＿＿＿＿＿＿＿＿＿＿＿

寒　假：＿＿＿＿＿＿＿＿＿＿＿＿＿＿＿＿＿＿＿＿＿＿＿

學分班：＿＿＿＿＿＿＿＿＿＿＿＿＿＿＿＿＿＿＿＿＿＿＿

九、您的其他意見

＿＿＿＿＿＿＿＿＿＿＿＿＿＿＿＿＿＿＿＿＿＿＿＿＿＿＿＿＿

謝謝您的指教！